21世纪社会学系列教材
Textbooks of Sociology in the 21st Century

中国民俗概论

Introduction to Chinese Folklore

高丙中 ⊙著

图书在版编目(CIP)数据

中国民俗概论/高丙中著. —北京:北京大学出版社,2009.10
(21 世纪社会学系列教材)
ISBN 978-7-301-08069-6

Ⅰ.中… Ⅱ.高… Ⅲ.风俗习惯-中国-高等学校-教材 Ⅳ.K892

中国版本图书馆 CIP 数据核字(2009)第 175688 号

书　　　名:	中国民俗概论
著作责任者:	高丙中　著
责 任 编 辑:	诸葛蔚东
标 准 书 号:	ISBN 978-7-301-08069-6/C·0297
出 版 发 行:	北京大学出版社
地　　　址:	北京市海淀区成府路 205 号　100871
网　　　址:	http://www.pup.cn
电　　　话:	邮购部 62752015　发行部 62750672　编辑部 62753121　出版部 62754962
电 子 邮 箱:	编辑部 ss@pup.cn　　总编室 zpup@pup.cn
印　刷　者:	天津和萱印刷有限公司
经　销　者:	新华书店
	730 毫米×980 毫米　16 开本　22.75 印张　382 千字
	2009 年 10 月第 1 版　2023 年 11 月第 9 次印刷
定　　　价:	49.00 元

未经许可,不得以任何方式复制或抄袭本书之部分或全部内容。
版权所有,侵权必究
举报电话:010-62752024　电子邮箱:fd@pup.cn

目　　录

导　论	（1）
第一章　生产民俗	（14）
第一节　农业民俗	（15）
第二节　渔业民俗	（35）
第三节　采掘、捕猎和养殖民俗	（43）
第二章　工商民俗	（68）
第一节　手工业民俗	（70）
第二节　服务业民俗	（79）
第三节　贸易民俗	（89）
第三章　生活民俗	（98）
第一节　饮食民俗	（99）
第二节　服饰民俗	（109）
第三节　居住民俗	（119）
第四节　交通行旅民俗	（131）
第四章　社会组织民俗	（139）
第一节　家族组织民俗	（141）
第二节　社区组织民俗	（160）
第三节　社团组织民俗	（171）
第五章　岁时节日民俗	（188）
第一节　春季节日民俗	（189）
第二节　夏季节日民俗	（212）
第三节　秋季节日民俗	（221）
第四节　冬季节日民俗	（229）

第六章　人生礼俗 …………………………………………（243）
　　第一节　诞生和生日礼俗 ……………………………（244）
　　第二节　成年礼俗 ……………………………………（255）
　　第三节　婚姻礼俗 ……………………………………（261）
　　第四节　丧葬礼俗 ……………………………………（275）

第七章　游艺民俗 …………………………………………（288）
　　第一节　少年儿童游戏 ………………………………（290）
　　第二节　成人游戏 ……………………………………（298）
　　第三节　社火杂艺 ……………………………………（305）

第八章　民俗观念 …………………………………………（315）
　　第一节　民间信仰 ……………………………………（316）
　　第二节　民间智慧 ……………………………………（335）

后　　记 ……………………………………………………（358）

导　论

一、文化自觉与作为知识范畴的"中国民俗"

民俗是群体的生活文化,包含着人们相处、互动以及相互理解的最基本的文化指令,包含着人生最基本的行为方式。有群体生活的地方就有民俗,一位奠定中国民俗学的学科基础的智者说得很形象也很贴切,"人民生活在民俗当中,就像鱼类生活在水里一样"①。个体因民俗而有社会生活,社会因民俗而被认知、认同为一个共同体。个体的人生、群体或共同体的存在都以民俗为内在的意义和外显的活动形式,两者是二而一的研究对象。

民俗在最近一些年越来越多地成为大众媒体的话题,而这些话题的一个总的趋向则是:民俗越来越明显地被正面对待,被视为具有积极意义的文化。在今天中国的各种政治、经济或文化的话语里,"执政为民"、"民主"、"奔小康"、"文化自觉"等等说法都在逻辑上导致普通人的日常生活成为关注的焦点,常人的民俗自然就出现在各种话题里面。在这个时代,社会现象的存在方式及其进入历史的方式通常表现为成为话题、进入议题的过程。"成为话题",也就是说得到了精英学术和大众媒介的表述,"进入议题"则是政治地位的获得过程。在当前的各种关注中,具体的民俗事象受到褒贬的可能性是同时存在的,但是民俗作为一个集合概念,在各种话语里已然是一个正面的概念,基本上改变了近代以来的负面身份。

历经近代以来的曲折道路,民俗终于从文化负担转变为文化资源②。这种改变的一个重大标志是中国对联合国教科文组织发起的人类非物质文化遗产保护运动的积极参与。中国政府签署联合国人类非物质文化遗产保护公约,参加三届人类非物质文化遗产杰作的评选,并且在国内由文化部主持组织全国各省市区开展非物质文化遗产的普查,评选、公布了两批国家级非物质文化遗产代表作名录。民俗被作为非物质文化遗产看待了,成为国家所珍视的公共文

---

① 钟敬文:《新的驿程》,中国民间文艺出版社 1987 年版,第 444 页。
② 参见方李莉:《文化生态失衡问题的提出》,《北京大学学报》2001 年第 3 期;费孝通:《人文资源在西部大开发中的作用和意义》,《文艺研究》2001 年第 2 期。

化①。其中,传统节日民俗所受到的重视最有说服力。春节、元宵节、清明节、端午节、中秋节、重阳节等被列入国家非物质文化遗产保护名录,国家还调整法定假日体系,把主要的传统节日恢复为法定假日。这是辛亥革命以来放弃传统节日作为公假日以来的重大改变,很能够说明民俗在社会公共生活中的地位变化。

民俗受到尊重和珍视,其中的根本原因在于民俗已经成为我们感知、想象我们的共同体的方式或依据。在急迫追求现代化的社会运动中,共同体的大众在现代意识形态的引导下通过对共同体未来的憧憬而体验自己是共同体的成员,而尽量与属于旧时代的民俗划清界限,把自己定位于各种各样的新人、新风尚。不能完成这个心路历程的人是落后分子,是时代的弃儿。在最近一些年,中国淡化了共同憧憬未来的仪式,人们对共同体的把握、对共同体成员身份的体验越来越多地转向民俗。"中国民俗"这个概念被凸现出来。中国人、华人,在今天是要通过"中国民俗"(各种各样诸如中国年、中国结、唐装、汉服、中餐的民俗)来见证(从外显的方面)和体验(从内在的方面)的。我们已经处在这种状态:没有各种文字、图像所表述的以"中国"为依归的民俗,中国对外人来说是不可知的;没有各种民俗活动的开展和参与,中国人无以感知自己是"中国人",也无以想象另外多少亿的人是自己的同类。可见,"中国民俗"对于我们的共同体的存在来说已经重新具有了本体论的意义。

于是,什么是"中国民俗"就成为一个重要的知识问题。只要"中国"被作为一个整体而想象,"中国人"被作为一个民族共同体而认知,"中国民俗"就必然被先验地设定。对于中国民俗学界的知识生产来说,通过经验材料,具体而系统地表述"中国民俗"这个概念,既是顺应我们这个时代的知识需要的学术工作,也是在文化上完成民族—国家(nation-state)建设的未竟之业的社会工程。

中国是一个文明古国,我们的历代先人各自度过了多姿多彩的有意义的社会生活。在近代以来的国际关系格局中,所有"有意义的社会生活"的细节,都是要通过考古和历史学去发掘、发现的,它们一旦得到确认,就被作为中国的特性的见证。但是,中国的特性在整体上是应该由民俗生活来体现的。与这个民族千秋万代的生活相伴相随的民俗既是源远流长的,也是与时俱进的。对民族共同体传统的生活来说,民俗与所有成员如影随形,民俗生活是一个自然习得的过程,一种自发传承的过程。

一个民族要达到对民俗的自觉阶段,通常是较晚的事。对民俗的自觉可以

---

① 高丙中:《作为公共文化的非物质文化遗产》,《文艺研究》2008年第2期。

区分为三个层次或水平。第一个层次是关注民俗、搜集并记录民俗,其结果是积累关于民俗事象的资料。第二个层次是为了实际目的(例如经邦治国,移风易俗)而评论、取舍民俗,其结果是形成对民俗的评价和议论,形成尚未系统化的理论观点。第三个层次是民俗理论的系统化,也就是民俗学的学科建设。前两个水平在汉代以后的历朝历代不断得到发扬光大,但是,直到现代才发展到第三个层次。

中国人很早就达到了对民俗的自觉。早在《诗经》成书的周代,采风问俗已经成为政治制度和文化制度,后来的知识分子相沿成习,积累了大量的民俗资料。早在《周礼》的时代(成书于先秦,流行于汉代),中国的上层人物就已懂得对民俗进行加工利用,"一部《周礼》,与其说是周代的礼制礼法,不如说是周代民俗的礼制化和官制化"[①]。成书于西汉但主要取材于先秦的《礼记》和《周礼》一样,主要是对礼(俗的高级形式)的整理,同时也论及俗产生的原因、俗与意识形态如礼、政、教的关系,例如,《礼记》有一段是这样说的:"凡居民材(材性),必因天地寒暖燥湿,广谷大川异制。民生其间者异俗:刚柔轻重迟速异齐,五味异和,器械异制,衣服异宜。修其教,不易其俗;齐其政,不易其宜。"[②]到东汉王充著《论衡》、应劭撰《风俗通义》的时候,学者们对民俗事象的评论、对民俗规律的探讨不再是一鳞半爪,而已发展到专文专著了。

尽管中国人对民俗的自觉在古代已经达到了一定的高度,但是把民俗作为专门的人文社会科学的对象却是现代才可能出现的。中国民俗学是五四新文化运动时期诞生的。民俗学在国际上通用的学名是"folklore",由英国学者汤姆斯(William John Thoms,1803—1885)于1846年提出。[③] 中国民俗学在1918年北京大学发起的歌谣征集活动中揭开序幕,并于20年代以北京大学的《歌谣》周刊和中山大学的《民俗》周刊为主要阵地发展起来。在20年代,中国有了专门的民俗学刊物,有了一群热心于民俗调查、民俗研究的学术队伍,并且在一些大学里开设了民俗学课程。民俗研究在中国发展成为一门学科,中国的民俗自觉达到了它的第三个层次。中国民俗学此后70多年的学术积累,一方面为我们系统地描述中国民俗准备了丰富的资料,另一方面也为我们构筑描述的理论框架提供了可资借鉴的学科依据。

[①] 张紫晨:《中国民俗学史》,吉林文史出版社1993年版,第37页。
[②] 王梦鸥:《礼记今注今译》,天津古籍出版社1987年版,第181页。
[③] 高丙中:《民俗文化与民俗生活》,中国社会科学出版社1994年版,第10页。

二、民俗的定义与属性

民俗学至今有近150年的历史,当初汤姆斯把民俗定义为"人民的知识",此后,由于各个国家的文化学术背景不同,由于学者们看待民俗的角度和观点不同,民俗一直没有一个公认的定义。从我们所了解的资料来看,民俗的定义不下一百种,仅美国学术界有代表性的定义就有24种①。我们分析这些定义的差异之处,一是对"民"(folk)的看法不同,二是对"俗"(lore)的界定不同。

谁是民俗的主体?也就是说,谁是民俗之"民"?对于这个问题,不同时期的民俗学家有不同的回答。19世纪的民俗学家有两种代表性的观点,一种认为"民"实质上是指古人,一种认为"民"是农民。②相比之下,20世纪的学者对民俗之"民"的认识要深入得多,全面得多。美国学者萨姆纳(William Graham Sumner,1840—1910)在1906年出版的《民俗》(Folkways)一书中阐明,原始人、古人创造民俗,现代人继承古俗也创造新民俗。他认为,有社会生活就有充分的民俗存在,"社会生活包括创造民俗并运用它们";民俗不是产生在人类早期,而是产生在社会的各个时期,只要人们以群体的方式存在:"人们结成群体处在一定的生活条件之中,他们具有在那种生活条件下显然相似的需要,其需要与其条件的关系构成属于饥饿、爱欲、虚荣和恐惧的利益,若干人同时满足利益的努力造成了群众现象,群众现象经过谐调、反复而达到广泛的一致,这就形成了民俗。"③既然任何时代的人都需要民俗,都继承并改造前人的民俗以至创造新民俗,那么,民俗之"民"决不限于古人,也决不限于农民,而是指任何时代的人。在扩大民俗之"民"的范围的问题上,美国当代极有影响的阿兰·邓迪斯(Alan Dundes)教授比他的前辈更进一步。他说:"'民'可以用来指任何人类的群体,只要这个群体至少有一个共同点。至于这个联系群体内部各个体的共同点究竟是什么,则要看具体情况。它可以是相同的职业、语言,也可以是共同的宗教,等等。重要的是,这样一个因为某种理由而结成的群体必须有一些它确认为属于自己的传统。"④这种观点比较便于同时认知作为文化模式的"俗"与作为社会群体的"民"。

自从20世纪初民俗学进入中国学术界以来,中国学者对民俗之"民"的认

---

① 参见张紫晨主编:《中外民俗学词典》"附录",浙江人民出版社1991年版。
② Richard M. Dorson 编:*Peasant Customs and Savage Myths: Selections from the British Folklorists*, The University of Chicago Press, 1968, p.238.
③ 高丙中:《民俗文化与民俗生活》,中国社会科学出版社1994年版,第187、189、192页。
④ Alan Dundes: *The Study of Folklore*, Englewood Cliffs, 1965, p.2.

识也经历了一个结合中国民俗的实际状况不断深入的过程。愈之在1921年提出,"民"指民族全体,一是因为folklore研究的对象是民族全体创造的,并且流行在全民族之中,二是因为它们表现了民族共通的思想和感情;北京大学于1922年创办《歌谣周刊》,该刊的"发刊词"认为"民"指国民。两者都认为中国民俗的主体是中国人,既没有限定阶级、城乡,也没有限定时代。中山大学于1927年创办《民间文艺》,并于1928年改为《民俗周刊》,该刊的"发刊词"确认"民"指平民,即相对于皇帝、士大夫、僧道的农夫、工匠、商贩、兵卒、妇女、游侠、优伶、娼妓、仆婢、堕民、罪犯、小孩等民众。① 从70年代末以来,中国民俗学界对民俗之"民"的认识又有了新的发展。1983年5月,中国民俗学会在北京成立,该会理事长钟敬文教授在学会成立会议上的长篇演讲代表了新的时期中国民俗学界对"民"的认识:"一个国家里大部分风俗,是民族的(全民共有的)。当然,民族里面又包含着一定的阶级内容。同样的过年,喜儿、杨白劳的和黄家地主的就很不一样。但是他们都要在同一天过年,这也是事实。所以重要的民俗,在一个民族里具有广泛的共同性。它不仅限于哪一个阶级。"② 他在这一演讲中还说明,民俗之"民"不仅生活在农村,而且生活在都市;不仅生活在古代,而且生活在现代。其实,只要是社会的人,就未能免"俗",普通人是如此,看似不普通的人或阶层也是如此。

总而言之,中外民俗学界对民俗之"民"的界定都经历了多种变化。过去有人把"民"看作野蛮人、古人、乡民、劳动人民、平民,现在依然有人持类似的看法,但是,现在比较全面的观点是把"民"定义为任何社会、任何群体的人,即各种家庭成员、乡村成员、社团成员、市镇成员、民族成员等,因此,民俗学家调查研究的对象可以是家和家族、村镇、团体、民族或国家。我们在这里就是以民族—国家为叙述主体来描述民俗的,各种次级社会单位的民俗都是由于自动地视为"中国民俗"的代表性事例才被罗列进来的。

民俗之"俗"是对西文folklore的"lore"的翻译,并不完全等同于中国古代文献里和日常用语里的俗、风俗、习俗、礼俗等词语。"lore"的字面意思是知识,因为它实际指习得的、约定俗成的、代代相传的文化知识,所以勉强译为"俗"。

在民俗学史上,形形色色关于民俗之"俗"的定义大致可以概括为三类观点。第一种观点可以称之为遗留物说。汤姆斯在1846年提出"folklore"的时候,他所谓的"俗"是指旧时的行为举止、风俗、仪式庆典、迷信、叙事歌、谚语、传

---

① 参见高丙中:《民俗文化与民俗生活》,中国社会科学出版社1994年版,第31—33、35—38页。
② 钟敬文:《新的驿程》,中国民间文艺出版社1987年版,第383页。

说、神话故事等。它们都是古代遗留在当今社会的东西①,到1871年泰勒出版《原始文化》时,它们被直接称为"遗留物"(survivals)。第二种观点可以称之为口头文艺说。持这种观点的主要是人类学家,美国加州大学人类学系教授威廉·巴斯寇姆(Willian Bascom)的解说很有代表性。他在1953年发表的《民俗学和人类学》②一文中说,民俗学属于文化人类学的一个分支,而文化人类学研究当今各民族的风俗、传统和制度,"对人类学家来说,民俗是文化的一部分,但不等于整个文化。它包括神话、传说、故事、谚语、谜语、叙事歌谣和其他歌曲的歌词,以及其他次要的形式,却不包括民间艺术、民间舞蹈、民间音乐、民间服饰、民间医疗、民间风俗、民间信仰"。在这种情况下,一些国家或学科的学者不使用"民俗",而是使用"口头文学"、"民间文学"、"人民口头创作"等术语,后来它们都发展成专门的学科。第三种观点可以称之为民间文化说。此类说法早在1879年就有人提到,英国民俗学会当时的秘书高姆(又译甘美,G. L. Gomme)说,"民俗学可以说作包含人民一切'文化'的学问"③。后来法国民俗学家山狄夫(P. Saintyves)明确地说,"民俗学是文明国家内民间文化传承的科学"④。美国民俗学家多尔逊在1973年的一篇长文里把民俗之"俗"界定为可以用"民间文化"、"口头文化"、"传统文化"、"非官方文化"等范畴来表达的对象。⑤

上述三种观点都对中国民俗学界产生过影响,不过,现在占主导地位的观点是民间文化说。顾颉刚最初用"民众文化"指称民俗,它包括三个方面:1.风俗方面,2.宗教方面,3.文艺方面⑥。钟敬文在30年代则采用"民间文化",并于80年代对这种用法重新加以认定。⑦ 显而易见,中国民俗学界现在通行用"民间文化"指民俗之"俗",主要原因是民俗学的对象比"俗"的本意(即风俗习惯)广泛得多。

那么,究竟什么是民俗?上述各种观点从不同的侧面为我们全面认识民俗的性质提供了丰富的智慧,但是它们本身各有自己的针对性,并不是能够自动

---

① 参见高丙中:《民俗文化与民俗生活》,中国社会科学出版社1994年版,第46—49页。
② 载 Journal of American Folklore, vol. 66, pp. 283—290。
③ 《杨成志民俗学译述与研究》,高等教育出版社1989年版,第106页。
④ 钟敬文:《新的驿程》,中国民间文艺出版社1987年版,第70页。
⑤ Richard Dorson, "Folklore in the Modern World", in Folklore and Fakelore by Richard Dorson, Harvard University Press, 1976, pp. 33—73.
⑥ 顾颉刚:《圣贤文化与民众文化》,载《民俗周刊》第1期(1928)。
⑦ 钟敬文:《话说民间文化》"自序",人民日报出版社1990年版。

地、合理地用在我们的研究对象上的答案。我们今天关于民俗的知识生产针对的是这样的语境:中国人的日常生活在近代以来经历了不断被冲击的伤痛,当下的民族—国家的文化建设又需要发掘日常生活的文化作为集体情感的表征。就一般性观念来说,民俗是各种群体的基本的文化构成。基本文化成其为民俗,不在于它是民间文化,最根本的在于它是生活文化。我们认为,民俗是人们日常的、年复一年的以至代代相传的活动方式,是人们的基本活动的文化模式。人们基本的生活内容就是把生命投入到约定俗成的活动方式中去。

我们可以这样给民俗下定义:民俗是群体内模式化的生活文化。生活文化林林总总,既有昙花一现的东西,又有相对稳定、相对普遍的内容,其中只有那些体现着一定模式的事象才是民俗。

这个定义把"民"界定为群体,避免了"古人"、"乡民"、"民间"等说法在当代学术背景下所显露出来的缺陷。我们曾经流行把"民"认定为"农民"(或以农民为主的群体),这在把民俗界定为被破除的"四旧"的时代拿农民说事是有用的,但是,在当前需要把集中表现在农村但具有全民认同趋势的传统生活文化(最典型的如节日民俗)作为国家的公共文化,这种界定就狭隘了。[①] "民"就是社会的人,群体的人;在本书的论题里则是"中国人"或者中国人的代表者。

这个定义把"俗"界定在生活文化的范围内,从生活的角度对待这种文化现象,在学理上有其合理性。第一,与"民"的界定达到了统一,有群体就有民俗与有生活就有民俗这两个判断可以合而为一。第二,兼顾了历时的尺度与共时的尺度。以往的民俗学家只用前一个尺度,强调民俗事象的古老,只有"遗留物"才能进入他们的视野。我们现在提"生活文化",在承认单一民俗事象都有历史渊源的同时,强调民俗事象之间的相关相连,因为它们在实际生活中是共时的、一体的,是同一社会生活的方方面面。这样我们才有同一历史时期的民俗总体的意识,才有民俗志的共时结构的基础。

民俗的根本属性是模式化、类型性,并由此派生出一系列其他属性。日常生活被抽象为"模式"、"类型",才被认知为民俗,这说明民俗是一个文化范畴。模式化的必定不是个别的,自然是一定范围内共同的,这就是民俗的集体性:民俗是群体共同创造或接受并共同遵循的。模式化的必定不是随意的、临时的、

---

① 高丙中:《日常生活的现代与后现代遭遇:中国民俗学发展的机遇与路向》,载《民间文化论坛》2006年第3期。

即兴的,而通常是可以跨越时空的,这就是民俗具有传承性、广泛性、稳定性的前提:一次活动在此时此地发生,其活动方式如果不被另外的人再次付诸实施,它就不是民俗;只有活动方式超越了情境,成为多人多次同样实施的内容,它才可能是人人相传、代代相传的民俗。另一方面,民俗又具有变异性。民俗是生活文化,而不是典籍文化,它没有一个文本权威,主要靠耳濡目染、言传身教的途径在人际和代际传承,即使在基本相同的条件下,它也不可能毫发不爽地被重复。在千变万化的生活情境中,活动主体必定要进行适当的调适,民俗也就随即发生变化。这种差异表现为个人的,也表现为群体的,包括职业群体的、地区群体的、阶级群体的,这就出现了民俗的行业性、地区性、阶级性。如果把时间因素突出一下,一代人或一个时代对以前的民俗都会有所继承,有所改变,有所创新。这种时段之间的变化就是民俗的时代性。

三、民俗的范围与分类

确定民俗的范围与分类,是为了建立认识民俗、描述民俗的理论框架。关于民俗的范围与分类,不同的民俗学家由于不同的学术背景和特定的课题需要,都有自己的一套说法。自然状态的民俗丰富多彩,千头万绪;学者们要描述它们,就不得不尝试各种工作方案,提纲挈领地把握它们。

20 世纪上半叶对后来影响较大的分类有下列两种。一种是纲目式的,按照逻辑以大纲统属细目;一种是平列式的,按照材料的分量定类,不管类与类之间是否具有逻辑上的并列关系。英国的班恩女士(C. S. Burne)在《民俗学手册》中大致是把民俗按精神领域、行为领域、语言领域划分为三大类。[①]法国的山狄夫在《民俗学概论》中提出了另一个三分法:

  1. 物质生活:(1) 经济之物质(如食料、衣饰、居屋、运输方法等),(2) 生存之方法(如乡村生活、城市生活等),(3) 盈利与财富(如劳力之生产、器具、不动产);

  2. 精神生活:(1) 方言,(2) 民间学识与运用,(3) 民间智慧,(4) 艺术,(5) 神秘(如民间法术、民间宗教);

  3. 社会生活:(1) 家族,(2) 社团,(3) 特别组合(如经济组合、政治组合、运动组合、宗教组合等)。[②]

[①] C. S. Burne, The Handbook of Folklore, British Folklore Society, 1914, pp. 4—5.
[②] 见《杨成志民俗学译述与研究》,高等教育出版社 1989 年版,第 188 页。

这两个分类是纲目式的,便于突出民俗事象之间的逻辑联系和民俗分类框架的系统性。另一种分类是平列式的,如瑞士的霍夫曼—克莱耶(Hoffmann-Krayer)在《民俗学文献录》中把民俗分为 18 类:1.乡村;2.建筑物(房屋、礼拜堂及其他);3.用具;4.象征物(如福禄寿象征及其他);5.技艺与一般艺术(如染织、雕刻等);6.人民心理现象;7.惯习及其原物(如首饰等);8.饮料及食物;9.惯性(如仪式过程、会社、游戏等);10.民众法律;11.信仰(如宗教、神话、崇拜等);12.家庭医药;13.民间诗歌(如民歌、叙事诗等);14.民间故事(幻想故事、笑话、传说等);15.民间戏剧;16.历法历书等;17.民间语言(如谜语、谚语、俗语等);18.名号(如地名、人名、神名、动植物名等)。①

中国民俗学界现在对这两种分类方法都有人采用。乌丙安教授在《中国民俗学》中把民俗分为四大类:经济的民俗,社会的民俗,信仰的民俗,游艺的民俗。陶立璠教授在《民俗学概论》中则分为这样四类:物质民俗,社会民俗,口承语言民俗,精神民俗。张紫晨教授在《中国民俗与民俗学》中采用平列式方法把中国民俗分为十类:1.巫术民俗;2.信仰民俗;3.服饰、饮食、居住之民俗;4.建筑民俗;5.制度民俗;6.生产民俗;7.岁时节令民俗;8.人生仪礼民俗;9.商业贸易民俗;10.文艺游艺民俗。当代各种地方志性质的民俗志的分类方法有纲目式的,也有平列式的,前者如浙江民俗学会所编《浙江风俗简志》(浙江人民出版社 1986 年)、戴景琥主编《义马民俗志》,后者如刘兆元所撰《海州民俗志》。

本书采用纲目式分类方法,以便呈现民俗事象的逻辑关系。划分民俗的范围和类别的原则总是与民俗的定义联系在一起的,既然我们把民俗定义为群体内模式化的生活文化,那么,我们就以民俗事象所归属的生活形态为依据来进行逻辑划分,于是,我们得到三大类八小类的民俗:

1. 物质生活民俗。
(1)生产民俗(农业、渔业、采掘、捕猎、养殖等物质资料的初级生产方面)。
(2)工商业民俗(手工业、服务业和商贸诸业等物质资料的加工、交易与服务方面)。
(3)生活民俗(衣食住行等物质消费方面)。
2. 社会生活民俗。
(4)社会组织民俗(家族、村落、社区、社团等组织方面)。
(5)岁时节日民俗(节期与活动所代表的时间框架)。
(6)人生礼俗(诞生、生日、成年、婚姻、丧葬等人生历程方面)。

---

① 参见杨成志:《民俗学之内容与分类》,载《民俗》季刊第 4 期,1942 年。

3. 精神生活民俗。

（7）游艺民俗（游戏、竞技、社火等娱乐方面）。

（8）民俗观念（诸神崇拜、传说、故事、谚语等所代表的民间精神世界）。

我们的章节安排就以这八小类为依据。这一分类的优点是结构的简明与平衡。但是我们没有把民间文学作为专章，甚至没有怎么写民间音乐、民间舞蹈。中国民间文艺的各个体裁都有非常丰富的作品，神话、史诗、传说、故事、歌谣、叙事诗、戏剧、谚语都已经是专门的研究科目，民间抒情和仪式活动的音乐与舞蹈也正在形成知识积累的领域。现在的民俗志结构安排固然是由民俗学与民间文艺学的学科分工所决定的，但是作者个人的局限性也是重要的原因。

四、本书的对象、资料与方法

对民俗的概论、描述在民俗学专业是以"民俗志"的形式进行的。本书的主旨是以比较翔实的资料系统地见证"中国民俗"这个概念的基本构成因素及其大概的发展来历。因此，本书的写作是"志"与"史"的混合而以"志"为主干。

"志"的部分是描述"中国民俗"的构成因素的细节。因为要在生活文化的意义上完整地呈现"中国民俗"，我们就把最能够集中代表中国民俗的繁复内容的"近世"作为描述的主要对象。中国民俗学的近世是指传统社会转变为现代社会的过渡时期，在这个时期，传统的民俗依然可见原有的面貌，由于处在时代的剧变之中而得到知识界的关注，并成为被自觉记录的对象，结果就留下了远较以前丰富的资料。加上在此前后人文社会科学的专业实践在中国开展起来，开始有专业人士进行符合学术规范的实地调查，使我们有可资利用的可信性高的资料。

我需要特别强调，民俗学及其相关的现代人文社会科学如人类学、民族学、社会学等在中国的诞生和发展从四个方面为我们尝试选择以"近世"为焦点呈现有历史感的"中国民俗"提供了大前提。

第一，中国在近世应对民族危机的总体战略是建设现代民族国家，在推行这个战略的历程中，"中国民俗"的概念通过知识界提出来并不断地被充实起来，成为民族的文化自觉、文化认同的一个核心的部分。20世纪之初，张亮采的《中国风俗史》（宣统二年完成）、胡朴安的《中华全国风俗志》（1922年完成）都可以放在这个历史格局来看待。

第二，新文化运动以来中国民俗学界数十年的理论探索使我们得以建立一个理论框架，进而使对于中国民俗的描述具有了自己的理论背景，因此我们才能得出上述对民俗的界定和分类，从而使"中国民俗"这个概念的具体内容具备了可以依托的结构或骨架。

第三，民俗学家和热心人在20世纪所从事的大量田野工作为我们积累了丰富的资料，其丰富性既是对全国各地而言的，也是对民俗的各门类而言的。北京大学从1918年开始的歌谣运动和中山大学1927年创刊的《民俗》周刊南北呼应，形成了全国性的民俗调查、研究、出版热潮，实地调查资料和民俗历史文献开始大量面世，顾颉刚以孟姜女故事研究为代表的历史民俗研究、闻一多的神话与节日研究为民俗学树立了学术典范。民俗学在"文化大革命"后重新恢复起来，并在八九十年代再次出现了民俗调查、研究、出版的热潮。这些都成为我们最主要的资料来源。

第四，人类学、民族学、社会学对中国社会，尤其是乡土社会的调查研究为我们从整体上看待民俗，并把民俗置于社会生活系统来看提供了理论、方法和个案。早在二三十年代，这个学术圈子里就树立了一北一南两个系统地调查研究民间生活的典范，一个是李景汉的《定县社会概况调查》（对民间信仰、乡村娱乐等的调查特别有价值），一个是费孝通的《江村经济——中国农民的生活》（关于家族、民间生活、灶神的材料有很高的民俗学价值）。此类重要的成果后来还有费孝通的《禄村农田》（我们对有关劳动习俗、互助习俗尤其感兴趣）、张之毅的《易村手工业》（有关渡船、集市、手工业的习俗颇为可贵）等著作。[①] 此类著作既为我们提供了活生生的民俗资料，它们从社会文化整体看待民俗的学术观念也值得我们借鉴。

我们的工作既有上述大前提，也有众多的地方性的民俗著作为我们提供了可信的经验资料。"中国民俗"是要被各个地方的民俗所充实起来的，因为从经验观察的角度来看，有的只是具体地方的民俗，我们并没有多少机会"目睹"中国这个巨大空间的民俗活动。所谓"中国民俗"，在学理上只能间接达到。记录单项民俗的专书古已有之，如《诗经》、《荆楚岁时记》，历代史志、方志和笔记采录民俗，从资料对于"志"的实用上看，可惜都过于简略。系统记录、整理、构造民俗文本的著作只可能出现在民俗学的理论产生之后的现当代，它们构成有地方背景的社区民俗志。从这些年的成果来看，有别于民族国家民俗志的社区民俗志大致又可以分为两类：一类是小社区民俗志，作者能够跑遍社区（最典型的

---

① 李景汉：《定县社会概况调查》，中华平民教育促进会1933年版；费孝通：《江村经济——中国农民的生活》，江苏人民出版社1986年版，英文原版 *Peasant Life in China*，London：Routledge，1933；费孝通的《禄村农田》、张之毅的《易村手工业》，重庆：商务印书馆1943年版。

是村庄),与社区中的大多数人交往,如《红山峪村民俗志》①;一类是较大的行政区域民俗志,研究者只能选择部分地点做实地调查,但是,民俗学者在探索一些更加有效的方法来撰写有整体感的民俗志文本,其中,刘铁梁提出以标志性民俗统领民俗志的书写,对于推进学界在具体地点的调查资料基础上撰写多种社区层次的民俗志的可行性做出了贡献。② 这些民俗志不是单项民俗事项采风的成果,而是个人实地综合田野作业的成果,对我们建立民俗志的整体意识具有方法论的价值,其具体的描述资料当然也很好使用。

"史"的定位首先是着眼于"近世"民俗的书写。近世民俗在本质上是一个历史范畴,不过,我们的书写不是按照历史学的学科规范写出各种民俗绵延五千年的生命,而是利用民俗学提供的对于文化模式的敏感写民俗的发生与演化。本书的主要目标是通过"志"与"简史"的结合写出中国民俗集大成的"近世相"。

本书主要着墨的是已经成为历史的汉族近世民间生活文化。我们没有能够写出作为民间生活文化的民俗整体在中国全部的历史中的演变,而是以近世为焦点,这是由学理的要求和资料的限制所决定的。其一,从学理上说:民俗是群体基本的生活文化,从生活的角度说,系统的民俗总是相对于同质性较强的特定时期而言的,肯定有千年相传的民俗事象,但是没有千年一贯之的民俗生活或民俗整体。也就是说,如果我们假设所描述的各项民俗是一个整体,那么,它们必须大致都是某个特定时期的民俗。这样的民俗概念只有落实在近世,才有基本的资料可用。那么,其二,从资料上看:全面、细致的民俗调查是当代才出现的,这些调查的对象就是近世的民俗生活。现代的民俗调查所面对的就是清末和民国时期的实际生活。当代的许多民俗调查大致也是如此,它们或者是记录近些年恢复的近世民俗,或者是记录老人对近世民俗的回忆。因此,学理的要求和资料的限制使我们不得不把描述对象选定为近世民俗。

"史"的写法具体地体现在民俗模式及其要素的来源和演变上,由此达到"近世相"的历史感。我们在写一种民俗的时候,努力以近世的例子概括它的组成要素和这些要素所形成的结构,然后介绍它们的不同地方的变体或者异文,在有条件的时候,追溯它们的历史渊源和在不同历史时期的变化。例如,在写岁时节日民俗的章节里,我们先综述岁时节日的总体框架的历史演变,再分别叙述重要节日的具体习俗在不同时代的增益或者蜕变,而对这些细节的选择是

---

① 田传江主编:《红山峪村民俗志》,辽宁文化艺术音像出版社1999年版。
② 刘铁梁主编:《中国民俗文化志·总序》,见《北京·门头沟区卷》,中央编译出版社2006年版。

以近世节日文化的面貌为参照和取舍的依据的。

参考书目

  高丙中:《民俗文化与民俗生活》,中国社会科学出版社1994年版。
  田传江主编:《红山峪村民俗志》,辽宁文化艺术音像出版社1999年版。
  张紫晨:《中国民俗学史》,吉林文史出版社1993年版。
  钟敬文:《新的驿程》,中国民间文艺出版社1987年版。
  钟敬文主编:《民俗学概论》,上海文艺出版社1998年版。

思考题

  1. 如何给"民"、"俗"下定义?
  2. "中国民俗"概念有何意义?
  3. 中国的民俗与中国的非物质文化遗产的关系是什么?

第一章

生产民俗

　　物质生产民俗是一定群体为了获得生活资料、生产资料并对它们进行交换和利用所形成的活动模式。人类加诸物质的活动大致可以分为生产、加工、交换、利用等四大环节。"生产"(production)是指人工利用自然规律获得物质资料,其典型的例子是种植和养殖:人们把种子撒在土地里,就能够靠自然力的帮助收获许多倍的粮食;人们把蚕卵孵化出来,喂之以桑叶,就得到蚕丝。这是一个从无到有、以少生多的过程,也伴随着慎重的仪式活动和活动程式,构成丰富的民俗,我们用一章的篇幅来介绍。

　　生产更多地依靠对于自然规律的掌握与借助,制作更多地依靠人的想象力和技巧。"加工"或"制作"(making)是指转换已有物质的结构、形状、形态,其典型的例子是陶瓷和建筑:人们把泥土做成造型,涂以色彩,烧制成美观合用的瓷器;人们把砖石、瓦块、木料、金属部件组合在一起,构成宜居的空间。这是一个从材料到作品、从物质到艺术的过程,其间在技能的发生、积累、传递和从业者的组织生活等方面都形成了大量的民俗。"交换"是指对农产品、制作物或服务的交易,都是通过人的关系而完成物的交换,人的互动形成了约定俗成的范式和价值,构成重要的民俗。加工和交换在我们的习惯上是用"工商"来概括的,我们就把相关的内容放在一起,作为工商民俗来介绍。

　　"利用"是指对物品的使用、消费,因为人群总是作为社会而存在的,个人不仅有直接利用物品的一面,还有在社会关系中体现物品利用的社会意义的一面,所以物品的利用也是社会生活的内容。在传统社会,固然有一个叫花子在野地把鸡烤熟后自己独享的情境,但是人们通常是在礼仪活动(如年夜饭、祭祖、进补、宴客）中吃鸡的，也通常是通过分享鸡肉来体现礼仪的。因此，饮食民俗主要涉入的是对于饮食的社会性利用的民俗，而怎样制作与纳入口内的细节反而是次要的。所以我们更感兴趣的物品的利用过程所构成的社会生活，其相关的文化程式就归入"生活民俗"来描述。

传统的物质生产民俗主要包括农业民俗，渔业民俗，采掘、捕猎和养殖民俗，其实际内容既包括劳动的技能、过程，也包括伴随其间的俗信和仪式（它们或者是为了保证劳动过程的平顺，或者是为了表达对劳动结果的期盼）。人类的生产在进入产食阶段以前经历了漫长的采食时期，在这一时期，人们直接向自然索取生活资料，采掘和渔猎是社会的主业。中国汉族在进入产食阶段以后，农耕成为主业。此外，中国有漫长的海岸线和众多的河流湖泊，渔业也很发达，也有大量汉族人口以此作为主业，形成了众多的渔村。即使是在产食阶段，采掘和捕猎也一直是作为副业代代相传的；与此同时，家畜家禽的养殖始终是农耕必不可少的补充。

第一节 农 业 民 俗

传统的中国以农立国，农民作为社会的绝大多数和国家经济的主导力量，既从土地讨生存，也在土地上建立尊严和自信。苦在其中，乐亦在其中。他们扎根农村、围绕农业创造了一整套的习俗惯制。农业是农民的生计，是他们的生活资料的源泉。同时，农业也是表现他们所认知的意义的符号和象征的源泉。它们所代表的农业文化是中国传统文化的一个基干或基础。

尽管农业、农村和农民在国家价值谱系中在近代之前就开始下降，并从近代以来一直在急速贬值，但是农民自己对农业有很高的评价："世间百行，种田为王。""三十六行，种地为上。""没有乡下泥腿，饿死城里油嘴。""万般不如庄稼好，你们听我言一回。种上一升打五斗，种上一斗打一堆。秋收冬藏真乐事，奉上钱粮诸事没。偎伴妻来怀抱子，哪像你们他乡在外苦奔为？后稷本是农人祖，我们祖师其高贵。要是我们不种地，饿死你手艺买卖人一大堆"。这些言词当然是农民对工商业者逐渐占据更高的社会地位的事实的自尊与心理自卫。在现代社会，一个国家的民众总会因为上学年数、收入的差别而形成群体之间的歧视，这需要国家政策来调整行业或职业之间的歧视基础。国家当然也可以通过专项政策来凸显特定对象的价值。国务院在2006年6月公布的"国家级第一批非物质文化遗产代表作名录"就把"二十四节气"列入，把相关的民俗作为重要的农业遗产来保护。这种行动所体现的精神今后还应该涵盖更多的农业民俗。

传统的农业生产是在自然环境严格限定的条件之下实现生活目标的手段，它是人为的，又是被决定的。因此，它始终贯穿着一个总的思想：顺应自然而又有所作为。自然与人为构成张力的两极，早期的农业是完全由季节和气候决定的，所以有"月令"图式，随着人的认识能力和工具水平的提高，人们逐渐向人为这一极倾斜。在总的结构上，中国人在天人感应的思想原则之下，既有宿命的态度，也有能动的举措。这种环境中的人格，不是被动的，而是因应的；不是挑衅的，而是防卫的。

农业生产的特点是靠天吃饭，土里刨食，以年为期。环境的变化是周期性的，人们大致掌握了自然的规律，于是有春种夏长秋收冬藏之举，进而又有二十四节气之说。可是，风霜雨雪，旱涝寒热的组合又是千变万化的，人们难以把握自然的具体变化。环境是确定因素与不定因素的混合。人们需要把握不定因素并希望它们按人们的愿望起作用，于是在卖力干活之外还要预测、筹划，在春种秋收之外还要春祈秋报。

一、祈年备耕民俗

农业民俗并不限于田间地头，也不是从春耕下地那一刻开始的。在春耕之前，传统社会有一系列民俗活动进行全年劳动的精神准备。立春、填仓节、春社的设置是为了迎春天；占年成，祈丰收，保平安，都属于农业民俗。

立春是二十四节气之首，是农业民俗正式的起点。立春的活动模式包括正式的节日程序和附丽的应时习俗①。正式的节日程序主要有演春、迎春、鞭春、送春和抢春。河北《滦州志·岁时》（清嘉庆十五年）对这一过程有完整的记述："立春先一日，官戒于东门外，农商百艺各持器以往，选集优人习剧，谓之'演春'。届期，合城官员往迎，鼓乐交作，前列武戏，殿以春牛，老稚趋观，谓之'迎春'。回次于衙庭，至时鞭春牛而碎之，乃分献别塑小芒神、土牛于各绅士家，谓之'送春'。"在传统社会，这一直是一个全社会高度一致的价值领域，士农工商、官府和民间都认真对待，共同参与。从各级官府的组织和各行各业民众的参与来看，立春的习俗既是春天的时令，也是农业的仪式；既是农人的习俗，也是全民的节庆。

立春之时行迎春之礼，在先秦时期已被视为国家的一种制度。最早见于《管子·幼官》而详于《吕氏春秋·十二月纪》，后来被辑入《礼记》的《月令》。

---

① 简涛对立春的历史与习俗有系统的研究，参见其著《立春风俗考》，上海文艺出版社1998年版。

在汉代,阴阳五行学说盛行,立春的节俗在增加新内容的同时被归一化。按照五行学说,春与青帝句芒、东方、青色相配。除了迎春、祭句芒之外,立春的节俗增加了春幡、土牛和农夫等内容,特别突出了节俗的农耕意义。这在《后汉书》中都有记载。汉代以后,尤其是唐宋时期,立春的节庆活动极大地丰富起来,到清代一直盛行不衰。

演春是在立春前一日,表演的内容和方式有几种:其一,农工商各业带自己的用具参加,由职业艺人演戏,如前引《滦州志》所叙,"农商百艺各持器以往,选集优人习剧,谓之'演春'"。其二,城里人扮演农村人及其活动,小孩跳面具舞。据康熙年间山东《济南府志·岁时》所记,立春前一日,"里人、行户扮为渔樵耕诸戏剧,结彩为春楼,而市衢小儿着彩衣,戴鬼面,往来跳舞,亦古人乡傩之遗也"。其三,官府大摆仪仗,民间表演百戏。辽宁《铁岭县志》载,"立春为国家盛典。前一日,守土官率僚属,盛陈卤簿仪仗,杂以秧歌、龙灯、高脚、旱船等剧,并具芒神春牛往东关高台庙行礼,俗曰演春"。

迎春是立春活动的主旨,是传统社会的各级官府都要举行的仪式,其基本内容是先设置土牛和芒神于东郊,届时由当地的主官祭祀芒神,迎接春天。吉林《辑(集)安县志》(民国二十年修)对其过程记叙甚详:"立春前一日,在东郊搭席棚二:一为县官吃茶之所,并置纸扎牛一、芒神一,手执柳条鞭一,其牛色、神衣照每年历书更换不一;二为右堂及士绅休息之所。至是日,县官亲率僚属、士绅、各警甲军队排列而行,并令一人扮春童,其衣服如演戏扮马童装束,令骑马先至东郊。俟出城门后,即乘马速行,迎面而来,至县官轿前行礼,即曰'一报风调雨顺'。县官赏钱,即乘马速回。俟县官行到中途,又与前同,至轿前行礼,即曰'二报国泰民安'。又赏。再俟县官将到棚处,又三报'新春来到'。赏与前同。县官下棚少息。至时刻,衣公服,祭芒神。以柳条击牛三匝。"

按先秦的礼制,是日天子亲率王公百官在东郊迎接春天来临。在汉代,仍是在立春的当日迎春。后来,增加了鞭春牛(打春)的活动,迎春的时间有了两种安排:其一,在立春当日先迎春,后打春。宋陈元靓《岁时广记》引《国朝会要》说,"令立春前五日,都邑并造土牛耕夫犁具于大门外之东。是日黎明,有司为坛以祭先农。官吏各具彩杖,环击牛者三,所以示劝耕之意"。又如前引《辑安县志》所叙。其二,在立春前一日迎春,在立春当日鞭春。康熙《济南府志·岁时》中记载,"立春前一日,官府率士民,具春牛芒神,迎春于东郊……立春日,官吏各具彩杖,击土牛者三,谓之鞭春"。

鞭春是直接象征农耕的仪式。汉代把农夫与土牛并置,可以说这种造型是符号层面的鞭春,后来这一造型改为芒神执鞭驱牛。宋代开始颁布《土牛经》,

按五方行色规定当年土牛的皮毛、头角、颜色等。人们可以根据土牛和芒神的位置以及鞭子所指的部位看当年农事的早晚。在山东，如果立春在腊月望，则神在牛后，鞭及牛肩，说明农作早；如果立春在元旦前后，则神与牛齐，鞭及牛腹，说明农作适中；如果立春在正月望，则神在牛前，鞭及牛膝，说明农作晚。也有其他的说法。宋陈元靓《岁时广记》引《删定月令》说，"若立春在十二月望前，策牛人近前，示农早也。月晦及正旦则中，示农平也。正月望则近后，示农晚也"。

不过，由人动手击打土牛的鞭春仪式，出现于唐宋，此后愈演愈烈。鞭春的时间一般在立春当日，地点有的在东郊迎春的地方，如前引《辑安县志》，而一般在官署大门之外。宋孟元老《东京梦华录》记曰："立春前一日，开封府进春牛于禁中鞭春。开封、祥符两县，置春牛于府前。至日绝早，府僚打春，如方州仪。"鞭春在宋朝是全国通行，皇帝和开封府的长官像各个地方一样于立春当日在禁中或官署前鞭春。道光十六年山东《商河县志》中记载，鞭春的仪式大致是这样的：在皇历载明的立春时刻到来时，牲礼果品已摆在芒神位前，官员依次三献礼，至土牛前三击鼓，三鞭牛，然后向芒神揖退。鞭牛时通用的唱词是：一鞭风调雨顺，二鞭国泰民安，三鞭天子万年春。

鞭春之后是送春，所送的芒神和土牛较迎春、鞭春时所用的为小。有送小芒神、小土牛的，如前引《滦州志》所载。有只送小土牛的，例如前引《济南府志》说："立春日，官吏各具彩杖，击土牛者三，谓之鞭春，以示劝农之意焉。为小春牛，遍送缙绅家，及门鸣鼓乐以献，谓之送春。"南方也流行此俗，湖南《长沙县志》（嘉庆二十二年修）说，"立春日，官行迎春礼后，胥役别以小牛、丝鞭鼓乐送乡达，谓之送春牛"。官府的送春只限于士绅、缙绅之家，不管小民百姓。个人之间则可以买小春牛相互赠送，此俗在宋代颇为流行。小春牛的装扮及其组合造型确实讲究，可谓空前绝后。

送春之外有抢春。百姓自己动手争抢塑造土牛的泥土，此谓抢春。这种节俗在宋代已经大为盛行。宋陈元靓《岁时广记》引《皇朝岁时杂记》中记载，"立春，鞭牛讫，庶民杂沓如堵，顷刻间分裂都尽。又相攘夺，以致毁伤身体者，岁岁有之"。春牛土涂在灶上、蚕室，认为可以驱虫蚁，避鼠害，垫于圈下，认为能保六畜兴旺，例如广东《普宁县志》（乾隆十年修）中记载，"立春前一日，有司迎春东郊，观者夹道，辨芒神之式及土牛之色，以知水旱丰歉。至鞭春后，小民各分取土牛余土，归置圈下，以旺牲牧"。

立春期间附丽的应时习俗主要有尝春，贴宜春帖，戴立春吉祥物。

尝春是指立春日吃春盘、春饼、春卷，喝春酒等饮食习俗。中国人在春天来临时吃辛辣味的生菜的习惯可能先秦就有,后来定型为"五辛盘",成为魏晋南北朝时期的立春和元旦的特定食品。明李时珍《本草纲目》中记载,"元旦立春,以葱、蒜、韭、蓼蒿、芥辛嫩之菜杂和食之,取迎新之意,谓之五辛盘"。五辛不一定容易凑齐,有时候称春盘更加名副其实,杜甫《立春》诗就有"春日春盘细生菜"之句。萝卜也是立春日的首选食品,据说此时生吃可以解春困,通五脏之气,民间称为"咬春"。春饼是用面粉烙成的薄饼,可以加进葱花,可以就着萝卜吃,再讲究一点,薄饼里卷上青韭肉馅,就成了春卷。

贴宜春帖、戴特有的吉祥物的习俗在南朝梁宗懔的《荆楚岁时记》中就有记载:"立春之日,悉剪彩为燕戴之,贴'宜春'二字。"宜春帖代代相传,现代仍流行的春条和它一脉相承。人们把彩纸或五色绸剪成代表春天的燕子、蝴蝶等式样,在立春之日戴在头上以迎春,称之为彩胜、春胜、春幡,其名目不胜枚举。在宗懔的时代,这是荆楚地区普遍的习俗。在唐代,此俗主要盛行于宫廷和士大夫家庭:唐段成式《酉阳杂俎》载,"立春日,士大夫家剪纸为小幡,或悬于佳人之首,或缀于花下。又剪为春蝶、春钱、春胜以戏之";唐孙思邈《千金月令》载,"立春赐三宫彩胜,各有差"。宋代一仍其旧,民间也很流行。宋孟元老《东京梦华录》载,"宰执亲王百官,皆赐金银幡胜。入贺讫,戴归私第";《熙朝乐事》载,"民间妇女各以春幡春胜镂金簇彩,为燕蝶之属,问遗亲属,缀之钗头";辛弃疾《汉宫春·立春日》词说,"春已归来,看美人头上,袅袅春幡"。民间的吉祥物别有花样。山东人盛行在立春日把彩色碎布缝制的"春公鸡"(鸡谐"吉",意用公鸡驱邪)、"春娃娃"(类似年画娃娃)等钉在孩子的衣袖上,对于未种牛痘的孩子,还在春公鸡的嘴上叼一串黄豆粒,几岁叼几粒,这是以鸡吃豆(痘)寓意预防天花、麻疹等病患。

添仓节是专门祈求全年的收获装满仓的日子,一般是正月二十五,有的在正月十九、二十、二十三、二十四。一些地区把正月二十五定为老添仓,喻秋粮丰收;把正月二十前后的一天(通常是十九)定为小添仓,喻夏粮丰收。添仓日又被称为填仓日、天仓日、填老仓、仓官诞辰、母仓生日。添仓节与天仓星有关,《晋书·天文志》说,"天仓六星,在娄南,谷所藏也",所以有人呼为天仓日。此节定在正月二十前后,可能与宋代以前就有的天穿日有关。传说往古之时共工怒撞不周山,苍天倾塌,淫雨不止,洪水泛滥,幸有女娲炼五色石以补苍天。人们在正月二十(或十九)纪念女娲的补天之举,这天就叫补天日、天穿节或补天节。通常是把大饼置于屋顶象征补天穿。广东《花县志》(光绪十六年修)载,正月十九日,"各悬蒜于门,谓之辟邪恶;烙糯粉为大圆块,加针线其上,谓之补天穿"。此俗在南方盛于北方,大概因为南方多雨吧。添仓节盛于北方,其活动与补天穿的习俗根本不同。

添仓节的核心是添仓或填仓,河北《固安县志》(咸丰九年修)载,"正月二十五日,俗以为仓官诞辰,用柴灰摊院落中为屯形,中置爆竹以震之,谓之涨屯,又谓之填仓"。有的要在虚拟的屯内放置五谷,河北《固安县志》(民国三十二年修)载,"二十五日,俗曰母仓生日。天甫明,居民以灶灰撒地作屯形,置五谷数粒,用砖覆之,谓之打屯"。填仓仪式虽是遵循模拟巫术的原理,有的地方仍不忘劳动致富的大道理,仪式中还用到制作农具,辽宁《奉天通志》(民国二十三年修)载,"二十五日为填仓日。农家及米肆侵晨以粱秸心作小未耜,盛饭一盂,并纳仓廪中,焚香拜祭,谓之填仓,三日乃撤"。仪式的地点或在院内,或在屋内。仓有拟设的,如前所述;还有实际的,河南《荥阳县志》(乾隆十二年修)载,十九日"名曰填仓日。农人积粟之处,燃灯设祭以祈丰"。仪式另外的要素还包括:用面塑仓神,天未亮就设祭,要燃灯,山西《介休县志》(嘉庆二十四年修)载,"二十日,名小天仓。煮黄米糕,燃灯礼佛";"二十五日,为大天仓。造面作人如仓神状。燃灯于首更。造面鸡,置于内外房屋及碾磨、井灶之处,盖取衣食不穷之意"。

现代的添仓日象征仪式可以山东人的做法为例。此俗有两大类:其一是填模拟的仓。这天早晨,人们要"安屯":用草木灰在谷场、院子里撒成圆圈,作为"粮仓"、"粮屯"。中间放一撮粮食,谓之填仓。有的地方还要放一块石头"封门"。屋内也撒灰,成方形,中间放几枚硬币,意思是钱满柜。有的地方二月二日也打屯填仓,认为是打杂粮屯,先打的则是麦屯。此日天晴无风,称为"收屯",是丰收的预兆,所以有"收不收五谷,单看正月二十五"的谚语。人们在"屯"里放鞭炮,称为"涨屯",模拟粮食多得涨出了屯。其二是填实存的仓。人们在每个粮屯里都放上一个插着一炷香的馒头,祈祷"大屯满,小屯流"。这天的饮食也有讲究,所以有的地方说正月二十五"填嗓",而不说"填仓"。有的吃糕,谐步步高;有的吃干饭,寓谷穗坚实;有的喝面条,谓之"钱绳子",取串钱之意,里面放白菜叶,则寓棉花丰收。有的地方认为这天生的孩子一生不缺吃穿,长命富贵。①

二月二日的习俗主要是关于阳光、雨水和庄稼的,是地道的农业民俗。唐代定二月一日为中和节,重农业,祭太阳。后来演变为二月二日过中和节,民间又把这天视为龙抬头日,其受重视的程度大大超过了前者。清富察敦崇《燕京岁时记》载,"二月二日,古之中和节也,今人呼为龙抬头"。

---

① 见山曼等:《山东民俗》,山东友谊书社1988年版,第20—21页。

中和节的时间和主旨见于《唐书·李泌传》:李泌上书,以二月一日为中和节,以示务本。德宗下令颁行。在这天,朝廷上下表示对农业的重视,社会上吃糕,祭祀太阳神:清潘荣陛《帝京岁时纪胜·二月》载:"初一日为中和节,传自唐始。李泌请以二月朔为中和节,赐民间以囊,盛百果谷瓜李种相问遗,号献生子。令百官献农书。京师于是日以江米为糕,上印金乌圆光,用以祀日,绕街遍巷,叫而卖之,曰太阳鸡糕。其祭神云马,题曰太阳星君。焚帛时,将新正各门户张贴之五色挂钱,摘而焚之,曰太阳钱粮。左安门内有太阳宫,都人结侣携觞,往游竟日。考春分祭日,秋分祭月,乃国之大典,士民不得擅祀。若以照临恩当思报之,习俗云可。"春分是朝廷的祭日时间,这天则是士民祭日的时间。可见中和节的主题是种子和太阳。

"龙抬头"日的主题是钱粮和龙。人们为了钱粮求助于龙治水旱,除虫害。最重要的仪式是引龙,俗称引钱龙、引龙回。方式之一是以灰引,元代欧阳玄功提到过这种习俗,他的《渔家傲》词有"二月都城春动野,引龙灰向银床画"之句;潘荣陛《帝京岁时纪胜》有较详的记载,"二日为龙抬头日。乡民用灰自门外蜿蜒布入宅厨,旋绕水缸,呼为引龙"。方式之二是以水引,山西《大同县志》(道光十年修)载,"初二日,名为龙抬头日。早刻,户家按是年治水龙数,投钱于茶壶,汲水井中,随走随倾,至家则以余水合钱尽倾于贮水瓮,名为引钱龙"。方式之三是以线引,山西《崞县志》(乾隆二十一年修)载,"二日,以红丝系一钱,或于大树、大石之根,用灰围绕作线,并钱拖入室中,用一器盖之,名为引钱龙"。有的地方引走一条龙,引回一条龙。乾隆四年《天津县志》"二月":"初二日,以灰末引青龙至门外通水处,复以谷糠末引黄龙至家,名曰引钱龙"。天津《宁河县志》(乾隆四十四年修)"二月","人家以石灰引白龙入,以小灰引黑龙出"。

这天的另一重要习俗是除虫害,包括以龙压虫和巫术除虫。刘侗、于奕正《帝京景物略》载,"二月二日,曰龙抬头。煎元旦祭余饼,熏床炕,谓之熏虫儿,谓引龙,虫不出也"。如前所述,除虫的方法之一是油煎面食。方法之二是炒成颗粒的粮食,主要是各种豆子,外加花生和米,江浙一带称之为炒米虫。方法之三是燃烛,辽宁《海城县志》载,"初二日,古为中和节,俗谓龙抬头日。时当惊蛰节,盖取蛰虫始振之意……至夜燃烛于室中暗处,名曰照虫烛"。老北京人有"二月二,照房梁,蝎子蜈蚣没处藏"的说法,人们将过年用剩的蜡烛照射房间各处。据说此法真能驱灭虫子。方法之四是杖击,河南《林县志》载,"初二日,曰中和节、挑菜节。俗称是日龙抬头,祭龙神及碾、碓。农家以糠引至井,以灰引至家之水瓮间,曰引龙回。小儿以杖击屋梁、门楣,拍瓦块,以避毒虫"。方法之五是洒灰施法,河北《高邑县志》(民国三十年修)载,"以灰洒墙根,咒曰:'二月二,围墙根,蝎子蚰蜓不上身。'晚以纸钱并神灯残余之油捻焚于门外,曰'送蝎子蚰蜓'"。

也有在这天打屯祈丰收的,《吉林新志》(1934年修)载,"二日为雨节日。各家将年末所食肥猪之头、蹄留至是日食之。故有'二月二,龙抬头,天上下雨地下流,家家户户吃猪头'之谚。并于是日晨,用烧柴之灰画圆圈于门前及院中,圈外并画梯子形与圆圈相接,谓之打灰屯,乃祈祷丰收之意也"。山东人二月二早晨在场院和庭院打屯,一般由当家人动手。先用簸箕盛上草木灰,边走边用木棒轻敲边沿使灰徐徐落下,成一寸多宽的灰线圆圈,中间放少许五谷杂粮,即成屯或仓。有的把粮食放在地面,有的在圈内挖一小坑放粮食,有的还在坑上盖石块、砖头或瓦片。次日人们看见什么种子萌芽,就认为当年什么丰收。有的在灰屯边撒一架梯子,有的画套圈,谓之双屯。

这天的节令食品除了猪头之外,蒸馍馍名为蒸龙蛋,面条名为龙须面,饼要捏出花,名为龙鳞饼,菜团子名为龙蛋,吃饺子名为吃龙耳,一般都要和龙、虫挂靠。山西《大同县志》(道光十年修)载,初二日午间,"多食面条、粉条,名为挑龙尾";潘荣陛《帝京岁时纪胜》载,"都人用黍面枣糕麦米等物油煎为食,曰熏虫"。又是吃猪头,又是煎"元旦祭余饼",过年的食品至此大概收拾完了。另一种盛行的食俗是炒豆子,又称为炒蝎豆,据说吃了一年不被蝎子蜇。这天的节令饰物也与龙、虫相关,吉林《桦甸县志》(1932年修)载,"初二日为龙抬头,家家食猪首,啖春饼。以苇芦寸断,间以彩色布帛小块连缀之,名龙尾,俾幼稚佩带,或悬之屋中"。旧时正月不剃头,多在这天理发,谓之剃龙头。

二月二日还是民间春社的时间。社日用戊日,立春后的第五个戊日为春社,立秋后的第五个戊日为秋社,春社一般在二月二日前后,并不一定就在这一天。社神在人格化以后,人们定二月二日为该神的诞辰,于是,民间普遍把这天固定为社日。与此同时,仍有些地方按立春后第五个戊日推算当年的社日。

上述祈年备耕的民俗,如果视为科学,诚然不乏可笑之处;如果视为一种有意义的文化活动,视为一套象征符号,确实情趣盎然。什么句芒、土牛、灰仓、太阳神、龙、虫、天公田婆,在这一套符号下面,不就是人类永远礼赞的春天、耕牛、太阳、雨水和秋收吗?这些民俗活动所体现的未雨绸缪,提前进入劳动状态的敬业精神,绝对胜于稀里糊涂、无所事事的生活态度。

二、种植民俗

传统的耕作制度主要有一年一熟、两年三熟、一年两熟,大致是春种秋收,夏种秋收,秋种春收,而人文活动主要围绕春种秋收展开。农作物包括粮食作物,如大麦、小麦、稻、谷子、玉米、黄豆、绿豆、豇豆、豌豆、高粱、黍等;油料作物,如花生、芝麻、油菜等;纤维作物,如棉花、大麻、苎麻等;以及地瓜(红薯)、土豆、山药、芋头、莲藕和各种蔬菜、瓜果。它们都有与之相适应的生产习俗,我们难以一一述及,只能择要记述南北有代表性的作物的种植习俗。北方以麦黍为主,南方以稻谷为主。同时,北方有水田作物,南方也有旱地作物。麦黍农作与稻谷农作的种植民俗各有自己的特色,但是也有一些共通的仪式。

种植民俗可以从技术操作和人文两方面来看。从技术过程来说,麦子的种植有送粪、耕地、整地、播种等环节。人们将农家土杂肥运到地中一行一行分小堆放好。送粪用大车、小车(独轮车)、板车,山区多用驴驮篓送粪。准备开耕的时候,把粪均匀撒开,称为撒粪。耕地的方式有耦耕、刨耕和犁耕。耦耕的用具俗呼为"豁子",即古之耒耜,一人扶犁,一人背负牵引。此法异常劳苦。刨耕的用具是镢,用铁锹则称为翻地。犁耕的用具包括犁具和使耕畜与犁具相连的驾犁具,农民扶犁,执鞭喝令役畜(马、骡、牛或驴)牵引。耕地是技术性很强又很艰苦的活儿。然后是整地,即用耙碎土、平地。播种小麦通常用木制的耧,一人牵畜,一人扶耧,种子从耧门均匀地下到地里。有的在耧门处设耧铃,且行且响。在播种季节的田野上,铃铃朗朗相唱和,远远近近相呼应,是最使人难忘的乡情乡俗。① 稻谷的种植过程更复杂。除了同样使用农家肥之外,通常还用两种来源的绿肥,一是利用秋冬季在田里种上苕子(草子、紫云英)、蚕豆或豌豆,一是在春季割各种蒿草撒在田里,翻耕后它们就沤成了肥料。耕田和整田一般用牛和犁、耖,整田又叫耖田,在耕过的田里放上水,用牛拉耖把泥耙平,因为水田的地面要特别平坦,所以对整田的技术有很高的要求。此前要选种,浸种,下种,育好秧苗,然后择日栽秧。

人文方面的种植民俗千姿百态,从下地的那一刻到安苗结束的那一天,有一系列的习俗惯制,我们试从试犁仪式、育秧习俗、插秧习俗这三个方面择要言之。

农民在春季第一次动土之前要举行仪式,有些地区称之为试犁。辽宁《开原县志》(民国十八年修)提到,试犁习俗是古代官方籍田仪式在民间的遗留,其

---

① 山曼等:《山东民俗》,山东友谊书社1988年版,第271页。

"二月"条说,"仲春之月,遵部定耕籍日期,地方官率僚属、耆老诣先农坛祭推耕礼,农夫受以终亩。今其礼皆废弃不行矣。唯农家于播种以前,自行诹吉,于田间行之,名曰试犁"。浙江余姚下地前在地头祭田公田婆。近世,南北各地的农民于破土耕种日,各家分别在地头致祭,包括烧香、点灯、奠茶、酹酒,以求风调雨顺,五谷丰登。有的地区称这种仪式为开犁,浙江金华地区的开犁仪式是祭牛栏神,拜犁。焚三炷香和两张利市(纸钱),三拜,就算是拜犁,以求耕耙顺当,人畜平安,带来好收成。

谚云:"秧好一半谷。"农民对育秧特别慎重。人们在这期间担忧甚多,可能发芽率低,也可能苗不壮。果真如此,一年的日子都给毁了。于是,人们利用民俗在强化慎重的态度(它能保证人们严格按技术要求操作)的同时,缓解内心的焦虑。第一,人们讲究浸种的习俗。农民把谷种选好之后就浸种,即浸泡种子并加以适当的温度使种子发芽。浙江丽水的农民在浸谷种时,为辟邪先将桃树枝垫在箩底或插在箩里的谷种上,然后将箩浸入水中,并在浸谷种的池塘边点香烛,烧纸钱,求神保佑。宁波地区的农民于清明后浸种,谷种上要放一张红纸,压一把镰刀,俗称"秧子落缸催芽"。红纸和镰刀能够镇邪,大概也表示收割在望。

第二,人们下种也有一些讲究。为眼前着想,他们相信自己的一套习俗能保证种子落地生根。丽水的农民选择平潮的时间撒谷种入泥,这时种子不会浮起聚簇。谷种挑到田头,先撮一点放在流水的缺口处,再用泥块压住,然后播下的种子就不会漂浮,并且出苗整齐。金华地区的农民选晴天太阳下山的时间播谷种,所谓"太阳下山不再走,谷粒下田不会漂"。有的地方习惯在播种日早晨吃发糕和鸡蛋,有的则吃豆芽菜,以便使种子受到感应,苗壮成长。柳枝易活,长得也快,有的地方习惯在挑种子下田的箩筐里插一枝新柳,撒种后将柳枝插入秧田进水处,同样是要促使谷芽活得容易,长得快速。为全年着想,他们主动制造一些吉兆。例如,宁波人挑谷种下田,习惯让箩筐浅一点,临出门要念"一担出,万担进";在浙江常山县的山区,各家下种前依田亩数煮大肠头吃,据说"播种吃过大肠头,秧青苗壮好兆头"。

第三,人们还有一套护理秧田的习俗。护理秧田的基本工作是适时地调整水位,注意晒太阳,防冻,谨防猪和牛等家畜践踏。为了防止家禽和野雀来啄食,人们习惯制作稻草人当看守。再就是在田周围多插柳枝和桃枝,它们既被用于促长,也被用于驱邪。金华的一些地方在播谷种以后,人们晚上在各个三岔路口点蜡烛灯笼或设天灯照明,村内各户轮流添油看守。

插秧的习俗始于扯秧,开秧门,终于最后一天插秧的关秧门。因为秧与收获相联系,秧又与殃谐音,所以人们形成了一些应对的习俗。浙江金华人下田扯秧时,有的双手向后甩三下,有的先扯一丛倒压于田中,有的一定左脚先下田,右手先扯秧;有的先由户主绕秧田走一圈,扯一把秧带回家,扔在门墙上,以示秧苗认得家门,丰收的稻谷会由此入门。人们在秧田里坐在名为"秧马"的坐具上,两手并用,把育好的秧一撮撮扯起来,等两手都握满后,把它们合为一把,用稻草扎起来,俗称"娘抱子"。两手的秧合在一起捆扎时留有缺口,俗称"秧门"(插秧要解开稻草,即为"开秧门"),无缺口被视为不吉利。然后,人们把秧把挑到耖好的田边,均匀地抛在水田里,俗称"打秧"。打秧忌讳打到人,人们都怕"遭殃"。

有些地区以扯头垅秧为开秧门。江汉平原的农户在扯秧时敲锣打鼓"开秧门"。头一垅秧扯完,整块秧田就像开了一道门,这时紧锣密鼓响起来,众人坐在秧马上一字摆开,争先恐后扯秧。一丘田的秧扯完,众人又在田里闹腾开了。他们互相甩泥巴,你弄我一身,我糊你一脸,最后一个个泥人似的。人们称之"糊仓",泥糊得越多,玩得越尽兴,预示着秋后的收成越好。

有些地区以第一天插秧为"开秧门"。江浙的农家开秧门如办大事、喜事。人们用香烛、酒菜供奉土地神,燃放鞭炮;有的还敲锣打鼓,祈求田公田婆保佑。家家户户备下丰盛的酒菜,既要吃得实惠,又要图个吉利。有的地方这天要吃鸡蛋,谓之"彩头";有的在这天吃糯米做成的种田粿,吃二两以至四两一块或同拳头般大的猪肉,特别耐饿;浙江义乌一带吃笋,以图秧苗像笋一样茁壮生长;浙江永康一带吃粽子和年糕,既耐饿,又有粒粒种、年年高的寓意。各地的开秧门都有一些讲究,有的地方挑第一担秧下田前先喊一声"老田公";有的插第一行秧时忌开口,开了口以后手会伤筋;有的第一蔸秧必须倒插,接着拔起,再顺插,俗谓这样可以避免秧痴疯。

人们插秧时,连续多日整天俯首弯腰站在泥水里,劳动强度不同寻常,对收成也是意义重大,人们自然要以一定的民俗对付它。插秧往往以"合伴"、"换工"的劳动形式,几家的劳动力集中依次给各家插秧。它有利于最大限度地缩小一块田的秧苗生长的时间差,减少劳动的单调和疲劳,便于人们安排好的饮食。在浙江东阳一带,某家开秧门这天,乡邻都来帮忙插一阵,晚上主人摆酒相请,有帮过忙而未到席者,主人必然送去食物。也有人家请帮工,称其"师傅"、"种田老师"、"种田虎"。午饭和晚饭要给他们吃种田肉,有的给每人四块四两重的肉,有的习惯上让吃不让带,有的则让带回家。吃饭时,种田老师请坐上座。也有些地方让放牛娃坐首席,俗谓"放牛娃子一日大"。

下田的先后顺序也是有讲究的。在湖北京山,农家栽秧的第一天早餐,谁吃到埋放在饭碗底的一大块肉,谁就该先下田栽"背塝"秧(该田块处于梯田的内侧,不便活动,应最先栽秧)。主妇往往有意把这个饭碗递给栽秧特别能干的妇女(这里以及江汉平原栽秧以妇女为主要劳力,男子负责挑秧,在田头打锣鼓助威)。但是,当这块肉露出来时,该妇女总是"谦虚地"将肉夹给另一人,经过一番推让,最后大多还是回到她的碗里。浙江一些地方,第一个下田的人由户主指定或公推,他肯定是插秧能手,俗称"上行手",最后一位下田的也是能手,俗称"吃青手"。

有的地方,插秧有赛秧的习惯和下围拢的闹剧。插秧是众人并排且退且插,每人都插同样多的行数。如果左右两边的人都把中间的人抛在前面老远,中间的人就被嘲笑为"戴田枷"、"穿长布衫"、"摸螺蛳";如果他的身后被插上,则称为"下围拢"、"合猪栏"、"包麦团"、"做圆子",这是极大的笑料。江苏有一首田歌唱道:"动秧把,要赛秧,鸟叫一声六棵秧。莳得好的头手师傅吃肉团,眼红气涨,争而未胜的却要挨包麦团。"

关秧门是插秧的最后一天。关秧门这天要在天黑前把秧插完,如果估计时间不够,要及早请人帮忙,如果安排不当,天黑还未完工,则被认为不吉利。有的地方在这天还要请歌手唱田歌,热热闹闹关秧门。多余的秧不可给牛吃,否则,牛爱吃秧,稻田不好看护。在浙江金华、衢州一带,人们把关秧门剩下的秧取一把带回家,抛于自家屋顶,据说可以使瓦上不生小毛虫。关秧门当晚,农家摆酒菜给种田人吃喝,俗称"关秧门酒"。此后,媳妇们可以回娘家了。

三、田间管理民俗

田间管理是保证庄稼正常生长的过程,人们既采用科学手段,也进行神秘仪式,形成了丰富的民俗。农谚云:"种田防三害,旱涝和虫灾。"田间管理的民俗主要围绕着这三个方面。

抗旱的民俗有两大类:一是引水,二是祈雨。水稻是在水里生长的,一直少不了水;小麦生长的各个阶段如泛青、起身、拔节、挑旗、扬花、灌浆、蜡熟、遇旱皆须浇水。供水给人们带来太多的麻烦,所以农民爱说"每粒米都是七斤四两水浇出的,糟蹋粮食要遭天打五雷轰"。人们引水的方式在北方以辘轳提水为代表,在南方则以水车取水为特点。

辘轳是一种古老的井上提水工具,一般用三根木棍作腿支撑辘轳身子(一段圆木),组成辘轳架子,在辘轳身子上横插一轴,称做辘轳芯子,再于辘轳芯子上穿圆木制成的辘轳头,辘轳头外端置一弯木摇把,将麻绳绕在辘轳头上,里端固定,外端备铁环拴水斗。人们把水斗放到水中,摇把提水,用以灌田。操作能手无须以手摇把放水斗下井,只以手轻按辘轳头,任其哗哗急转直下,然后提水,边摇边唱号子:"呕嘿哟——嘿——嘿——又——一个斗来嗨——!"水斗出井口时顺势用脚一拨,踩准了水斗里沿,水斗翻转,倾水于水槽之中;再一拨,水斗又随哗哗辘轳声响坠入井底。一人操作,一人看水,水就会源源不断流入麦垄。

近世普遍采用的水车是木制龙骨水车,其结构是把小木块按一定距离连接起来,像龙骨一样,一部分放入车床,一部分绕在轮盘上,车床的一头置于水源,另一头置于沟渠的入口处,当脚力(或畜力、风力)驱动轮盘旋转时,一节节龙骨环环相接,把水提升上来。脚力车水,俗称踏水车,有一首童谣对此作了生动的描述:"叽里咕噜踏水车,水车里头有条蛇,水蛇盘上又盘落,口吐清水养谷谷。"人力水车有手摇单人车,有脚踏的双人车、四人车或六人车。人数多少根据车床(车身)的长短和放置的平陡而定。车长从丈二到二丈四不等,有时需要几架水车分层戽水,俗称"翻水"。民间习惯根据天河南端的"天车星"的形状判断当年的雨水情况:"天车平,地车陡,顶着日头踏水车;天车陡,地车平,踏车平平田稻兴。"

车水伴随着车水民歌,如车水号子、踏车情歌、车水山歌和田歌等。车水民歌有车水时唱的普通民歌,有与车水紧密联系的特定民歌,后者才是名副其实的车水民歌。它们有的描述车水,如一首在嘉兴桐乡搜集的《踏车歌》唱道,"旱冲(水车支柱)陡起直苗苗,扶横(作为扶手的横柱)架起像仙桥,十六个步柱(轮轴上脚着力的木柱)轮流转,木龙取水救青苗";有的讲述车水的故事,如一首在嘉善搜集的《踏车田歌》唱道,"四个姑娘去踏车,四顶凉帽手里拿,四顶凉帽都是牡丹花,四件布衫都是黑洋纱。脚踏水车手挑花,眼睛看勒别场花,引线戳啦指头上,哎哟哟——为啥要踏这断命车……";还有一种已经成为车水劳动的组成部分,如浙江海宁和海盐一带的《哈头歌》,既起记数换班、统一节奏的实际作用,也起抚慰疲劳、调剂精神的艺术作用。《哈头歌》的直接作用是记工换班,以"转一哈一起"的进位方式计算工作量。人们在正相合的轮轴的一块齿板和龙骨的一块挡水板上各做一个记号,当龙骨运转12周时,两个记号又相合(当地称为相哈),算作一哈,17哈算作一起(204转),农民称为一班烟,也就是该换班抽烟了。《哈头歌》先有一个起调,"哈头,依呦来,哈头朗踏上来,哈起来唱起来,唱起来踏起来……"《哈头歌》起调从高音区的自由延长中跌宕下来,加上和唱者采用侵入前句、首尾相叠的手法,造成此起彼伏的音乐效果,使人产生激越的冲动。起调后是十七哈正歌,节奏转入进行速度,使车水者步调统一,稳健有力:"哈起来,踏起来,哈头有朗啥个花儿开?哈头有朗正月梅花开……"

《哈头歌》要唱十七哈,前十哈唱十个月花名,后七哈采取"芙蓉梅花开"、"芙蓉杏花开"的记数形式,一直唱到代表十七哈的"芙蓉鸡冠花"。①

车水有时会变成抢水。在大旱之年,使用同一水源的农户在蓄水量不足时采取"盘龙大战"的方式抢水灌田。在嘉兴一带,临战前三天由执年的农户通知同一水源的田主,大家各自备好水车,请好人员。在抢水的前一天,有的地方举行祭车神的仪式。海宁人的祭法是:肉一块,蛋一个,苗一棵,水一杯,在车基之上焚香供拜,最后把一杯水泼入田中以示车战大获全胜。第二天一早,各户的人员吃饱喝足,带齐食品饮料,在岸边田头架好水车。争水是以农户或田块(联户)为单位,谁实力雄厚,谁抢的水多。组织者一声锣响,顷刻间锣声大作,人声鼎沸,有时几十部水车一齐飞转,流水随着水车叽叽嘎嘎的声音灌入各自的田间。此时,车轴飞转,已经无法计算转数,换班时间由平时的以时辰为单位改成以时刻为单位,换班形式也由平时的停下来一班换一班改为在保持水车飞转的前提之下一个人一个人地换。水车号子也改为"嘿!哈!嘿!哈哈!"的快节奏。战到高潮,号子、车声、水声、喝彩声响成一片。当蓄水变得很少时,随着一阵锣响,早就等在一旁的抓鱼人纷纷跳进水里。

祈雨曾是各地遇干旱时普遍盛行的风俗。求雨的对象有龙王、水神、河神、稷王、老天、小龙(蛇)、佛道诸神或各地特有的保护神,求雨的地点和雨水的象征有江河、湖泊、溪流、堰塘、水潭、水井或寺庙的储水(神水)。求雨既采用讨好神的方式,也不乏忤逆和强迫的方式,而方式的核心是巫术。我们试以山西、浙江和河南的几种求雨活动来展示这一风俗的不同形态。

在山西稷山县遇干旱时,一村或几村组成一个祈雨队,人们头戴柳条圈子,队伍前面抬着供品和被称为"下嚼子"的男子——他是大家捐钱粮请来的,赤着上身,用铁铡关(晋南铡刀与铡蹲重合的轴,类似长钉子)从左腮穿到右腮,好像牲口的嚼子。他一手端一碗凉水不停地喝,一手挥舞一条丈余长的鞭子在前开路。后面的锣鼓队一路敲打,祈雨队随行,到山顶祭祀祷告,求稷王恩赐甘霖。果真降下喜雨,人们必定捐钱请大戏班子唱戏谢神。吕梁地区求雨主要利用龙妃。祈雨前要选龙妃,即让村里未婚的女子都到龙王庙,由主持人以龙王的名义抽签决定谁是龙妃。龙妃选定后,人们抬着龙王的偶像和头戴凤冠、身穿绣裙的龙妃到黄河边,摆上供品,酹酒烧香,磕头祈祷,然后把酒洒进黄河。接着是龙妃摸雨。人们栽十个木桩,其上各放一个碗,五个有水,五个无水。龙妃蒙

---

① 参见朱关良:《嘉兴灌溉习俗考》,载浙江省民间文艺家协会编《吴越民俗》,复旦大学出版社1992年版。

着眼睛去摸碗,摸到有水的意味着有雨,摸着无水的意味着无雨。在后一种情况之下,人们痛打龙妃,迫使龙王降雨。①

浙江温州的求雨主要有耆老祈雨和师公祈雨两种形态。前者由几十个村庄联合起来,抬着佛像到方圆几十里认为最灵应的潭边,让老人出面求雨。在永嘉楠溪的苍山龙潭,温州市郊的村民也远道去求雨。先卜卦挑选一个抱水瓶老人,俗称抱瓶老人。几千人排成行列,走四五十里到龙潭,途中不许带雨伞,天气太热时在头上戴几张荷叶。仪仗旗牌在前,接着是抬着的佛像,后面是大队人马。到龙潭后设祭。到夜间,一大群老人跪在潭边哭叫,"田螺晒成金弹子,泥鳅晒成一枚钉哩!皇天救苦,早赐甘霖呀!"叫到天亮时,抱水瓶的老人用水瓶在潭中吸水,只许吸一次,瓶水的多少就是这次求得多少雨水的征候。人们求雨回来,让佛像露天坐在庙前,演戏娱神。若等十几天还没有雨,人们还得再去龙潭求雨。师公求雨是择日在空地设坛:叠桌达九层,称为九台;四角各用一根竹子捆紧,并且竖以黄茅;台上竖起七星旗,分列东西。师公穿白袍戴白帽,口吹法螺,手摇铜铃,或跳跃,或踽踽而行,有时两手握住七星旗杆,口喊皇天。师公作法后率众携带竹篮、水桶及方斗等物,沿山溪行法,众人向溪潭寻觅蛇蛙鱼虾,被抓到的第一个就是龙的化身。它被放入方斗,密盖起来,热热闹闹地迎回去。然后,各村演戏设祭,敬供龙神,直到雨来。②

河南原阳县有一种"擂马皮"的求雨方式。擂马皮的祭祀活动在大旱之年由会首组织一百多名男子进行:先在方圆几十亩的地面犁出一个大型的沟圈,表示城墙,再顺沟撒上草灰,谓之"撒灰城",然后把各路神像请到灰城之内。趁夜深人静的时候,参加祭祀的大汉们手持红棍或铁锹躲藏在城内,观察城周的动静。一有动物闯进灰城,主祭者便发布命令,人们用灰象征性地封闭城门,同时放铳鸣炮,敲锣打鼓,大家一起持棍狂舞。第一个躺倒的人被认为是马皮神的化身。人们把他抬到神棚内,向他烧香祭祀。礼毕,他便手持大刀和马皮(用马皮特制的长鞭)向天空抽打挥舞。据说马皮神显灵的时候此鞭可以旋空而直立。然后,会首求问:"几天有雨?雨来自何方?"神的化身一一回答。如果雨水如期而至,村民们要唱三天大戏酬谢马皮神。这种卜雨形式在商代卜辞中就有类似的记载:"庚寅卜,辛卯隶舞,雨?"③

---

① 温幸、薛麦喜主编:《山西民俗》,山西人民出版社1991年版,第299页。
② 叶大兵编著:《温州民俗》,海洋出版社1992年版,第9—10页。
③ 郭松针:《豫北地区祈雨、防涝习俗的调查与研究》,载《中国民俗学研究》第一辑,中央民族大学出版社1994年版,第207页。

我们见到的最早的祈雨方式是殷墟卜辞记载的暴巫、焚巫，因为人们相信他们通天通神，当他们处于烈日之下、火焰之中热不可挡的时候，可能会引动神灵降雨。后世流行以暴晒以至烧烤龙王和旱魃的方式求雨。当龙成为雨水神之后，人们又采取模拟和要挟的巫术引龙降雨。汉代王充《论衡·乱龙》篇载："设土龙以招雨，其意以云龙相致……以类求之，故设土龙。"《山海经·大荒东经》载："旱而为应龙之状，乃得大雨。"求雨历来受官方重视，近世求雨活动的内容虽然庞杂，但正式的仪式由官民合作，主祭龙王，其步骤大致是遵守禁忌、设坛祈祷、抬神游行、唱戏谢神。逢亢旱之岁，地方官决定求雨时命令本地一律洒扫街道，不得屠宰；择吉日设坛建醮。而百姓则家家门口设龙王牌位，朝夕焚香，有的地方还须储水一坛，插上柳枝。长官择日率僚属乡绅耆老到坛前祈祷。乡人汇集龙王庙前，戒烟酒，禁伞禁笠，各以柳圈罩头，手持纸旗，上书"沛然下雨"等语，焚香跪祷。如果在一定期限内龙王未顺应众愿，村人就抬着龙王的牌位游行。他们赤着脚，戴着柳圈，手拿写有祈雨词的纸旗，走一段就跪下求雨，有的甚至一步一跪；只要是经过庙宇、水井，必定焚香跪祷。一等降下雨来，地方官再次率众到神坛行礼，乡人赴庙致祭，供肉供酒，烧香烧纸。隆重一点的要演剧唱影（皮影戏）。有的安排在秋季举行盛大的活动谢神。

除了巫师，寡妇和儿童的一些活动被认为有求雨的奇效。河南、山东等地方都曾使用寡妇扫坑的求雨方式。古人相信小孩的言行具有特殊的力量（例如童谣预言的准确性），所以求雨时让小孩也扮演重要的角色，如明代刘侗、于奕正《帝京景物略》（卷二）记载，"凡岁时不雨，贴龙王神马于门，瓷瓶插柳枝挂门之旁，小儿塑泥龙，张纸旗，击鼓金，焚香各龙王庙。群歌曰：'青龙头，白龙尾，小孩求雨天欢喜。麦子麦子焦黄，起动起动龙王，大下小下，初一下到十八，摩诃萨'"。

人们遇到久雨天气时又要设法求晴。不过，求晴的习俗远不如求雨的习俗那么丰富、正规。全国广泛流行过的止雨求晴仪式主要有悬挂"扫晴娘"，倒贴和尚像，毁弃雨具。明代《帝京景物略》记载了扫晴娘的形制和悬挂方式："雨久，以白纸剪妇人首，剪红绿纸衣之，以笤帚苗缚小帚令携之，竿悬檐际，曰'扫晴娘'。"胡朴安《中华全国风俗志》下篇卷三记曰"吴县如遇久雨，则用纸剪为女子之状，名曰'扫晴娘'。手执扫帚。纸人须颠倒，足朝天，头朝地。其意盖谓足朝天可扫去雨点也。用线穿之，挂于廊下或檐下。俟天已晴，然后将扫晴娘焚去"。河南人在院中边挂"扫晴娘"边念诵："扫晴娘，扫晴娘，三天扫晴啦，给你穿花衣裳，三天扫不晴，扎你的光脊梁。"有的地方念的词是"扫天娘，扫地娘，扫去乌云出太阳"。

倒贴和尚像的习俗南北都有。有的用老和尚，有的用小和尚，有的用大头和尚。贴像的地方有墙壁、房檐或水缸，有的还要鞭打一番。浙江奉化是用纸剪两个小和尚，贴在墙上，用竹梢敲打他们。苏州是用黄表纸剪七个和尚头，倒贴在水缸脚，并焚纸烧香。在河南泌阳县，人们遇连阴雨天就用纸剪一个老和尚倒贴在房檐木柱上，边贴边念："老和尚，颠倒颠，明天向你要好天，不给好天打你一百棒槌一百鞭。"有的地方把挂"扫晴娘"和贴和尚像组合成一体。在河南北部，人们贴大头和尚在南墙时念念有词："大头和尚，贴你南墙上，二天不下雨，给你娶个扫（骚）晴（情）娘。"如果三天以内果然雨过天晴，人们便给和尚兑现，用纸或玉黍秆做个"扫晴娘"，为她穿上嫁衣，配把扫帚，挂在院中晒衣服的绳条上。老百姓真能想象，他们往往用异常的文化对付异常的天气。

毁弃雨具是为了表示不愿再使用雨具，以求天晴。各地流行的习俗有烧斗笠，烧蓑衣（客家人如此），烧破鞋（浙江衢州人如此）或收起雨鞋表示不再穿（苏州人如此）。在浙江兰溪，人们把旧笠帽一顶、灯笼一个，扎于竹竿顶上燃烧。他们边烧边念："笠帽精，灯笼精，请你上天讲人情，今天落，明天晴。"江苏吴县则有专烧破旧不堪的旧灯笼以求晴的习俗。人们采取烧的方式，是基于以火攻水的观念，而对雨具的优先选择，又是基于天人感应的观念。天降淫雨，是天违人意，人们就采取一些仪式使天人沟通，选择雨具来烧的根本原因在于雨具是下雨期间人与天特有的中介。此外，人们还使用一些亵渎上天、触犯上天的手段来强调自己的不满和愿望。

人们处理虫害的方式可以划分为两大类：一是实效性的手段，一是神秘性的仪式。前者包括保护益鸟，让土地冬冻夏晒，对庄稼进行药物防治。在未用现代化学药物以前，南方人的土制农药有菜虫药、黄牯牛花、醉鱼草、石灰、硫黄等。防治虫害的意识从新年伊始就是农民心中一根绷紧的弦。江南农村有在元宵节前的某个半夜"放烧火"的习俗，有的在正月十三夜，有的在正月十四夜。人们用柴草扎成火把，在田埂上放火焚烧冬草，田野里一时间出现数不尽的火龙和祈求五谷丰登的祝祷声。火烧田埂的确有除虫的作用。二月二日又有熏虫、炒米虫之类的除虫仪式。有的将供过菩萨的干饭粒撒在田里，有的把龙灯放在田里过夜，有的将所谓"五色水"（河水、雨水、井水、池水、海水）混合在一起由人含着喷在田里，人们相信它们除虫的灵应。在田间管理阶段，除虫的仪式主要有扫虫、告稻虫、抬神巡游。

扫帚在一些地方被称为扫帚太公，曾被赋予特殊的法力，既能扫除赃物，也能扫除一切牛鬼蛇神，自然也能扫虫。在太湖一带，遇到棉花、水稻发生虫害时，人们将扫帚插在田中，作为降虫之物。也有在年初先期举行扫虫仪式的。

浙江宁波的农民习惯在正月十三夜拿着扫帚去田里扫虫,他们倒扫几下,顺扫几下,边扫边念:"正月十三夜,百虫在地外",以求百虫不入地界。人们向神灵告发稻虫并请神灵为民除害,谓之告稻虫。这是把稻虫当罪犯,把神灵当法官的模式。在浙江丽水一带,人们遇到稻田的虫害严重时,就举行告稻虫的习俗。人们到大王公菩萨或其他神灵的神位前,供祭品,点香烛,控告虫子危害水稻,祈求神威显灵,杀虫灭灾。①

  为了降伏害虫而被抬着巡游的神有社神、刘猛将军等。温州人发现虫子危害庄稼时就去祭社庙,然后抬着村里的社神(有时联合几个村子的人抬着各自的社神)绕田界行游一周。他们相信社神会为人消灭害虫。刘猛将军,又称为猛将菩萨等,主要就是管治虫害的。山西东部地区的虫王庙供刘猛将军偶像,人们按时前往祭拜,让他吃饱,他才能严管蝗虫。浙江慈溪在虫害严重时就把猛将菩萨从庙里抬出来巡游,称之青苗会,又称为青虫会,旨在驱除稻田卷叶虫和棉地尺蠖。一般在虫害易发的七月中旬由庙周围各村商定后选择黄道吉日行会。传说刘猛实有其人,因捉虫吃虫而死,被明太祖封为将军,或说他是刘备的后人,带兵灭虫时死在地里。因此,农民为他塑像立庙,人们抬他巡游除虫也特别灵应。庙里提前五天派人鸣锣通知各个村做好准备,并为猛将菩萨净身,在祭拜时祷告:"请将军为民驱虫,去瘟灭疫,确保五谷丰登,六畜兴旺,人口平安!"青苗会出巡时有庞大的仪仗队:大员出巡的仪仗一应俱全之外,锣鼓管弦齐奏,旱船、长龙、面具夹杂其间,特别是有一人扮丧魁,由数十把镗叉押着。人们认为青虫是丧魁带来的,赶丧魁就是驱赶害虫。最后才是刘猛将军。每过一村,"刘猛将军菩萨"被抬到事先搭好的祭台前,朝南放下,供桌上摆满三牲福礼,荤素菜肴,酒饭茶点,香烛和金银挂锭齐备。祭祀按开锣、升炮、上香、参拜、敬酒的程序进行,然后鸣放火铳,前往另一处祭台。②人们还要在有虫害的田里插上黄色三角小旗,上书"刘猛将军勒令治虫"。在湖州长兴,插旗后,男子裸体在田埂上跑三圈,说是赶跑晦气。

  临近收获季节,人们要对庄稼施行最后的保护仪式。这类习俗名目繁多,包括挂土地头、烧田头、稻花会等。中原六月六曾流行"挂土地头",一般是以芝麻秆悬挂谷神像或以烧纸代替,插于禾苗地头。谷神的形象为圆眼虬须,手持谷穗。山西忻州一带则是在七月十五到庄稼地挂纸,也就是将红绿纸条挂在庄稼上,祝愿上籽快,粒粒饱满。杭州周围在六月初一烧田头,又叫请五谷神:每

---

① 见《浙江风俗简志》,浙江人民出版社1986年版,第537页。
② 见滕占能:《慈溪青苗会调查》,载《中国民间文化》第十四集。

户户主用锄头(不能用扁担)挑两只篮子,一头是香纸蜡烛,一头是酒饭菜等,其中必有一盘"米筛爬"(用面粉、红糖、发粉放米筛内做成,形如海参而口感香脆)。祭祀之后,把一丘的田缺加高一些。烧田头结束后吃"米筛爬"。① 宁波地区的稻花会是在早稻飘香的时候举办,村民们聚集一起,手举彩旗,成群结队在田间巡游一周,其间必定要敲锣打鼓,放铳放炮。这些活动都是在丰收在望的时候用仪式预兆丰收,请神在最后关头为人保丰收。

四、收获民俗

收获民俗主要包括收获过程的习俗以及收获所连带的习俗,例如尝新、拜斗会、献场糕、土地会等。它们集中体现了中国人"报"的意识。报的内涵很丰富,诸如报答、回报、酬报、报恩,尽在其中。这是一种有来必往、有受必献的精神模式。

尝新是指第一次吃新麦或新米的仪式。举行仪式的地点或是在家里,或是在田头。尝新的主题是吃,一般是在大面积收割前弄一点回去做成特殊食品,先敬天地五谷和列祖列宗,然后自家食用,部分馈赠邻居亲友。尝新的主题是一个,可是,其方式却形形色色。我们试以浙江各地的这一风俗加以说明。温州人在早晚禾登场之前都有尝新的风俗:农民将刚熟的谷折下来,晒干舂米,煮成新米饭,在摆于中庭的桌子或茶几上供一碗新米饭和一盘茄子、一盘带豆,点香烛插在新米饭上,敬天地祖先。祭毕,吃尝新酒,食物有鸡鸭鱼肉和糕饼,并且必有茄子和带豆,取开花必有实和并蒂绵长之意。金华的风俗可能更原始:人们在开镰前摘五个稻头,蒸熟后插在饭上,另配以菜和茶在田头祭五谷神,然后开镰。前者的尝新是实,后者的尝新只是形式。丽水又是另一种处理方式。丽水的农民在稻麦成熟时择吉日举行仪式;如果到吉日稻禾未割,要去田间捋一些熟粒碾成米,加上陈米煮成所谓五谷饭;若已收割,就以新米煮饭。先用饭祭祀五谷神、仓神和天地,再祭祀祖先,然后让长辈吃,最后才是大家吃。收麦时尝新则是做面饼。台州人在第一次吃新麦面或新米饭时给邻居挨家送去,送的人说"尝新,尝新",接的人说"多谢,多谢"。②

粮食的收割之后是脱粒,其方法大致有手剥、牛踩、连枷打、石磙压、斗"板"等数种。用手剥的有玉米、花生等,其情景一般是大家围坐在一起,一边干活一边说笑,顺便还可以照看孩子。有的地方单把穗子割下来均匀地摊在谷场上,

---

① 见《浙江风俗简志》,浙江人民出版社1986年版,第66页。
② 同上书,第175、412、539、487页。

让几头牛拴在一起转着圈儿踩。陕北人就习惯用牛踩谷穗子，往往是一位老汉在场地中间站着，驱赶牛群的同时唱踩场歌。谷子、糜子、黄豆都能用连枷打，通常也是多人合作，或者是并排或者是面对面挥舞连枷，特别讲究互相协调，旁观者看起来像是在操练或表演。用石碌压称作碾场，把收割回来的稻或麦平铺在禾场，用牲畜拉着石碌反复转圈，把颗粒从秸秆上挤压下来。这种方法南北各地普遍采用。有些地方在打场时祭祀五谷神。延安人打场时吃软小米做的糕，并且由婆姨送上场来吃。先在谷堆前烧香、烧纸、放炮、磕头祭拜五谷神，还要撕几块糕往天上和地下扔，祭祀天地。最后才由大家分吃。①

斗是一种敞口的大木桶，把割下的稻子在斗的木板上摔打使颗粒脱落，称为"板"。用斗板稻子要举行一套复杂的仪式，称为"拜斗会"。有人详细地记录过浙江东阳的拜斗会。传说谷神降临的话是附着在打稻用的斗上，于是，人们在丰收之后通过拜斗来谢神。拜斗一般于七月中旬择吉日进行。祭坛由数张八仙桌拼合而成，上面放披红挂彩的六尊斗，一大五小，大者代表五谷总神，小者分别代表谷、麦等五谷的单项神。坛前的供桌放百谷、百果、百花，祭坛左右栽两株摇钱树，再左栽柏树，右栽竹子，寓意是百样富足。祭祀仪式由妇女进行，男人只能做杂差，如敲锣鼓、放鞭炮。仪式开始时，妇女结队从燃烧的稻草堆跨过，俗谓"熏火浴"，以除秽气。仪式中由一位壮年妇女扮成谷神，在坛前尽情跳舞，其余妇女列队持香跪拜。接着人们成双成对地跳舞，手持插有鲜花的橘子和梨（喻吉利）作插秧、收割之态。然后串戏文，一直闹腾到半夜。最后，人们燃烧坛前的树，欢送谷神回天庭。②

秋季的土地会就是秋社，与春社相呼应，此谓春祈秋报。秋社的本义是收获后酬谢神灵，近世的秋社已经分化出另一种类型，即丰收之前保丰收的类型，有的明确说是"秋苗社"。秋社的日子按说是在立秋后的第五个戊日，民间实际上并不是这么统一推算的，有的选在秋分，有的择吉确定，有的固定在八月初二，有的选择七月的一天。《白虎通·社稷》引《援神契》，"仲秋获禾，报社祭稷"。浙江《平湖县志》（光绪十二年修）记载的社是在春分和秋分，"秋分社，田家又醵钱为会，牲醴祭神，以保丰稔"。四川近世的土地会是在八月初二举行，有会首筹备。届时，土地庙贴上了新写的对联，"保一方清吉，佑四季平安"。活动内容有两项：一是祭祀土地菩萨，二是会餐庆丰收。有的地方还要演戏谢神，举办得十分热闹。江浙一带近世的秋社又被称做秋苗社、太平社，限于在七月

---

① 参见劲挺：《延安风土记》，西北大学出版社1986年版，第90页。
② 参见徐杰舜：《汉族民间经济风俗》，广西教育出版社1990年版，第20—21页。

初七到二十之间选择一天。

第二节　渔业民俗

渔业民俗包括捕鱼过程的习俗和渔民特有的习俗。在传统社会,捕鱼在许多地方都只是副业,不过,在沿海和内河、湖泊地区,捕鱼是许多人的主业,他们就是渔民。捕鱼活动有大量习俗惯制,人们遵循它们,无疑是因为它们有着重大的技术价值和心理价值。渔业并不是易于谋生的行业,渔民经常是在拿生命讨生活,因此,渔民祖祖辈辈形成了与自己的行业相适应的行为方式和思想观念,其中他们习以为常的内容就是渔民特有的习俗。渔业民俗可以分三类来叙述,即捕鱼过程的习俗、渔民特有的习俗、船俗。船是渔民的命根子,是渔业民俗最丰富的一个凝聚点,所以我们把船俗单列一类,首先加以叙述。

一、船俗

船俗涉及人们对船的俗信(态度、观念、迷信等)、布置,以及围绕船所举行的活动。这些内容在建造新船的过程中会完整地表现出来。因此,我们按造船的步骤依次加以叙述。好在应长裕和刘兆元对浙江奉化和江苏海州湾的造船习俗做过认真调查,我们就以他们的报告来说明。①

决定造船的习俗包括相面、择匠、择日、择地,以及最后的告祖。造船是一项风险很大的投资,造船耗资大,船行水上危险丛生,渔民兴业败家往往系于一船。渔民必然对此慎而又慎。他们表达慎重的方式是相面。据说有的面相宜于水上生财,造船兴家,如果面相的井灶(鼻梁两侧)明赤,下库和舟车(均在左嘴角下)明亮,造船下海必定大发;有的行水注定有水灾,不宜造船吃水饭。有心造船的人先请先生看面相,如果宜于造船生财,再请先生把自己的八字和生肖与造船师傅的八字和生肖合起来,看是否相冲。如果预选的师傅与主人相冲,则须另找匠人。渔民称造船木工为大木,称建房做家具的木工为小木,可见造船师傅的声望不同寻常。然后再选择一个开工的吉日,主要是看选中的那一天与主人和大木师傅的生辰是否相合。简化的择吉方法是逢双("四"谐"死",绝对不行)、逢八,所谓"好事逢双","要得发,不离八"。人们在选择造船地点

---

① 见应长裕:《奉化渔村造船的祭祀活动及习俗》,载上海民间文艺家协会编《中国民间文化》第七集,1992年;刘兆元:《海州湾船俗》,载叶大兵编:《中国渔岛民俗》,温州市民俗文化研究所编印,1993年。

时也颇有讲究,既考虑便利因素,也考虑安全因素。一是在临水的高地,船造好后易于滑到水里;二是在近水处挖一个大干塘,俗称旱坞,船竣工后挖一条渠道,俗称龙沟,引水使船下海;三是在村庙外。据说在海滩造船有潮神保护木龙,在庙周围有庙神护着木龙新生,任何妖魔鬼怪近不得。告祖是指举行祭祖仪式并把造船的事告诉祖宗。仪式在动工的前一天举行。奉化渔村的告祖被称为谢祖灵,意思是因为祖宗有德,子孙某某某才有志造船,他现在要光宗耀祖了。要备三桌酒菜在宗族祠堂供祭,照例是鸣炮、点烛、烧香、敬酒、焚纸,造船者跪拜时还有一段祷告词:"子孙某某某,要造船出海捕鱼了。海上风大浪大,希望祖上看在子孙我为祖争业的份上,暗中助我海势好,有好运,顺风顺水,平平安安。"祭毕,就用这三桌酒菜在祠堂内宴请族长、房长等地方权威人物和近亲,算是得到大家的支持。

　　动工的这天祭龙王。船被渔民敬为木龙,人们在造船的整个过程始终保持着趋吉避凶的保护意识。开工这天的习俗以龙为主题。造船师傅第一斧头劈木为船下料的时间必须在辰时(上午7—9时)——辰是龙,肯定不能在其他时辰动工。师傅开工的时候,船主摆设供品祭祀龙王。船主在八仙桌上摆起素三牲、6盘素菜、6盘糕、2盘馒头,点起2支红烛、3炷香,排列12只(闰年13只)酒杯。船主亲自放三只炮仗迎接"龙王菩萨"驾临,然后跪在桌前祈祷龙王保佑日后船业兴旺。

　　制作船体,祭祀船神、海神和潮神。奉化渔民是在船匠定下船样后上斗筋(船头部凸在最前的一根斗水破浪的船木)时祭船神,在船匠钉上"龙骨"和底板后祭海神,在船舵做好后祭潮神,祭品主要是三牲(一个猪头,一只雄鸡,一条新鲜大鲤鱼)。以后鱼舱网舱完工之日对财神的祭祀方法与此一样。海州渔民称上斗筋为上金斗,用料选择坚固的榆和槐木,绝对禁用桑(谐"丧")木。

　　水舱造好后,先汲龙潭水,再由夫妻双双祭拜床公床婆,赋予船以灵魂。渔民把水舱视作船的灵魂处,盛入的第一担水必须是龙潭水。木龙有了龙潭水就等于有了灵魂。水舱造成后,船主往本地龙潭用素供祭祀,请求龙王恩赐龙水给木龙。祭毕,挑水回家。下一步是在家里摆供祭床公床婆。供品必有莲子、花生、红枣各一碗,切开的煮鸡蛋、鱼、肉和糕各一碗,水果一盘,船主夫妇把它们摆在米筛里(据说米筛有"免死"之意),或供在踏床板上,或供在床上。夫妻在祭祀床公床婆时有一段对话。男说:"娶妻为发族。"女说:"嫁夫生百子。"男又说:"子不离娘。"女又说:"嫁夫随夫。心随丈夫天涯海角。"男接着说:"好娘子说到做到,随夫而去。"妻子拿起剪刀,说道:"床公床婆作证,请剪下奴家头发随夫而去。"于是剪下一束头发,用红帕包起,双手交给丈夫。丈夫朝妻子鞠躬,双手接住。祭毕,船主把龙潭水挑到造船处,把妻子头发放入新船的水孔。水孔事先已经放入银圆或铜钿(现在的渔民放五分硬币),因为它们是受过"皇封"的,把它们放在水孔表示木龙也有"皇封"。这时把龙潭水倒入水舱,这条船就算是有灵魂了。日后儿子接替这条船时,要与儿媳一起祭祀床公床婆,儿媳也要剪一束头发放入水舱。据说这样做能使船上阴阳相合,因为下船出海的都是男人,船上缺阴。

做船眼,拜观音。做船眼与上斗筋都要请先生择日,时间不能与船主的生肖八字相冲。做船眼的树木必须是乌龙树,据说此树原是东海龙王手下的龟将,用它做眼等于有龟将引航。船眼内还须垫上有帝王年号的银圆和铜钿,表示龟将之灵所附的木龙眼已受帝王封敕,龙王也无法刁难。钉船眼必须在上午辰时。船眼钉好后,还要把某一庙尊神的"开光牒"贴在船眼上五至七天,为木龙育眼神。牒外再钉五色彩线,代表菩萨的五色祥光。船家还担心法牒敌不住野鬼恶神,万无一失的办法是请观音。彩线钉上船后,船主朝船头摆起八仙桌,请上观世音神像,供水果、糕、饼,点香烛,拜祭观音,并请观音保护船眼,使一切妖魔鬼怪近不得船身。祭毕,船主把观音神像移入新船中舱神龛内,每天香火不绝,船主祭拜时还祈祷:"菩萨保佑,让船眼早生神光,永有神灵。能觅踪海中四汛鱼群,能避浪下三尺暗礁浅滩。"直到新船下水后,才把神像请出中舱,换上财神等供起。

竖桅之日祭风神。风是行船的动力,也是导致船毁人亡的一个祸根。因此,人们特别重视风神,祭祀场面远远超过了此前各次。仪式在竖桅的这一天举行,而这一天是由先生择定的。祭祀一定要在戌时(晚19—21时)。用四张八仙桌朝西北(据说风神驻西北宫)合并,三牲齐全,荤素菜食计36盆,酒杯18只(据说风神有18兄弟),红烛2支,香1炉,香炉下压写有"众风神码"的纸码。船主在磕头祈祷时说我家船小,经不得大风大浪,望风神菩萨另眼相待之类的话。送神时则说:"今日小菜不丰,待船出海捕得大黄鱼、大墨鱼和大带鱼等再请众位风神菩萨到席。"说罢,用烛火烧掉神码,表示送风神。

新船造成祭众神。经过紧张而慎重的两个多月,一条木帆船(大捕船)终于造起来了。于是船主请先生测算一个吉日,祭祀众神,并为船眼开光。众神是前面祭祀过的龙王、船神、海神、潮神、财神、观世音、风神和请来庙牒的某庙的尊神,号称八大神。观世音不沾荤,已有神龛在船舱,便在船舱设素祭供。其余七神在船头合并六张八仙桌一起祭供,供礼有全猪、全羊、全鸡、3盘糕、2盘馒头、3盘素菜、1盘水果、3盘鲜鱼、1盘凤蛋(即鸡蛋12个),共计16盘荤素大菜。摆12只酒杯(闰月13只),点2支红烛、3炷香,香炉下是一张写着"众神码"的黄纸。所有参加祭祀的人都要在家里沐浴过,船主更讲洁净,从造船开始一直是夫妻分床,沐浴后换上崭新的衣服主祭。他先拜观音,后拜众神。接着,船主的本家按辈分大小依次先上船舱拜观音(女人不准上船),然后下船拜众神。船主的亲戚朋友在家沐浴后挑着酒和馒头来恭贺。据说新船开光日拜神,人能增福加寿,眼睛到老不花,所以来客特别多。船匠等时辰一到,放完鞭炮,便说:"恭喜你船老板,众神菩萨上天庭已奏请玉帝,今日今时已准许你渔船揭牒开光。"船主答谢后,船匠取下彩线和封牒。一条船诞生了。于是,鞭炮鼓乐齐鸣,龙灯也舞起来了。龙灯舞罢,船神拜谢众神护佑开光,并祈祷日后保佑,然后送神。

新船下水前抛洒钱物讨好运。在奉化,新船下水前用三牲及发糕等"祭出洋(海)菩萨",或曰"洋夫菩萨",同时祭供村庙菩萨。船主雇用的渔手、伙计、老大等人也都在这一天来到船上,跪拜洋夫菩萨。祭毕,船主站在船上,把馒头抛向围观的人群,据说抢馒头的人越多,船主的财运就越好。抛馒头时有人唱歌谣,大都是祝福词,例如"四方馒头都抛到,一年四季保太平。捕鱼落洋多顺风,大发洋财归家门"。在海州,新船下水前的庆贺叫"戴冠",先祭神,再由船主拿钱出来,交给木匠师傅向舱里抛撒。一般用铜板,大户人家掺些银圆。他一边抛,一边祝福此举将为船主带来荣华富贵。

新船下水后,起船名,谢众人。在海州,船主要按俗规办丰盛的酒席款待工匠,并在宴席上请大师傅为新船命名。一旦命名,哪怕几经拍卖,名字不可改变。船有大名,例如"张大兴"、"陶大顺",随船主得名;还有小名或诨名,例如"大蛤蟆"、"小白菜"之类,由大师傅随口而定。船在坞内要张灯结彩,请戏班子助兴。亲友邻居均来道贺,所送的礼物俗定为糕、粽、鸡、鱼,全有吉祥含义。从此,船上要日夜有人吃住,叫做压船。奉化人也是大宴亲友,谓之办落河酒,地点在船上。临走,船主分给每位客人一对馒头带回家。经过两个多月的紧张,至此算是大功告成了。造船的习俗如此复杂,只是因为船对船主万分重要。

二、捕鱼过程的习俗

捕鱼按作业地点可以分为海洋捕鱼和内河湖泊捕鱼两大类,按使用工具和方法可以分为网捕、钩捕、笼捕、鸟捕、叉捕以及徒手捕数类,它们各有针对性,也各有妙处,并形成了各自的一套操作过程。例如鸟捕,是饲养鱼鹰(鸬鹚)等食鱼的鸟替人捕鱼,主要用于内河湖泊。渔民下水捕鱼前不让它们吃饱,用绳子拴住它们的食道,使它们不能把捕到的鱼吞入肚子。训练有素的渔鸟捕到鱼后自动上船,将鱼交给主人,换取一条小鱼为食。季节不同,易于捕捉的鱼也不

第一章　生产民俗

同,鄱阳湖地区的民谣说,渔鸟"春捕鲇,夏捕鳜,秋捕杂色,冬捕鲤"。因为海洋捕鱼最富于挑战性,渔民应付挑战的文化也最复杂,所以我们试以海洋捕鱼的过程来介绍有关的习俗。

出海前的备战表现了丰富的民俗。出海捕鱼是一种不同于陆地生活的生活方式,渔民在进入角色之前必须准备好物质,调整好心态,这时的民俗就是为此服务的。这里择要叙述两个方面的习俗,即请神保佑和以火驱邪。

出海渔民必定要请神保佑。沿海地区普遍信奉"天后圣母娘娘"(妈祖),城镇乡村到处建有天后宫。出海渔民通常按户按船按庄用红纸开列详细名单,放在天后娘娘神像前,祈求天后圣母保佑每一个人的安全。更慎重一些的做法是,把自己的船一板一钉都不差地做成小模型,放在天后宫内,祈祷娘娘护佑此船。凡是出远海的船均在后舱的舵楼内供奉娘娘神龛,龛前放香炉和海针(指南针),从开船到一个航次结束靠岸,香火不断。他们就以海针定方向,以烧香定时间。浙江象山港的渔民在出海前要请菩萨(名曰"请虚空"),讨令箭。当地渔村都建有神庙,供奉妈祖娘娘、当境虚空、真君大帝等。在出海前,船主以全猪全羊等供品摆在庙里祭祀,船老大跪在中间带领全体船员叩拜祈祷。祭毕,老大从神前的令箭筒内抽出一支令箭请回去,插在自己的船头供奉起来。

以火驱邪是在装备渔具和物资时举行的仪式。海州人称之为照财神路或照网,有一套严格的程序。人们先把网具和食物整齐地摆放在靠近船的岸边,船老大点燃用花皮(桦树皮)和芦柴捆成的火把,俗称财神把子,把自己上上下下照一遍,尤其是两只手要轮换照几下,边照边说:"花皮燎燎手,金银财宝动笆斗;花皮照照身,马鲛鳓鱼装不清。"然后把所有船员、要装船的物资以及船头船尾、舱里舱外统统照一遍,同时说"吉星高照"之类的"彩话"。据说所有的人、物和整条船一经照过,晦气恶气和妖魔鬼怪全被赶跑,充溢着喜气和财气。从此刻起,再不许其他人靠近,以免又带来不洁。照完之后,火把应该剩一尺多长,由船老大扔到海里,让它随风向下流漂去。老大边扔边说:"所有晦气都给大老爷(鲨鱼)。"火把扔到海里应该继续燃烧,漂向远方,也就是把晦气带到远处。扔不好火把的老大被认为是不称职的。浙江沿海的渔民背网去海边时,船员每人手握一根桃树枝,船老大肩扛一把扎着红布的道叉,手提一只燃着炭的火囟,走在背网队伍的后面压阵。队伍边走边喊:"网来了!网来了!"以免妇女撞见,带来晦气。船主事先要在途中烧一堆火,背网的人经过时,必须挨个跳过去。压阵的老大从火囟中捞起一把红火往后一撒,纵身跳过火堆,称为"断邪气"。一切邪气无法跟着上船,他们出海就会百事顺利。

出海捕到的第一网鱼通常要特别对待。黄海的渔民用它们祭祀龙王和天后娘娘。有的拿生鱼在船头祭祀龙王海神后,整鱼下锅,不去鳞,不破肚。东海渔民的习俗是,由"头网"(相当于副老大的船员)先从渔网摘下一尾鱼,投进鱼舱时高喊:"哎!进舱十万嘞!"把它作为丰收的开端。他们还要从第一网鱼里挑选几尾既大又肥的鱼请太公太婆,祈求祖宗保佑。吃第一次捕的鱼时,只吃上面半身,留下靠碗底的一面,预兆有鱼(余)。有些鱼他们是不捕的。东海渔民一不捕死鱼,二不捕海和尚,三不捕海龟。渔民视海和尚为不祥之物,若无意中捕到,连忙捞起来扔掉。他们认为海龟是龙王的将军,不能得罪。捕到了海龟,要扎红布放回去。放走时还要一边撒茶、米和盐,一边求饶:"小人不知,冒犯将军,请龙王恕罪。"

船上的日常生活有许多禁忌,以避免人为地带来不祥之兆,保证船员最大限度地消除担忧和恐惧。最忌讳的是涉及"翻"、"反"、"四"(死)的词语和动作。船上烧鱼,鱼下锅后就不再翻身。吃鱼时也不翻身。翻身意味翻船。锅盖不能口子朝上,放碗不能碗口向下,搬动所有物件都不准大翻个,正确的方法是前后左右挪动,违俗的动作是翻船的兆头。筷子不能搁在碗口上,因为它象形船出事后撑篙浮在海面上。表示"四"则说"双双"。在船上,动不动,怎么动,都是有规矩的。吃饭时,鱼放在什么地方,就不能再挪动,一动就预示"鱼跑了"。船员在同一个航次中,第一次蹲在某处吃饭,以后每一顿饭都得蹲在同一个地方,否则叫"离了窝",很不吉利。吃饭时,只能蹲着,屁股不能着船。渔民通常不遗弃东西在海上,这有两个说法:一说海是龙王的世界,人不能污染;一说海上的妖魔会沿着遗弃物的人味来找替身。因此,渔民在海上不剃头刮须,洗脸水和所有吃剩下的饭菜,包括鱼骨头、涮锅水,不准倒进大海,要储存在缸里带回陆地。大小便更不可随便。睡觉应该侧卧或仰卧,不准俯卧,因为男尸漂在水里是脸朝下、屁股朝上的。

渔民在海上特别避免触犯龙王和天后娘娘,遇到鲨鱼和鲸鱼时要举行拜大老爷仪式。六月三日是龙王生日,海船或回岸,或就地休息,不打扰龙王。龙王庆寿,鱼鳖虾蟹都要到龙宫贺寿,如果捕杀了前去的鱼王虾侯,引起龙王发怒,就会船毁人亡。船上供奉天后娘娘,无论天气多么炎热,船人不能脱光衣服,即使是换衣服,尤其是下身衣服,一定要躲进住人的舱进行。谁也不敢赤身露体触犯娘娘。渔民凡是遇到风险,都要烧香磕头祈祷。船在海上遇到鲨鱼和鲸鱼,轻则网破,重则船翻,所以渔民惧怕它们,把它们统称为"大老爷"。传说大老爷的百步之前总有各种鱼在水面蹦跳,它们是大老爷的"跳班"。渔民见有跳班出现,船上要敲锣,烧香烧纸,磕头,边向海里撒米边祷告,"请大老爷多行方便,到远处去吧,保佑小民平安"。这就是拜大老爷的仪式。此外,还有呼风、喝浪的习俗。有风才好行船,需要风的时候,船上的人一起喊:"风来啊!风来啊!"这叫"唤风"。如果风浪太大,全船人都站在舱板上做好应急准备,一起高喊:"小啊!小啊!"这叫"喝浪"。东海渔民遇到大风浪时,认为是妖魔鬼怪在作祟,就烧纸或往海里撒纸,并由船老大祈祷:"伲是蹩脚人(穷人),祖宗三代清白良民,家里有老有少,靠捕鱼度日,赚几个苦力钱,无有东西好奉献,请侬到洋洲地界去。这点小意思(纸钱)给侬做盘缠。快去,快去!早去早得福!"

船上作业是集体劳动,渔民习惯喊号子。"船是三块板,动身就要喊。"号子是节奏鲜明的欢乐歌和喜庆话,既能协调动作,也能激发精神。渔民起篷、起锚、拨弹、点水,从开船到取鱼地点抛锚、打桩、吊货,都是在号子声中操作。海州渔民有时用抑扬顿挫的"啊嗨哟"统一动作,但更多的是用彩话来号令行动。例如起锚时说:"起锚步步高,取彩今年好。"船到取鱼的海区,抛锚后要打桩系网,打桩用的石榔头叫"斗",由七八个人抬着打。领头的先唱:"大网张张口,就有豆腐酒。"接着,边打边唱:"打得好,张(即下网)得好。打得深,张万斤……"起网是船在海上活动的高潮,除船老大以外,全体动手。拉网的号子有:"搁劲拉,大把掐(意为抓大鱼);掐得准,上得稳;朝舱倒,个个笑;装满载,大发财;发大财,家家好。"起网取到第一条鱼,要拿到船头船尾、舱里舱外到处摔(俗称"掼"),并伴以彩话:"掼得好,张得巧;掼到哪,装到那;满船掼,张十万。"

海上互助和救援也有一套俗规。互助的制度化表现为结帮出海。远海捕鱼通常由一个地方的几十只船结成一帮前往,敬请一个威望和本领都出众的船老大为总老大,俗称"旗民",他所在的船叫"旗船",桅上有特殊的旗号。各船看旗船的动作行动,获丰收后都要给总老大送礼。在海上,大家互相照应,共同克服困难。海上求助,不准招手呼喊,应该拿物件平举起来大转转或摇晃,这叫"晤"。看到有船在晤自己,必须立即靠拢上去,哪怕正在开网拿鱼也要放下。见到漂流的尸体,要打捞起来,称为"拾元宝",运回陆地。若是无主尸体,还要出钱埋葬,葬地多集中一处,称为"义地"。打捞尸体时,要用镶边篷布蒙住船眼,以避邪气。据说死者的阴魂将会保佑他们。

渔船丰收,有报喜讯、比产量等风俗。黄海渔民在驶近家乡时,习惯在桅杆顶上挂红布"挑子",远远地向家里报喜。村里人一见挑子,即驾舢板前往迎接,有的甚至游泳去贺喜。船上已经蒸下白面馒馒,热情接待来迎来贺的人。东海渔民返乡后要评比产量,谓之"举鬃",根据产量分配荣誉和敬神的捐款。温州沿海渔民冬春汛散海回来比产量,第一名称为头鬃,依次排到十五鬃。头鬃最荣耀,给天后宫演戏、祭祀的捐款也最高。演戏之时,将有红榜贴出,"某月某日夜场天后圣母案前梨园一部头号某某某船敬"。再由头、二、三鬃船在海滩设坛祭海,供品有猪头五牲、糕点糖果以及用面团捏成的各种人物。此俗名曰"迎猪头"。

沿海捕鱼"自船自网自老大"的极少,大多采取合伙(股份)的形式,收入的分配俗称分份子。黄海渔民实行船网人四股分成,即船占两股,网占一股,船员占一股。出海捕鱼起码有五人在船上干活,他们得到总产量的四分之一。

三、渔民特色的习俗

渔民的习俗即表现为特有的,如船俗和渔业过程的习俗,这是由该行业的劳动工具和劳动方式所决定的;也表现为与其他行业共有,同时又独具特色的,如婚丧和节庆,其中招魂和春节的渔业特色尤其鲜明。

在传统社会,劳动死亡人数最多的大概就是渔业,而海上死亡与中国人的价值观是尖锐冲突的。"寿终正寝"在中国人的人生价值系统中占有重要的位置,所以有非常严密的"慎终"习俗。按照传统观念,海上死亡造成尸魂漂泊,既威胁他人,又是家属不可克服的心理障碍。为了使现实与价值观协调,沿海形成了渔业特色的"安魂曲",即广泛流行的招魂仪式。人们以物代尸,请道士主持招魂,有的先招魂后埋葬,有的先埋葬后招魂。浙江坎门岛地区的招魂代表一个类型:人们扎一个稻草人,里面放一张写着死者生死时辰的纸,吊在一根竹竿上,插在海滩边近水处,下面设坛,请道士诵经念咒。潮水渐渐涨上来,到稻草人点着水,算是招了魂。然后,将稻草人入殓小棺材埋葬。

浙江象山港周围渔村的招魂代表另一个类型:知道家人死在海上以后,做一个纸人放在棺材里抬去埋葬。然后请道士在海滩或船埠头排起桌子,上置一个纸人,摆上死者生前爱吃的东西,并写上红绿对联,红的写"忍别亲人去矣",绿的写"还期化鹤归来"。海滩上放一只纸船。道士放过焰口,待潮水上涨时将纸船内的香烛点燃,让它随风飘荡,燃着纸船。这表示用船接回死者。[①]

渔民春节的节俗活动是与船联系在一起的。每届大年三十,船主白天上船将各处打扫干净,讲究一点的用对联、彩带和吉祥物把船装扮得焕然一新,最起码的也要在舱门上张贴大红对联。入夜,鸣锣上船请天后娘娘回家过年。正月初一,五更起来第一件事就是鸣锣登船拜祭,然后才回家给人拜年。可见船是春节活动的一个中心。渔民春节的渔业特色集中表现在大年三十祭神驱邪和春联的内容上。我们先看祭神驱邪的过程。海州渔民是在腊月三十中午进行:

---

① 见胡简明:《浙江象山港北岸沿海渔区信仰》,载上海民间文艺家协会编《中国民间文化》第七集,1992年。

船老大带领全体船员到船前,面对大海祭祀龙王和天后娘娘。此时不许说话,叫"闷声大发财"。然后,船老大杀公鸡,把鸡血淋在船头两侧驱邪赶恶气,叫"挂红"。最后,大家吃猪头,喝团圆酒,互相祝愿明年大发财源。

渔船的对联总是围绕安全行海而发财致富的。海州渔民在吃中饭后,满船贴春联,谓之"贴红对子"。各个部位都有相应的用语,已成习惯。船头和船后梢贴"招财进宝"、"日进斗金"、"黄金万两"、"斗大金元宝"等语,并且,最有意思的是它们必须连体写成一个个大斗方。斗方两边贴对联,船头的如"船头无浪多招宝,船后生风广进财",横批"一本万利";船后梢的如"顺风相送,满载而归",横批"一路福星",等等。在船两侧的桅上,左贴斗方"龙",右贴斗方"虎"或"凤"。不是龙虎,就是龙凤。最多五条桅,桅杆上贴单行竖条,大桅贴"大将军八面威风",二桅贴"二将军起步先行(开船总是先拔二桅)",三桅贴"三将军日行千里",四桅贴"四将军一路福星",五桅贴"五将军五路财神"。船的四角和桅杆顶扯起彩幡、彩带和顺风旗,顺风旗做成各种鱼和公鸡("鸡"谐"吉",公鸡还镇邪)的形状,还要把成把的芝麻秆扎在大桅的顶端,意为"摇钱树"、"节节高"。①

第三节 采掘、捕猎和养殖民俗

一、采掘民俗

采掘,以大自然对人类的丰厚惠赠为前提,曾是人类社会早期普遍使用的主要生产方式,可是,自从采食文化孕育出产食文化以后,采食文化逐渐降为次要的地位。尽管如此,在工业化以前,采掘一直是社会生产中重要的辅助方式,采掘民俗仍在社会中代代相传。采掘的对象大致涉及食物、药材、燃料、建材、矿物等,难以一一尽述,兹从采食、采药、采伐林木等方面选择颇有特色且颇有代表性的习俗作些介绍。

采食是对传统农业的补充。在年景好的时候,人们(主要是妇女儿童)热心于采食风味食品和营养丰富的食品,但是,在青黄不接的时候,特别是在灾荒之年,草根、树皮、榆钱乃至一些特殊的泥土都会成为我们的祖先采食的对象。中国人采薇、采蕨的文献记录已有几千年的历史,近世普遍采挖的有荠菜(地米菜)、马子苋、野辣椒、野韭菜、婆婆丁、蕨菜、山里红、五月籽、山葡萄、蘑菇、地眼

---

① 见刘兆元:《海州民俗志》卷二三,江苏文艺出版社1991年版。

皮(地皮菜)、葛根等。

乡村中人采集野生植物的花、茎、叶、果、根和菌类。春季，植物新芽吐放，采回鲜嫩的柳叶、杨叶，泡去苦味，煮渍加调味可为小菜；榆钱嫩黄，采回择洗干净，加面粉，俗称"傀儡"。槐花、苜蓿花采回后也可以如法炮制。春天一到，农民和小城镇的居民都要带着铁铲和菜篮子到田野中挖野菜。回家后择洗干净，或做蒸饺馅，或是当菜肴调味。像甜苣菜、苦苣菜、灰灰菜等，用开水焯过，泡去苦味，加葱花蒜泥调成小菜，淡苦浓辣，别具风味。在连阴雨期间，人们身穿蓑衣，一手提篮，一手持拨草打蛇的棍子，在树林草丛搜寻野生蘑菇，俗称"捡菌子"或"采蘑菇"。还有一种黑色的像紫菜一样的菌类，俗称"地眼皮"、"地皮菜"或"地骨龙"，乘雨拣回，洗净后盐醋拌食，或蒸或炒或打汤，或晾干制馅，味道和口感绝佳。

过去在粮食不够吃时，近河的老乡们到河滩去挖蒲草根，洗净晒干，磨成粉后，与粮食掺和一起食用。此外像野韭菜、野芹菜、南瓜花、豌豆叶，都是独有风味的采集食品。至于山区，野菜之外更多野果，如五月子、酸枣、山桃、山杏、山葡萄。千百年来，无数儿童就是吃着这样的"零食"长大的。

挖掘葛根制粉是丘陵地带和山区极其重要的采食习俗。用以制粉的葛又被称为甘葛、鸡齐、黄斤，叶、藤、花、籽、根均可入药，蔓可以用作绳索或编织用具，粗根有很高的出粉率。如果能够刨到一个六七十斤的老根，就可贴补一家人一个冬天的生活费用。葛根制粉的过程是这样的：剥去葛根的表皮，洗净后捶成糊状，用纱布滤渣，再将去渣后的粉浆沉淀出的水倒掉，换上净水，反复三四次，称为出水，出水成功后就得到葛粉。每出一次水，就用木棍始终以同一方向匀速搅动粉浆，这样才能保证沉淀在缸底的粉上中下三层分明，上层是白而细的好粉，中间是黄而粗的黄粉，底层是杂质更多的黑粉。

中药是中国人的生命支柱之一，是中国文化区别西方文化的一个重要标志，它所包含的中国特色不仅体现在用药上，也表现在采药过程之中。我们试以采挖人参为例。人参对于中国人乃至东亚人来说有着神秘的效用，因此有很高的价值。中国人的饮食(广义的，包括服药)讲究两对范畴，热(温)与冷(凉或寒)，虚与补。人参普遍被认为是大补之物，对于调节这两对范畴的平衡具有妙不可言的奇效。采参这一主题特别能激发人们的想象，有说不尽的故事。采参可能让人搭进性命，也可以使人一夜暴富。采参有很大的偶然性，在深山野林里寻找，近似于大海觅针，运气(机遇)很重要。存在一条规律：不确定因素越多，民俗越丰富。相比之下，采参比挖野菜的民俗丰富多了，而其中以长白山地区的采挖山参最为有名。

第一章 生产民俗

长白山地区的采参,俗称"放山"或"挖宝",在不同的生长季节采参又有不同的说法,据《吉林旧闻录》载,放山分三期,四五月称为"放芽草",此时百草甫生,参芽颇为出众,便于寻认;六七月称为"放黑草",此时草丛浓绿,最难辨认;八九月称为"放红头"(近世采参人又称为"红榔头市"),因为参苗顶心结籽,红红的颇为醒目,加上有一种喜吃参籽的棒槌鸟引路,易于采参。参籽落后采参则称为"放刷帚头"。人参的成长阶段和形状是这样的,一年出土,长二三个小叶,叫三花;长成巴掌形的复叶,叫巴掌子;长成两个复叶,叫二甲子;三个复叶的叫灯台子;四至六个复叶的分别叫四品叶、五品叶、六品叶。山参生长得慢,从二甲子到灯台子要几年,再到四品叶又得十几年,长成五品叶甚至得几十年、上百年,六品叶很少见。这些说法包含了参俗的一部分知识性内容。在清王朝对长白山的封禁未解除以前,许多人(尤其是山东人)铤而走险闯关东,采参已颇具规模。杨宾《柳边记略》载,"凡走山者,山东西人居多,大率皆偷采者也。每岁三四月内趋之若鹜,至九十月间,乃尽归。其死于饥寒不得归者,盖不知凡几矣。而走山者日益多,岁不下万余人"。近世更是盛况空前,直至资源枯竭。

从组织形式上看,放山大致可以分为撮单棍和拉帮放山两种。本地有一定经验的人多单人单棍放山,谓之"撮单棍"。从关内的山东、河北、山西、河南来的人多合伙放山,谓之"拉帮放山"。《柳边记略》中有如下的记述:"凡走山刨参者,率五人为伍,而推一人为长,号曰'山头',陆行乘马,水行驾威弧(独木舟)。"近世的放山帮一般三五人、五七人,其组织系统包括领棍、边棍、腰棍、雏棍。领棍也叫把头或头棍,是一帮之主,都熟悉参性,经验丰富,处事公平。边棍是领棍的副手,即二把头。腰棍是普通成员,不过,新手被称为"雏棍",也叫"端锅的",其职事大多是做饭看窝棚。

采参的装备,除食品和炊具以外,配备特定的穿戴和工具。放山人均短褂长裤,扎绑腿和腰带,多穿猪皮乌拉。常备的工具有"索拨棍"、参兜子、镐头、刀子、斧子、鹿骨针、红绳等。索拨棍是找参时用的,长约1.7米,多用铁梨木或黄菠萝木制作,有的还把棍子一头削尖,两头缠上细铜丝。参兜子是领棍用来装各种工具的,用狍皮或鹿皮做成。红绳是用以系住参苗,不让土里的人参跑掉的。

放山的人信仰山神和老把头。入山拜山神,这是普遍的信仰。相传老把头是早年从山东来长白山采参的孙良,他的干兄弟在山里失散,他直找到饿死,后成为放山人崇拜的保护神。传说老把头常出来显圣,化为白胡子老头搭救迷山的人,指点他们获得宝参。采参人进入作业区后,首先选择水源充足、环境优越的地点搭窝棚,并且用石头搭一个山神庙(老爷庙),供奉山神、老把头。入山前由领棍率众祭祀,有这样一段祷告词:"山神爷老把头在上,我们几个放山的给您磕头了。我们几个没有干过伤天害理的事,都是正经八百的庄稼人,不黑心,不贪财,进山后保证吃得了辛苦,守得住山规。今天求山神爷老把头开恩,指条顺当道,让我们早日开眼(开张)。等拿到大货,杀全猪给您老上供。俺当把头的起誓,几个人去,几个人回,缺一个俺也不下山。"如果运气好,发现了"片"(五品叶的)或"堆"(六品叶的),要用树皮搭一个小庙,立山神爷牌位,有香烧香,无香以草代之,由把头再祈祷许愿。放山的人有一些关于梦的俗信,梦见死人、出殡、白胡子老头、穿红衣绿裤的大姑娘和老太、窝棚起火,认为大吉。他们相信老把头会托梦给好人,会按梦指引的方向去压山。他们之中流传着好几个因梦而找到大货的故事。

拉帮放山是一种组织严密、配合默契的活动。开山找参依俗横排成一字形从低到高,从近到远搜索前进,用棍压草寻参,谓之"压趟子"或"压山"。每个人之间拉开一棍之长,棍棍相接。领棍打头,边棍把边。腰棍和雏棍间插于其中。由于人参酷似人形,又奇异难觅,使采参充满传奇色彩,所以采参的过程有颇多讲究。放山时不许多说一句话,不许有多余的动作,务求吉利。发现人参,谓之"开眼",立即大声呼叫:"棒槌!"这一步骤称为"喊山"。据说棒槌(即人参)就此被定住,不再逃跑。如果把某一种草误当棒槌喊了,谓之"喊炸山了",被认为很不吉利。把头接着问:"什么货?"答曰:"得了×品叶的大货。"大家都说:"快当!快当!"这一步骤称为"接山"。人们已经看见了参苗,还担心挖不到人参,于是采取一些意在保护的仪式。清王士禛《池北偶谈》卷二十四"采人参"条说:"辽东采参时,见参苗不语,急以纬帘(凉帽)覆其上,然后集人发掘,则得参甚多,否则苗倏不见,发之无所得。"近世的仪式是,用两根鹿骨针在距参苗一尺远的地方插上,并即刻给参苗系上红绳。据说此举可以防止人参转胎。挖参称为"抬棒槌",由领棍跪在地上开地盘,细心挖掘,其余人为其帮忙,喊山的人则可以抽烟休息。抬出的人参要用青苔敷裹,外边用红松皮或桦树皮包好,以防水分走掉,谓之"打参包子"。回到驻地,先在山神庙感恩,必须把参包子供上,领棍带大伙拜祭山神和老把头。压山、喊山、接山、抬棒槌、打参包子、谢恩,构成了采参的一次过程。

采参还有一些习俗。如果第一天开眼了,要砍"照头":由把头选一棵红松树,朝拿到人参的方向,从树干上砍下一块长方形树皮,然后在被砍处用刀刻杠,左边刻的杠代表放山的人数,右边刻的杠代表拿到的是几品叶的参。最后给照头"洗脸",也就是用火烧烤照头的边沿,使四周不再流出松油遮盖照头。如果进山三四天也不开眼,他们就会表演模拟巫术式的"喊空山":把头喊"棒槌!"有人问"啥货啊?"把头则回答"抬出来了。"

采参有一些维持职业道德的山规。有人愿意入伙,把头不得拒绝。看见小参苗如"三花"、"巴掌子",不能采挖。有的在附近树上做上记号,使后来的人能够发现。挖到五品叶以上的大货时,要把参籽的一半撒在山上,不能让人参绝种。挖参时被另一伙人看见,要各分一半。如果有人"起黑票",即偷走人参,被抓回来后,惩处极严。①

采伐林木的民俗包括不许砍伐的禁规和砍伐须遵循的惯例两个方面。采伐林木的规则在《月令》中已有系统的记载,见于全篇的内容集中起来则是:孟春之月,禁止伐木;孟夏之月,无伐大树;季夏之月,树木方盛,乃命虞人入山行木(巡视树林),毋有斩伐;季秋之月,草木黄落,乃伐薪为炭;仲冬之月,日短至,则伐木取竹箭。其原则概括起来就是顺应季节,勿违于时。近世通行的有关民俗除了遵循这一原则之外,还体现着两个原则,一是不要侵占所有者的利益,一是不要触犯山神和树神。

护林的有效办法是封山。封山的通告大致有四种形式,即系草标、鸣锣、文告、聚会。有的地方用系稻草的方式标明封山的范围,人们平日见到草标,就不再越界砍伐。有的地方在树木返青之前,派人走村串户鸣锣昭告,什么时候开始封山,包括哪些地界。有些地方在路口和山口立木牌或石碑,载明封山的时限和范围,以及对违禁者的处罚方式。这里试以福建南平市洋后乡后坪村存留的立于咸丰六年(1856年)的《合乡公禁》碑为例:

> 一禁:猫(毛)竹不许砍伐准(作)薪以及破、售香条乘便盗用。一切如系缺山人等造作家器,往向主家问明,毋得私自纵伐,永远立禁。一禁:春笋定于递年二月初五起至立夏止,概不许盗挖,所留笋种毋得斫尾,永远立禁。一禁:本境荫木暨水尾松、杂树,概不许盗砍、私批。斫伐松光以及砍荫耕种,永远立禁。以上合同议规,原为善后美举,违者定罚演戏不绚(徇)。各宣(宜)恪遵,毋违公禁。②

通告封山的聚会主要采取演戏和会餐两种形式。浙江有些山区每年分摊钱粮组织演禁山戏或吃禁山饭,届时宣布禁约。浙江开化人称为吃封山饭,活动内容是划定封山范围,并杀猪办酒,召集村民会餐。此后若有人违犯规约,就处以

---

① 见《吉林省志·民俗志》,吉林人民出版社1992年版,第89—90页;汪玢玲:《长白山人参民俗考论》,载张紫晨编《民俗调查与研究》,河北人民出版社1988年版;孙文采:《试论长白山挖参人的道德观》,载《民间文学论坛》1984年第1期。

② 转引自徐杰舜:《汉族民间经济风俗》,广西教育出版社1990年版,第30页。标点略有更改。

封山饭一样多的罚金。不过,有些地方的通告是上述四种形式的混合。

维持封山护林制度的人和组织因时因地而异,较为常见的是全体村民、家族、专门雇佣的护林员、专门组织的"会"。浙江山区有成立护林会或禁山会之俗,或一村独设,或几村联办,推举办事公道的人组成。一旦有人触犯规约,就由它们来执行处罚。处罚的形式可以说千奇百怪,概括起来分为下列五类。其一,实物处罚。浙江衢州私人山林都在树上号名字,偷树被抓,罚分给每户两个四两重的大馒头,俗称"分肉包"。安徽休宁县祖源村的习惯是:由族长征款,宰杀若干头猪,先用猪血祭山并涂洒封山的碑和牌,再集合全村男子喝血酒,吃封山肉,公告规约。如果有人违犯,人们就把他家的猪拖到山场,宰杀祭山,全村分吃。因此,这里的民谣唱道:"吃了封山肉,记住护森林。乱砍竹树,要拖家中猪。"其二,现金处罚。偷砍竹木,要处以数倍的罚款。罚款应该归主人所有,可是,有的地方却由护林员所得。在湖州,凡大户山主都雇七八个看山员,在山上搭"山铺",认真巡山查看。即使是偷砍一根毛竹,要罚以多倍的款项。罚金全部归看山员,山主分文不取。其三,肉体处罚。轻则剥衣服吊打,重则以性命相抵。在浙江开化,人们对村子的风景(风水)林、水口树、祖坟林极为看重,砍伐者轻则宰猪摆酒,重则小命不保,人们要用他的血祭山安村。其四,名誉处罚。简单一点的做法是让犯事者鸣锣示众,隆重的办法是让他大摆酒宴,请全村、全族或树木的所有者和中间人赴席,席间向大家认罪。其五,开除身份处罚,也就是削去族籍,驱逐出村。

上述五类处罚的选择,随情节轻重(树木的重要程度)和当事人的相互关系而定。在浙江金华,对破坏山林的人,轻者由村人鸣锣通报,或由他放鞭炮赔礼;较重者要自己鸣锣示众,或罚馒头、现金;特别严重者要出钱演戏或摆酒宴。对盗伐龙山、太公山的风水林或坟头树的人,由房族或全村出面,若属本族本村,要削籍;若是外族外村,必然科以重罚,甚至捣毁其房屋。东阳、永康一带对这种人的处罚规定更严明。这里的风水山、风景山又被视为主火灾的火星山,对山上的一草一木都不许偷盗。有人采伐一草一柴,罚用缸甑炊饭,用豆腐桶盛肉,请全村人吃一餐;有人砍一树,拔一苗,罚祠堂开宴;村中若接着发生了火灾,此人要被投入火中。如果是外村人冒犯,全村每户要出一个强壮劳力,一起打到他家,牵牛,端锅,抄尽其家产。

采伐树木所遵循的惯习,一是适应工作对技术的需要,一是满足人们崇拜、敬畏山神和树神的需要。广义的采伐包括采薪(砍樵、打柴)、取材(砍树为木料)、伐竹(做篾器、造纸等),而对于劳动者来说,有职业性的,有半职业性的,有临时的。这些因素形成多样组合,表现出丰富的采伐民俗。

第一章 生产民俗

东北广大的林区在近世被大规模开发,伐木工人大多数是两山两河(山东、山西、河南、河北)闯关东的汉子,这里的采伐民俗可以说是北方的代表。这里的林业工人,包括伐木的和放排的,被称为"木把"。清末民初经营木材的公司下设木场,由把头和管账的管理。公司把任务包给把头,把头接活后,就到旅店招工,工人分两类,即硬手和打下脚的,硬手伐木,打下脚的修道、退杈(打枝桠)。双方讲好工钱,先支付一部分,然后把头带领大家上山。一般是立冬上山,开春下山。因为此时天寒地冻,树木休歇,木脆易砍,更为重要的是,大地积雪,便于爬犁拉木头,而关内农民冬闲,成为大量廉价劳动力。招上山的"木把"住在大筒子房里,一房可住上百人。

伐木的过程有一套习惯。旧时伐木工具只有斧子和锯子,对于较大的树,先砍再继续锯,斧子先砍出的楂口称为"榨"。白天伐木,要看好树倒的方向,树一叫"榨"(树将折断时发出声音),就喊山;树一倒,再喊一遍。喊山有三种:"顺山倒"、"排山倒"、"迎山倒"。"顺山倒"是指树头向山下倒,"排山倒"是指树横向倒,"迎山倒"则指树头向山上倒。其他人员听到喊山,根据所喊的方向迅速躲开,以防砸伤。但是,如果凌晨摸黑伐木,"木把"互不交谈,也不喊山。树砍倒后,由打下脚的用斧子砍去枝丫,并按需要截断,称为"下件子"。

木场崇拜山神,大家相信山林由山神主宰。在这一切都简陋的木场,山神爷既无彩塑金身,也无华宇高堂,只是摆上三块木板或石头,在营地附近垒一个小屋。更有甚者,人们选一棵大树,在上面砍一个近似"企"形的图案,权作山神爷和山神庙。据说三块石头之中,正中一块是虎神,祭祀过它就不会遇到老虎;左右是五道神和土地爷,要想在山里平安生活都得托它们的福。简化的祭祀方式是:在庙前摆上食品作供品,砍两支松明当蜡烛,用山草当香火,烧臭松和骨节草发出噼噼啪啪的炸声作鞭炮,只有跪地磕头是不走样的。

东北的采伐民俗涉及生活的许多方面。山场过年有砍开山树卜全年祸福的习俗。除夕之前,在附近选定一棵树身周正,树心结实不朽,砍伐后能顺山倒的大红松作为开山树。把头于除夕日先派人砍到一定程度。大年初一吃过早饭,把头带领大家祭拜山神,然后聚集到开山树前。把头祷告一番,抡斧把树砍倒。若果然顺山倒了,也未挂靠在其他树上倒不下来,又没有伤人,则被认为是一年平安的好兆头。伐木工人有一些禁忌,例如不砍刻有山神庙图案的大树;不坐未烧完的木材,不坐树墩;端碗吃饭,不许把大拇指放在碗沿上。这些禁忌至今在东北仍可见到。

江浙一带的采伐民俗包含更多的祭祀仪式和神秘内容。这里的采伐主要有砍柴、砍竹、砍成片的树和大树。这些活动的复杂程度不一样,围绕它们的仪式也不尽相同,砍柴的习俗较简单,而砍大树的习俗最复杂。第一次上山砍柴要祭拜山神,称为开山。浙江金华传统上从八月开始砍柴,俗称"八月柴"。在开山那天,砍柴人带三炷香、三张黄纸在砍柴地点烧过,拜过,请山神保佑自己在山上平安,下山轻便,然后才开始干活。

采伐竹子的习俗有技术性的内容,也有信仰上的内容。开工之前,要举行"做神福"、"开山门"的仪式。在湖州,承包砍毛竹的头头在动工的前一天必须带领一班伙计到五神庙(亦称"五昌庙"、"山神庙")祭祀山神(称为"山公山母"),俗称"做神福"。祭品为三牲(猪头一个、鱼一条、蛋一碗)、三素和香烛纸钱,外加五双草鞋,一副符牌(类似麻将的娱乐用品)。从此不能随便讲话,在山上不能喊人名,一直到砍完毛竹才能解除禁忌。另一个比较慎重的仪式是开山门。浙江衢州一带砍毛竹之前的开山门要择黄道吉日,什么"红纱日"、"寿死日",绝对不行,申日和午日可以选择,据说申猴代表灵活,午马代表快捷。上山前要摆开山酒,用鸡和猪头请百公堂。祭拜之后,把鸡血洒在砍刀和钱纸上,然后到山上把钱纸捆在毛竹上,表示忌血。最后拿刀砍倒一根毛竹,就算是开了山门。有的地方把三张纸钱和三炷香捆在毛竹上,就可以开始砍伐。前者用鸡血"镇",后者用香火"祈",都是追求劳动安全。

竹(竹笋和竹竿)的采伐习俗包括一系列技术内容。其一,大小年之分,也就是说,竹笋和竹竿的采伐是以年为周期来安排的。有的地方逢年数是单数为大年,双数为小年,有的地方则相反。大年笋要留下,小年笋可以尽量挖掘;大年砍老毛竹,小年不砍毛竹。其二,按竹子的生长期砍伐,例如,对毛竹的砍伐有留四砍六(长到四年的留着,长到六年的砍掉)或留六砍八(因为长到六年的毛竹仍有出笋的能力)的习俗,这一方面取决于竹竿的使用价值,一方面取决于竹子的出笋能力。其三,靠近竹节下端砍,让竹竿有节,留在地里的竹兜空节。竹兜空节,好盛雨水,容易霉烂。

人们砍伐成片的树林和大树时尤其慎重。人们相信它们是树神之所在,砍伐它们,就有一个避免树神怪罪自己的问题。解决这个问题的仪式大致有三类。其一,通过祭祀讨好神,获得神的宽宥和许可。许多地方的祭祀都用三牲福礼,不敢草率。受祭祀的神主要是树神,有些地方在将要砍伐的树林中选择一株最粗最高的树为对象,举行祭祀树神的仪式。在浙江常山一带,人们选定大树,把工具放在神树下,祭祀树神之后,由一个人向树神三跪三拜,开第一斧,然后把所用的斧子放在神树下,等树全部伐完后才能被取走。其二,用巫术对付神,使其不能加害于人。有的地方在砍大树前,用墨汁在树身上定一点,弹上三根黑线,据说能够镇压树神,使其不能作祟。这一手法偏于强硬,而软硬兼施的策略更为常见。例如,在浙江义乌一带,人们砍伐大树之前先要烧香焚纸敬树神,另外在树周洒鸡血和米,驱使树神退避,以免砍树时伤害它而被激怒。其三,通过转移责任而逃避责任,使树神没有加害伐木者的充分道理。此类仪式又分为两种策略:一是转移罪魁祸首,一是转移主谋人。前一种做法是举行"开斧"仪式时,即雇请老人或乞丐先砍一斧或三斧。老人、乞丐的性命不那么重要,由他们先动手,树神发怒时会把他们作为罪魁祸首。后一种做法是造成受人指使的假象,例如,衢州人要砍大树,却不轻易动手,而是用斧子垫坐,把木工的五尺棍放在面前,绝不说话,一等过路人问话,或听到鸟叫,立即掷出五尺棍,举斧砍伐。武义人把这种表演进一步仪式化了:伐木者在树前坐着,有人来问:"你坐在这儿干什么?"伐木者指一下自己的工具。来者若说:"那还不动手!"伐木者就可以砍树了。

二、捕猎民俗

捕猎是既原始又惊险的生产活动,在千百年的历史中传承着多种多样的技术、套路和仪式,构成了庞杂之中凸现着奇妙乃至惊心动魄的捕猎民俗。人们通过捕猎获得食物、毛皮和药物(珍贵的如虎骨、熊胆、麝香、鹿茸)。猎物曾是人类重要的衣食之源,捕猎民俗也得以不断丰富发扬。可是,近几百年急剧增长的人口对资源的压力严重破坏了生态平衡,森林大面积减少,捕猎量反而不断上升,在动物保护政策推行之前,捕猎活动早已自动衰落。这一政策的实施庶几可以使一些珍稀动物不被赶尽杀绝。传统的捕猎有一定的组织形式和分配方案,有相应的信仰及其表现仪式,有针对性很强的捕猎方法和习惯。

尽管单枪匹马的捕猎也很普遍,但是,成群结队的捕猎更安全,更见成效。东北长白山地区的猎人习惯集体狩猎,称为"打围",推选出一个领队,称为"把头"。曾经打下了一朝江山的满洲八旗劲旅就是从狩猎组织演化出来的。南方一些山区的猎人组织猎人会,推举一人负责,把集体打猎称为"围山猎",少则七八人,多则几十人,分为负责围赶野兽的"赶山组",传达消息的"报号组",负责打伏击的"猎手组"或"等唱组"。猎物的分配一般都保留着"上山赶肉,见者有份"的古老俗规。平均分配和论功行赏往往是相结合的。有特殊贡献的人除了参加份子之外,还另有所得。例如,浙江金华一带的捕猎队对野猪的分配是这样的:第一个打中野猪的称为"头铳",猎手得一个份子外加两条腿,如果是一枪打死,还可以得到全猪十分之一的肉和肺、肚子、腰子;第二个打死野猪的称为"贴铳",得一个份子,外加全猪十分之一的肉和肺、肚子、腰子。

猎人从事的是危险行当,因此,中国文化中讲吉凶、勤祭拜的传统在他们身上多有表现。猎人主要崇拜山神、猎神。此类信仰集中表现在行猎前和获猎后。行猎要选择吉日并请神保佑。神农架的猎人在选定的狩猎吉日,先要以鸡肉和馒头为供品烧香烧纸叩拜山神。长白山的捕猎队每次出猎,把头必然祈祷山神保佑。湖南山区的猎人则信仰打猎始祖"梅山猎神"。无论是个人还是集体进山打猎,事先都要在屋后祭祀梅山神,称为"安梅山"。梅山神庙一般用三块石头或瓦片在僻静地方或三岔路口的大树下搭成。安梅山要用斋粑、豆腐、猪肉和一只开啼的公鸡作祭品,叩拜时的祈求语称为"欢乐句":一不遭猛兽咬,二不遭毒蛇啄,三不滚岩坎,四不刺戳脚,五要猎物归来。据说由于梅山猎神是女性,所以猎人在出猎的路上若是首先碰到女人,应该返回,另择吉日出猎。可见,这曾是一种较为普遍的禁忌。获猎之后,猎人要谢神。神农架猎人先用木签把猎物的脚钉在地上,拜谢山神,然后才能把猎物抬走。长白山的猎人猎得第一个野兽后,要割下它的心、肝和上好的肉,煮熟了献给山神爷。猎人祭过山神爷后,自己才能动手吃。浙江山区的猎人打到大兽后要祭祀山神和火神,例如打死野猪后,抬下山,用热水去毛,将头供起来祭拜山神和火神。

　　捕猎的方式方法因目的、季节和对象的不同而各具特色。捕猎的主要目的或为肉食,或为皮毛(如貂皮)及某一特殊组织(如鹿茸),前者在东北俗称"菜围",后者则称"红围"。同是猎鹿,若是为了获得鹿茸,须在四五月间射杀公鹿。公鹿被射中后,会因伤痛而撞头角,猎手须迅速跑去,抱住鹿头,以防鹿茸被撞碎。猎人狩猎的季节包括动物的生长季节(如冬天捕貂是因为此时貂的皮毛最好),动物的迁移季节(如猎雁)以及天气变化,后者如长白山地区猎人初春的狩猎。此时是打猎的好季节,因为这时积雪的表层白天消融,早晚又被冻成薄冰,蹄小身重的野兽一踏就陷,不易跑快,而猎犬身轻,跑得出速度,猎人则穿"跑圈"克服行走的困难。"跑圈"是用柳木弯成的椭圆形脚具,长50厘米,宽30厘米左右,圈内系有一道道粗绳,穿着奔走不会下陷。这时打野猪特别方便。因此,猎人初春打猎,到9点以后薄冰融化时,就撤回窝棚。不同的猎物有不同的弱点,猎人对不同的对象运用不同的致命手段,谚曰"打蛇打七寸",又曰"横打野猪直打虎"。野猪的皮又韧又厚,火铳很难打穿。野猪一旦受到刺激,小碗口粗的树一拱就断,连猎枪的铁管也能咬断,所以最好能干净利落地打死它。猎人的经验是,围猎野猪时瞄准耳根后的血仓打,一枪可以毙命,此谓"横打"。"直打虎"是指火力从虎口打入。虎皮很厚,火铳对它难有杀伤力。有经验的猎人用钢叉打虎。老虎抓人总是吼叫一声,纵身猛扑过来。猎人趁势举起钢叉,叉进颈部,使它前爪悬空,后爪立地,无法施展虎威。旁边的猎人拿猎枪往虎口打,一发就解决问题。

上面概述了捕猎民俗的基本内容,下面再介绍猎熊、鹿、貂、野鸡、大雁和野鸭的惯用方式,以期对捕猎民俗进行更为具体的展示。

东北人猎熊常用的有套网法、陷阱法和掏仓法。肥熊坐坡过冬,活像一尊雪堆的佛爷,所以称为"坐殿"。猎人用网具将其套上,它醒来一时也奈何不了人。接着用枪朝它下颌的一撮白毛处猛刺进去,直达心窝。这是套网法。陷阱法俗称"埋地窖子",由猎人选择熊出没的山道口挖三米多的大坑,覆盖上树杈和土石,再放一些食物作诱饵。熊陷进大坑有死无生。捕熊的最佳方法是在冬天"掏仓"。熊常在树洞"猫冬"(冬眠),俗称"黑瞎子蹲仓"。"仓"即树洞,古人称为"熊馆",有两种类型,洞口在树干顶上的称为"天仓",在树根附近的称为"地仓"。猎熊因而被叫做"掏仓"或"刷仓"。猎人敲打树干,把熊惊醒,俗称"叫仓";趁它探头出洞时,开枪射击或用长枪刺杀。掏仓的猎俗早有记载,南朝刘敬叔《异苑》载:"熊无穴,或居大树孔中。东土呼熊为'子路'。以物击树云:'子路可起。'于是便下,不呼则不动也。"冬天猎熊相对容易,也更有经济价值。此时摘取的熊胆不易变质,在孟子的时代就已排在美食之首的熊掌也以此时为佳。

北方人猎鹿多用智取,也用围攻。智取的方法一是"蹲咸场":春天的鹿尤喜盐碱,猎人利用这一点,在路上撒盐,埋伏着等鹿来舔,再伺机射杀。二是"哨鹿":八月金秋是鹿的发情期,一鹿鸣叫,群鹿闻声而至。有的猎手身披鹿皮,头戴鹿头皮帽,口衔用桦树皮做成的口哨,模仿鹿鸣;有的猎人高举鹿头,吹响牛角哨,学呦呦鹿鸣,等鹿群聚拢而来,再大肆捕杀。三是设窖,用伪装起来的陷阱捕捉活鹿。围攻的方法用在农历四五月打红围猎取鹿茸的时候。猎队分两翼,五步、七步一哨,放猎犬驱赶鹿群朝一个方向逃窜。早就隐蔽在那里的猎手会突然出击。辽、金、元、清时期的北方民族一直在使用这些方法。还有一种方法是"套鹿":猎人看中一只鹿后,骑马穷追不舍,选好时机伸竿套鹿,接着就地生火,把鹿汗烤干,以免冻死,然后把鹿带回去饲养。猎鹿主要是打红围取鹿茸。取茸的季节性很强,嫩不易得,老不中用。人们积累了按鹿角的形状判别鹿茸的成长阶段的知识:黄瓜扭(古称茄子茸)、鞍子(古称马鞍茸)、三叉子、四平头和干叉子五种,前四种有价值,最后一种已经过于老化。公鹿被射中倒地时,猎人立即跑上去,抱住鹿头,不让它把茸撞碎,取到好茸。类似的猎俗在晋葛洪《抱朴子》中有记载,"当角解之时,其茸甚痛,猎人得之,以索系住取茸,然后毙鹿,鹿之血未散也"。

貂属鼬科,是细皮毛兽。紫貂为上品,毛长三寸的"千金白"最为稀珍。捕貂俗称"打大叶子",捕黄鼠狼则称"打黄叶子"。貂毛在天气转冷后才长得厚实，所以猎人多在冬季进山捕貂，腊月或次春下山。集体捕貂谓之"围貂"，单个猎貂者叫"貂溜子"。狩猎之前要供奉山神和猎神，祈祷丰收。猎貂的方式大致分为三类：堵洞穴、拦路捕杀和诱捕。堵洞穴之法是：猎人或者沿着貂的足迹找到其洞穴，或者靠犬跟踪追击到其洞穴，然后，猎人掘开土洞捉到它，也可以在洞口张网，用烟熏洞，貂被迫出逃，落网就擒。拦路捕杀用弓弩：貂在严冬雪天觅侣交配，活动频繁；猎人在其行动路线上伏弓（一种一触即发的地箭），貂经过时中箭。诱捕的圈套有多种：猎人将排子、关子、夹子和阎王碓放在貂出没的地方，安上机关，装好诱饵，等貂吃诱饵时触动机关，即被抓住。貂体小，行动灵敏，这些古老的方法是行之有效的。近世许多人用火枪猎貂，但须枪击头部，才不损其皮。

打飞鸟比打走兽增加了新的困难，于是，人们又想出了一些针锋相对的技术。打野鸡的方法有两种：一种是满山遍野寻找，只有在铳（火枪）的射程内见到，才能开火。此法简单易行，但效益不高；另一种方法是用"媒子"把野鸡引到眼前开火。引诱野鸡的媒子是人工驯养的野鸡，有公有母。其一，用公媒子诱猎。猎人用竹帘在开阔地带围一个圆圈，再用茅草和树枝伪装起来，猎人躲藏其间。当公媒子鸣叫时，附近的公野鸡就会飞来寻它打架，猎人伺机开火。公野鸡又叫"管山鸡"，一个地区只有一只，俗谓"一山不藏二叫鸡"。占山为王的公野鸡听到另有公野鸡叫，就飞来打架。其二，用母媒子诱猎。母媒子虽然不叫，但它拍动翅膀的声音可以引来公野鸡。猎人以一株树做成伪装，架好火枪，当媒子把野鸡引到跟前时，一枪打个正着。

人们在山上打野鸡，在水面打野鸭和大雁。微山湖的渔民之中，枪帮在秋冬季节专门猎鸭猎雁。枪帮又称箔帮，除了打猎，在春夏秋三季下箔捕鱼。枪帮每家都有猎鸭的小船和一至三杆鸭枪，小船又矮又轻，离水面只一手高；鸭枪俗称大抬杆，枪长三米左右，如果填上称为"嘟噜坠"的弹药，射程达八里，射出的铁沙子呈扇形盖向目标。点火用的是五月端午前打下的蒲棒。枪帮出猎在八月末到次年二月，有一人负责，称为"火头"，由他选定猎场，发布开火的命令。打鸭在午后和晚上，打雁必须在晚上。夜晚出猎，渔民和小船都披上白布，与湖水融为一色。棹扣要抹油，不让出声。渔民悄悄划向飞禽栖息之地。打鸭时，点枪不必遮挡，因为野鸭把脖子放在翅膀下睡觉；打雁时，不能露光亮，因为雁有站岗放哨的。鸭群中老鸭叫一声，其他鸭子才惊醒过来；雁先拉长声音"哼"一声才起飞。枪手利用这一规律，在它们刚离开水面时，铁沙子扫过来，命中率很高。

三、养殖民俗

产食文化从采食文化中发展起来,分成两大支派:一是培育植物的种植,它的专业化就是狭义的农业;一是驯化动物的养殖,它的专业化是畜牧业。在一般情况下,农业和畜牧业是并存互补的,只不过有轻重主次之分而已。我们不能泛泛地说传统的中国是一个农业国,这一说法只有明确地加以界定才有意义。中国历朝历代都有许多民族以畜牧业为主,即使在汉族地区,养殖也一直占有举足轻重的地位。传统中国的经济是种植和养殖共生互补的格局,这种格局在第一个层次上表现为农区和牧区在物质上的互通有无,在第二个层次上表现为人、动物和植物之间环环相扣的生态平衡。农区的生态循环不限于人和庄稼的关系,而是人、庄稼和多种动物的关系。这里的养殖包括蚕和畜、禽(役畜、肉畜和家禽),覆盖了衣、食、用等最基本的生活需求。我们在养殖民俗中选择养蚕和养畜两大部分来叙述。

(一) 养蚕习俗

养蚕制丝,曾是中国社会一项重要的生产劳动。在千百年里,中国的丝绸和瓷器独步天下,蚕农对此做出了特殊的贡献。蚕农养蚕比育婴还要细心、慎重。在浙江蚕乡[①],蚕一向被昵称为"宝宝"、"蚕宝宝",而养蚕的女子相应地被称为"蚕娘"。蚕室养蚕完全依赖蚕娘丰富的经验和良好的感觉,蚕娘觉得冷了,蚕室就要加火(蚕室燃炭盆取暖);蚕娘觉得热了,蚕室就得退火。人们把蚕和呵护它们的女子视为母子关系,由来已久。晋代杨泉《蚕赋》云:"温室既调,蚕母入处。"胡承谋《湖州府志》也说:"治蚕始于护种,终于收茧缫丝,而中间时寒暖,慎燥湿,节饥饱,视慈母之护婴儿殆有甚焉。"

所谓蚕室,是由家中住房临时加工改造而成的。进入养蚕季节,家家都腾出尽可能多的房间收拾成蚕室:打扫干净,用石灰消毒,在四周板壁上糊纸,窗外挂帘,保证能够防风防寒。古人把受宫刑的人养伤的地方称为蚕室,即取此义。历代蚕农对此都很重视。东汉崔寔《四民月令》载,"清明节,命蚕妾治蚕室,涂隙穴";元代王祯《农书》载,"民间蚕室,必选置蚕宅,负阴抱阳,地位平爽……复要间架宽敞,可容槌箔,窗户虚明,易辨眠起";明代黄省曾《蚕经》载,"蚕之性喜静而恶喧,故宜静室;喜暖而恶湿,故宜版室(指有地板)"。把房间加工成蚕室,除了调节光、温、湿,还要防鼠、防虫、防蚊蝇。

[①] 顾希佳对浙江蚕乡习俗进行过多年的调查研究,下述浙江蚕俗均引自其《东南蚕桑文化》,中国民间文艺出版社1991年版。

养蚕的劳动过程主要分为育种期、生长期和吐丝收茧期。育种期的工作应该从制种算起。让破茧而出的蚕蛾雌雄交配后，把雌蛾放在纸上产卵，所得到的就是蚕种纸，又称为蚕连。第二件工作是浴种。浴种是将蚕种纸放入特制的液体（盐水等）中浸润，既包含信仰因素，也有消毒并使蚕卵孵化齐一的作用。浴种之法自古而然，后魏贾思勰《齐民要术》载，"《尚书大传》曰：'天子诸侯必有公桑蚕室，就川而为之。大昕（三月初一）之朝，夫人浴种于川'"；宋代秦观《蚕书》载，"腊之日，聚蚕种，沃以牛溲，浴于川"；明代黄省曾《蚕经》载，"至端午也，以蒲、以艾、以柳和井水而浸少时焉……至腊之十二（蚕生日），浸之于盐之卤……至二月十二（花生日）浴也，以菜之花、野菜之花、韭之花、白豆之花、糅之水中而浴之"。古代浴种的时间和液体有多种，近世的浴种与古代一脉相承，只是略有简化。浴种时间各地不尽相同，或在蚕生日，或在清明前夕。浙江海盐蚕农在十二月十二蚕生日浴种，称为"腌蚕种"，用食盐、石灰、楝树果加温水，将蚕种浸润片刻，取出晾干。楝树果有预兆蚕茧和它一样多产的意味。浙江海宁一些蚕农的浴种是在清明前夕，只是将蚕种纸在盐水中稍微浸润一下，随即揩干。拿春蚕来说，第三件工作是暖种孵化。暖种是将蚕种纸放在被窝里并在晚上让女人贴在胸前睡觉，用体温促使蚕卵开始孵化。出壳的幼蚕身上青绿，俗称"乌蚁"，孵蚕则俗称"催青"。这时室内要燃炭盆加温。

乌蚁出来后放在小竹箪里喂养，蚕进入了生长期。蚕的生长要经过四龄期。从乌蚁孵化起，约三天三夜，称为一龄期，进入休眠，此谓"头眠"。蚕眠一昼夜左右，醒来吃桑叶，历三天三夜，称为二龄期，再次休眠，此谓"二眠"。蚕眠一昼夜又醒来，开始三龄期，过三四天第三次休眠，此谓"三眠"。一般都在这时取消炭盆，所以三眠又称为"出火"。接着是"捉眠头"的习俗：休眠的蚕称为"眠头"，这时将眠头从小竹箪分放到大蚕筵，捉起来时要过秤，一只大蚕筵一般放四斤眠头。如果一斤眠头能收八斤茧子，俗称"蚕花八分"，这是近世一般年景的茧子收成水平；如果产十斤茧子，俗称"蚕花十分"，算是大丰收了。蚕乡流行的祝词"蚕花廿四分"只是一种良好的祝愿而已。三眠醒来，再喂养四五天，这是四龄期，蚕第四次休眠，俗称"大眠"。蚕农再捉一次眠头进行分筵。蚕眠起后进入食叶最盛阶段，连喂七八天后，蚕体晶莹，通体透明，不吃也不眠，这说明蚕已长成。

蚕长成后，蚕农就要为结茧做准备，即搭山棚，上蔟，然后再收茧。蚕农一定要见了熟蚕才动手搭山棚，否则，是很不吉利的。搭山棚不许赤脚、赤膊，不可轻易休息。据说赤脚意味无收成，赤膊即低产，一口气完工才吉祥。山棚上要放一只麻筛，里面放一套童装、一把桃枝、一串楝树果，再加蒜头和桑剪，旨在辟邪兆丰收。捉蚕前人人都要吃饱饭,这样做老鼠才不会咬茧子。装蚕的工具预先要放用红纸包裹的一件银器(诸如手镯和耳环之类),用以预兆茧子银白,茧价高昂。参加的人腰束稻草绳,意在促使茧子结成束腰形,因为束腰茧的质量最佳。蚕上山后,要保持安静。如果遇到打雷,要拿刚用过的蚕种纸盖在山棚上,据说可以起保护作用。上山后五六天,蚕农全家老少一起摘茧子,慎而又慎的一期养蚕总算大功告成了。

以上是春季桑蚕的养法,养夏秋季桑蚕的步骤与之大致相同。中国的蚕以桑蚕为主,此外还有柞蚕。柞蚕与桑蚕的养法则大不相同。桑蚕在室内饲养,盛行于南方;柞蚕在山野放养,因而又被称为山蚕或野蚕,盛行于北方(如山东和辽宁)。放养柞蚕分春秋两季,我们仅以春蚕为例对其过程略作介绍。当柞树发芽时,在有炕的屋子里孵化蚕卵。初出之蚕有毛且黑,俗称"蚕蚁"、"蚁子"、"黑孩"或"黑黑"。先从山上向阳处砍下早发的树枝,埋在河滩供养黑黑。山上柞叶长成后,将蚕移放树上,蚕户搭窝棚日夜守护,谨防各种天敌。柞蚕从出蚁到成茧也是四眠四起,通常是一起一挪,蚕小时连枝剪取,蚕大时可用手移,让它们有足够的叶可吃。柞蚕最后就在树上结茧。养柞蚕的另一个独特之处是时时离不开一把剪子,剪枝移蚕用剪,除虫除害亦用剪,蚕生长期内的三次重要移动被称为"头剪子"、"二剪子"和"三剪子"。放蚕的柞林的大小也以"剪子"计,一般春蚕放二百蛾或秋蚕放一千蛾的柞林就是"一把剪子"。①

养桑蚕比养柞蚕的讲究复杂得多,也演化出更为丰富的蚕俗。其一,蚕室有一整套禁忌。蚕农对蚕室的心态远胜于对公堂和圣地的小心和敬畏。"劳动至上"的口号在这里有最生动的体现。清代杨屾《豳风广义》对此有详细的记载:"蚕室一切禁忌开列于后:蚕属气化,香能散气,臭能结气,故蚕闻香气则腐烂,闻臭气则结缩。凡一切麝、檀、零陵等诸香,并一切葱、韭、薤、蒜、阿魏等臭,并有气息之物,皆不可入蚕室。忌西南风。忌灯火纸燃于室内吹灭油烟之气。忌敲击门窗、箔槌及有声之物。忌夜间灯火光射入蚕室窗孔。忌酒醋入室并带酒人。忌煎炒油肉。忌正热忽着猛风暴寒。忌侧近舂捣。忌蚕室内哭泣叫唤。忌秽语淫词。忌正寒骤用大火。忌烧皮毛诸骨臭物。忌当日迎风窗。忌一切腥臭之气。忌烧石灰之气。忌烧硫黄之气。忌仓促开门。忌高抛远掷。忌湿水叶。忌饲冷露湿叶及干叶。忌沙袄燠不除。以上诸忌,须宜慎之。否则蚕不安箔,多游走而死。"蚕农还有一系列的语言禁忌。忌用谐音"死"的四、屎等,四眠称为"大眠",蚕屎称为"蚕沙"。忌说"亮","天亮了"说成"天开眼了",因为

---

① 见山曼等:《山东民俗》,山东友谊书社1988年版,第289—294页。

亮蚕是病蚕。忌用谐音"僵"的词,酱油称为"颜色",姜称为"辣烘"。清代陈梓《养蚕词》写道,"掘笋勿叫笋（叫"钻天"）,叫笋蚕要损;吃姜勿叫姜,唤姜蚕要僵"。这些禁忌都能起心理上的警示作用,从实效来看,有的确实有益,有的太过分了,有的反而有害,例如:不让外人来,减少了带入病菌的机会;对声音的限制过于绝对,因为蚕怕震动却听不到声音;让蚕室密不透风反而导致空气不好引起蚕病。

其二,养蚕期间有称为"蚕关门"的习俗,它是蚕室禁忌中禁生人的观念被突出而发展起来的。一到"蚕关门",即使是亲戚之间此时也暂时断绝了往来,目的在于防止外人带来不吉和不净,造成蚕病。等采罢茧子,大家开始随便走动,则称"蚕开门"。在浙江海盐,蚕农在门口打上许多桃树桩,缚上用左手搓的草绳,结成网状,表示不许外人造访。为了表示蚕禁,有的在廊下插桃树枝,有的在门口贴红纸,上书"蚕月免进"等语。如果真有不速之客,主妇会气愤地一瓢冷水把他泼走;或者端出一盆冷饭,一边跟着他向外走,一边向外拨饭。更为严肃的仪式是在外人走后"送客人":用一只小竹筝盛少量酒菜和饭,并放一副杯筷,一个小稻草卷,到此人回去的三岔路口点燃草卷,泼掉酒菜和饭,像是送瘟神一样。浙江《湖州府志》（同治十二年修）提到过此俗,"猝遇客至,即惧为蚕祟,晚必以酒食祷于蚕房之内,谓之'掇冷饭',又谓之'送客人'"。在有些地方,如果有急事一定要去蚕家,必须手持一把桑叶,念道"蚕花廿四分",在门口轻声说完就走。

蚕室禁忌由来已久,宋代秦观《蚕书》载,"毋治堰,毋诛草,毋沃灰,毋室入外人——四者神实恶之"。此俗到近世仍然执行得很认真。在这期间,上至官府事务和办案,下至情人幽会,都一律停止。光绪《桐乡县志》录李廷辉《蚕桑词》,"最忌生人紧插樊,亲朋严禁往来烦;官书匦月权停判,莫令催钱夜打门";朱彝尊等《鸳鸯湖棹歌》录有张燕昌这样一首词,"高贴红笺蚕月签,柳丝处处插茅檐。与郎禁忌休来往,怪杀人家闭户严"。茅盾的小说名篇《春蚕》记叙了民国时期的情况:"一个'戒严令'也在无形中颁布了:乡农们即使平日是最好的,也不往来;人客来冲了蚕神不是玩的! 他们至多在稻场上低声交谈一二句就走开。"

其三,对待蚕病的习俗兼有科学和信仰的内容。我们把此类习俗分为直接行为和间接行为两种,每种都按预防和治疗两个方面叙述。在对待蚕病的直接行为之中,上述准备蚕室时的卫生工作是预防性的,而土方子的运用则是治疗性的。在浙江海盐,蚕农将赤链蛇活捉,放入盛有石灰的瓮中密封,等发现蚕得僵病时,就将石灰撒在病蚕身上。在海宁,蚕农发现白肚病（俗称"淡娘"）,就酒盐水在桑叶上让病蚕吃。有的用喷烧酒或甘草水的方法治蚕病。蚕农看见僵蚕，不可声张，一般都悄悄拾起来塞进嘴里吃掉。从现在的观点看，这样及时处理起码能避免传染。对待蚕病的间接行为是求神拜佛，施行巫术。其中，预防性的代表是"祛蚕祟"，治疗性的代表是"做羹饭"。蚕祟是有害于蚕的各种鬼邪、病毒和虫兽的总称。祛蚕祟一般在清明夜，人们用米粉做成白虎神像，在门前用石灰画出弯弓的样子，代表射虎的弓箭。人们摆供祭祀白虎星，祭毕丢掉白虎神像，表示退白虎。同时张贴门神，并用米粉捏成猫、狗、蚕茧、丝束等所谓的"祛口团子"，用于祭祀门神后，分送四邻，有预告本户禁外人的意思。有的地方在养蚕之前，于夜晚用手在石灰水中浸湿，在蚕室的各个门窗按下白手印，用以驱蚕祟。蚕农习惯悬挂的蒜头、菖蒲、桃枝等辟邪物也起这种作用。蚕农一旦发现蚕病，即到庙里烧香，在蚕神面前许愿，这是必不可少的；有的还要"做羹饭"：在三岔路口摆一只小竹簟，上面放一个蚕簇代表凶神，摆一块肉和一碗饭，点两支蜡烛，然后举行祭祀，请凶神不要再作祟。祭毕，将蚕簇烧掉，就算是将它送走了。

其四，蚕神信仰构成了蚕俗的一个中心。对蚕神的祭祀在殷墟卜辞中已有记载，卜辞提到的牺牲有牛、羊和奴隶，仪式颇为隆重。[①] 三代一直沿袭着对蚕神的祭祀，可是并没有赋予蚕神一个名称。蚕神的专名始见于汉代，以后历代的蚕神并无专名，而是众说纷纭，概括起来主要有两个系列：一是载于正史、被列入皇家祀典的先蚕系列，一是见于杂书、流行于民间的杂神系列。

先蚕是始祖型的蚕神，在学术上称为"文化英雄"，是汉代到清代的官方祭祀对象的通称。《后汉书·礼仪志》载，"祠先蚕，礼以少牢"。此后的史志经常使用先蚕这一通称，《隋书》和《旧唐书》的《礼仪志》、《新唐书·礼乐志》、《宋史》和《明史》的《礼志》，都是如此。

传说中的黄帝时代是一个发明创造的盛世，世传中国文明中衣食住行的基本项目都是黄帝及其臣子开创的，而黄帝是最大的发明家。后世之人需要指明先蚕是谁的时候，黄帝很容易入选：《隋书》中记载，北齐"每岁季春，谷雨后吉日，使公卿以一太牢祀先蚕黄帝轩辕氏于坛上，无配，如祀先农"。在北齐之后的北周，先蚕是黄帝元妃西陵氏嫘祖："皇后乘翠辂，率三妃、三代、御媛、御婉、三公夫人、三孤内子至蚕所，以一太牢亲祭，进奠先蚕西陵氏神"。后世沿用此说得较多，例如同治《湖州府志》记载："湖州向奉先蚕黄帝元妃西陵氏嫘祖神位于照磨故署，乃折中后周法耳，不知始于何时。嘉庆四年，抚浙中丞以浙西杭嘉

[①] 胡厚宣：《殷代的蚕桑和丝织》，载《文物》1972年第11期。

湖三府民重蚕桑,请建祠以答神贶,奏奉俞允,乃建庙于东岳宫左,曰蚕神庙。"

各地民间的蚕神信仰对象是比较庞杂的,有的也信仰先蚕嫘祖,但更多的是供奉在名称和形象上各地很不一致的"蚕花菩萨"。养蚕的地区都有蚕神庙或蚕神殿,大庙宇的主殿可能供奉的是如来、观音等大神,但一般也都在偏殿里塑有蚕神像。当地的商店逢年过节都备有一种印有蚕花菩萨的"神码",供蚕农购买(俗称为"请")。蚕农"请"回神码去,主要在祭祀仪式上供奉,或者把这种神像贴在大门上或蚕室(即农家正间)的墙上。有的地方,则由庙中的和尚在腊月里挨户上门送"神码"(其中必定有蚕花菩萨),主人则回赠一些白米、糕团之类。民间的蚕神大致又可以分为女神系列和男神系列。女神有马头娘、三姑,男神有蚕丛、蚕花五圣、蚕花太子。

据顾希佳的调查,信仰马头娘的地方比较多。马头娘又称蚕花娘娘、蚕花菩萨、蚕丝仙姑、蚕姑、蚕皇老太、马鸣王(又写作"马名王"或"马明王")菩萨。神像大致是一个古装女子骑在一匹马上,手里捧着一盘茧子。马头娘的神话见于晋干宝《搜神记》"女化蚕"条,故事最后说道,马皮卷一女子,"尽化为蚕而绩于树上。其茧纶理厚大,异于常蚕。邻妇取而养之,其收数倍……由斯百姓竞种之,今世所养是也"。女子和马转化为良种蚕,后世蚕民据此塑造马头娘这一蚕神,近世民间为了抬高它的地位,还传说马头娘受到过"宋敕清封"。马头娘在宋代确实已成蚕神,周密《癸辛杂识》记蚕神作"马名王菩萨"。明代徐献忠《吴兴掌故》引《蜀郡图经》说,"马鸣王菩萨,乡人多祀之"。明代田汝成《西湖游览志》卷十说,"(北高峰)山半有马明王庙,春月,祈蚕者咸往焉"。清代和近代的蚕民对马头娘的信仰一直非常普遍。

有的地方信仰三姑,浙江东部地区常见的是三个女子同骑一匹马,和马头娘神像只是人数上的区别而已,可见与马头娘形象有相通之处。不过,有的地方三姑并不骑马。南通博物苑所藏的神码,题作"蚕丝仙姑",画面上有三个站立的女子,中间一人手中持一轴蚕丝,在她的身后两侧,各立一女子,均手捧蚕匾,匾里有蚕在吃桑叶。三姑在元代王祯《农书》中被列为蚕神之一。人们根据三姑中谁把蚕以卜一年蚕事,元代马臻《村中书事》诗有"村妇相逢还笑问,把蚕今岁是三姑?"的句子,光绪《嘉兴府志》记曰:"蚕神俗呼曰蚕姑。其占为:一姑把蚕则叶贱;二姑把蚕则叶贵;三姑把蚕则倏贱倏贵。"这可能和各地更早的紫姑信仰有关。南朝梁宗懔《荆楚岁时记》说,"正月十五日……其夕,迎紫姑,以卜将来蚕桑,并占众事"。从因素上分析,三姑信仰是马头娘信仰和紫姑信仰的合成体。

晋·常璩:《华阳国志·蜀志》中记载,蚕丛本是周代的蜀侯,其目纵,曾称王,后来被尊为蚕神,是因为传说他对蚕事的神奇贡献;《仙传拾遗》中记载,"蚕丛氏教人养蚕,作金蚕数千头,每岁之首,出金头蚕,以给民一蚕,民所养之蚕必繁孳,罢即归蚕于王。(王)巡境内,所止之处,民则成市";《三教搜神大全》中记载,"蚕丛氏初为蜀侯,后称蜀王,尝服青衣,巡行郊野,教民蚕事。乡人感其德,因为立祠祀之。祠庙遍于西土,罔不灵验。俗概呼之曰青衣神"。对蚕丛的信仰可能曾经在以蜀地为中心的地区盛极一时,但在近世大多被其他的蚕神信仰所取代。

第二种男性蚕神是蚕花五圣,其形象是一位男子盘膝端坐,三只眼睛(一纵目在额中),六只手,其中两只手捧着一盘茧子,另外四只手拿着其他一些东西。有的神码上的蚕花五圣头戴官帽,身穿官袍。不过,在杭嘉湖一带的各种"蚕花五圣"形象,虽然差异甚多,但其中的基本特征——纵目,则始终是保持着的。光绪五年浙江《石门县志》记曰:"民间蚕时,事蚕花五圣极虔,每眠饷必祀,至大眠饷或鸭鹅祀之,甚有遍祀诸神者。"

第三种男性蚕神是蚕花太子,据说是手执尖角旗的男性神,也骑在马上。湖州乡下多祀奉。

近世对蚕神的祭祀主要有家庭祭祀和庙会祭祀两类。家庭祭祀中有两次是比较正式的,一次在蚕事之前或之初,意在求神保佑;一次在收成已定之后,意在酬神。杭嘉湖蚕乡求神保佑的祭祀或在腊月十二"蚕花生日",或在清明前后,或在蚕蚁孵出的这一天,蚕农在家中设蚕神神位(一般是蚕神码,亦有供塑像的;或用纸做蚕花以为象征),将蚕蚁(或蚕种纸)供在神位前,点燃无气味的香,供三牲之类,叩头礼拜,嘴里说几句祈求蚕神保佑的吉利话。酬神的仪式则是将新丝(或新茧)陈列于神位之前,供三牲香烛,祭祀叩拜,再说上几句对蚕神感谢的话。蚕民俗称"谢蚕神"。

蚕乡集体祭祀蚕神的庙会非常热闹,越热闹,则兆今年的蚕花越兴旺。一些地方把赶庙会称为"轧蚕花",形成了一种不成文的"规矩",即青年男女是要往人堆里去轧一轧的。人们相信"越轧蚕花越发"。在"轧蚕花"的时候,未婚的蚕农姑娘有一个俗称"摸蚕花奶奶"的习俗。习俗认为:未婚姑娘经过这一"仪式"就有资格当蚕娘了,而且,她家今年的蚕花一定兴旺;否则的话,轧了一通蚕花,竟连一个人也不去理她,则是一件非常倒霉的事情。有的地方使这种仪式变得更加"文明":年轻女子,无论大姑娘、小媳妇,都一律在自己的大襟衣衫上别一块由自己手绣的蚕花图案的手帕,这块手帕被叫做"利市绢头"、"蚕花绢头",准备在庙会上被某个男人扯去。如果这块手帕被不相干的人扯去了,她们就兴高采烈,以为这就是预兆蚕花丰收。①

（二）养畜习俗

中国人用"六畜兴旺"来匹配或者说补充"五谷丰登",这两个希望值代表着理想的农家生活的物质基础。农家的经济结构就是这样小而全。"六畜"并无确指,在传统社会比较常见的是牛、马、驴、骡、猪、羊,再加上鸡、鸭、鹅,大致可以分为役用和食用两类。

役畜主要有牛、马、驴、骡。南方农户主要用牛。北方农户四畜兼用,因地域和家庭条件的不同而做不同的选择：平原地区,富家大户大多养马养骡,因为它们力大而行快,拉车、耕地、骑人、驮物咸宜,但喂养麻烦,需要花费大量粮食；丘陵地区,穷家小户大多养牛养驴,因为它们吃草即可,粮食可有可无,且便于山区山地役使,高头骡马反而不便。

农家养畜之所通称"圈"、"栏"或"棚",内设木制或石雕的"牲口槽"。役畜在冬天,在晚上即拴在槽头喂养。养畜之所也就是积肥之所。北方用干土保持圈内干燥,并让干土转为肥料。垫土称为"垫栏",清扫称为"起栏"。南方用稻草和渣土垫圈,总有一片干草让牛卧下,而日积月累的排泄物把一层层的草沤成肥料。这些肥料称为"牛粪",人们用钉耙挖出来运到地里,称为"出粪"。

马的饲养比较讲究。养马饲料要精,试以山东为例,喂马一般要用谷草(俗称"秆草"),并用铡刀铡得越细越好,正如农谚所说,"寸草铡三刀,没料也上膘",且配以上好的"料",如麸皮、煮好的小黑豆。相比之下,骡子吃谷草之外,还可以吃玉米秸、高粱、玉米,榨油剩下的豆饼和花生饼都可入"料"；驴和牛则可以说有什么吃什么。养马还讲究夜草,所谓"马无夜草不肥",一夜通常喂四"和"(喂畜一次为一"和")：第一和喂草不喂料,第二和喂草之外加少许料,第三和草与料并重,第四和在剩草上加料,引其吃尽。为了不误夜草,农民常在牲口项下系一铜铃,俗称"报君知"。牲口吃草,铃铛朗朗作响,主人可以安然入睡。铃声一停,主人赶紧起来添草加料。

马、骡、驴属圆蹄畜,需要挂铁掌,俗称"上蹄子"。十里八村的大道旁通常有一个打马蹄铁、上蹄子的专业户。山东乡亲称这些地点为"蹄庄",与此有关的一些村子被称为"打驴蹄张家"、"打驴蹄李家",诸如此类。②

---

① 见顾希佳：《东南蚕桑文化》,中国民间文艺出版社1991年版,第180—182页。
② 山曼等：《山东民俗》,山东友谊书社1988年版,第294—296页。

第一章 生产民俗

牛是近世农村使用得最广泛的役畜,养牛、相牛、用牛的习俗颇为丰富①。内地的牛有水牛、黄牛两种。各地农民对牛有各自习惯的分类称谓。湖北人称母牛为"沙牛",称公牛为"水牯",称没有骟过的公牛为"臊水牯"。河南人把母牛称为"牪牛",牪牛发情俗称"引草",交配俗称"打犊"或"牵犊",怀孕俗称"抱犊",牪牛三岁以后开始下犊,一般三年下两犊,也有一年下一犊的,俗称小翻儿牪牛;把三岁以内的小牛称为"牛犊",雄的称"牡牛犊",雌的称"牝牛犊",三岁开始换门牙,先换中间第一对,俗称"一对牙",四岁换第二对,俗称"四牙",五岁换第三对,俗称"六牙",六岁换最后一对牙,俗称"齐口",最后一对牙未长齐前叫"半截牙",是卖牛的最佳年岁。把骟过的公牛称为"犍牛"。阉牛分割阉和捶阉两种:幼犊(一月以内)割去睾丸称"割阉",一年内捶破输精管称"捶阉",一年以后阉牛,往往阉不净,俗称"晚阉货",不易驯服役使。犍牛齐口为壮,俗称"齐口犍",10年以后进入衰老期,俗称"老犍头"。在一种文化里,分类的细致往往表示该对象的重要性,并说明它与人的关系非常密切。

牛的喂养标准能高能低。在有青草的季节,牛在野外放牧,通常由老人、小孩照看。在中国古代的文学艺术里,田园生活经常是和牧童的形象联系在一起的。牧童横骑牛背,哼唱山歌小调,吹奏用竹或陶自制的乐器,这是乡村常见的景象。牛在冬、春季需要喂养。南方人让牛吃稻草,有时添加一点捶细的榨坊出来的饼。北方以牛为主要役畜的农户对牛的喂养也很讲究。河南农户喂牛以麦秸为主,要铡碎过筛,加秋草和青草拌匀,有的还用料水泼湿搅拌。料水以黑豆糁泡水,一顿一泡,若无黑豆料则用黄豆、玉米等代替,一般一月用30斤料,闲天减一些,忙天加一些,夏天放青草则不喂料。每次喂草不宜多,要少添勤添,不留槽底。喂牛要注意饮水,冬天让牛喝热水,一些地方让牛喝涮过锅的温水。牛爱喝人尿,尤其是尿桶的陈尿,牛喝后易中毒,应防止。牛反刍,俗称倒沫,要把粗嚼入胃的草一口一口反刍回嘴里嚼碎再咽回肚里。喂牛要留倒沫时间,尤其在忙天要让牛充分休息倒沫。

民间有一套相牛的知识。(1)相口岁:牛的年岁,以看牙为准,三岁一对牙,往后一年加一对,六岁齐口。齐口后看齿缝齿面。齐口牛的门牙中缝显出则为十岁,俗谓十岁一道缝。再往后看齿面,凹凸不平、且锋利者口岁轻,秃而平者年岁老。(2)相生势:山东、河南等地农民喜欢"抓地虎",这种牛腰壮、腿

---

① 下述养殖习俗参见戴景琥:《义马民俗志》,中州古籍出版社1991年版,第53—58页;刘志文主编:《广东民俗大观》,广东旅游出版社1993年版,第28—30页;唐朝亮:《龙游县水稻生产的耕作、水利、饲养及雇工习俗》,载上海民间文艺家协会编《中国民间文化》总第10期,1993年。

短,役使有火性和耐力。俗说"买牛要买抓地虎",又说"前腿直似箭,力量大无限;后退弯如号,行走快如风"。牡牛和犍牛各有不同标准,俗说"线条牡牛圪塔犍"。牡牛以身长利索为好,犍牛以腰粗力大为好。(3)相走势:主要看过脚、看纼头。牛后蹄落地处超过前蹄叫过脚,过脚大走得快,否则行走慢。人牵着牛,牛紧跟着人叫纼头好,若走得慢,甚至牵着不走,谓之"纼头不好"。(4)相脾性:牛眼大而亮,眼珠外露,则牛性大;若眼小,眼珠藏于眼皮内,则性皮。(5)相食性:牛嘴短而齐,则食性好;唇薄嘴尖,则吃食不好。牡牛还要看"篓",即肋骨长短:肋骨长,肚圆大,吃得多,俗谓"好篓",易于喂养。

  人们对牛的一些特殊长相特别在意,把它们与主家的祸福联系在一起,形成了一些迷信观念。(1)旋儿:牡牛脊上无旋叫通脐,牝牛脊上旋与肚脐相对叫对脐,据说通脐牡牛和对脐犍妨主,可能会犯大毛病。脊背旋在牛背一边,俗称滚坡,预兆牛将滚坡而死,也不吉利。(2)毛色:牛头顶有白毛为孝顶,不吉利;若尾巴也有白毛,称为"穿心白",就不犯毛病了。(3)牙:牛为八个门牙,若只生七个牙,则不吉利。(4)角:一角向外,一角弯曲,俗称鸟枪角,不吉利。

  人们对牛持有一些俗信,并表现出一定的风俗。(1)牛犊生下后,湖北人将衣胞抛入河里,河南人将它挂于树上,让鸟类叼食。一些主户的母牛多年不下犊,人们便以为是自己的福分不够。(2)许多地方在腊八为牛过年,喂它一碗腊八粥。一些地方逢年过节和农忙季节都请牛喝黄酒,吃鸡蛋,食米粥。(3)春节给牛槽贴红条幅,写"槽头兴旺"之类的吉语;有些地方在端午节用三色布给牛缝香草布袋,挂在牛脖子上。(4)牛入户是有仪式的。河南人买牛到家进大门要在牛头上系红布条,更方便的办法是随手拿件红衣服搭在牛背上,过大门后取掉。浙江人的仪式是在牛进栏时举行。买主牵牛回家,主妇对牛进行打扮,在牛角贴一圈红纸,在红纸圈上插上松柏枝叶,再交放牛娃牵入牛栏里,并以两斤黄酒拌八个生鸡蛋招待牛。这种礼遇是从陌生到相依为命的过渡。主人善待牛,牛从此为主人耕田致富。(5)农民认为牛为人出了一辈子力,杀牛极不义,许多农户在牛"寿终正寝"后是将牛埋葬的。但是,在食物总是短缺的传统社会,从耕作中淘汰的牛仍是很有分量的食物。于是,人们沿袭着一些变通的办法来处理这种矛盾。既然将牛当菜牛卖就要被村人说是论非,卖牛者不管牛能否继续喂养,均不当菜牛卖,买菜牛者也说是买去喂养。一些地方宰杀老、残、病牛时,农民要再三叮咛:"今世不修,下世变人去!"宰牛时,牛主人须避开,旁观者都得双手反背身后,以示自己已被捆绑着,无力相救。

  最广泛的食用家畜是猪,乡间几乎家家喂养。在近世农村,一个家连猪也没有,确实不像一个家。有人考证屋下有"豕"谓之"家",这说明家与猪的密切

第一章　生产民俗

联系自古而然。猪是农村生物链上极重要的一环,具有极大的经济合理性：(1)农家有猪就不再废弃一丁点粮食。但是人吃剩的粮食皮壳,剩汤剩饭及菜叶、野草、树叶等,应该说都是弃物,喂猪最相宜。农民让猪守候在粮食消费的最后一个环节。(2)猪又处于粮食生产的最初一个环节。猪栏粪是最好的农家肥,所以农民有"养猪好不好,田里见分晓"的说法。(3)人的食物中被废弃的那部分通过猪转化为最高级的食品。有俗语说,"养猪是灶头后粜米",猪把人不能吃的变成人能吃的。不仅如此,在传统社会,猪肉是礼仪上和生活上最高等级的食品,农村的"好日子"是可以用"有肉吃"来代表的,最隆重的祭祖、最重要的姻亲交往都要通过猪肉体现出来。牛马的重要性表现在生产上,猪的重要性表现在生活和礼仪上。

我们试从下述五个方面分叙养猪的习俗。第一,猪的分类与繁殖。公猪俗称牙猪,阉后喂养称肉猪;母猪称草豚,阉后喂养亦称肉猪。肉猪一般养10个月左右,在年关宰杀的称为"年猪"。小猪称为"猪崽"或"猪娃"。养大母猪娃繁殖小猪叫"养老母猪",母猪一般五个月下一窝猪娃,每窝10只左右。牙猪娃不阉长成种猪,称为"脚猪"、"狼猪"或"郎猪",几个乡村才有一头公猪,而且饲养公猪的差不多都是残废人和极贫困者,他们以配种赚钱。体面的家户、正常的健康男人是不养公猪的。人们认为专门饲养公猪替母猪配种是带晦气的、不光彩的职业。他们赶着公猪走在乡村小路上("脚猪"之称可能与此有关),应约到别人家给母猪配种,常常受到取笑。

第二,新建猪栏的习俗。在浙江龙游,人们要在新栏门上挂五彩布条,以示吉利。新栏建成,祭过猪栏神后新猪栏方可启用。

第三,买卖生猪的习俗。在浙江龙游,人们卖小猪崽时,要让小猪崽饱食一顿精料(增加重量),然后用香、纸祭猪栏神。挑猪的猪蒲上,要放上红纸,以祈利市。猪挑到门口,主妇要连呼三声："妞……",表示猪常在、栏不空。小猪买回家,一定要带点小猪栏里的垫草来,说是娘家带来的金草。小猪买回后,六天内如无特殊原因而死亡,猪娘家户要负责赔偿。卖肉猪时,主妇要剪下一撮猪毛,撒在猪栏里,表示猪还在。肉猪抬走时,主妇连声呼猪,希望以后不断养成大猪。再看广东的情况：潮州人买回猪崽,在放进猪栏之前,要用火筒往猪笼里先吹吹气,放进时要口念吉祥语,如"顺顺兴兴,夜大千斤,昼大八百"之类。农户称卖猪为"嫁猪"。"嫁猪"时,必用猪肉或面条、肉包子到灶前祭拜灶神,答谢神的庇佑。花县农家将大猪卖掉时,习惯买回一条猪尾,用来拜猪栏,祈望神明保佑年年有猪卖。吴川人卖大猪,捉猪入笼后,主妇便在猪身上拔几根猪鬃毛,把鬃毛藏好,等到买小猪回来养时,把鬃毛放入猪槽,据说这样会使小猪长得像大猪那般大;在抬猪笼起行之际,主妇祝颂:"噜噜噜(唤猪声)!大猪去,小猪回,小猪长得快……"吴川人如家里还养有猪,又新买小猪回来养,便用三姓人家或者自己一家的茅草或稻秆烧着,将装着小猪的笼连小猪提起,在烟火上方熏烘几下,然后放笼在地上。主妇朝着小猪双手作揖几下,边揖边祝:"拜猪公、拜猪婆,共弟共妹好相和,日大八两,夜长斤多……"祝完开笼放小猪入栏,与原有的猪隔开饲养一段日子,才合养。各地买卖生猪的习俗有一个共同的宗旨,即祈望养猪的过程能够年复一年地循环下去。

第四,杀猪的习俗。浙江农村的屠工俗称"杀猪老师"。开杀前,先祭猪栏神,祈求允许,然后进栏抓猪。进刀时,妇女和小孩须回避,至少将脸转向或闭目。宰毕,家主以猪头猪尾巴祭猪栏神。主妇还用猪肉及内脏烧一席好菜肴,请至亲好友来家"食三福",并请屠工同食同饮。杀"年猪"时,要用一块米筛,上铺黄表纸,把猪血洒在纸上,拿去烧栏头,即祭猪栏神。农历十二月廿四后,各农户停止杀猪,谓之"封刀"。潮州有些喂猪人平时挑上一担木桶进城收泔水,但不付钱,与人家订立"君子协定",等到猪主宰猪上市时,先切下一小部分猪肉,贴上大红纸,分送给泔水主人,当做酬金。

传统社会常见的家禽是鸡、鸭、鹅,而养鸡尤其普遍。母鸡下蛋,公鸡打鸣,阉鸡过年吃肉。家庭妇女特别重视养鸡下蛋,有一条谣谚颇为传神,"老太太三条命,母鸡、闺女和外孙"。鸡和鸡蛋既是礼仪和社会交往的特殊媒介,又是对农村俭朴生活的重要补充。

乡村养鸡,均为母鸡孵化。母鸡孵小鸡,俗谓"抱"。春夏母鸡发"抱"后,用麦秸或稻草做成窝,放入20个左右、三日内的鲜鸡蛋,抱窝母鸡会蹲在上面用体温孵化,21天小鸡破壳而出。在18—20天间,将鸡蛋放入温水中,若成鸡,鸡蛋会动,若不成鸡,鸡蛋不会动,以便使成鸡的蛋壳变脆软,易于小鸡破壳。小鸡孵化后,由母鸡带引月余或更长时间,成活率较高。母鸡该生蛋时,不再引小鸡,俗称"丢窝",母鸡立即不再看护小鸡,变为陌生关系,同其他鸡一样用嘴啄小鸡,不让接近,欺侮小鸡。鸡食儿以昆虫、粮食、草粒为主,乡村习惯不圈养,鸡在户外自动觅食。雄鸡娃大多阉割,通常在年前宰杀,作为"年鸡"。一家只留一只雄鸡叫鸣。雌鸡娃10个月左右可生蛋,一家一般养10只左右。不过,在鸡难得找到足够的食物的冬季和母鸡下蛋的期间,农家还是会在早晚用积储的残次粮食各喂一次。

农民也把养鸡纳入农村生态链中的一环。他们拿不宜食用的粮食喂鸡,在多数日子里鸡是自己在房屋内外找食吃。鸡在晚上通常是要蹲在鸡笼里的,里面积累的鸡粪是上好的农家肥,农民会把它用在精耕细作的菜园子里。

因为农家传统的饲养方式使鸡蛋的产量和社会需求有一个比较稳定的关系,鸡蛋在一些地方在很长时间里都是物价的一个指标,被用来折算其他物品的交易。20世纪50年代前,乡村习惯以鸡蛋换盐。在河南农村,春夏季常有串乡盐贩用盐换鸡蛋,进村高喊"鸡蛋换盐"。交换的方法是以家用葫芦瓢衡量,一瓢蛋一瓢盐,不用钱折算,不互相找钱,多少鸡蛋换多少盐,俗说"鸡蛋换盐两不找钱"。

参考书目

顾希佳:《东南蚕桑文化》,中国民间文艺出版社1991年版。
简涛:《立春风俗考》,上海文艺出版社1998年版。
徐杰舜:《汉族民间经济风俗》,广西教育出版社1990年版。
张紫晨编:《民俗调查与研究》,河北人民出版社1988年版。

思考题

1. 仪式对于农业生产的意义是什么?
2. 中国农民如何在劳动中表现艺术?
3. 从哪些民俗能够看到生态与文化的关系?

第二章

工商民俗

中国自古在幅员、经济总量上都是大国,辽阔的疆域、众多的人口和占世界经济总量的重要比重①的实力,既是由精耕细作的大农业所支撑的,也是由精益求精的手工业和精打细算的商业所支撑的。中国的古代文明是由都市所承载的。繁荣的都市与发达的工商业是一体的,共同构成了中国的物质文明载体的两面。

中国的手工业既有官府的,也有民间的,如陶瓷的官窑与民窑的区分;既有专业的,也有兼业的,其中,专业的既集中在市镇上,也散布在乡村里,而兼业是农民的一种常态,普通农民都会做一些手工活儿。中国的手工业有悠久的历史和高水平的发展②,在很早的时候就达到了专业化和规模化的水平。中国自从奴隶制国家建立后,就有官府手工业的存在。统治者对生活的舒适性的追求与国家在礼仪上的需要,都有赖对于人造物的劳动力投入和艺术提升。从西周到西汉,朝廷在主要的经济部门都设有作坊。统治者把手工业者集中到官府,以便更有效的管理与更好的产出。至少在春秋末期,随着农业经济的发展、生产技术的提高、社会分工的扩大,不少民间手工业者脱离农业而形成官府作坊外的民间作坊。各种工匠聚集在城市,发挥市场的集散作用,争奇斗巧,形成了以

---

① 林毅夫引述统计资料说,在公元1世纪,中国的汉朝和欧洲的罗马帝国处于同一发展水平,人均收入水平基本一致,而且直到1820年,中国仍是世界最大的经济体,GDP总量仍占世界份额的32.4%。参见林毅夫:《李约瑟难题与韦伯疑问》,《北京大学学报》2007年第4期。

② 童书业:《中国手工业商业发展史》,中华书局2005年版。

家族为基础的传承集体。工匠之间相互竞技,相互合作,后来在较大的城市都形成行业习俗惯制。手工业在农村地区也逐渐发展起来。直到近现代,县城及其下辖的乡镇都有众多门类的手工业。据张世文在解放前对河北定县所做的工业调查[①],453村的家庭工业大约有120种,其中绝大多数都是手工业。

  交易活动总是会随共同体内外部差异的存在而发生的,也会随共同体的增大、发展而增加。设市交易,作为一种制度和商业文明,在中国也出现得很早。据《周易·系辞下》所载,神农氏就开始"日中为市,致天下之民,聚天下之货,交易而退,各得其所"。春秋战国时期,各地出现许多商品市场和大商人,如郑国的弦高、魏国的吕不韦,甚至有范蠡助越王勾践灭吴兴国之后辞官经商成为富甲天下的陶朱公的佳话。战国时期各国铸造流通的货币的数量大,种类多,反映商业较过去发达。商品交换的发展,促进了城市的繁荣。

  秦汉以降,统治者多推行重农抑商政策,使商业的发展比较艰难。到唐代,官方对城市的管理仍然是限制市场发展的。《唐律疏议》中记载,唐代交易物品的市与居民生活的坊是严格区分的,对市的管理保持着一套法律规范。市有市令,"主执钥",按时启闭市场。按照唐代的制度,《唐六典》中记载,"凡市,以日午击鼓三百声而众以会,日入前七刻击钲三百声而众以散"。

  从唐代后期起,市坊严格分开的制度逐渐被打破,到宋代,店铺已可随处开设,买卖时间也一改日中为市的限制,早晚都可经营。两宋都城的工商业尤其繁荣,例如杭州,吴自牧在《梦粱录》中记载,"杭城大街,买卖昼夜不绝,夜交三四鼓,游人始稀;五鼓钟鸣,卖早市者又开店矣"。他所叙述的杭州"诸行百市"颇具规模。宋代不仅改变了以往的商业制度,也创设了更好的经商条件。例如,宋代市场上虽然仍然使用金属货币,但在北宋时,四川益州的富商开始发行纸币"交子";两宋时水陆交通便利,特别是海上丝绸之路畅通。类似的"流动"工具的便利促进了商业的繁荣。宋代一些城市商业区域扩大到城外,叫做草市。农村中还有定期开放的小市(在地方上叫"集"、"圩"等)。由此形成了全国城乡的市场体系。明清时期城市和乡镇的工商业又有可观的发展,拥有广大的市场和众多的从业人员,城市生活丰富多彩。市镇延伸出去的圩、集、场、店等广大的农村初级市场为市镇提供了充足的经济养分和宽阔的空间。这就是中国近世所承袭了商业空间或市场网络。施坚雅根据他20世纪40年代在成都平原的观察对它进行了描述:小地方形成一个一个的市场圈,由此结成区域

---

① 张世文:《定县农村工业调查》,四川民族出版社1991年版。

性的市场圈,多个区域市场圈组成全国市场的网络[①]。

中国传统工商业行业众多,乃至有"七十二行"、"三百六十行"的夸张说法（传统上流行的成数大多是九的倍数）。对行业的划分和排列传统上有"三教九流"之说,"三教"即儒、释、道,"九流"仿照九品的模式,分为上中下三等,上九流包括一流佛祖、二流仙、三流皇帝、四流官、五流斗、六流秤、七工八商九种田;中九流包括一流举子、二流医、三流阴阳、四流乩、五流丹青、六流相、七僧八道九琴棋;下九流包括一打狗、二提婆、三修脚、四剃头、五抬食盒、六裁缝、七优八娼九吹手（又说下九流是一说书、二卖油、三裁缝、四剃头、五塑像、六抽筹、七玩长蛇八玩猴,添上修脚是下九流）。工商诸行,我们难以尽述,在此只是选择性地把工商民俗划分为手工业、服务业、贸易业等三类略加叙述。

第一节　手工业民俗

手工业的内部分工在宋代已经非常细致,吴自牧《梦粱录》卷十三"团行"条记曰:"其他工役之人,或名为'作分'者,如碾玉作、钻卷作、篦刀作、腰带作、金银打钑作、裹贴作、铺翠作、裱褙作、装銮作、油作、木作、砖瓦作、泥水作、石作、竹作、漆作、钉铰作、箍桶作、裁缝作、修香浇烛作、打纸作、明器等作分。又有异名'行'者,如……钻珠子者名曰徽儿行、做靴鞋者名双线行。"这尚是不完全统计。这种细致的分工在大城市沿袭下来,而乡镇手工业的分工自然要简单得多。为了叙述的简明起见,我们把手工业民俗大致分为建筑类、五金制造类和生活用品制作类。

工匠被称为手艺人,是专业人才,在农业社会有自己的群体优越感,觉得做手艺不愁水旱饥荒,因此有"千田万地,当不得一种手艺","手艺在手,走遍天下能糊口","七十二行,行行出状元"等俗谚。农村地区的工匠是"吃百家饭的",通常在哪一家做活,那一家的主人就得管吃管喝,工钱另外计算。普通农民乐意让孩子拜师学手艺,但是,手艺（尤其是高超的手艺）往往局限于家传。家传的手艺人被认为是"科班",更受人尊敬。

在一些地区,不同专长的工匠之间有地位高下之分。在浙江,诸匠的地位,以铁匠最高,其次是石匠、泥水匠、木匠、制瓦匠。若遇喜宴,铁匠坐上首,制瓦匠执壶坐下首。之所以坐下首,传说制瓦匠的祖师当初跟鲁班学艺时,不专心,又嘴馋骗钱,曾被鲁班赶走。制瓦匠也崇奉鲁班,但其他诸匠却不承认他们是

[①] 施坚雅:《中国农村的市场和社会结构》,史建云、徐秀丽译,中国社会科学出版社1998年版。

鲁班门徒,讥之为"瓦厂老八"。裁缝、篾匠不得与铁、石、泥、木诸匠同席。裁缝,传说其艺为周武王之宫婢所传,低人一等;篾匠,被认为是"小媳"出身,干活多取蹲势,被鄙称为"篾乌龟"①。匠人的地位有时因地而异。浙江人传说鲁班的大徒弟是石匠,二徒弟是泥水匠(泥瓦匠),三徒弟是木匠,若同在人家造屋,总是石匠坐首位,泥水匠坐二位,木匠坐三位②。在海州,传说鲁班的大徒弟是木匠,二徒弟是泥瓦匠,三徒弟是石匠,三匠在一起施工,吃饭时木匠自然坐在首席。各行业内部都有一些自尊的说法,例如,瓦匠说皇宫他们也能上,所以瓦匠优越;剃头匠说皇帝的头他们也能摸,所以他们特殊。但是,民间又有"行行出状元"的说法,它显然包含着行业之间无高下贵贱之分的意思。

一、建筑类行业习俗

建筑类主要是土木瓦石诸行,这些行业的工匠在一些地区各有祖师,在一些地区都以鲁班为祖师,明清以来大都举行供奉鲁班的活动,各地建有许多鲁班祀所,分别称为鲁班庙、鲁班殿、公输子祠、鲁班仙师祠等,并定期举行"鲁班会"。清代北京正阳门外的公输子祠有大殿一座,殿内三尊牌位,"先师公输子鲁班之位"居中,"增福聚宝财神之位"、"福德正神土地之位"居左右。在现代,一些老工匠的家中常年悬挂鲁班画像或供奉木雕鲁班像,每月初一和十五两天要在祖师爷像前烧香。五月初七或说六月十三、七月二十一日是鲁班生日,这些行业的行会要集资做会,为祖师爷贺寿。在一些地方的祭奠仪式上,各人把一件工具放在神主牌前,焚化黄表纸,俗信纸灰落在谁的工具上,就是祖师爷向谁"赐巧"。

木匠分水木匠和旱木匠,俗叫"水作"、"旱作"。水木匠精于造船工艺,专门从事造船、修船和修造各种水上木器工具。旱木匠专门在陆地上干活;又分高木匠和低木匠,高木匠擅长建筑作业,低木匠只在地面上干活;又分为方木匠和团木匠,团木匠专门从事箍桶等圆形木器制作,方木匠又叫细木匠,擅长制作木器家具和木质工艺品。在一些地方,一般修房建屋的,制作粗重农具的,称为"粗木匠",做细致家具又从事雕刻的名为"细木匠"。另有专做大车、小车的木匠作坊,名为"车铺";专做棺材的挂招牌名"寿材店"。

木匠围绕工具有一系列习俗。木匠以通用的十大件为基本工具,即斧、锛、锤、锯、锉、刨、凿、拈、角尺、墨斗等。刨平板时,在案子上钉一个卡子(又叫牙

---

① 参见浙江民俗学会编:《浙江风俗简志》,浙江人民出版社1986年版,第422页。
② 同上书,第70页。

子),俗叫"鲁妻"、"班妻",相传当年鲁班推刨时,常常要妻子帮着把木板压住,妻子为腾出时间干家务,发明牙子来代替,所以牙子被称为"班妻"。墨斗的墨线一端扣一个小钩,俗叫"替娘闲",又叫"班母",相传当年鲁班弹线常要请母亲掐住墨线的一端,老母亲常常站得腿疼腰酸,发明这个小工具来替代,于是它就成了"班母"。用以蘸墨划线的"划齿"俗称"斩木剑",通常是三分三厘宽应三十三天罡,或三分六厘宽应三十六天罡,最标准的是劈成七十二根齿,应七十二地煞,这样的"斩木剑"能辟邪挡恶气。若磨石两头翘中间凹,就会被同行瞧不起,所谓"磨石两头低,走遍天下无人欺"。平时对工具的装配、使用、放置规矩很严,如斧头的柄不能安装成满榫,表示谦虚。木匠见到装满榫斧头的人(很难见到),会千方百计给他出难题。木匠对工具的忌讳很多,如不准妇女坐在案头上,不准任何人尤其是妇女从工具上跨过。每年腊月三十下午,一些木匠一定要把所有的工具动一动,象征性地干点活,寓意生意好,一年干到头;过年时要在所有的工具上都放两棵葱和几片糕,寓意生意葱(隆)步步高。①

木匠测验徒弟的手艺或者互相间竞争手艺高低时,有一道看似简单的传统难题:做一对条凳(又称"二人凳子"),一条仰放,另一条四脚放在仰放的四脚上,倘八只凳脚相对,严丝合缝,则其人技艺堪称一绝。因为条凳装腿一律打斜榫,角度很难掌握准确。这道题目在匠人间广为流传。②

泥瓦匠(或称为泥水匠)的祖师一说是鲁班,由他的二徒弟传下这门手艺;一说是有巢氏,因为有巢氏教民建房,传下了泥瓦匠这一行。为有巢氏做会祝寿是在七月二十三日。泥瓦匠自认是"上行",就是皇宫也能上去,皇帝老爷的头上也能蹲。海州泥瓦匠上工干活,只有早晨上工前、晚上收工后才能洗手、洗脸、洗脚,吃饭时手上实在脏的话,只能用软草或干布揩一揩,不能用水洗。只要洗了手,就不能再干活了,"洗手不干"是瓦匠的行俗。

石匠供奉的祖师或为鲁班,或为女娲,或为盘古。石匠大多以鲁班为祖师,在一些地区传说是他的大徒弟,而另一些地区传说是他的三徒弟传下了这门手艺;一些石匠信仰女娲为祖师,传说女娲炼出石头又传下了打石头的行业;另一些石匠信仰盘古为祖师,认为自从开天辟地就有石头和石匠。石匠大致有三类:一是搞建筑的石匠,专门砌墙、造桥,能雕琢铣磨,制作各种精巧的建筑模型和艺术品;一是打制粗重石器的石匠,如打制石磨、石碾、碌碡、碓臼、石碑及牲

---

① 见刘兆元:《海州民俗志》,江苏文艺出版社1991年版,第463—469页。本节所引海州的例子均见于此。

② 见山曼等:《山东民俗》,山东友谊出版社1988年版,第320页。

畜食槽；一是开采石料的石匠，一般在山上作业。

石匠的重要习俗都与信仰有关。在浙江，石匠造桥，先要由地方上有名望的人出面祭拜天地，石匠工具要统统供在桌上，再供三牲、酒菜祭品，祭祀时要由石匠念："万古千年，行人安全"等吉利话，然后动工。桥造成后要摆"圆桥酒"。浙江石匠采石先要用香烛纸马请过山神土地，然后动工[①]。海州石匠还崇拜"山神"和"石婆婆"，在正月初一或初二敬山神，带领全家男孩到山神庙放鞭炮烧纸磕头，或在采石工地，或在附近的奇峰异石前烧纸磕头。烧过山神纸后人人都用锤钻在石头上敲打几下，意为山神受过香火，允许开山打石了。正月初十日是石婆婆的生日，所有石匠这一天不能拿钻锤，不能靠石物，传说石婆婆平时是闭着眼的，任人敲打转动，生日这天眼是睁开的，谁动了石头就用针把谁的眼刺瞎。"石匠不打名崖"，是石匠行业内的俗规，人们相信凡是奇峰异石或有什么名堂的石头，都是神仙造化，不能敲打，更不能毁坏。

砖瓦业所奉之神有鲁班、老君（源于用火）、窑神、土地公公（源于用土）等，其中只有窑神是该行业特有的。海州的窑神是女性，名姚光，传说她为了使人能有砖瓦盖房，裸体示意如何建窑、装窑、出窑，目的达到，羞于见人，正月初五日上吊身死，后人奉为窑神。窑工烧窑点火前都要祭神，如在海州祭祀女神姚光，在浙江祭祀鲁班。浙江嘉善的仪式是：在窑门一侧贴上印有鲁班像的神纸，在窑门前叠几块土坯为桌，供一个猪头、一只鸡、一条鱼，俗称"六眼"。供品共有六眼，土窑也是六眼（窑门、烟囱、顶部加水处、观火洞和窑底两个洞）。人们在大师傅主持下焚香、燃烛、斟酒、叩拜，然后点火，事后一起将供品吃掉[②]。

砖瓦先有制坯工序，一部分土坯要雕上吉祥物，例如：竖的一面有方胜图案；特制的砖上有龙、如意、万年青等图案；花边瓦当上有牡丹，万年青、蜈蚣等图案；滴水瓦上有蝙蝠、双龙抢珠、长寿字等。也有一部分土坯要做成吉祥物，如龙砖、屋鸡、龙嘴脊瓦等。屋鸡砖必定砌在做官人家的屋脊上，普通人家使用被讥为"草棚上装屋鸡"。

砖瓦业的窑工分为"正伙"（大伙）、"皮伙"（二伙）和"打杂"（三伙）三人。以正伙为主，只有正伙可以动"葱"（意为窑的火门上的砖，随着火门上砖的增减，窑工在此掌握火候）；皮伙只能添加燃料；三伙是替班，临时代替。他们三人一天分为四班。窑工一般穿蒲鞋，脚板上有一块厚厚的"盖脚布"，腰扎一个围

[①] 见浙江民俗学会编：《浙江风俗简志》，浙江人民出版社1986年版，第69—70页。
[②] 参见金天麟：《嘉善窑工习俗初探》，载浙江省民间文艺家协会编《吴越民俗》，复旦大学出版社1992年版，第139—141页。

身,用稻草绳拴住。装窑和出窑时,窑师傅只用一个肚兜,不穿裤子。烧窑的忌讳在窑内小便,忌讳妇女进窑,据说犯忌讳就会烧出夹生砖瓦。

二、五金类行业习俗

五金类是指金、银、铜、铁、锡业,这些行业在民间常见的是铁匠和小炉匠。小炉匠又称锢炉匠,即锢盆锢碗、补锅及钉焊各类铜铁器的匠人,有的称为补锅匠;其他诸匠利用冶铸锻打等工艺制造金属产品。这些行业供奉的神有李老君、女娲、饿佛、尉迟恭、火神、邱处机、弘忍、吕洞宾等。信仰李老君的最普遍,"铁匠"信奉的祖师是李老君,称其为太上老君,铜匠、锡匠、银匠等均以铁匠为师兄弟。一些匠人信奉其他的神有其自己的说法,如补锅匠奉女娲为祖师的理由是补锅像女娲补天;奉饿佛为祖师一说是因为饿佛让人饿,才用得着锅碗瓢盆,一说是因为锅没补好就要挨饿,所以奉饿佛。

一个地方的铁、铜、锡、银诸匠每年做会祭祀祖师,或联合在一起,或分业、分师承设会堂。江苏海州诸匠在二月十五日为祖师爷李老君祝寿,俗叫"做寿"、"做会",前后要停业三天,不准烧炉动锤。正式会期又叫"正会",全行业的老老少少,站立在画像供桌前,由会头或辈分最高、年龄最大、手艺最强的"老师爹"训话,说明为祖师祝寿,要不忘祖师的恩德,不得糟蹋祖师遗风,不得违犯行规,要尊敬师傅师叔,师兄弟要和气,师亲道友要讲义气等,有的重新讲行规行俗,叫做"立规矩"。参拜结束,全体入席,边喝酒边谈心,有的尊师训徒,有的交流技术,有的赔个不是,解除宿怨,搞好团结,直至尽兴而散。有时做会期间举办技术比赛,事先支好红炉,由会头主持,统一打造某一器具,比速度、比造型、比淬火(俗叫"钢火"),优胜者得到很高的荣誉。

铁匠营业的地方称"铁匠铺"、"铁匠炉"、"红(洪)炉"、"炉坊",专门打马掌铁的则称为"驴蹄子炉"、"蹄庄"。流动营业的,三个人,一辆粗重的独轮车,载一炉、一风箱、砧锤等工具,并行李炊具,行行止止,一年半载才回家一次。

铁匠的行规、行俗多而且严,所有铁匠家的炉子都要支在门的左前方,俗叫"上首",表示对李老君炼丹炉的尊重。干活时不用口呼唤人,只要师傅或年长人拿小锤在砧子尾巴上连敲两下,徒工们就要赶快跑到炉前;师傅或大铁匠执小锤,打在哪里,徒弟执大锤跟着打在那里。铁匠特别珍爱自己的手艺,所制产品必打上印记。平时不准任何人坐在砧子上,尤其忌讳妇女坐在砧子上。从年三十晚上到正月初五,每天早、中、晚要在炉内烧三次香,炉子上要贴红字方"黄金万两",风箱上贴红对联"风吹炉中火,铁红变黄金",每件工具上都要放些钱(俗叫"压钱")。正月初五开炉,海州铁匠这天只打两根钉子,俗叫"元宝钉";

若正巧有修船人家来买这两根元宝钉是铁匠最高兴的事,"开炉就见元宝钱",不仅两根钉子只象征性地收点钱,还要把买钉人请到家酒饭招待。对第一个顾客十分客气,价格要得很低,只要做成一笔生意,"开门大吉"了,就高兴地收摊回家喝酒;如果没有人到摊前买东西,就是全年生意不好的兆头。铁匠最喜欢有人来买打棺材的用钉,无须讨价还价,给多少钱都行,因为对铁匠来说,一定要成交,卖出去是发财的喜讯,铁匠少收了钱还很高兴;卖不出去就很晦气。

铁匠有一套职业交往习俗。其一是行业内的交往习俗。铁匠讲究"人不亲艺亲,艺不亲锤把子亲",对本行内的人十分义气。按行俗,不相识的同行人来到铁匠铺内,开始不能说话,待打铁时,外来人拿起锤帮着打两锤或三锤,表示本行人来此投师访友,直到"一火"打完(铁烧一次打到一定程度不能再打,俗叫"一火"),放下工具,主方热情问候,互叙师谱,再叙年齿,按师亲道友的长幼尊卑相称,留下酒饭招待,外来人无论在家闲住多少天均不得慢待,临走时一定要送些盘缠钱。若有外来铁匠不事先拜访当地同行并求得允许,随便支炉开业,当地铁匠便叫其"野驴",轻则打跑,重则将其全部工具没收。同行间不得私自看别人打造的产品,除了师傅和师叔外,无论相识不相识的同行人,只准本人拿着产品主动请别人看,要求指教。有礼貌懂行俗的人,就是别人请自己看产品,也要婉言谢绝。其二是行业外的交往习俗。铁匠行业在民间高于共事的其他行业。若遇建筑、造船等场合,铁、木二匠一起干活,吃饭时铁匠毫不谦虚地自己坐上席(上首),别的工匠不计较,但铁匠坐上席必须不洗手、不洗脸。其三是铁匠与道士的交往习俗。两者都奉李老君,传说铁匠是师兄,道士是师弟。道士化缘到铁匠门前,或平时经过铁匠铺前,要主动向铁匠问好;铁匠见了道士要十分热情友好,对化缘的道士不但要主动给钱,还要留下招待吃饭。①

铜器的使用曾经也很普遍,如家用铜器、钟鼎炉像铜器。北京还有一种铜器挑子,铜器挑子上拴系着许多水壶、脸盆、茶船一类的铜器,匠人走到哪里,就把铜盆的声音传到那里。所敲铜盆大多是"洗三"(是婴儿诞生第三天为其洗澡的习俗,详见本志第332页)用的宽边盆,大概是因为它的声音洪大。挑子上的铜器用钱买也可,用旧靴帽破衣服换也可,并代为修补旧铜器。有的自带火炉,当时修补,有的须带回铺中修理,都能按期修好送还,绝无蒙骗之事,是旧日北京商德的表现②。一些铜器的工艺要求很高,例如铜锣的生产就非常复杂,包括配料、化铜铸砣、锻打制片、剪圆成型、淬火、旋光、定音的过程。一面锣往往要

---

① 参见刘兆元:《海州民俗志》,江苏文艺出版社1991年版,第458—463页。
② 金受申:《老北京的生活》,北京出版社1989年版,第411页。

经过万锤锻打,才能使铜片厚薄均匀、大小合格。最后"定音"的一道工序,必请老匠人上阵,执手锤在锣面上不断轻轻敲打,耳听、目注、寻找定音的一点点地方,找准之后,只要一锤两锤,一面新锣就成了。因此有"千锤打锣,一锤定音"的成语。①

三、生活用品类行业习俗

生活用品类主要有服装、用具、食品等方面的手工业,服装方面我们以印染和裁缝为例,用具方面以陶瓷业为例,食品方面以磨坊、酒坊、豆腐坊、油坊为例。

印染业以梅、葛二仙为祖师,尊称他们为"蜡梅老祖"和"秋葛老祖",常年在染坊的染缸旁设香案,供奉"梅葛二仙之位"的神牌,香案两边贴对联:"鹅黄叶绿鸡冠紫,鹭白鸦青鹤顶红。"逢年过节烧纸敬香,每年九月初九做会祭祖师。

近世民间多穿蓝色衣服,土法染蓝特别流行。一种是下大缸的土靛染布:置土靛于笋中,在缸水中淘洗,使靛漏下,再把碱和石灰加入水中,搅动缸水调成颜色深浅合适的染料,再行染布。第一次染出的是浅蓝色,晾干后再染一次就深一层,愈染愈深。由浅而深的颜色依次是"月白色"、"二蓝"、"深蓝"、"缸青",最深的蓝色近于黑色,称为"青"。"青出于蓝而胜于蓝"应是染坊中的经验。一种是染小锅的挑子走街串户染布,例如,北京有一种染绸缎挑子,每当秋冬之间的晴午,街头常有高亢而沉厚的货声:"染——嗳,绸缎来哟!"手艺人挑着一个小担子,挑着颜料匣子、染衣锅和一根长竹竿。染成衣以件计价。凡讲好价钱的,手艺人即将染主所指定的颜色调好,先染一布条作为试样,主人认为颜色合意后,手艺人才染。染好后拧去水分,系于所带来的竹竿上端,在空中来回晃动以促其速干。干后验视颜色合适,才能付钱②。再一种是拷花布,又通称"印花蓝布",农村曾经相当流行。其染法是:用皮纸透雕成各种图案,如凤穿牡丹、麒麟送子、狮子滚绣球、鲤鱼跳龙门、如意、八结、寿字等花纹;用黄豆粉、石灰作防染剂,刮印(俗称"拷",浙西乡镇称为"浇花",其作坊称为浇花坊)在白色的绸、绢、葛、麻和土棉布上,再将布放入染缸浸染,凡刮印防染剂的部位不染色,其余则染上色彩,形成印花图案。

裁缝业的祖师爷是轩辕氏,每年七月二十三日,全行业停止干活,为祖师做会祝寿,称为"轩辕会"。裁缝职业由一系列传说塑造了特殊的社会形象。裁缝

---

① 山曼等:《山东民俗》,山东友谊书社1988年版,第322页。
② 金受申:《老北京的生活》,北京出版社1989年版,第406页。

有几样工具因传说而不同寻常：一支量衣服的尺，叫"三元尺"；一把熨衣服的熨斗，形如龙头；一根挂丝线的棍子，一头雕有龙头。这几样东西被说成是为皇帝做龙袍时封过的。只有裁缝可以用龙的图案，其他任何行业都不能用龙的图案。裁缝到顾客家中做衣服，都要把桌子摆在上首（即左边），因为这根挂丝线的棍子要摆在上首，这张桌叫"龙头桌"。如果有什么官员来，其他行业的人都要站起来，只有裁缝可以不站起来。

过去的裁缝，都是上门做生活。在办喜事（嫁女或娶亲）人家做活的裁缝须成双数，认为逢单不吉利。第一件活要做棉被或蚊帐，因为这两件东西既长又幅（谐音"福"）多。没有棉被和蚊帐，就做长袍和长衫，总之，先做长的东西。做衣服时，要在袖口上接一块布，取意"添福（幅）添寿（袖）"。做办喜事人家的衣服，主人都要给红纸包，到结婚之日，还要请吃喜酒。①

陶瓷业是传统社会提供生活用具的最重要产业之一。因烧制陶瓷用窑，故陶瓷业所奉之神又多称窑神。窑神大致有两类，一是祖师神，如李老君、尧帝、舜帝、陶正、范蠡等；一是投窑神，以李老君为祖师的从业人员认为是李老君的一个门外徒传下了陶瓷业技术，新窑建成后，在窑门前挂李老君的画像，设香案祭窑，新窑方能启用。陶冶（陶瓷、冶铸）行业诸神中，地方性的神往往是投窑神或投炉神。投窑神的传说都有这样的情节：官府限令烧制某种特殊的陶瓷，但总是不成功，有女子（工匠或管理窑业的官吏之妻女）或工匠投身窑火中，特殊的陶瓷终于烧成了。于是，此人便被奉为本地陶瓷业保护神，如童宾、金火圣母即为投窑神。此外，还供奉与行业生产息息相关的土地神、火神。

在陶瓷产业发达的地区，陶瓷业往往形成一个利益群体。广东佛山石湾制陶业生意兴旺，曾有"小金山"之称，于是，形成"行"的制度进行利益垄断。其一，整个制陶业按不同产品类别分为 24 个行头，每行都设立行会，各行不能跨行生产。其二，新工人拜师入行要交入行费，款额分三等：第一种是父教子，凡父亲已入行，儿子要入行的，要交入行费 12 元白洋，分三年交清；第二种是兄教弟，即兄已入行，弟要进厂，要交入行费 30 元白洋，分三年交清，并要先做两年学徒；第三是从师学艺，即无父无兄在行做工的，要先交入行费 480 元白洋，学徒期为 6 年。②

在 20 世纪 20、30 年代机器加工粮食兴起以前，南方人习惯碾米，北方人习惯磨面。磨制面粉出售的作坊俗称"磨坊"。磨坊业的人敬奉雷公老爷，认为抛

---

① 见浙江民俗学会编：《浙江风俗简志》，浙江人民出版社 1986 年版，第 69 页。
② 见刘志文主编：《广东民俗大观》下卷，广东旅游出版社 1993 年版，第 37 页。

撒粮食面粉是伤天害理的事,雷公会发怒行雷惩罚,或打死人,或使家中被天火烧,所以每年6月24日同饮食业的人一起到雷公庙烧香磕头,祈求雷公宽恕,俗谓做"雷公会"。开磨坊的本事在于精确识别小麦的出粉率,行家里手只要抓在手里攥一攥,就能断定一斗可出多少斤面粉。

酿酒的作坊称为酒坊或糟坊,酿酒俗叫"淌酒",供奉杜康为祖师,每年正月开门淌酒时在作坊内烧香拜祖师。做酒是用甑蒸熟粮食,再发酵淌酒。凡以高粱为原料、用大曲发酵淌的酒叫"大酒",多在城镇,其规模亦大;以高粱或大麦、地瓜干蒸饭,用酒药发酵淌酒的,叫"小酒",工艺流程简单,乡村到处都有,中等以上家庭多于冬季以杂粮、碎瓜干淌一甑小酒,备全年自饮。酒的质量分"原干"和"花酒"两大类,原干不掺入一点水,花酒是掺水的酒,掺入的水俗叫"浆"或"花",掺入一成水叫一个浆或一个花,最高能掺五个浆。卖酒时,要言明是原干还是花酒,花酒是几个浆。互不信任的要当场试验,方法之一是火烧,当场舀一小杯酒点火燃烧,原干可烧得一点不剩;方法之二是看站不站花,酒被晃动时立即泛起许多的气泡俗叫酒花,好酒泛泡多,停留时间长,俗叫站花。

南北各地乡间,差不多每数村必有一做豆腐的农户,清晨串村走巷,敲着木梆子卖豆腐。做豆腐要泡好豆子,用石磨推细,再用粗布包袱滤出豆浆,放于锅中加火烧开,表面结的一层皮揭起来为豆腐皮,叠起晾干即为腐竹。然后在豆浆中加卤水(或石膏水),豆浆即结为豆腐脑。最后,将豆腐脑舀进筐子里,收紧笼布,上以重石压之,挤去水,豆腐就成了。如果每舀一瓢豆腐脑就加一层笼布,并加更重的石头压出更多水,做成的就是北方人所谓"豆腐皮"或南方人所谓的"千张"、"百叶"。

民间食用油分为大油(又叫荤油,主要是猪的脂肪)和素油(从花生、大豆、棉籽、芝麻等植物中榨出)两大类。生产素油的作坊叫"油坊"。油坊业的祖师爷是尉迟敬德,除逢年过节敬财神外,每年冬春开榨均要在榨前烧香祭祀祖师。农村油坊多为副业,往往秋后开工,春耕大忙前收摊。榨油所余之渣压成的"饼"(如"豆饼"、"花生饼"、"棉籽饼"、"芝麻饼"),都是上好的肥料与上好的饲料。在山东,许多著名果品如烟台苹果、莱阳梨,欲其品味绝佳,非以豆饼为肥料不可。豆饼又称为"马参",喂马则上膘有劲。芝麻油(俗称"香油")的制法是:把芝麻炒熟,用石磨推为"麻汁",收在大盆中,冲进开水,用木棒搅动,使油浮上来;然后悠悠摇动大盆,使渣与油分开,名为"晃油"。舀出的第一批油,其色清清,毫无杂质,是香油中的精品。乡间土法推香油的作坊一直生意不错,以其所产香油较机榨油的味道要好,作坊的人就打出"小磨香油"的招牌。①

第二节 服务业民俗

服务业习俗大致可以分为卫生保健服务业、饮食服务业和红白喜事服务业等三类来叙述。

一、卫生保健服务业习俗

此类行业主要有城乡普遍的医药业、剃头业(理发业)和城镇的浴池业、挑水业、大粪业等。

医药业如医生、药铺、药材贩运商、药农等所奉医药之神较多,有伏羲、神农、黄帝、孙思邈、扁鹊、华佗、邳彤(皮场大王)、三韦氏、吕洞宾、李时珍、保生大帝、眼光娘娘、李铁拐等等,常被笼统地称为药皇、药王、先医、医王等。明代刘侗、于奕正《帝京景物略》卷三"药王庙"条载:北京天坛之北药王庙祀三皇,左为孙思邈,右为韦慈藏,侧为十大名医:岐伯、雷公、扁鹊、淳于意、张仲景、华佗、王叔和、皇甫谧、葛洪、李景和。

民谚说"十里无医是绝地",民众对医生十分尊敬,称之为先生;认为医行是善行。医行尊崇扁鹊和孙思邈为祖师,学其医德医术,过节时悬挂画像,烧香敬供。行医人除世家之外,多为科举不第或立志不走仕途而弃考的生员,所以医生多为"儒医";医生一般均有较厚的古文基础,有"秀才学医,快刀杀鸡"之谣。行医贵有真才实学,研读经典医著,最初起码要背熟记牢"药性赋"、"汤头歌"、"脉诀"、"十八反"以及"望、闻、问、切"的要领。在行医治病中,很讲究运用"六淫"(风、寒、暑、湿、燥、火)、"七情"(喜、怒、忧、思、悲、恐、惊)和"七郁"(气、湿、热、痰、血、食、水)的因果关系,实行辨证施治,注重"三分治病,七分调理"、"吃药忌嘴"(不吃发物),把治本和治标、药疗和食疗、医药治疗和精神治疗等等统一起来。传统上要求医生既能诊病用药,又会针灸、按摩、推拿、拔火罐。行医传统,随请随到。远处的名医多由病家备车、船、轿、马去请,当地的一般医生,只要病家请一下即到。乡村医生看病时,病家只管一顿饭,看病不收钱,病愈后病家送些酬谢,也是可有可无、可多可少、可钱可物。

医生有四种传统的行医方式。其一是"只医不药"。乡村每一方都有只看病不卖药的医生,他们平时种田忙家务,有病家邀请,丢下手中活去看病;治病

---

① 山曼等:《山东民俗》,山东友谊书社1988年版,第317页。

多用偏方、验方或针灸、按摩，综合治疗，使病家少花钱甚至不花钱治好病，在民间威望很高。平时医生家中困难，街坊邻居主动帮助解决；农田大忙时，首先帮助他把活干完，使其有时间行医看病；逢年过节各家都送些年货礼物给医生；庄中有婚丧喜庆，医生亦被请去并被尊为上宾；就是一般的小毛贼也不偷医生家的东西。

其二是"自医自药"。医生兼开小药铺，自己开药方，卖自家的药，是医生中的大多数，他们往往又是药农（在浙江被称为"草头郎中"），有病看病，不看病时到山上刨些药草自己炮制。这种医生多奉行"穷人吃药、富人还钱"的医训，穷人来看病，吃点草药把病治好了，不仅看病不要钱，就是吃药亦可少要钱或不要钱；富人看病，同样是吃草药，只要把病治好，可以多收点钱。

其三是"坐堂问诊"。城市和大集镇的大药店，多在店堂内柜台外边，设一张桌子，聘请名医为人看病开药方，就在本店的柜台上买药。坐堂医生由药店老板免费供给吃喝，看病不收病人的钱，包括出诊亦不收费，只是谁家坐堂先生开的药单子，必须到谁家药店买药。药店老板按药单的药价提成付给医生。

其四是四出行医，当走坊郎中。他们手执摇铃，肩背药囊，串街走坊，送医药上门，虽然有个别行骗之徒，卖假药，甚至误人性命，但也多有真才实学之士，往往有坐堂中医治不了的病被走坊郎中几帖药治愈的。[①]

理发匠古称刀镊工、镊工、镊者，清朝以来称剃头匠、理发匠。清朝以前汉族一直拢发包巾（束发），清军入关后下令剃发梳辫，遂有剃头行业。"剃头"，在清代专指剃发梳辫，民国后剪掉发辫，通称理发，但"剃头"之称仍存。理发业所奉的祖师有罗祖、吕洞宾、卢天赐（卢天种）、陈七子、关公、黄帝等。清代以来，北方大多奉祀罗祖，南方大多奉祀吕洞宾。在祖师生日要做会，如以罗祖为祖师的在每年七月十三日办"罗祖会"。

在所谓三百六十行中，剃头匠（剃头佬）的地位很低，不仅受人歧视，还被其他行当的人小看。修脚的碰见剃头匠，可以把自己的包袱挂在剃头匠的挑子上，又说和尚同剃头匠在路上相遇，可以一点不客气地把衣物挂在扁担上，按俗规剃头匠都不能反抗。但剃头匠却有自己的说法：剃头是三百六十行中第一行业。剃头担一头一张椅子，一头一面镜子，上面一根杆子，叫旗杆；一个四方盒，叫旗杆盒，相传里面是摆皇帝圣旨的。传说皇帝封理发匠以举人身份，因为皇帝的头，也要理发匠动手剃。过去理发要挖耳朵，传说挖耳工具也是皇帝封的，

---

① 参见刘兆元：《海州民俗志》，江苏文艺出版社1991年版，第487—488页；浙江民俗学会编：《浙江风俗简志》，浙江人民出版社1986年版，第238—239页。

称"半副銮驾"。又传说刀布原是皇帝赐的小皇旗,磨刀石是韩湘子从洛阳桥上拿来的,所以叫"洛阳桥青石"。剃头担子的扁担必须是三尺六寸七分二厘长,应三十六天罡、七十二地煞之数,本行业内部称之为"量天尺"。

剃头匠的经营方式主要有三类。其一是店面开业。剃头铺有的是剃头匠人"自堂自营",有的是老板建房置工具,雇用剃头匠,收入分成。门前用竹竿挑着一缕头发,叫"毛帘子"、"望子"或"幌子",且一定要挂在店门的左上方。刚出师的剃头匠开业,第一次挂毛帘必须求得当地同行的允许,还要由师傅亲手挂。剃头铺门上的春联独具特色,如:"顶上功夫,头等事业";"虽然毫末技艺,确是顶上功夫"等。其二是"剃庄头"。农村的剃头匠多由一个人包下几个庄子,事先讲妥次数以及一人一年几升粮食。夏、秋两季粮食入仓后,剃头匠到各家门上按人头收粮食。剃头匠到各家门上剃头,吃饭时剃到谁家,就由谁家供饭,不交饭钱。剃庄头通常一年揽一次。有的剃头匠严守信用,剃头认真,一辈子就在一个地方剃庄头。其三是挑着担子经营。剃头匠挑着成套工具的剃头担子,走街串巷,有人剃头落下担子,无人剃头继续行走。

剃头通常包括以下几个项目:剃头、洗头、梳辫子、光脸、刮胡子、掏耳朵。剃头程序与动作都有讲究,如:洗头包括抓痒;光脸的第一刀要在前额上横刮一趟,叫"缘眉",最后一刀在鼻梁上从眉宇刮到鼻尖,叫"收垄"。剃头匠还兼行推拿合骨,民间凡有跌打损伤尤其是脱臼的,多由剃头匠治疗。剃两种头有额外收入,一种是结婚头,叫"新郎头",一种是小儿头,叫"满月头"。剃这两种头不但要红纸包,还要吃喜酒。

剃头行业很讲义气,崇尚"人不亲艺亲,艺不亲刀把子亲",一人有困难,行内人一定帮助解决。俗有"行坛拜坐坛"之说,即外来人要拜本地人,所谓"出门不拱手,天下无路走"。本地师傅通过考验证实来人是本行人,必定递烟献茶,留下吃住,临走时还要送给盘缠钱。相传打莲花落的乞丐同剃头匠是师兄弟,凡是打莲花落的来到剃头铺门前,不用打板开口,剃头匠即主动双手送钱,口称"请大师兄多跑一家";打莲花落的人剃头不给钱,剃头匠还要赔笑相送。①

浴池业又称澡堂业、浴堂业。澡堂早年叫浴堂,仿自印度,随着佛教传入我国,《洛阳伽蓝记》卷四提到过寺院浴堂。各地浴池业敬各自的堂神,没有共同的祖师爷。但北京澡堂奉有祖师,是智公禅师(智公老祖),《旧都文物略·杂事略》记北京民国时期澡堂业的祀神情况及行会时说:"澡堂,在距今二百年前,一修脚匠创始营业。现在全市加入公会者,约一百二十余家……澡堂公会,在后

---

① 刘兆元:《海州民俗志》,江苏文艺出版社1991年版,第490—496页。

门桥'西盛堂'之后院,所祀之神为智公禅师。每年三月,同行皆往公祭一次,藉议行规……因澡堂最初为修脚人所创,所用刀具类,皆仿效僧用之月牙铲,故祀智公为祖师,其理义殊不可解。"

现代城镇的"浴池"俗叫"洗澡堂子"、"澡堂子",人们午饭后、晚饭后到澡堂内洗澡,还可以喝茶、小憩。浴池通常分大池、小池,大池容纳人多一些,水质差一点,澡金便宜一些;小池容纳人少,清静一些,澡金比大池高得多。妇女常年不洗澡,只是夏季和过年时,在私房内用湿手巾擦一擦身,俗叫"捰澡"、"抹澡"。民国时期,城市逐步有了女澡堂。

澡堂雇用人员分为七个工种:掌柜、账房、茶房、烧大灶(包括烧茶炉和挑夫)、搓背、理发、修脚等;后三个工种要分别从师学艺期满后,才能受聘在澡堂内工作。雇聘人员中,除掌柜和账房由老板按月付给薪水外,其余人全部由老板免费供给吃饭,薪水全靠"小账分成"。洗澡人除按牌价付给"澡金"外,还要付一份小账,投入小账桶。每十天开一次小账桶,老板把小账桶的七成按所有雇佣人员的岗位重要性及能力大小,态度优劣,评定份数,最低的每人一份,老练能干的茶房可以一人两份或三份。

新澡堂建成开业时,老板要花钱雇人敬堂神,即备酒席请一个人第一个进堂洗澡,并付给一笔可观的钱。传说每个洗澡堂建成后,都有一个新堂神,开堂时必须以活人祭堂神,否则堂内一定要伤人。第一个洗澡的人是祭堂神的,所以都是无亲无故不怕死的穷人。澡堂内服务讲究使客人满意。高等浴室,所在皆有,既可沐浴,又可全活(修、搓、捏、刮、剃,谓之全活),更可同好友谈天,个人休憩。客人进门要前后伺候,在堂内有人搓背,客人出了堂口,茶房及时送上茶水,在茶座休息时,还代客买瓜子、水果、点心,代客向饭店要外卖。洗澡人出堂后还能舒适地修脚、捏脚、按摩、理发等。

自来水出现以前,很多城市都用井水或河水,故有挑水业。挑水业所奉之神有井泉龙王、龙王、井泉童子、挑水哥哥、水母娘娘等。老北京的居民所用井水都由水铺卖给。水铺又叫水屋子、井窝子。水屋子掌柜拥有水井数眼,雇水夫若干名为水井附近的几条街道送水。这几条街道称为"水道",别人不许越界经营。

大粪业是传统社会城镇卫生系统的重要一环。近世城镇公共厕所未普及之前,妇女普遍在室内坐马桶,马桶又叫恭桶;一些大户及大的商店作坊,在自己的后院搭一个男厕所,俗叫"小茅道"或茅坑,或放一个恭桶,男性共同使用。多数男人均在墙角、河边等能避人的地方乱撒。适应这样社会习俗,有人身背粪箕,手拿粪叉,到处拾散粪;或是挑着粪桶,逐户为人家倒马桶。在江苏海州,倒马桶的只管倒不管洗刷。在广东佛山,清粪的都是东莞人,由男的清理马路各街道内的男厕所,由女的清理整个佛山各住宅的女人方便用具,清理人都很负责,用具都洗得很清洁。有的一辈子甚至连传好几代固定为一个地段人家倒马桶,打扫茅道,按户按月收取工钱;打扫公共厕所的,由保甲负责凑集粮食,谁使用谁出粮,谁打扫谁得粮。大粪被运到城镇外边的空场上晒干,再卖给农民。正月里的大粪价钱要高一些,因为人们在正月里吃鱼吃肉,大粪里"油水"大、肥力高。佛山清粪业有一个忌讳,即这个行业的工人,包括嫁入粪商家的大家闺秀,都忌讳说"臭"字。有些小孩子无意说一声"臭",即会被大人责骂。①

二、饮食服务业习俗

城镇饮食服务业的种类很多,从加工食品原料到提供饮食,应有尽有。这里只选择屠宰行、各类肉类作坊、饭店,对其习俗略作介绍。

"屠宰行"的师傅俗叫"屠户"、"屠夫"、"杀猪的"。屠宰行信仰自己的祖师爷地藏王菩萨,每年七月三十日,全行业到地藏庙烧香磕头敬祖爷。在佛教观念的作用下,屠宰行有一些自慰的说法,如"猪是人间一盘菜,宰杀神不怪";"杀猪宰羊成佛道";"杀猪打狗,赚双好手,冬天不冻不裂口"。一般行业均在正月初五财神日子开门营业,屠夫不准在初五开市,怕财神老爷受惊吓,改在正月初六日开市,取六六大顺之意。

屠宰手艺一般都是家传,无拜师学艺习俗,亦无人向他们投帖拜师。自古以来屠户不向官府纳税,但要"应差",官府有祭祀活动需要宰羊杀猪的,屠户要尽义务;衙门急需各种畜肉,屠户要确保供给。屠户的经营方式有两种:一是自买自宰自卖;二是为别人屠宰,议定给多少钱,另外鬃毛归屠夫所得。屠夫忌杀"五爪猪"。大多数的猪蹄上生四个爪,极个别的猪蹄上生长五个爪,叫五爪猪,传说五爪猪是人托生的,杀五爪猪犹如杀人。屠夫在不得已杀五爪猪时,要做"破忌"的仪式。

肉类作坊可以老北京为例,可谓五花八门②。其一是卖猪头肉的,主要是卖猪头上的"脸子"、"口条"、"猪脑"和"拱嘴",此外还有"肘子"、"猪心"、"猪肝"、"清肺"、"血肺"、"肥肠"、"粉肠"、"大肚",甚至"猪尾巴"、"猪鞭子"等猪身上各种东西。附带还卖"熏鸡蛋"、"黄花鱼"、"豆腐干",个别还卖"对虾"。而最受称道的是夹猪头肉的"火烧"。火烧由白面烙成,两面不焦,上作螺旋纹,

---

① 见刘志文主编:《广东民俗大观》下卷,广东旅游出版社1993年版,第44页。
② 见金受申:《老北京的生活》,北京出版社1989年版,第340—350页。

因在肉柜中杂放,香软适口,与粥铺的小螺丝转同为北京二绝。

其二是卖羊头肉的,分"红作"、"白作"两种。红作系将羊头酱炖或酱蒸,通称"酱羊头"。经营红作的,皆为穆斯林,以南城牛街、北城德胜门外为最著名。白作是将羊头、羊蹄白煮,吃时必须蘸椒盐,有些将五香料加盐炒碾,装在牛角中,味香而永,古意盎然。白作羊头肉贩子,一向为汉族人,但在售卖期间也须遵守回族礼节。

其三是卖驴肉的。俗谚说"天上有龙肉,地下有驴肉",可见驴肉也算下层社会的美味之一,它虽不像猪肉、羊肉能畅销于中上阶层,但又较狗肉、马肉行销广。驴肉多回一次锅,增加一分美味。凡开设驴肉作坊的都是官私两面说得过去的大混混。平日收买活驴,有由驴主自售的,当然没有问题。至于驴贼偷拐来的驴,送入作坊,例在门外讲价,讲妥价钱,一旦拉进作坊,即便后面有驴主人和缉捕追来,也与偷驴者无关,价款仍然由买主照付。如驴还没进门,追捕者赶来,则应由偷驴贼负责,认命打官司。还有大驴肉作坊,只要驴的两只前蹄进门,即由作坊主人负责,除非有更叫得响的字号。在山东,偷驴者卖给出售驴肉的"锅子",议定价格之后,锅主必赠卖主一壶酒、一盘驴肉、一个硬火烧,卖主将所赠一切吃光,即可向买主讨价款,因为这时驴子不但已经宰杀,且已剥皮完毕,失主追来也无从辨认了;若在所赠食物没有吃光之前失主追来,"锅子"户即将卖主交与失主,一切由这双方争执,与买主无干。

其四是卖马肉脯的。马肉脯在北京下层社会中也是有名的食品。北京有专门收买死马的马干铺和马肉脯作坊。不仅马肉一种,死骡死马杂肉皆可入内,煮成大块肉发售肉贩,另行加汤改刀挑担上街。卖者将肉切成小块放置锅边汤中,食者环锅而蹲,在锅中夹肉,随蘸酱油送入口中。卖者见他每吃一块,即以铜钱在案板上打一码子,吃完计数讨价,所以叫做"瞪眼食"。无论多少人吃肉,双箸纷举,打码子绝不会错。

其五是卖狗肉的。北京狗肉与马肉脯、驴肉同称三美味,但只畅销于下层社会。售卖的狗肉有作坊和自做之分。狗肉作坊例设于关厢近郊,为半违禁场合,狗的来源由"坐狗人"供给。每年自深秋至第二年初春是坐狗人生意最佳的时节,所以狗肉也以此时最畅销。坐狗人必须日间踩好道路,看准哪家狗肥皮毛好,什么地方清静可以下手,然后傍晚出门,身披老羊皮袄,在住户门前用熟马肺将狗引出,引到可以下手的地方,趁狗低头寻食之际,以右手掐狗脖子,左手按狗后胯,然后立刻坐于狗腰,狗即一声不出,腰断身死,惨不可言。当晚或次日即送进狗肉作坊下锅了。炖狗肉通称为"糊狗肉",先以武火大煮,后以文火煨烂,滤去肉汤,冷却为一块块的精致狗肉,然后发卖给肉贩子,下街叫卖。

北京最有名的为"狗肉陈",他以此发家。

出售熟食饭菜的饭店中,规模大的叫"饭庄"、"酒楼",规模小的叫"饭铺子"。饮食业尊崇伏羲氏为祖师,相传天下做熟食、吃熟食都是伏羲氏传授的。此外,饮食业特别崇拜雷公和火神。每年六月二十四日雷公节,饮食业同酱园业、糕点业、鞭炮业的人一起到雷公庙烧香磕头祭雷公。六月二十三日,饮食业尤其是饭店老板,都到火神庙烧香磕头敬火神。敬火神的行业和人数更多,凡是不愿意失火的人,都要买些香烛纸到火神庙焚烧磕头。

大的酒楼、饭庄,由老板雇请厨师和管理人员经营,除总管经营的掌柜和账房外,另分"厨上"和"堂口"两部分,厨上即厨房内的炊事人员,有"白案"、"红案"和"炉上",白案专做米面食物,俗叫饭食;红案又叫菜案,专办各种菜肴的选、洗、切及配料;炉上专办各种菜肴的烹调,其中一名高手掌案执瓢,俗叫"厨子",被老板尊为"客师",分等级按月付给薪水。堂口即店堂内和店门口的人,统称"茶房",店门口的人专事迎送顾客;店堂里边的专门接待、安置顾客和拿饭端菜,叫"跑堂的"。饮食业的行规行俗很多,主要有以下几个方面。

其一,店堂内外有呼应。通常账房先生和几名茶房守在店堂门口,客人进门,茶房马上笑脸相迎,高呼:"客来了,里面看座!"店堂里面的茶房,马上高声答应:"请看座!"把客人接进店堂,视客人的仪表性情,将其引到合适的座位,迅速地抹桌抹板凳,"请客安座",并送来热毛巾和茶水,捧来饭菜谱,请客人揩手揩脸,边喝茶边点饭菜,由跑堂的高声呼喊告诉厨房:什么饭、菜、酒,各多少,配料上要加减些什么,口味上要偏重什么,不仅声音高,咬字也要清楚,使客人听了满意,厨房听得明白。厨房饭菜做好后,以敲炒瓢为号,通知跑堂拿饭拿菜。

其二,先吃饭后给钱,加收小账。顾客吃完饭,跑堂马上送来漱口水和热毛巾(俗叫手巾把子),请客人揩手揩脸,热情地把客人领到门口账桌前,告诉账房客人吃喝什么,正账多少钱。再对客人说:"请先生指教,宽腰",意思是招待不周之处请原谅,并希望宽宽腰给小账钱。顾客交了饭菜钱的正账,还要再交一份小账,正账由账房先生记入账本,小账丢在账桌旁一个小账桶内。小账可多可少。在饭店里,除了掌柜、客师、账房按月固定付给薪水外,所有茶房及厨房帮工,老板只管吃饭,每年四大节给少许的钱,主要靠分小账收入。

其三,送外卖。饭店还可以把饭菜送到顾客要求的地方,俗叫"送外卖"。如有的人在澡堂内洗澡后,想吃顿饭再出去;有的人住旅馆想在房间内吃饭;甚至有的人在家中吃饭,想要饭店炒几个菜送来。只要捎个口信或打个电话说明地址,饭店即可把饭菜及时送到:少的一碗面条、几碗馄饨,多至全桌酒菜。每个饭店都有送外卖的工具,数量少的以"提盒"运送,数量多的(如宴席)则用

"盒担"。

其四,关门最晚,开门最早。所有饭店,每天开门最早供人吃早点,晚间只要有人吃饭,无论多晚,均要奉陪,最犯忌的是催促客人快吃快走。饭店腊月二十八日晚上关门,俗叫"收盆",要把所有家具洗刷干净,每件家具上放几棵葱和一块豆腐,讨明年"生意兴隆,人人都富"的兆头。①

三、红白喜事服务业习俗

一般人家"办事",以红白喜事较常见。中国人总是对此特别重视,往往大操大办。如果要办得讲究、体面,不是亲戚、乡亲、街坊的帮忙能够办得了的,必须雇请专业人员,租赁专门设备。红白喜事服务业就有了广阔的市场,尤其是在城市。红白喜事通用的服务业主要有仪仗行、乐行、厨行、茶行(掌礼业),此外,婚事要找花轿行,丧事要找土工行。

仪仗行业是为嫁娶、丧葬、迎神、赛会等要在大庭广众露脸的活动服务的。仪仗队有各种活动通用的部分,又有红白喜事、迎神赛会各自特有的部分。广东佛山的仪仗队通常由一对大灯笼、一副马务打击乐(吹打乐)、女扮武装飞报马匹先行,随着一个彩色大头牌、四个彩色波牌、两条软硬长大彩色引彩、四条硬身大彩旗、九匹女扮古装企鞍马、一个将军乐队、两个彩亭。接下来的部分则因事而异:如是迎娶的,跟着便是四张花边台,台面上载着一对雁鹅、一叠舅姨鞋、一座龙香公仔、一座人物响糖,再就是大红花轿和小乐队;如果是送贺礼的,跟着便是狮子队,另有喜炮、喜帐、一只烧猪、各种名酒;如果是迎神赛会的,跟着便是头锣、御香炉、御扇、火蓝等队伍,再就是神像行宫神座,后面是一队(或多队)狮子;如果是亲友致祭仪仗,则加入花圈、挽联等②。老北京的仪仗队员称为"打执事的",婚事与丧事的仪仗根本不同:花轿前由开道锣鼓引导的仪仗队,穿着绿架衣,头戴红缨毡帽,手举旗杆,上挂龙凤旗帜、金瓜钺斧朝天凳、红宫灯串灯、锦绣红绿伞等;丧事,打执事的在灵前列队行进,举有旗、锣、伞、扇、肃静回避牌、雪柳、小呐,讲排场的另有吹鼓手、清音、乐队。③

城市里大多有店铺租赁仪仗,有的还兼租喜事的凤冠、霞帔和丧事的孝服、孝帐等,并代雇各种人手。佛山仪仗店代雇的人手有堂官、酒使、大袴、近身、马妹、马匹及搬运嫁妆的人夫。其中除少数专门人才之外,大多是大街上的无业

---

① 见刘兆元:《海州民俗志》,江苏文艺出版社1991年版,第508—510页。
② 佛山的例子见刘志文主编:《广东民俗大观》下卷,广东旅游出版社1993年版,第45页。
③ 北京的例子见王隐菊等主编:《旧都三百六十行》,北京旅游出版社1986年版,第29页。

游民。例如,广州最著名的光雅里仪仗铺的劳动力来源,主要靠临时雇用乞丐及老人院、孤儿院的成员,以乞丐为主。为主家体面计,雇用人员统称为"亲家郎",乞头则称为大骨。仪仗铺接受红白二事后,按事主所讲的规模,计算好召雇夫力的数额,提前一二天在铺门口挂水牌公布,由大骨负责召集。① 广州仪仗铺承办喜事仪仗队时让雇员一律穿店铺提供的红色镶黄边的衫裤,戴黄色绾蓝边的草帽。这些服饰,用完后交还。

乐行近世在城乡都很流行,其内部有"吹鼓手"、"清音"、"乐队"之分。吹鼓手主要是由唢呐和锣鼓组成的班子。俗把吹鼓手列入下九流的最后一流,贬称"世上三样丑:童子、剃头、吹鼓手";又有带讽刺意味的顺口溜说:"吹鼓手,把门口,吃冷饭,喝冷酒,来客了,抱着家伙就动手。"吹鼓手在陕南叫乐师,在关中又称为乐人;在山西因为大多以家庭为班子并且世代相传,所以称为乐户。吹鼓手主要吹奏唢呐。以陕北为例,唢呐一般分为三种,即中音唢呐、笛呐(又名小唢呐)、长筒唢呐(又名大唢呐)。中音唢呐最为常用,笛呐次之,长筒唢呐则只在陕北流行。陕西吹鼓手吹乐一般没有固定的要求,喜曲、耍曲、自由曲牌都是吹鼓手即兴吹奏,没有定规,只是丧乐祭曲在丧葬礼仪中每进行什么祭奠活动就得吹奏什么曲牌。② 海州吹鼓手的传统乐器有:海笛(又叫大鸣)、大小唢呐、笙、箫、笛、钹、铜鼓(很厚的铜锣)、皮鼓等;吹奏的曲牌,均已形成传统,严格区分喜调和丧调,不准乱吹。

吹鼓手中有一种称为"清音",专门在灵堂前吹奏,有横笛、笙、九音锣、堂鼓、薄钹等,调子幽雅、肃穆,凡有女宾客来吊祭,要由清音伴奏。北京在新中国成立后有新式的乐队。乐队穿戴整齐,戴红缨帽,佩戴肩章,穿华丽礼服,其服装俨然与当时的大总统相仿,而乐器应有尽有。③

民间红白喜事和做寿的席面要办出名堂的话,大多有请厨师的习惯。这种习惯在城市里尤其普遍,因为市民的席面更讲究,餐具也难以由自家凑齐。老北京普通人家办事,全是用"口子厨行",通称"跑大棚厨子"。口子厨行有"承头人",相当于庄馆的经理。承头人的住家,即所谓口子,门前有小木牌或在红纸书写的堂号。承头人例须准备四季席面家具及厨房所用刀勺锅屉。用口子厨行的人家,很少自行到口子拍门寻找的,大都有介绍人或多年的老顾客作引荐。经人介绍以后,口子承头人便斟酌用户家庭状况代为备办。用户不以买卖

---

① 见叶炳昌主编:《中国名城汉俗大观——广州篇》,中国友谊出版公司1993年版,第120页。
② 见王世雄、黄卫平:《黄土风情录》,陕西人民教育出版社1990年版,第178页。
③ 见王隐菊等:《旧都三百六十行》,北京旅游出版社1986年版,第27页。

关系对待承头人,承头人也以朋友身份对待用户,一则照赶份子例行人情,二则因为承头人本人是厨行,所用的上下手厨茶两行,也多半是本门徒弟或多年老搭档,其中必有一两个人算半工,并且承头人在场照料绝不另开一份工钱。

口子厨行为用户做菜,有"散作"和"包席"之分,"散作"是本家自己购买材料,"包席"是事先言明每桌多少钱,事后算账,连同工钱,总比原定的钱数少。无论"散作"或"包席",事先必须讲妥席面样式,尤其必须说明是为"得吃"、"好看"、"省钱",以决定做法。口子厨行赢得顾客的满意,一是做出菜来较原定的规格要好;二是主人如是寒俭之家,事先说明只有多少钱,开出桌来,绝不会使主人难堪。①

茶行是婚丧喜庆活动中负责礼俗和安排茶酒的服务业。这两类业务在一些地方分则为掌礼业和茶担业,合则为茶行(如北京)或礼茶业(如苏州)。茶行为人家办事供茶水,摆酒宴,自有一套茶酒宴席器皿供主家租赁。苏州礼茶业以周公、叔孙通为祖师,皆因他们曾经制定过礼制。在北京,茶行与厨行相辅相成。办事当日,一般多用茶房两名。他们一到专为办事而搭的棚以后,先调摆桌椅,安置火炉、水壶、水囤;然后,如为喜事要扎彩绸,还要摆迎门钟,悬挂幛子、对联。客人到来之前,桌上已经摆好茶碗,壶内沏好茶卤,并且酒壶已满,小菜已置于碟中。客人到来,陈列礼物,安排入席;厨房上菜,茶行接手陈放。茶行另负有赞礼的责任。例如,婚礼中喜房以外的诸事,均由茶行办理。喜轿到门、出门以及娶亲官客、送亲官客座席都由茶行赞词。又如,讲究的人家在丧事出殡时亦带茶行一名,沿途的茶桌、路祭棚以至下葬、安灵、培土,礼成后请远亲脱孝,均由茶行赞礼。②

花轿行提供轿子(彩轿)为人家娶新娘时租用,城市及乡镇都有轿子铺。花轿造型为四角方形出檐宝塔顶,四尺六寸见方,全高六尺六寸,或六尺二寸六,或五尺八寸六分,总之要有"六字";顶端雕麒麟送子,四个翘角檐上各立一只展翅凤凰,凤凰口中衔琉璃珠穗;四周红色轿衣上,布满吉祥图案,如龙凤呈祥、八仙过海、金鱼闹荷花、丹凤朝阳等。老北京有钱人家要用三乘花轿:一顶红轿抬新娘子,两顶绿轿抬娶亲太太和送亲太太。在海州,花轿行兼代仪仗行,同一顶花轿可以组成不同的仪仗,如"六人轿",或四人抬轿,一人扛伞,一人肩背褡裢红拜盒,专门领路放鞭炮;如"八人轿",再加两人拿"安香把"。花轿在路上行进,轿两边要不停地烧平安香(简称安香);如"十人轿",轿前又增加两人挑"堂

---

① 见金受申:《老北京的生活》,北京出版社1989年版,第375页。
② 同上书,第380页。

号灯",以竹竿挑着两个大红灯笼,灯笼上写着男方喜主的姓氏堂号;如"十六人轿"或"二十人轿",增加的人手都拿灯。轿前两个扛"高灯"的(即以红灯笼固定在高竿上),轿前、后各增加两到四个挑"照轿红"的(照轿红为六角形宫灯)。花轿行还备有新娘头上戴的凤冠、红盖头,肩上披的霞帔,怀中揣的三官经、三官镜,遮挡亵衣的花裙,披在身上的过路衣,女方运输嫁妆的抬盒、挑盒等,供人租用。

土工行是专门抬丧的,其经营单位又叫"杠房"。土工行的从业人员都是穷人,但自认为是上行,因为皇帝老爷死了也要人抬埋;又因为尽管人们看不起他们,但一旦死了人,土工进家门时,孝子就要以上宾相待。土工行的人说话做事都十分谨慎小心,处处时时严格按照丧俗办事,稍有差错,责任是担当不起的。在一些地方,死去的人穿寿衣、入殓都是土工行的活儿。当然,最基本的活儿还是把棺材抬出灵堂送到墓地掩埋。土工行对官府有"听差"的义务;凡官府杀人,头一天晚上就要通知土工行"听差",不论一次处决多少人,全部由土工行义务掩埋。平时若有无主野尸,亦由土工行义务掩埋。

第三节 贸易民俗

贸易民俗可以分为小贩、集市、店铺等三个类型来叙述。小贩经营是商贩找顾客卖,店铺经营是顾客找商贩买,集市介于两者之间,是顾客和商贩约定(或曰依俗)走到一起做买卖。小贩经营大多以物易物,店铺经营多是现金交易,集市上一般由两种方式并行,民间习惯先在集市上卖掉自家的物品,再用那笔钱购买需要的商品。

一、小贩贸易习俗

小贩是指带着小商品走村串街叫卖的行商,他们普遍以吆喝和"代声"招徕顾客,用的是"有声招幌"。这种吆喝在宋代已经成为都市一景,宋代孟元老《东京梦华录》卷七"驾回仪卫"条记载,"是月季春,万花烂漫,牡丹、芍药、棣棠、木香种种上市。卖花者以马头竹篮铺排,歌叫之声,清奇可听。晴帘静院,晓幕高楼,宿酒未醒,好梦初觉,闻之莫不新愁易感,幽恨悬生,最一时之佳况";南宋吴自牧《梦粱录》卷二十"妓乐"条记载,"今街市与宅院,往往效京师叫声,以市井诸色歌叫卖物之声,采合宫商成其词也"。清代光绪年间有自署为"闲园鞠农"者编著《一岁货声》一书,记录一年中北京市上叫卖的各种词句与声音,如五月中卖桃的唱:"樱桃嘴的桃呕嗷噎啊……";卖晚香玉的唱:"嗳……十朵,花啊晚香啊,晚香的玉来,一个大钱十五朵";七月卖枣的唱:"枣儿来,糖的咯哒喽,尝一个再买来"。又如近世山东收旧货的小贩因经营方式有两种,其吆喝的方式也有两种。一种吆喝:"钱买——吆喝——花——胎布衬!"一般不挑担,背负一麻袋,以收购破布为主。另一种吆喝:"乱——头发来,换——洋火!"挑着担子,备火柴等小商品,收购或交换废品。旧时农村妇女都有一个"梳头匣子",每年梳头收拾的头发,都积攒在这匣子中,积有相当数量,即可从这类小贩换取一盒两盒火柴。①

"代声",又称为"唤头",是指代替吆喝声的器物的音响,一个地区不同的行商往往各有代声。例如,清道光年间笔记《韵鹤轩杂著》(佚名)记载:"百工杂技,荷上街,每持器作声,各为记号。修脚者所摇折叠凳,曰'对君坐',剃头担所持响铁,曰'唤头',医家所摇铜铁圈,曰'虎撑',星家所敲小铜锣,曰'报君知',磨镜者所持铁片,曰'惊闺',锡匠所持铁器,曰'闹街',卖油者所鸣小锣,曰'厨房晓',卖食者所敲小木梆,曰'击馋',卖闺房杂货者所摇,曰'唤娇娘',卖耍杂货者所持,曰'引孩儿'。"即使有几种小贩用类似的响器,居民也能分辨。例如在山东农村,卖油的、算命的、卖糖的都打"铛铛",声音分别本来不大,但百姓一闻便知为谁;卖豆腐的与染布的都敲木梆子,村民听起来也不会混淆。

近世的各种小贩中以货郎的影响最广泛。货郎卖货挑着每头都用四股绳为系的担子,用小鼓代声,所以被称为"货郎担"、"货郎鼓"("拨浪鼓")、"挑八股绳的"。《水浒》七十四回写燕青扮做山东货郎,"一手拈串鼓,一手打板,唱出货郎太平歌"。货郎担有三种大同小异的形式。山东货郎的担子一头设架,挂各种货样,一头为货箱,藏货其中,设摊时即以之为座。山西货郎的担子是像食盒那样的多层柜,装有几层抽屉,上面一层顶部装有玻璃,内盛样品,以便顾客选择。江苏海州的"货郎挑子"的一头叫"亮柜",分两层或三层,三面围着木板叫阴面,一面镶嵌玻璃叫亮面;另一头叫"手柜",一个长方形小木箱,犹如流动的小仓库,手柜上边放一个长方形柳条匾子,俗叫"元宝匾子"。各地的货郎鼓大致相同,碗口大的小鼓与小锣各一,锣在上,鼓在下,镶在一木柄上,左右各有软线锤,摇动时打得锣鼓齐鸣,可以摇出许多花点。因其顾客主要是妇女,所以货郎鼓又被称为"惊闺"、"唤娇娘"。但是,北京货郎摇鼓的有不少种,如卖布的摇长把小鼓,发连珠脆音;卖炭的摇径尺大鼓,发"不楞——不楞——不楞楞"的又慢又闷的声音;卖油酒杂货的摇中型铁鼓,发不快不慢的

---

① 山曼等:《山东民俗》,山东友谊书社1988年版,第343页。

中和音。①

货郎跑生意有特定的习俗,我们仍以刘兆元所记海州的情况为例。海州货郎摇鼓有一定之规,上庄和出庄,均要连摇三次,各摇三下,这叫"三上庄,三出庄"。到了庄上,要摇两短一长,发出"百唧当,唤娇娘"的节奏声。货郎的扁担靠头一端扣一个铜钱,货郎鼓不摇时一定要挂在铜钱上。按俗规闺门少女不能出门上街,但货郎挑子可以进屋任她们选购。货郎进屋,只能低头卖货,不能东张西望;少女们买货交钱,不准货郎亲手接钱,只能将钱先放在匾内,货郎再从匾内把钱收起来。

二、集市贸易习俗

集市是商贩与顾客定日定时聚会做交易的市场,主要有庙会、集(场)、小市等类型。商贩在集市上大多搭棚、摆地摊陈设商品,顾客赴集市通用一个"赶"字,如赶庙会、赶集、赶年集、赶场等。

庙会是一种综合性的集会,包括祭祀神灵、看戏娱乐、探亲访友和商品交易这四大功能。庙会会期长短不一,从一二天到数十天不等。届时商贩云集,于庙宇外空地上摆摊搭棚,出售商品。在农村地区的庙会上,这些摊点大都出售柴刀、镰刀、锄头等小五金农具,家具、坛罐、灯盏、铁锅等居家用品,香烛、纸钱、经文等宗教用品,糖画、玩具、灯彩等民间工艺品,水果、木料等农副产品,针头、线脑等小百货,凉粉、糕点、面条等风味小吃,以及布匹衣物等等,品种繁多。夜晚,摊点还燃灯营业,往往同时还有戏班子演唱。赶会的人,摩肩接踵,游逛于摊点之间,其热闹景况胜过平日集市。庙会商品除了日用品之外,大宗货物总是具有突出的生产季节性和地方特色。例如,山东长岛县庙岛的"天后宫"庙会,从七月七日(此时是渔家的休闲季节)开始,一般唱戏七天,附近各岛渔民都划小船来赶会,南北各种货船此时也在这儿停靠。岸上、船上,全都是赶会的人。这个会上买卖的东西,多数是为远行的船作补给的,如油、盐、酱、醋、烟、酒、糖、茶,各种米、面,各种点心,还有锯得短、劈得细专供船灶做饭用的劈柴。②

集(场、市)是有固定地点和日期的交易形式。地点的分布有一定的规律,总以基本的交易量和周围群众当日往来方便为依据设点。湖北京山县大致十

---

① 分别见山曼等:《山东民俗》,山东友谊书社1988年版,第342页;温幸、薛麦喜主编:《山西民俗》,山西人民出版社1991年版,第354页;刘兆元:《海州民俗志》,江苏文艺出版社1991年版,第513页;金受申:《老北京的生活》,北京出版社1989年版,第407页。

② 山曼等:《山东民俗》,山东友谊书社1988年版,第328页。

五里一个小集,三十里一个大集。时间的安排总是依据某项规则,如逢单日、逢双日,有的逢一、四、七,有的是逢二、五、八,还有的逢三、六、九,并且相邻的集市总要把日期错开,以便商贩赶场。集市都有名称,或称以地名,或称以主要商品的名称,或称以某个地支及其所代表的动物,如西南一些地区的马场、兔场等。这种集市由来已久,是农村地区传统的贸易形式。例如在四川,隋唐之际出现了许多草市,一些地方还定期举行专业集市,尤以蚕市和药市最为著名。到宋代时,四川农村场镇集市普遍兴起,就连当时经济还较落后的泸州也有乡村草市镇67个。①

小市是大城市里的集市,如老北京的"小市"是买卖零碎用物的集市。老北京的小市以时间来分,有"早市"(亦名"晓市"),通常在后半夜三四点钟起,日出就开始散市;还有"晚市",时间在下午三四时起,黄昏散市。三四十年代创行"夜市",在掌灯后营业,三更收市。夜市因主要时间在天未明时,并因所销售的物品,常有来路不正,也时常发现珍奇物品,所以又称"鬼市"。各种小市之中,夜市卖假货的名堂最多。如卖皮鞋的,乍一看足够八成新,刷染洁净,用鼻来闻,确是真皮气味(实是靴油味),价较铺价低了很多,买来穿上,三天便透大窟窿,原来是纸质假做。甚至有卖泥糊的假烤鸭的,灯下看来,一丝不假,只怕当时下口。还有使"幷黏子"串通骗人的,如:卖假表的,只要有人一站,旁必有讲价的,给到极点便掉头走开,卖表的必然懊悔没有当时卖出,旁观者有人如出较适才再低一点的价,也乐意卖出,其实先给价的就是幷黏子。也有由幷黏子的买去,转卖旁人的,这种方法尤妙,回去发现是假的也不致回来找麻烦。②

集市上讨价还价,有在袖口内摸指言价的习俗。比较通用的手语是:一伸拇指,二伸无名指与小指,三伸小指、无名指与中指,四伸小指、无名指、中指与食指,五则五指全伸,六伸小指与拇指,七则拇指、食指与中指成一捏,八伸拇指与食指,九出食指作钩,十出一拳。

在集市以及其他场合,一些行当出于保密的目的,在交往,尤其是在经济交易活动中还流行使用数字隐语。数字隐语是行业秘密语或"黑话"的一个组成部分,一般是用汉字代替数字。各地各行业各"码头"往往有自己内部的密码,我们从下表提供的部分资料可以略见一斑。有的密码很难看出规律的,有的密码是可以看出规律的,例如:武汉估衣业的数字隐语,每个汉字可以拆出一个对应的数字,"西"代表一,它可以拆出"一";"天"代表二,它可以拆出"二";以此

---

① 见孙旭军等:《四川民俗大观》,四川人民出版社1989年版,第40页。
② 见金受申:《老北京的生活》,北京出版社1989年版,第403页。

类推。山东的第三个例子与此类似。再例如,山东的第一个例子,每一个汉字都正好是它所代表的数字的汉字大写的一部分,"士"代表一,而"壹"含"士";"贝"代表二,而"贰"含"贝";以此类推。大数字也有隐语,如以"尺"代"百",以"丈"代"千",以"方"代"万"等。

中国部分地区数字隐语表

地区	范围	一	二	三	四	五	六	七	八	九	十
佛山	商贩	之	斗	辰	苏	马	零	鬼	庄	湾	收
吴川	商业	富	贵	荣	华	早	贫	穷	发	达	迟
海州	鲜货行	流	段	言	晃	摸	捞	条	敲	休	支花
武汉	米行	由	中	人	工	大	王	主	井	羊	非
武汉	估衣业	西	天	泰	罗	吾	交	皂	分	旭	
武汉	商家	烟	匹	尖	方	马	龙	现	挂	远	
广州	商家	支辰	斗	苏	马	零	候	庄	湾	响	
广州	潮州商人	拗	么	宗	超	新	漏	祭	厚	欸	
广州	江湖人士	流	月	汪	则	中	神	星	张	臣	足
山东		士	贝	乡	长	仨	耳	木	另	王	
山东		丁	谭	品	吊	拐	闹	柴	别	弯	卡
山东		旦底	拙工	眠川	回回	缺丑	断大	皂底	入开	去丸	

有些地区的集市营业户必须按行养活一名地痞,称之为"爷",向之供钱供物,算是保护费或孝敬钱。其人则终日游荡于自己的"地盘",不准小偷在这儿"作活计"。

三、店铺贸易习俗

店铺是民间对于坐商的泛称,习惯上称门面大的为"店"、"庄"、"行"、"栈",门面小的为"铺"、"铺子"。坐商有"庄"、"店"和"行栈"三种类型。庄为批发或批发兼零售的商店。店为零售商店,有大规模、大场面的,也有小铺面的,如小本经营的夫妻店,零售时酒可分杯,烟可论支。栈或行均为代客买卖的代理店,栈有房舍,行不一定有房舍,如干货行、油行大多有房舍,木料行、海产行大多没有房舍,但起码都有固定的场地。

店铺通常都要"起店号"("启店号"),通常写在门楣上,制成字号牌匾;也有的写在木牌上挂在店门旁,俗叫"招牌"。有的招牌竖立在门侧,高可齐至房檐,因此被称为"冲天招牌"。招牌一经挂出,就不能随便拿下,拿招牌表示倒店、倒号。商家讲究字号,大多取吉祥仁义之词。清末民初,曾经有一个叫朱彭寿的文人将店铺字号的吉利字面汇成一首七律:"顺裕兴隆瑞永昌,元亨万利复丰祥。泰和茂盛同乾德,谦吉公仁协鼎光。聚益中通全信义,久恒大美庆安康。新春正合生成广,润发洪源厚福长。"①店门两边墙上还要写明本店的商德,如"法效陶朱,心存圣贤";"信义千斤托,公平万里投";"货真价实,童叟无欺"等。有的店名和门联是作为一体设计的,其中一种构思是把门联作成店名的藏头联。例如现代山东黄县城西关一家饭店名为"宾聚楼",门上的藏头联是:"宾亦来,客亦来,酒来,菜来;聚也罢,散也罢,吃罢,喝罢。"

店铺的另一种重要标志是商家招幌,又称市招、店招、幌子、望子,大致可分为8种类型:(1)以商品实物为幌子,如马具店悬挂一套鞍镫。(2)以商品模型为幌子,并进行夸大的艺术处理,如眼镜店的幌子就是用木头做成一副大眼镜,皮鞋店做一双一米多长的鞋子。(3)以商品包装物为幌子,如茶楼悬壶,酒店挂葫芦或葫芦模型。(4)以象征物为幌子,如大车店门前挂一个马头模型,脖子上吊有皮圈等。(5)以灯具为幌子,灯上标明店铺字号及所售商品或服务项目,如大饭庄、澡堂多用此种幌子。(6)以文字为幌子,或写在旗帘上,或写在牌匾上,如当铺挂"当"字匾牌,酒店挂"酒"字旗。(7)以商品图案作幌子,如靴鞋店挂画有靴鞋的匾牌。(8)上述类型相互组合构成幌子,如油坊悬挂古钱形铜鼓,方孔四周写有"小磨香油"字样。②

店铺开张是大喜大庆之事,必须请阴阳先生选择吉日。如果一时找不到吉日,而又不得不先开张营业,也得贴一张"先行交易,择吉开张"的告白。开张这天,店铺装饰一新,张灯结彩,大门口贴上"生意兴隆通四海,财源茂盛达三江"、"诚招天下客,信誉生意来"之类的大红喜联,招牌上扎红绸,墙上贴红纸吉语。老板和店员都起个大早,打开店门,先以香烛敬神,祈祷生意兴隆,无灾无祸。随后杀雄鸡,将血洒在书有"开张鸿发"的大红纸上,粘一片鸡毛在纸的上方,再贴到壁上。亲朋则携红烛、鞭炮、贺联等,前来祝贺。老板和店员忙着应酬。有的举行仪式时还要请狮班做"采青"表演。这天销售的货物必然物美价廉。茶馆开张势必选在晚上,届时灯光辉煌,茶客满座。这天往往免费招待顾客。

普通店铺的店主就是"掌柜",雇请几位"伙计"协助经营。大、中型商店的经营人员可能都是雇员,即便部分股东参与经营,也是股钱、工钱分明。雇员通

---

① 引自《民俗研究》总第四期,第124页。
② 参见尚洁:《天津的商业招幌》,载《民俗研究》1990年第4期;叶炳昌:《中国名城汉俗大观——广州篇》,中国友谊出版公司1993年版,第19页。

常分为"掌柜"、"账房"、"同事"、"学徒"、"杂工"五等。掌柜就是经理,大商店往往有三个掌柜,大掌柜负责全面的经营管理,二掌柜专办批发,三掌柜专营零售。三掌柜在店堂里与店员一起做买卖;账房先生管账务,是掌柜的帮手;同事就是店员、营业员,搞采购的俗叫"跑外水"或"水客",久住外地搞采购的俗叫"坐庄"或"庄客";在柜台上做生意的尊称为"柜台先生",有本事的柜台先生,凡是经过他面前的顾客都能做成买卖,这种"生意精"的同事,各家争相聘用。学徒在商店里"学生意",三年学徒期满,合格者升为同事;另有杂工负责饮食茶水等内部服务工作。

店铺的日常经营有一套习俗惯制。有的商家早晨开门营业前,先要晃几下算盘,其珠子噼啪作响,取意为"算盘一响,黄金万两";或说表示有生意做。大凡每日开张时,第一位上门购货的人要尽量成交,以图全天买卖顺利,生意兴隆。从前店铺,多可赊账,有赊者往往写在木牌上,名为"挂账"。许多名店都有自己的服务礼俗,如济南著名的大店瑞蚨祥,门市销货有一系列的规矩:顾客进门,前柜(称为"了高的")首先站起来打招呼,售货店员接着跟上来照应;对于顾客,店员不能一见面就问买什么,要陪着顾客看,相机再问买什么;店员为顾客取货要先取中次货,顾客嫌次再拿好货,先拿好货顾客要不起而受窘,名为"拿顶了",即为失职;顾客出门,店员要送至前柜,"了高的"要站起来点头送行。对于特殊顾客,售货员提货,部门掌柜陪送出门,直到送上车后方才退回①。逢年过节,各地商家有给重要客户送礼祝贺的传统。

商家过年,大小店铺休息的时日不同。小店铺一般年三十关门,正月初五敬过财神便开张。较大的商行、商号到正月十五才开张营业,有的甚至迟至二月初二才开门。

年节期间,商家最重视"敬财神"。中等以上的商家,以专房设立"财神堂",常年摆香案供奉文财神和武财神的画像;有的还供福、禄、寿、喜、财五路财神的画像;肩担手提的小商贩,家中也要贴一张财神画,画上一男一女,男的头戴双翅乌纱,身穿撒花红袍,叫财神老爷;女的珠冠霞帔,红袄绿裤,叫财神奶奶。这些统称为"财神马子"。腊月三十晚上要在财神堂点烛烧香,把旧财神马子揭下,悬起新财神马子。年初一天麻麻亮时,各家"烧天地纸"以后,家主点燃财神把子(以芝麻秆或花皮扎成),向着历书上指明的财神方向"接财神"(一直走到手中财神把子烧完时才回家),把财神接到财神堂内,点烛烧香,磕头祷告,请财神老爷安坐,保佑家中新年发财。从年三十晚上至正月初五晚上,财神像

---

① 山曼等:《山东民俗》,山东友谊书社1988年版,第338页。

前要昼夜不熄地"烧长香"。正月十五以前,财神像前早、中、晚要烧三次香。正月初五财神生日,正月初四晚上要为财神"暖寿",初五全天财神像前要上供。除夕封账时已用红纸将账簿、笔、墨、砚封好,"破五"祭财神以后才启用。浙江等地商家在初五设有五色茶点,恭迎第一个顾客登门,视其为"财神",不管营业额大小,均受热情接待,并给予优惠,如对折付款或另有馈送。镇海、慈溪一带有恭迎八位顾客之俗,谓"请八仙"。若顾客衣着华丽,成交额大,则认为全年生意兴隆,俗称"接财神"。

各地商家大多在年节前后调整工作人员,谁将被辞退,老板通常通过酒席的礼节暗示,被辞退的恰恰是在酒席上受到特殊尊重的人。武汉商家吃年饭时,被让座在上席的人是老板准备辞退的。浙江商界称此举为"讲生意",时间一定在正月初五前。初五是接财神的日子,店铺人员的调整在接财神前要定下来,接过财神,就要开门营业。在酒席上,一盘鱼定由老板亲自端送,鱼头对准谁,谁就将被辞退;如果鱼头对准老板自己,就是一个也不辞退。①

中国人在长期的生产实践中围绕农业、渔业、采掘、捕猎、养殖以及工商诸业形成了丰富多彩的民俗。虽然这些生产方式在我们现实生活中的实际作用早就降低了,其中大量的内容早就没有了实际的功用,但是它们作为"文化"的价值却是不可低估的。我们自近代以来在机器生产所代表的现代化的压力下形成焦虑的心态,把它们当做落后的东西而无视它们作为"文化"的价值。我们今天正在逐渐重新认识到,传统生产方式所包含的动手的能力、使用手工工具的技巧,加上它们所承载的人与物、人与自然的关系的观念,仍然是我们的非物质文化遗产。以德国、美国、日本为代表的一些发达国家在现代化的历程中,较好地把传统的手工技术纳入现代学校教育和训练的机制,在工业和个人的日常生活中较多地传递了这种文化,所以它们的工人在制造业中展现出更好的动手能力,普通的民众在日常生活中更爱自己动手。这是我们可以借鉴的经验。我们的学制设计和课程设计都没有重视古代文明所积累的动手能力,技工学校所占的比例很少,在社会中也没有地位,普通中小学也长期没有手工课程。不过,最近几年开展的非物质文化遗产保护运动已经推动一些学校在探索让手工技能进学校、进课堂的路径。这重新开启了我们用动手的能力和手工制品丰富我们的日常生活的机会。当别人掌握机器制品的效率和便利的时候,自己只能使用手工制品,那是"落后"的,但是,当自己同样也能够使用机器制品时再选择手

---

① 见冯桂林:《中国名城汉俗大观——武汉篇》,中国友谊出版公司1993年版,第40页;浙江民俗学会编:《浙江风俗简志》,浙江人民出版社1986年版,第71页。

工制品,那就是"文化"了。这应该也是当前凸显出来的中国的文化自觉的一个组成部分吧。

参考书目

施坚雅:《中国农村的市场和社会结构》,史建云、徐秀丽译,中国社会科学出版社1998年版。

童书业:《中国手工业商业发展史》,中华书局2005年版。

张世文:《定县农村工业调查》,四川民族出版社1991年版。

思考题

1. 手工技艺的传承对现代人的意义是什么?
2. "信任"如何在传统工商业中发挥作用?

第三章

生活民俗

生活民俗是指衣食住行方面的民间习尚。中国近世生活民俗的主要发展特点是从等级化走向普遍化，从相对稳定的制度化走向流行导向的时尚化。

封建社会的生活消费是等级化的，国家用法律制度来固定物质消费的等差，衣食住行的消费首先是法律问题、意识形态问题，在极小的意义上才是个人兴趣和经济支付能力的问题。

朝廷不断在强化生活消费的等级性，而民间也不遗余力地以各种变相的方式冲破等级，这种矛盾斗争在各个时期互有消长，但是，在明末，尤其是清末，反抗的一方不断巩固成果，民间在信仰和消费文化方面越礼违制的事屡见不鲜。立庙、祭祖、丧葬、服色、宴席、乘轿、符瑞等等的规矩都在民间以变通的方式流行。进入民国，等级制度失效了，等级化对人们的精神禁锢也逐渐被新文化和外来风气化解，人们对衣食住行的各种形式的选择在制度和意识形态上变得自由了，只要你有那个经济条件，你就可以消费你所喜欢的东西，哪怕你是平民百姓，即使是龙凤图案、凤冠霞帔，你也可以占用。于是，中国社会开始有以经济条件和个人兴趣为推动力的时尚流行。

中国近世是衣食住行处于从等级化向普遍化、从制度化向时尚化的转变时期，新旧观念并存，中西消费品杂陈，有关的民俗也就十分驳杂。这一背景有助于我们理解下述饮食民俗、服饰民俗、居住民俗、交通行旅民俗的复杂状况和时代变迁。

第一节 饮食民俗

在近代,中国民众很容易沦入饥饿的境地,这种处境从正反两个方面影响了中国的饮食民俗。

一方面,由于食物绝对不足,"少吃"、"省着吃"就是可取的饮食策略,由此,人们养成了根深蒂固的节俭心理,并且,这种节俭心理得到世界观和伦理的有力支持:浪费(通常是用节俭的尺度衡量的)被上升为"暴殄天物",是要遭雷击的;中国文化的一些重要的伦理观念是以缓解、化解食物不足的社会矛盾为宗旨的。

另一方面,饥饿又导致对食物的铺张浪费。中国的饮食习惯是日常节俭,得到机会就大吃大喝。一双节俭的眼睛看食物,食物在感觉上的重要性就会凸显出来。这种感觉与中国人重礼仪、讲面子的文化结合起来,就表现为以食物的挥霍来实行礼仪,实现面子。既然食物有公认的重要价值,那么,当它们被用作礼仪和面子的媒介时,不就是提高了礼仪和面子的价值了吗?节俭心理是理性的,吃的愿望是自然冲动,这种冲动现在也找到了自己的文化形式,并且是一些很合理的形式:祭祖、敬神、过年、待客、办喜事等,中国的文化支持中国人去重视这些形式,于是,大家理所当然地去大吃,因为中国人对事物的重视程度通常是与吃的档次相对应的。在这个节俭的社会,只要吃的文化动因是合理的,吃的形式是与人分享的(中国文化特别不能容忍"吃独食"),那么,吃,无论你怎样大肆准备又怎样放开吃,都是合理的,甚至越过分越能得到嘉许。

中国饮食民俗"节俭"的一极表现在日常饮食习俗之中,而"奢侈"或"讲究"的一极表现在酒宴习俗和饮茶习俗之中,下面分别叙述。

一、日常饮食习俗

中国各地的日常饮食概括起来就是"粗茶淡饭",体现着老百姓"省吃俭用"过日子的总原则。一般人家安排日常饮食的目标是"填饱肚子",形成的一种普遍习惯是能吃稀则尽量不吃干,能吃粗粮则尽量不吃细粮。灾荒年景必然要这么做,遇到好年景老百姓也要规劝自己这么做。消极一点说,"丰年防饥",我们的祖先有太深刻的饥饿意识。积极一点说,"细水长流","东西多没有日子多","三年稀,买马骑",可见我们的祖先同时又有强烈的致富愿望。大多数地方日常是不吃炒菜的,就靠各种酱、豆豉、腌菜、泡菜过日子,熬到农忙、过节、敬神祭祖、谁家办事,就大吃一顿。

大多数地区通常一日三餐,但在冬闲和春荒的季节一日两餐,农忙季节则一日四餐,有的地方在抢种抢收的大忙之日吃五餐,如长江流域赶时间忙插秧的时候,常常是一日五餐,大鱼大肉,所以有谚语说,"小孩望过年,大人望插田"。餐制的日常安排也是遵照节俭的原则。平时没有吃好,才导致农忙时节的大吃。

　　中国地大物博,人口众多,不同地区的日常饮食习俗各有特点,这与当地的自然条件和农业生产状况是密切相关的,俗语说,"靠山吃山,靠水吃水",也就是说本地出产什么即以什么为主食或特色食品。总的说来,北方以种植麦黍为主,南方以种植水稻为主,在日常主食中也就形成了北方以面食为主,南方以米饭为主的格局。麦子、水稻、玉米、高粱、豆类的各种加工制成品构成民众的主食,但各地的制作方法与组合方式又各不相同。

　　华北地区出产小麦、水稻、玉米、高粱、粟(小米)、荞麦、豆子,所以主食品种比较丰富,但大米白面仅为上层社会的主食,普通百姓大多以杂粮为主食,灾年连杂合面(玉米面掺少许黄豆面)也吃不饱。在北京地区,市民的主食是窝窝头、菜团子、玉米面的贴饼子,经济条件好一些的能吃到糙米饭或热汤面;郊区农民的主食有玉米面窝头、玉米面贴饼子(饽饽)、玉米面菜饽饽(玉米面掺上菜蒸成)、菜团子、棒子糁(玉米糁)粥、棒子面粥、棒子米粥、小米饭等,杂以白薯、高粱米、红豆、绿豆、黄豆、黍子米、大麦、燕麦、荞麦、豌豆、土豆、南瓜、倭瓜等,只有过年过节、招待客人或新小麦下场的时候才能吃几顿白面食品。怀柔、密云、延庆等远郊县的农民过去难以吃到大米饭食。①

　　在东北地区,庄户人家多吃粗粮、杂粮,常见的有苞米碴子、大饼子、窝窝头、小米饭和高粱米饭。大米和白面为"细粮",平时很少吃,只有逢年过节才能吃上一顿大米饭或白面饺子。东北人日常的特色食品是混合米饭,如用大米、小米制作的二米饭,以米粮加入部分豆类焖制的各种豆饭。

　　在西北,陕西关中八百里秦川的日子好过一点,不过,这里虽产小麦,但主粮并不能完全是面粉制品,通常是夏收后主要以白面为主食,到下半年仍不得不以苞谷等秋粮为主食。陕北高原上的人民过日子就比较艰苦,经常是糠菜半年粮,只是在正月和麦收等季节才吃得好一点,正如当地的谣谚所说:"正月里红红火火,二月里捏捏搁搁,三月里菜儿抹合,四月里豌豆角角,五月里白面蒸馍。"②西北小麦制品的花样特别多,如关中地区面条类就有臊子面、油泼面、麻

---

① 参见鲁克才主编:《中华民族饮食风俗大观》,世界知识出版社1994年版,第11页。
② 同上书,第84页。

食面、酸汤挂面等,锅饼类有锅盔、煎饼菜卷、油旋饼、千层油酥饼、烧饼、荷叶饼、石子馍等,蒸馍类有蒲城蒸馍、合阳面花、兴平云云馍、金钱油塔等,此外还有包子、蒸饺等。

南方大部分地区种植稻谷,以米饭、米粥为主食,加上有丰富的水产可捕捞,所以,那些最好的地方就被称为"鱼米之乡"。类似的概括有很久的历史,如《史记·货殖列传》说,"楚越之地,地广人稀,饭稻羹鱼"。水稻有多个品种,大略可分为粳谷和糯谷两大类,前者一般用做主食,后者一般用做副食。米饭的做法有很多种,如甑子饭,先将米煮至七八分熟,沥去米汤,放入甑子蒸透即可,这种饭的特点是松软爽口;又如焖锅饭,米煮至七分熟时米汤基本干了,再盖紧锅盖焖一会儿就熟了,这种饭的特点是滋润味厚。日常的米粥也有多种,有的直接用水煮成,色白汁稠,有的掺入绿豆、赤豆,有的是把米饭加水再煮而成。南方除以米饭、米粥为日常主食之外,还吃各式米糕。

二、酒宴习俗

中国的酒宴是以铺张甚至浪费而著称的。老百姓平时无比节俭,等到办理酒宴,为了礼节,为了面子,务必大肆铺张,非如此不能算是成功地做人。因此,酒宴的讲究和名堂颇多,下面分席位、菜品、饮酒习惯、宴席礼节等四个方面叙述。

(一)席位

席位的安排非常鲜明地体现了中国人重视人伦的民族性。汉族人在亲戚关系上没有两个人的地位是完全对等的,都能按亲疏(如姑比姨亲)、辈分、长幼分出差别,费孝通把它概括为"差序格局"①。差别可以换算成主次、尊卑。与此对应,席间的全部位置都要分出尊卑。决定席位尊卑的原则有两条:以左为主,以右为次;以背靠神龛(中堂)为主,以面对神龛为次。两条原则的运用又要从两个层次来看:餐桌在整个空间的相对位置、座位在餐桌的相对位置。

酒宴的餐桌通常是方桌,俗称八仙桌。桌面大多是拼接的,自然看得出缝隙。在一些地方,缝隙的朝向关系着酒席的规则。正规请客时,餐桌是放在厅堂(堂屋)里的。因此,神龛、中堂就成了重要的参照。面对神龛,处于拜神的位置;背对神龛,沾神的光,处于受朝拜的位置。农村人家若房子小而客多,遇到嫁娶丧葬、生朝满月、春酒会酒等,酒席不是摆在厅堂,而是摆在室外场地上,有的地方称之为"田席"。

---

① 见费孝通:《乡土中国》,上海观察社1947年版,三联书店1985年重印,第21页。

若是一桌客,桌缝(纵向)应该对着神龛,背靠神龛的一方为上沿(又称上横),也就是上席;上席两个座位,以背对神龛来看,左手为首席,右手为二席;靠首席者为三席,其对面为四席;三席的下手五席,五席对面为六席;上席的对面是下席,其中,首席的对面为七席,二席的对面为八席(又称末席)。各席的执壶人通常坐八席。如果主人不论规矩,或者不便于分清尊卑(如朋友聚会),就让桌缝横对神龛。于是,四方均为大。如果坐十人吃饭,则上下各三人,左右各二人,其中,上席中间一位是首席,其他依次往下推。如果坐六人吃饭,忌讳一对一、二对二坐,俗称"乌龟席"。

若为两桌客,并排放(对神龛横放)则左为主,右为次;上下放则上为尊,下为卑。若安放三张餐桌,则成"品"字形,中为尊,左为次,右最次。若为四张餐桌,成"田"字形,则先按左右,再按上下论尊卑。

(二)菜品

宴席上的菜在品种、品名、品质等方面都有很多讲究。宴席的等级是由菜品体现的,菜品既要求一定的数量,也要求某种贵重原料。宴席有凉菜和热菜,热菜在一些地方通称"大菜",其中主要的菜称为"柱子菜",第一个端上来的菜称"头菜"。整个宴席规格高低,一看头菜即可知。一部分宴席的名称由头菜定名,如燕窝席,头菜必是用燕窝烹制的。中国最高级的宴席当推满汉全席,它是"满席"菜肴和"汉席"菜肴的合璧,其馔肴品数达200余款,席间要换三次台面,排场豪华,礼节烦琐。自然不是百姓可以享受的。

普通宴席的名称通常是根据主菜的贵重原料、第一道菜或菜品的数量而定的。前者如燕窝席、海参席、鱿鱼席、明甫(墨鱼干)席等,都是因为主菜以相应的珍贵食品为原料。在许多地方,这类主菜往往就是第一道菜。许多农村因为地理闭塞和经济原因而消费不了海鲜,也是以第一道菜给宴席定名,如安徽农村的"粉丝席"〔又名"十大海(碗)"〕,上菜次序为粉丝、扣肉、圆子、小炒、鲜鱼、虾米汤、鲜鸡、方块肉、腊鹅、下水(豆腐杂以猪肚)。后者可以看安徽中部舒城的例子。舒城有若干以菜的道数命名的宴席。上等宴席有"八八席"、"八四席"。(1)"八八席"计有六道菜:第一道八个冷盘,第二道八个热盘,第三道八个水果,第四道十个大"海(碗)"、五个小碗(称为"双龙抱柱"),第五道是四样细点,第六道是五碗见饭菜。(2)"八四席"有四道菜:第一道四个冷盘、四个热盘、两个水果,第二道四个"大海"、四个中碗,第三道四样细点,第四道四碗见饭菜。中等宴席有"五魁八碟"、"四海六中"。(1)"五魁八碟"计有四道菜:第一道是一样细点,第二道是四个冷盘、四个热盘,第三道是五个大"海",第四道是五个中碗见饭菜。(2)"四海六中"计有三道菜:第一道是六个盘子,第二道是四大"海",第三道是一个火锅。普通宴席多是六个盘子,八碗、十碗或十二碗菜,以鸡、鱼、肉为主。①

一些著名的菜品以及由此决定的宴席是有季节性的,例如在四川,"鲍鱼席"流行在春季,"鸭翅席"在夏天才名贵,"鱼肚席"该在秋季吃,"鱼翅席"和"海参席"在冬天更受欢迎。

菜品的顺序有很多说头,各有针对性。(1)喜事第一道菜要带"红",丧事第一道菜要带"白"。(2)有的地方的丧事宴席要"先白后红",即整个丧葬期,饮食尽量取白色,葬毕谢客,尽可能吃红色菜点:白色饮食有白米饭、白豆腐、白切肉、白斩鸡、白壳蛋、白粉干等;红色饮食有红米饭、红炖肉、红糟鸡、红壳蛋、炸豆腐等。(3)有的最后一道菜要上圆子,称为"圆席"。甚至说无"圆"不称席,只能称"便席"。(4)有的最后一道菜要上鱼,寓意"有余"。

中国饮食浓厚的文化色彩突出地表现在对菜品的说法上,在一些喜宴上,甚至有一整套说法。菜品大都有吉祥喜庆的说法,很可能菜不怎么样,但说法是很精妙的文饰。菜品的含义在当地应该是常识,但一些讲排场的人家还要请"礼生"(赞礼或唱礼先生)现场用赞语把含义渲染一番。我们举陕南婚宴的例子。开席的第一道热菜必是红肉(不管怎样做法,必须带"红"),取"鸿喜满堂"之意。在这种宴席上,每上一道菜还有"唱礼先生"报菜名(俗称说席)。他报"红肉上席"后便高唱:"挂红灯、披红彩,红喜门中红宴开;亲戚朋友贺红喜,满堂喜气红运来!"每道菜都是如此。接着上全家福(烩菜),取"合家团聚"、"有福同享"之意。第三道菜是大八宝饭,其用料是糯米、百合、白果、红枣、莲子、水晶(猪板油)等八种,各有含义,如大枣、莲子取"早生贵子"之意,百合取"百年好合"之意,白果取"白头偕老"之意。前三道忌上炒菜,因"吵"与"炒"谐音。三道菜之后,便可随便上菜。但最后一道菜必是鱼,没有鱼时还要做假鱼代之,取"吉庆有余"之意。②

清一色的素菜组成的席面是素席,又称"斋席"。佛教、道教倡导素食,赋予它宗教色彩,称"斋食"、"斋饭",并发展成素席。素席的菜品主要以豆类及其制品、面、米、木耳、竹笋、蘑菇、香菌、花生、植物油以及四季应时蔬菜瓜果等为原料,忌用奶、蛋以外的动物原料,忌用五荤。但是,所做的一些菜看起来像是荤菜,所以有"似荤非荤,形荤实素"的话流传。

人们在安排一些特殊宴席的菜品时总要迎合特定的场景和对象。办神会

---

① 见鲁克才主编:《中华民族饮食风俗大观》,世界知识出版社1994年版,第158页。
② 同上书,第89页。

的宴席要迎合神:如"龙王会"的宴席忌用鱼虾水产;"关圣会"忌用大枣;"财神会"宴席(包括经商者的请客宴)必有"金砖"(鸡蛋加瘦肉末、面粉油炸的方条)、"元宝"(即炸元宵),取招财进宝之意。生意场的宴席要照顾生意:如香港、澳门及广州各商行每逢农历正月初二"开市日",必定大摆宴席,"发菜烩蚝豉"、"蚝油生菜"之类的菜品是绝对不可缺少的,因为"发菜"、"蚝豉"、"生菜"同粤语"发财"、"好市"、"生财"谐音。

(三) 饮酒习惯

中国各地饮酒之风特盛,无酒不成宴,乃至宴席直接就被称为"酒席"。在一些地方,"办酒"、"请酒",菜可以马虎一点,但酒不能少。在中上层社会,可能有一些场合饮酒是客客气气的,但在民间,饮酒难免闹酒。闹酒能够长期盛行,在于它不仅能够调剂饮酒者的酒量,而且能够增加红白喜事的气氛,同时,它还具有娱乐性和趣味性。

闹酒的方式称为"猜拳"、"拇战"、"划拳"、"拇阵"、"手势令"等。五代时就有"手势令"。经宋、元至明代,获得极大的发展,明代人袁福徵搜集各种拇战,编有《拇战谱》一书。近世各地民间都流行闹酒,而以数字猜拳最流行,其次还有比手势、拍七令等。

其一,猜拳。两人同时出手指,同时报数,谁报的数碰上是两人出手指数之和,则由对方喝酒。中国酒拳的"帽头"很有趣味性。"帽头"是在开拳之前所念的一句话或几句话。例如,两人开拳之前有的齐呼"全福寿",有的呼"哥俩好",有的则把酒拳用语全唱一遍,接着开始猜拳。[①]

酒拳用语俗称"拳谱",每句都是以数字开头,其内容有的侧重吉利话,如"一品当朝(或一品酒),双生贵子(或双贵子),三元及第(或三元庆),四季发财(或四发财),五子登科(或五登科),六(禄)位高升(禄高升),七星伴月(或伴月来),八仙庆寿(或八字好),九九长寿(或九长寿),十足全吉(或齐家来)";有的侧重历史传说故事,如"单刀赴会、二嫂过关、六出祁山、七擒孟获、八卦阵图、九伐中原、十面埋伏"。其中也常穿插表示交情的句子。这种拳谱只要是数字开头,附带的内容通俗就好,各种荣华富贵的成语或典故可以自由引用。我们看武汉一地各种变化的例子:"一定发财";"两相好","对称弟";"三桃园","三结义","三星高照";"四季发财","四时如意";"五魁","五子登科","五魁首";"六合同春";"七巧","七子团圆","七女下凡";"八马","八马还乡","八仙过海";"九长寿","九九长寿";"十全大吉祥","满堂","都到了"等。

---

① 见宋经文:《酒酣兴浓说猜拳》,载《民俗研究》1993 年第 1 期,第 49 页。

其二,比手势。比手势又分为三种手势相争和五指相争等形式。(1) 三种手势互争高低。一是"砂锅拳":将手掌摊平代表水,将五指收拢面呈凹型代表砂锅,将五指握成拳头代表石头。水淹石头,石头砸砂锅,砂锅煮水。二是锤子、剪刀、布:锤子砸剪刀,剪刀剪布,布包锤子。三是棒子、虫子、鸡:鸡吃虫子,虫子吃棒子,棒子打鸡。一拳制一拳,输的喝酒。(2) 五指比强弱,称为"五毒令":以大指为蟾蜍,食指为蛇,中指为蜈蚣,无名指为蝎虎,小指为蜘蛛。从小指开始,蜘蛛吃蝎虎,蝎虎吃蜈蚣,蜈蚣吃蛇,蛇吃蟾蜍,蟾蜍吃蜘蛛。拇战时,以所出的指头定输赢,决赏罚。

其三,"拍七令"。清代开始流行"拍七令",其原则是不能说"七"和七的倍数("暗七"),违者罚酒。因为它十分简便,易学易玩,所以曾广泛地流行于民间。假如席上共坐八人,令起时,由甲先说:"一",乙继说"二",以下类推,轮到第七人,不准说"七",须用手向桌面上轻轻一拍。第八人继续向下数,至"十四",该人也不准说"十四",须用手在桌底一拍。大家越说越快,很容易就有人出错。罚酒后,被罚的人再从"一"开始。

闹酒若是喝的亲热酒,相互之间还要讲一些礼节和规矩。例如,若有人邀你划拳而你不会,可主动要求连喝三杯酒,以示礼貌,并请对方谅解;对方会代你喝第三杯,或陪你喝第三杯。又如,划拳时,自己如连胜三拳,不应让输方连喝三杯,应主动喝下第三杯,以示不骄傲、不欺人。

(四) 宴席礼节

宴席通常有专人安排席位,一定是先安排头桌(首席),并且按尊卑从首座(一席)依次往下请客入席。安排在先前几个尊位的客人一般都会推让一番,以示不敢为尊。但是,如果席位安排不当,就很可能酿成纠纷。例如,如果按伦理应坐三席的客被指定在四席,客人可能拂袖而去。通常必须把他重新请回来才能开席。主人难免极尽委屈,搬动一切说客,让他补回足够大的面子。头桌安排之后,再按尊卑依次安排其他餐桌的席位。

宴席上,头桌、首座享有一切优先的荣誉。茶、酒、菜均先上头桌,开宴鞭炮响过,头桌、首座举杯持箸后,其他客人才能开始。全鸡、全鸭、全鱼类的大菜,头部通常应向着首座,但广东人请客是把鱼的腹部朝向首座。首座未动过筷的菜肴,其他人不能先吃;头桌的首座没有发话,其他人不能猜拳行令。在一些地方,宴席结束时,头桌的首座先起身,头桌众人一起跟着离座,然后其他餐桌的人才能离席。

客人就餐要文雅,俗称"讲吃相",用筷子、端碗的注意事项大致有:(1) 主人请吃或首座开始后,自己再动筷。(2) 忌讳"半途筷",即不能将食物夹住又放下。(3) 忌讳"乱筷",即不能在盘中挑挑拣拣。(4) 忌讳"窥筷",即不能手握筷子跃跃欲试,目光盯住盘中一处。(5) 忌讳"咬筷",即不能用嘴咬住筷子。(6) 忌讳"签筷",即不能以筷当牙签剔牙。(7) 忌讳"泪筷",即应避免夹菜时滴汤不止。(8) 要讲究吃一口菜放一次筷子,若连续大吃会被视为"没风水"。(9) 吃饭时饭碗要用左手端住,不能把碗放在桌上,用嘴靠拢碗吃饭,俗称这种吃相为"猪拱食"。(10) 如果主人不在桌子上,自己最好避免最后一个放下碗。(11) 吃好放下碗筷时,应向未吃完的人打个招呼说:"大家慢吃。"

客人要给主人留面子,除了赞扬酒菜的丰盛,还要尽量让饮食留有富余,特别不能犯忌讳。(1) 有的地方不能剩"碗底",但有的习俗是一定要剩"碗底",叫做"留子孙饭";如果吃光了,主妇会在背后叽咕:"吃得同狗舔的一样,连子孙饭都不留。"(2) 不能向主人要"锅巴"吃,造成一种饭没有做够的印象。(3) 吃饭时不兴倒菜汤,俗话说"贼怕拿赃,菜怕倒汤",汤一倒菜便没味,同时也意味着菜做少了不够吃。

主人和主家要履行一些让客人喝够、吃饱乃至喝醉、吃撑着的习俗。如果主人在餐桌上,客人放碗筷打招呼时,主人应劝客人再吃一点。主人要吃得慢,应最后一个吃完,不能一人匆匆吃完就下桌。为了保证客人,尤其是主要客人喝好、吃饱,各地的习俗一是陪客轮番向主客敬酒,二是给客人"扣饭"("卡饭")。"扣饭",即在客人已经吃了不少饭的情况下,主人家的人盛上一大碗饭,趁客人不注意时扣到客人饭碗内,客人会尽量吃下。许多地方的农村都曾经流行此俗。此俗的流行与饥饿意识长期困扰民众有关。

三、饮茶习俗

茶是中国传统社会中最重要也最普遍的日常饮品,可以说茶是中国的国饮。中国人发现和利用茶的历史十分悠久,可以追溯到传说中的神农时代,但早期利用茶叶主要是药食共用,基本上是生煮羹饮的形式,或说是粗放式煮饮时代,这一阶段大致持续到南北朝时期。到了唐朝,对茶的利用日趋规范化,这时世界上第一部茶学专著《茶经》问世了,因为《茶经》对茶叶的生产和消费都产生了巨大而深远的影响,所以它的作者陆羽被世人称为"茶神"和"茶圣"。《茶经》系统地介绍了当时茶的采造和煮饮方法,总结、推广了迄唐中期为止中国先进的造茶工艺,还重点阐述了一整套茶的煮饮法,后人概称为"煎茶法"。依据这种方法饮茶品茶的唐宋时期可以说是饮茶史上的煎茶时代。明清时期,饮茶已进入瀹茶时代。茶叶因加工方法的改革,大多由饼茶、末茶等紧压茶改为条形散茶,于是不再将茶碾成粉末,而是直接将散茶放入壶中或盏中加开水冲泡饮用,这使茶在更大的意义上成为一种专门的饮料。同时,在茶叶的品种方面也有了大的发展,基本上形成了六大茶类——绿茶、红茶、青茶(乌龙茶)、黄茶、白茶、黑茶。另外,作为再加工茶类的花茶于清代开始广泛流行。

茶的类别不同,其冲泡方式当然也有所差异,饮茶的习俗就更为丰富多样了。大致说来,不同的地区偏爱不同的茶,如华北地区及东北大部分地区爱喝花茶;江、浙、皖、赣、湘、鄂之人爱喝绿茶;四川人多喝花茶和沱茶;广东人多喝红茶和乌龙茶;福建人爱喝红茶和乌龙茶。各地饮茶习俗可以分为日常家居饮茶和茶馆饮茶来介绍。

(一)日常家居饮茶习俗

"柴米油盐酱醋茶",茶在近世进入寻常百姓开门七件事之列,清代罗汝怀述及饮茶的普遍性时说,"乃今则佣竖贩夫,皆嗜之成癖矣"[①]。人们自己日常饮茶,"客来敬茶"更是起码的礼节。但是,不同经济条件、不同身份的人日常饮茶是有区别的,下面以江苏南通的情形为例[②]。(1)乡间农家常用瓦茶壶,价格低廉,适应性强,夏天还要用它送茶水下田。(2)市镇普通人家多用瓷茶壶和锡茶壶。瓷茶壶美观实用,特别适宜明清以来的散茶沏泡。茶具以江西景德镇的为佳,具有白如玉、薄如纸、明如镜、声如磬的特点。锡茶壶大多为妇女陪嫁之物,经久耐用。(3)大户人家待客多用金边描花瓷盖碗,饮茶时应一手托盘,一手揭盖,碗盖略微倾斜,从缝隙轻轻吮吸茶水,要求姿态文雅。在讲场面的人家,有客来,主人令人泡茶是礼貌,如果再叫"加茶",客人就该知趣地告辞,这和官场"端茶送客"的习俗是相通的。(4)老茶客喝茶喜欢用江苏宜兴紫砂壶。此壶透气性好却不渗透,传热缓慢不烫手,所泡之茶味道醇厚,虽盛夏久放而不馊,深受茶人喜爱。

(二)茶馆饮茶习俗

茶馆在唐代饮茶之风兴盛时已经出现,封演《封氏闻见记》载,唐开元中,"自邹、齐、沧、棣,渐至京邑城市,多开店铺煮茶卖之。不问道、俗,投钱取饮"。宋代茶馆在京城也是盛极一时,灌圃耐得翁《都城纪胜·茶坊》、吴自牧《梦粱录·茶肆》都有专门的记述。明清以来,茶馆遍天下,其中,南方以四川的茶馆最发达,也颇有代表性;北方则以北京的茶馆最负盛名。

四川茶馆遍及城乡各地,据《成都通鉴》记载,1909年仅成都就开设茶馆四五百家。四川茶馆的桌椅多由竹子制成,桌子一般较矮,椅子坐垫部分用竹篾

---

① 引自陈祖槼、朱自振编:《中国茶叶历史资料选辑》,农业出版社1981年版,第412页。
② 参见张自强、杨问春:《品幽尝绿话茶经》,载《中国民间文化》1993年第1期,第135—136页。

条编成,柔软舒适,加上扶手和靠背,正坐、斜躺均可,是休息的好去处。茶具多用"三件头"盖碗,包括茶盖、茶碗、茶船(或叫"茶托子")。其中,茶盖和茶碗为瓷器,而茶船多为锡和铜。茶碗上大下小,冲水时碗内茶叶能充分翻卷;茶盖既可保温,又可用来搅动碗内茶叶和茶水,调匀茶味,凝聚茶香;茶船便于端放,又能避免烫手。

四川人称茶馆内专门给茶客泡茶和续水的服务人员为"堂倌"、"茶幺师",北方则称"茶博士"。四川茶馆的堂倌均有一手绝活:一手提水壶,一手夹一摞茶具,来到桌前一挥手,茶船满桌开花,恰到好处地在各人面前停一个,再把装有茶叶的茶碗一一放在茶船上,接着,左手扣住茶盖,紧贴茶碗,右手将壶中开水冲出,待水将满时,忽地一收一翘,桌上滴水不洒,最后"吧嗒"一声,茶盖翻过来将茶碗盖住。全部动作一下子就干净利索地结束了,看起来神乎其神。[①]

北京的茶馆在清代达到鼎盛期。北京的有闲阶级的队伍特别庞大,对茶馆的兴趣也都特别浓厚,例如,八旗子弟一大早就提着鸟笼子去"泡"茶馆。北京茶馆忒多,各以自己的特色巩固消费队伍。茶馆的类别主要有大茶馆、二荤铺、清茶馆、书茶馆、棋茶馆等,此外还有茶摊和季节性茶棚。(1)大茶馆和二荤铺。大茶馆功能齐全,布置考究,客来既可饮茶,又可品尝各种食物,还可选为生意交往、文人雅聚的场所。大茶馆入门为"头柜",负责外卖和条桌账目;过了条桌即"二柜",管理"腰拴账目";最里面还有"后柜",管理后堂及雅座。另一类的茶馆名为"二荤铺",既卖清茶,也卖酒饭。(2)清茶馆。清茶馆专卖清茶,每天清晨开门营业,茶客多为八旗子弟和早起活动(俗称"遛早儿")的老人。(3)书茶馆。书茶馆以说评书为主,一般分为白天与晚灯两班。开书以前卖清茶,开书以后饮茶与听书结合。表演的收入三七开,茶馆三成,说书先生七成。(4)棋茶馆。棋茶馆特别为茶客下棋提供方便,茶客一边饮茶,一边下棋、看棋。

近世的茶馆是老爷公子、遗老遗少、士农工商、三教九流汇聚之地,是那个时代唯一具有开放性的社会公共场所。茶客在这里高谈阔论,时事新闻、小道消息;商人在这里应酬、谈生意;手艺人在这里等着找活干;同时,这里又是文娱活动的场所。茶馆在当时起着社会沟通的特殊媒介的作用。

---

① 孙旭军等:《四川民俗大观》,四川人民出版社1989年版,第106页。

第二节 服饰民俗

中国是一个历史传统没有中断的文明古国,这个奇迹能够延续下来的一个重要原因是中国人具有处理继承与"变通"的辩证关系的独特智慧。中国的服饰民俗及其文化内涵以其"兼容并包"与"文脉相承"的双重特色非常突出地体现着这种中国文化与时俱进的基本精神。

服饰的历史在基本面上当然首先是材料与技术不断改进的过程,从天然易得的动物皮毛、葛麻纤维的利用到蚕丝和棉花的巧手纺织,再到当代的高科技产品,中国历来都是服饰生产材料与技术集大成的大国。这是无须赘言的。棉花的种植和利用是南方少数民族对中国服饰文化的贡献,到 13 世纪在中国全面普及,而黄道婆是推广者的代表。可见,推动历史进步的是多民族、多地区的交流与融合。

服饰民俗的文化史主要可以从式样和纹饰两个方面来观察。中国服饰式样一直都在吸收外来影响的过程中演变,这里仅以深服、袍服、旗袍的沿革为例。上衣下裳连在一起的深衣创始于周代,流行于战国期间。这是一种上下连属的制式:方形领、圆形袖,上部合体,下部宽广,长至踝间。《五经正义》中提到:"深衣衣裳相连,被体深邃",故称"深衣"。它的形制的每一部分都有文化的"深意"和民俗的传承,如上衣与下裳先分裁再在腰部缝合,在技术上是为了合体,在文化上解释为"尊祖承古"。深衣的下裳以十二幅裁片缝合,以应一年中的十二个月,这是古人崇敬天时的意识的反映。采用圆袖方领,以示规矩;垂直的背线以示做人要正直;水平的下摆线以示处事公平。尽管深衣本身在后代不再流行,但这种上下衣裳连属的整合式长衣对后代服装有长远的影响。

与此同时,流行于中原周边民族地区的袍服,一般都较为紧窄合体,以利于骑射或其他激烈活动。中原人民多次吸纳这种窄身合体的袍服样式,赵武灵王所推行的胡服骑射就是比较典型的事例。胡服不仅只适应于作战的需要,它比中原原来的衣冠更便于人们的生产劳动与其他社会活动。它演变到汉代即已成为官定武服;北朝以降,文武官员皆着胡服,后来也为一般百姓普遍接受。胡服在唐开元、天宝年间与胡妆、胡骑、胡乐同为时人趋奉。在辽、金、元及清朝等少数民族政权统治时期,合身的袍服都曾扮演着服饰的主角。

"旗袍"是 20 世纪 20 年代以后在中国传统袍服基础上吸收西式裙装的形式优点而形成并普及开来的,其特点大致包括右衽开襟、立领、盘纽、摆侧开衩。此前,无论是汉族还是满族女性均通过与袍服或上装相配的裙和长裤将下肢基本遮盖，而旗袍之内不着可能外露的裙及长裤，而是配穿合体的袜，甚至不着袜而裸露腿部。这是中国传统女性服饰成功向现代转型的代表。

中国的服饰花纹、图案经历了数千年的发展历程，有着源远流长的民俗传统。据考察表明，我国的服饰图案开始于有文字记载的商代。那时，统治者服饰的图案装饰主要表现在服装的领口、袖口、前襟、下摆、裤脚等边缘处及腰带上，主要花纹是规则的回龟纹、菱形纹、云雷纹等，以二方连续构图形式来表现。耐人寻味的是，至今这种二方连续构图形式仍普遍地运用于服饰图案设计中。到了周朝，衣裳的装饰已经有很完整的国家制度，这就是"十二章"之制。十二章就是十二种图案：日、月、星、山、龙、华虫（雉）、宗彝、藻、火、粉米、黼、黻。这十二种图案，都选自自然界的物象纹样。十二章的纹样各有特定的象征意义，如日、月、星，取其照临光明，人用其纹有如三光之耀；龙，象征王权；山，象征王者威震四方；华虫（雉），取其有文采，表示王者有文章之德。据《论语·乡党篇》记载，"君子"遵守相当系统的服饰制度，例如，"君子不以绀緅饰，红紫不以为亵服"。战国时期，社会思潮和观念空前活跃，服饰的花纹也开始多样化的发展。

到唐代，服饰广泛吸收异域番邦的纹样和风格，多以中亚、印度、伊朗、波斯及北方和西域外族服饰为参考，使得唐代服饰奇异多姿、富丽堂皇，成为中国服饰历史中的一朵奇葩、一个高峰。

如今，现代的服装已经很大程度与古代服饰区分开来。但是中国古代所流传下来的颜色美学与各种象征性的图案、花纹却仍然活跃着。例如儿童的鞋帽和兜肚，无论是"虎头帽"还是"虎头鞋"，其形制和刺绣的文字（如"王"字、"长命百岁"）都传承着传统的吉祥图案。比如，北京奥运会中国代表团的领奖服主要运用了中国红与中国黄。中国红是最能体现出中国风情的颜色，具有鲜明的象征意义。又比如，奥运会颁奖礼仪服装采用的颜色系列如"青花瓷"系列（传统乱针绣）、宝石蓝系列（江山海牙纹、牡丹花纹）、国槐绿系列（吉祥牡丹图案、卷曲花纹图案）、"玉脂白"系列（彩绣腰封和玉佩）和粉红色系列（传统盘金绣、宝相花图案），都突出了中国传统服饰的元素。借助奥运会的大舞台将展现出来的不仅是包含传统符号的现代中国服饰，而且是中国兼容并包的文化精神。

近世服饰处于传统形态向现代形态转化的中介，其内容极其驳杂。总的来说，近世服饰发生了一系列变化，如服饰风气的变化、面料和制作条件的变化、式样的变化等。这些变化主要导源于社会经济的变化，也受到身体条件变化的影响。在清代，男子留辫，女子缠足；进入民国后，男子剪掉了辫子，女子普遍放足，也开始剪发。这些因素无疑要改变服饰。

服饰风气的变化表现为服装从朴素向鲜艳的变化,从皇朝服制向时装的变化。当然,这种变化在近世只是刚刚起步。浙江《定海县志》(民国十三年版)的一段记录是中国社会的一个缩影:"五十年前敦尚质朴,虽殷富之家男女皆衣布素,非作客、喜事罕被文绣者。海通以后,商于沪上者日多,奢靡之习由轮舶运输而来,乡风为之丕变。私居燕服,亦被绮罗,穷乡僻岛,通行舶品。近年,虽小家碧玉无不佩戴金珠者矣。往往时式服装甫流行于沪上,不数日,乡里之人即仿效之。"

面料和制作条件的变化也可以说是经历了一次革命,大机器生产的纺织品在此期间以稳定的步伐在全国取代了农家自己纺织的土布。面料几百年一贯制的时代过去,新的面料本身就是大家追求的时髦。下面两则文献从偏远县份的视点为我们提供了这次服装革命的见证:广西《同正县志》(民国二十二年版)记曰,"衣,则从前多种棉花,自行织染,所有穿着多是土布,而丝绸尚少。洋纱侵入而种棉遂稀,同时之洋布亦并盛行,而土布已消灭矣";广西《凌云县志》(民国三十一年版)记曰,"清同治以前,全属妇女于力田之外,所有畲地尽数植棉,夏播而秋收,自弹棉、抽线、纺纱以至织布……光绪以后,洋纱入口,每捆卖价约毫银二元有奇,群喜其价廉工省,多为购用。习之既久,遂废土纱而用洋纱"。它们对这一过程说得很具体。机织布(洋布)替代土布,家庭制作转向商品化。

式样的变化难以详述,比较大的趋向是:清代以大襟为主,民国时期对襟成为风尚;民间服装通常讲究宽大,实际上是掩盖着形体,现代裁剪衣服讲究合体,要展现形体;随着经济条件的改善,人们从一衣多季向一季多衣发展,这里包含的就是对多种式样的选择。

我们在此把服饰民俗分为儿童服饰、男子服饰、女子服饰。

一、儿童服饰习俗

近世儿童服饰的特点是突出服饰的符号价值。人们在设计儿童服饰时,除了重视保暖、方便等功能外,把对孩子的各种担忧、关怀和祝愿都倾注在一些辅助成分里,让服饰同时成为承载精神价值的符号,造成孩子健康成长的一种氛围。各地儿童服饰的品种是非常丰富的,我们分为发式、童帽、童鞋、开裆裤、围嘴、兜肚、马甲、饰物来介绍。

(一)发式

女孩蓄发扎辫,没有多少变化。男孩有一些特殊的发式,并且各有讲究,兹举数例。(1)小锄头型:以两鬓为界,沿前额向上留两寸多宽的头发,用以保护脑囟部位,其他部位剃光。因其形似锄头,故俗称"小锄头",又称为"粪耙"。又有的剃成桃形,有的剃成圆形。这种设计的主旨是护住囟门。(2)鳖尾儿型:脑后留一片头发,形似鳖尾儿,其余全剃光。这种设计以头像鳖,预兆孩子长命百岁。(3)铁箍型:颅顶中心剃光,周围留一圈短发,耳际上面也全剃光,使所留的一圈头发像一个铁箍。这种发式的立意是把小孩箍住,别让他"跑"了。(4)留"百岁毛":在小孩每次剃光头时,特意在脑袋后边留一撮头发,俗称"百岁毛"、"后扯辫"或"狗尾巴"、"把式毛"等。这种设计是要把孩子扯住,防止夭折。称为"狗尾巴",除了形似之外,还因为狗命贱,好养活。

(二)童帽

儿童头饰既讲究使用,也讲究利用各种符号求吉祥,驱邪祟。(1)狗头帽:一种儿童冬季风帽俗称"狗头帽",帽顶两侧各有一只耳朵;脑后有披风,长可抵肩,下边缘呈波浪形;两旁各有一根飘带,有的披风末端缀有几颗小铃铛,孩子玩耍时,铜铃叮当作响;风帽的额头上绣有小狗的面孔,下边缘钉有八个小罗汉。若系上带子,孩子的头、耳可全部包裹好,只露面部于外。狗头帽多用鲜亮绸缎制作,并镶嵌金钿、假玉,可以在帽筒周围沿以花边。民间传说孩子戴狗头帽好养活。(2)虎头帽:帽顶两旁,左右开孔装上两只毛皮耳朵,正中绣一"王"字。帽用鲜艳绸布做成,帽筒围以花边,帽上缀有多种银饰、铜饰。(3)罗宋帽:清末至民国年间的一种童帽,额头以下为圆筒形,只将面部露出,前额上缀有写着"长命百岁"的小牌。(4)木匠帽:孩子们春秋戴用,由三四厘米宽的带子做成,是一种大小适中的圆形小帽圈,额头正中有一圆形图案,上绣狮、兔等动物头像或金瓜,俗称"木匠帽"。(5)和尚帽:孩子们春秋戴用,是夹层的,前宽后窄,头顶部位为空洞,边缘有褶皱,前额有图案,四周镶边,中间绣有"长命百岁"、"富贵吉祥"等字样。四字中间钉有一枚镀金或银的小罗汉。(6)桃子帽:给刚出世的婴儿夏天戴,其帽由3—5厘米宽的带子做成,上绣云边,额头有一桃形图案,意在保护头部的"顶门星"。

(三)童鞋

近世的童鞋都由妇女们手工制作,流行附加动物图案,许多都是情趣盎然的工艺品。绣有各种动物形象的童鞋在山西俗称"兽鞋",在河南俗称"眉眼鞋"。在山西,家里有了一个孩子,孩子的姥姥、妗妗、姨姨、姑姑都要给孩子做"兽鞋",常见的兽形有虎、狮、龙、牛、豹、羊、兔、猫、狗等,都是生命力极强的动物。做鞋仿其形状,取易养好活之意。这种鞋有棉的、夹的两种,手工绣成,千姿百态,造型夸张。其中最流行的是"虎头鞋"。这种虎头鞋用黄布缝成,鞋头绣虎头,虎头额顶绣一"王"字。民间以虎为百兽之王,认为孩子穿上虎头鞋,就可以壮胆、辟邪、长命百岁。山东又称虎头鞋为"老虎鞋",最好以彩色布料作鞋面,于鞋头绣虎头,于鞋的后口做虎尾为"提件"。河南民间流行的童鞋绣有老虎、猫、狗、猪等动物形象,统称"眉眼鞋",或者分别称为"虎头鞋"、"猫娃鞋"、"狗头鞋"、"猪脸鞋"等。这些鞋是用布剪成自己喜爱的动物形象,其眼、耳、鼻、舌以及胡须另用彩线绣成,然后缝在鞋脸前部。①

（四）衣裤

冬季,男孩子多兴棉布长袍、马褂,女孩子着棉旗袍,或者着短小棉袄、棉裤;夏季则多为短褂、长裤。儿童衣裤比较特殊的是百家衣和开裆裤。（1）百家衣:近世各地都有给孩子做百家衣的习俗,幼儿诞生后,其姑、姨、外婆等亲属,向街坊邻里每家讨一点布角,最后,将五颜六色的布角拼制成衣服,所以称为"百家衣",又称"百宝衣"、"吉祥服"等。俗信以为穿着这种衣服可保孩子平安。（2）开裆裤:男女儿童的裤子都是开裆,俗称"开裆裤"、"没裆裤"、"破裆裤"、"露裆裤"、"叉裆裤"等。开裆裤一般等孩子要上学了才改换,因此又形成了另一个术语,"整裆裤"或"刹裆裤"。单裤、夹裤、棉裤都可以做成开裆裤。开裆裤不系腰带,一般在背部裤腰上缝两条带子,再与胸前裤腰相连,所以,又称"背带裤"、"袢带裤"。

（五）围嘴

围嘴又称"转兜",是二三寸宽的圆形布兜,围在幼儿脖子上,不让涎水弄湿衣服。围嘴转动很方便,小孩把下巴处弄湿后,大人随时把它转开。有的围嘴只是简单的圆形,有的把外围剪成莲花瓣等形状。近世一些作坊用印花布制作出售,在上面印以"艾虎"、"长命富贵"等。

（六）兜肚

兜肚又称"肚兜"、"裹肚兜"、"妈肚"等,由男女儿童贴身穿着。方形或菱形兜肚以对角线为上下,有的兜肚则呈椭圆形。兜肚一般绣有吉祥图案和祝福字样。婴儿兜肚多用红布或花布制作。大一点的男孩穿黄领蓝兜肚,女孩穿蓝领红肚兜,所谓"青官红姑娘"。北方流行"五毒兜肚",即在兜肚上绣蝎子、蜈蚣、蛤蟆、蛇和壁虎的形象,为孩子护身。一些地方对兜肚的使用特别广泛。在陕西,孩子呱呱坠地,穿上的第一件衣服就是红裹肚兜。自此以后,娃他外婆他舅家年年要给外甥送肚兜。在一些地方,人成年以后的重大关头都离不开裹肚

---

① 见温幸、薛麦喜主编:《山西民俗》,山西人民出版社1991年版,第10页;邵文杰总纂、刘永立主编:《河南省志》第十卷《民俗志》,河南人民出版社1995年版,第62页;山曼等主编:《山东民俗》,山东友谊书社1988年版,第90页。

兜,如定亲时媳妇要送裹肚儿;三十六岁,四十九岁,俗谓过门槛,也要在贴身系个红肚兜;寿终正寝后,给死者穿老衣时还要戴肚兜。裹肚兜上通常绣青蛙、蟾蜍。①

(七) 马甲

儿童马甲讲究图案的精巧别致,比较流行的图案有"五毒"和"八卦"等类。"五毒"马甲是在儿童马甲的背襟幅身的正中,绣上较大型的蟾蜍,周围绣上较小的蜈蚣、蝎子、蛇蜥、壁虎,并套以其他斗贴图案或花样。绣出的各种毒虫五彩斑斓,蟾蜍以草绿色为主,蜈蚣呈黑色,蝎子呈赭石色,蛇、蜥呈黄褐色,壁虎呈白色,最后用圆金线或黑、白线将"五毒"虫体的关节、项颈锁扎,显现出躯体、眼、耳、口唇,四肢部位分明,形态逼真。"八卦"马甲是用各色布条在金黄色或大红色的布块上,斗绣成像八卦"—"、"--"形状的八个方块图案,在马甲的背幅正中绣以"阳极、阴极"或虎头、猫头的较大图样,四周绣相称的斗贴"八卦"图样;各个间隙并可套绣一些陪衬性的花卉或其他图样。孩子穿此"八卦"马甲,寓意"人身虽小,按合天地"。这些图案的意图都是驱恶镇邪,保孩子百病不生,平安吉祥。

(八) 饰物

儿童饰物比较多见的是项圈、手镯、脚镯、耳环、耳坠以及各种"锁"。儿童饰物的质地大多是银、玉、铜。有的孩子在颈上佩有银颈圈,手腕、脚腕处戴有镯子,脚镯上缀有几颗铜铃,走起路来叮当作响,非常有趣。大人让孩子佩带这些饰物,大多有防身护体的意思。各种"锁"的这种用意尤其明显。有关的叙述请参见第六章第二节。

二、男子服饰习俗

近世男子服饰的特点是新旧、中西各种款式杂陈,新起的现代体制内的人时行西装和中西结合的中山装,如新式学校的师生;而社会中的大多数人仍习惯以长袍马褂为礼服,日常服装也以便利的中装比较常见。江西《吉安县志》(民国三十年版)的一段记载颇有代表性,我们从中可以看到男子服饰的大致情形:"(礼服)蟒袍补挂(褂),此邑绅在前清所服也。民国礼服仿欧美,尚短,在邑中吾见亦罕。以便服言,时髦多作西装、中山装,学生、军人又自有服装,常人犹沿前代服制,而有士农工商、冬夏、贫富之不同。贫大布,而富绸、呢、哔叽、缎;冬(布)衣、绵,而夏纱、罗、苎、葛;士商长衣马褂,工农非行礼不长衣,惧其妨

---

① 见王世雄、黄卫平:《黄土风情录》,陕西人民教育出版社 1991 年版,第 40 页。

第三章 生活民俗

操作也。"

与清代相比,民国时期的男子服饰发生了明显的分化,其中突出的是职业和阶级分化,商人、学人、农民各有不同的服装特点,穷人和富人对式样和质地有不同的选择。许多县志的记载都说明了这个问题:广西《同正县志》(民国二十二年版)记曰,"高等人物或长衫马褂,或洋装,或中山装者;其下流社会则短衣阔裤,间穿鞋袜者。暑天则熟绸、茛绸,冷天则夹衣、棉袄,皮裘则亦渐兴矣";广西《凌云县志》(民国三十一年版)记曰,"就样式言,乡居男子平时多短衣长裤,色用蓝或青,学界用白,城居亦同。若长衫、马褂,则惟缙绅之家于庆吊、年节、交际、酬酢中用之。西装惟出外者制备,家居鲜有置此";上述江西《吉安县志》也明确揭示了这种趋势。

在这种新旧、中西杂陈和社会分化的格局内,西装和中山装的范围不断在扩大,中装也在不断改变旧式样,增加新式样。此时新式的帽子、鞋子、袜子也和衣裤一样,不断扩大着流行范围,例如,所谓博士帽、皮鞋、洋袜越来越被更多的民众所接受。

关于近世男子服饰的主要种类、组成格局和变化趋势,河北《阳源县志》(民国二十四年版)为我们提供了一份比较详细的记录,我们在此作一择要的介绍。

清代男子礼服的组成主要有大褂、长袍、春帽、凉帽、长靴。(1)大褂:袖及身长都比长袍短六寸,无领;布用贡缎、喀喇、宁绸或纱,颜色是黑或藏青。不同季节有单、夹、棉、皮之分。(2)长袍:身长及脚腕,袖长及手或过手;用贡绸、宁绸、纱或斜纹布,颜色是蓝、青或紫。不同季节有单、夹、棉、皮之分。(3)春帽:帽顶有红缨,帽檐用绒或缎;外面用缎或绒,里面用绸或布,春、冬季戴。(4)凉帽:如倒漏斗形,覆盖红色的毛或线缨,内有竹圈,主体是藤编成,为白色,夏、秋季戴。(5)长靴:靴腰高至小腿的一半,外层用贡缎或绒,或者用绫,为黑色,四季通用。

清代男子常服的组成主要有长衣、小袄、裤、袜、鞋、帽。(1)长衣:长及脚背,袖长及手或过手,有领;用纱、贡绸、斜纹布、洋布及市布;颜色有黑、藏青、蓝、蔚蓝;不同季节有单、夹、棉、皮之别,但劳动人民只用砖路大布。(2)小袄:长到腰下,其他各项如长衣相同。(3)裤:长到脚腕,有裤衩,用带子束裤腰,其他各项如长衣相同。(4)袜:穿起来袜口高过裤口一二寸,用市布、大布;为白色,很少是蓝色。(5)鞋:有云头、福字头、双脸、单脸之分,脸用皮,其余用缎、绒;为黑、蔚蓝、藏青。(6)帽:毡帽用毡,为灰或紫色,冬用;草帽用麦草编织成辫,再盘成十八盘,夏用;瓜皮帽用羽绫或贡缎,为黑色,春秋用。

民国时期,男子礼服有马褂、长袍、呢帽、草帽、皮帽、皮鞋,常服的种类与清代相同。礼服和常服的新变化一并概述如下。(1)马褂:长到腰下,有领,30年代多用人造麻、丝。(2)长袍:沿用清代式样,民国时期只是式样窄瘦了一些。(3)袜:十之四五用洋袜,用洋线织成。(4)帽:春秋流行呢帽;夏季流行草帽,受西式帽子的影响,帽盘较小,只有农民还戴十八盘草帽;冬季流行皮帽。瓜皮帽远不如清代那么流行。(5)皮鞋:完全西洋式样,四季通用。(6)30年代羽绫、贡缎、喀喇已断绝,外来的人造麻、丝流行;而劳动人民一切衣服仍用大布,并且多穿无布面的羊皮袄裤。从清代到民国,男子服饰的细微变化还是很多的。

我们再以武汉民国年间的例子对河北《阳源县志》的记录作一补充。市民不分男女老幼均兴青鞋白袜。春秋时节,中老年喜穿"剪子口"布鞋,青年人则多为圆口布鞋。冬季,老年人穿棉鞋,俗称"两块瓦"。中青年大多穿中式或西式的短衣长裤,而老年男子的穿着比较传统。冬季,老年男子多穿大襟长袍,一般以驼绒、缎子、哔叽做面料,并在长袍之外加罩马褂;春秋季,多穿夹层长袍;夏季,外出办事,或在家待客,均着单层长袍,俗称"长衫";歇息或做家务时,多穿对襟短袖和长裤,晚上则穿短袖衫、短裤纳凉。男子冬季多戴毡帽、风帽等,春秋季戴瓜皮帽,夏季戴博士帽。(1)毡帽:帽顶略尖,长形,帽檐略圆,可以对折;帽的两侧各有一个半圆形的叶片护住双耳和面颊,天暖时,叶片可以翻上去。(2)风帽:俗称"狗钻洞",用线织成,头顶部为瓜皮帽形状,帽檐以下为上小下大的圆桶形,长可抵肩,只在面部留孔露双眼于外。天暖时,将下围卷至耳上。(3)瓜皮帽:呈半球状,由六块西瓜皮形布瓦联结而成,故称"瓜皮帽",又称"瓜瓢帽",传说由明代"六合帽"传承下来;帽顶结子,小如豆大,称为帽头。富有之家的瓜皮帽常在额头缀一块镶金边的玉石。(4)博士帽:俗称"太阳帽",白咔叽布制成,为圆形,做成双层,帽檐前宽后窄,顶部留有四个风洞通风透气。文人学士、社会名流习惯在夏季戴此帽。(5)礼帽:完全西式,流行于教师和政府机关工作人员之中。①

近世男子服饰中极有特色的一样东西是布腰带。布腰带又称"战带"、"缠带"、"扎腰带子"、"褡布带子",一般两米多长,半米多宽,在腰间能缠两圈多,为青色或蓝色。勒布腰带的好处极多。(1)布腰带有助于挡风御寒,带子一勒,衣服贴身,再大的风都钻不进去,所以有"三棉不如一缠"的谚语。(2)布腰带可以当工具,庄稼人下地干活,碰上些野菜野果,遗漏的苞谷棒子,绽开带子一包,稳稳当当就背回来了;布腰带能当毛巾擦汗;还能背娃,大人领小娃出门

---

① 见冯桂林:《中国名城汉俗大观——武汉篇》,中国友谊出版公司1993年版,第22—26页。

途中娃瞌睡了,可以用带子把娃包好背在背上。(3)扎上腰带,大襟上衣的当胸就成了一个巨大的荷包,人们习惯用以装各种杂物。(4)男人们习惯将长管烟袋、烟荷包等物件系在一起,插在腰带上。

三、女子服饰习俗

近世女子服饰经历了和男子服饰一样的变化,当男子服装在长袍马褂之外流行西装、中山装等短装时,女子服装也在长衣、裙子之外时兴短衣、裤子和旗袍。广西《凌云县志》(民国三十一年版)对旗袍的崛起背景和花样翻新有生动的记载,"乡居妇女,多大袖宽腰,长以遮臀为度,色用蓝或青,裤则纯用青色,城居亦同。若披裙则惟世家妇女于婚嫁、年节行礼时用之,款色无甚变动,间有衣裙一套用至十年或二十年者。自旗袍兴,而样式为之一变,城市妇女则乐用之。踵事增华,一领之微,时高、时矮、时圆、时方;一袖之微,时窄、时宽、时短、时长;身长则或及膝,或及踝,年年更易其式。自欧化之服装兴,而式样又为之一变,学界妇女多乐用之"。

我们仍以河北《阳源县志》(民国二十四年版)的记载为依据来看近世女子服饰的状况和变化。兹分上衣、裙裤、鞋袜、首饰等四个方面作介绍。

其一,上衣。(1)氅衣:无领,袖长齐手,衣长齐腰,袖口有翠蓝金花挽袖,四周有约四寸宽之黑贡缎边,边内又有约两寸宽之绣花丝边;为黑及藏青色。氅衣只限于已婚妇女,多见于官宦、士人之家,商家也有,工农阶级家庭基本没有。在清代为礼服,民国初仍沿用,后来消失,妇女只穿长衣。(2)长衣:有领,有襟,其余与氅衣相同,缎边、花边也相同;各色都有。各阶层妇女都穿,不过,贫妇主要用市布或洋布,用绸缎的少,有的甚至不用挽袖和花边。民初仍旧,后来去掉挽袖,又去掉花边,30年代又被旗袍的流行压倒。(3)小袄:有领,有襟,袖长及手,身长到腰下,清末则长及膝;各色都有。一般用布做,也有富人用丝织品做。民国时期也没有大的变化。

其二,裙裤。(1)裙:有百褶裙、无褶裙之分,都有金线或五色线绣成的裙花;另有各色缎边,边内又有花边。其中最讲究的是龙凤裙,裙的前后绣彩龙,旁边绣彩凤。以红色的最好,还有蓝、绿、白、古铜及黑色,少妇多用红、绿、白等色。此裙流行于有钱有势的家庭,农工家庭妇女在结婚时一定要穿,但大多是借来的,自备的很少。民国期间小有变化。(2)裤:裤长及脚面,裤脚有束的,有不束的。其他与小袄的情况相同。

其三,鞋袜。(1)鞋:所有妇女都缠足,脚长三五寸,一般四寸;鞋的式样是前尖后圆,底为高跟;鞋的前部绣各色彩花,有的在高跟上也绣花。民国时期由高跟变为平底；受北平和天津的风气影响，也有人买皮鞋穿。(2)袜：缠足的人缠裤腿带代袜，民国时期先流行短布袜子，后来又逐渐兴洋袜。

其四，首饰。(1)头部首饰：耳环以及插在头发上的髻簪、銮驾、鬈花、压发花、耳挖子、冠子花、压簪花等，质料有金、包金、镀金、银、翠玉等，贫家只用银质。此外，脖子上戴链子，一般为银质，用金的绝少。进入民国后，越来越多的妇女剪发，挽髻的减少，头发上的各种首饰无用，只有冠子花在结婚时才插一下。(2)四肢首饰：戴在手腕的钏、戒指，质料有金、包金、镀金、银、玉、翡翠等，贫家只用银质。民国时期开始有个别妇女把手表作为首饰戴。

女子发式有少女和妇女之分。未婚女子额前梳有"刘海"，脑后留独辫，辫的根部和末端扎有红头绳，并在头的右侧插花。有的梳两条辫子，则额前不留刘海，而将前面的头发分向两侧。女子从结婚开始挽髻于脑后，俗称"纂儿"、"圆纂"等，有螺髻("元宝头")、盘辫髻、元宝髻、空心髻等多种形式。髻可以用簪子固定，可以用线网罩住。民国时期各地开始流行"剪发头"，有长有短，长的披于肩，短的与耳垂相齐。城镇女子也有烫发的。有的中年妇女剪发后，将头发梳于脑后，用夹子夹牢。中老年妇女使用多种头饰，如青纱包头、勒子、平绒帽等。(1)青纱包头：俗称"清水包头"，青纱宽约30厘米，长达140厘米，分层叠成条状再缠于头部。老年妇女冬季使用。(2)勒子：一种青缎做成的带子，其中部与人之额头同宽，两侧渐窄，在脑后打结，额头正中有一玉石镶嵌。老年妇女春秋两季使用。(3)平绒帽：为青色绒布制品，无帽檐，前额略宽且高，中间缀有玉石饰物，后部低矮。老年妇女春秋冬三季都可以用。此外，方巾的使用也很便利。

妇女的另一项特殊服饰是肚兜。肚兜又称"抹胸"、"没胸子"，青年女子的贴身内衣。俗以妇女突出胸部为丑，所以，女子在生孩子以前，均用一块红布把胸束紧，一些中年妇女在哺乳之后又用以把胸束紧。这块红布就是肚兜。有的呈倒扇面形，上狭下宽，上端两角钉扣，穿带系在颈上；下端两角钉布带，在身躯上系紧。有的以正方形为基础设计，把一角裁去，成凹状半圆形，在半圆两边角系带子，以便挂在颈上；小角或尖或圆；横向的两角设带子，便于向身后束紧肚兜。上面有印花或绣花。作坊里出的蓝印花布肚兜常印"福"、"三多果"(石榴、寿桃、佛手)、"连年有余"、"艾虎克毒"等图案。民间自家手工的绣花肚兜以红色为底，上面绣"艾虎"、"金鱼串荷花"、"鸳鸯戏水"、"喜鹊登梅"、"刘海戏金蟾"等图样，表达驱邪求吉祥、爱情、多子等主题。

第三节 居住民俗

汉族民居有多种形式,如四合院、围龙屋、窑洞等,它们既有自己的特点,又体现着一系列共同的属性,保持着大量共同的习俗。汉族民居的基本精神是讲究大环境的营造,用老话说就是讲风水。村落的布局、家屋的地基和朝向都贯穿着这种风水意识。这种意识在民居的各个方面表现出来,形成了意味丰富的居住民俗。

近世汉族民居既是一种实用的居住空间,又是一种民俗观念的物化符号。民众建筑居室,同时就是在构造一个观念体系,用以表达对于安逸、和睦、人丁兴旺、荣华富贵的期盼。汉族民居讲风水的实质是对未来的重视。居住民俗突出地说明,中国人特别重视未来。身处传统的居住环境,一眼看去,满眼都是指向未来的符号。这些符号从正反两个方面烘托着吉祥的意义,支持着中国人对于未来的信心。

我们介绍作为实用空间的民居时比较简略,而侧重有关民居的习俗。我们拟从三个方面叙述:

一、村落布局习俗

传统的村落通常都有很复杂的布局习俗。中国的村落绝对不只是一片住人的房子。各地的村子可能有大有小,所处的地区可能富饶也可能贫瘠,但它们都是充分利用自然条件的人造物,都被一种人文气氛所笼罩。人们在规划村落的各个因素时,既考虑实际功用,还把它们作为一种文化符号,用以蕴藉或彰显他们所重视的思想观念和价值追求。中国人执着的乡情在很大意义上是维系在中国村落深厚的人文素质之上的。

村落的布局可以分为三大部分:(1)环境构造,包括自然条件、风水、保安设施等;(2)公共设施,包括祠堂、庙宇、墓地、戏台、禾场、道路、水源等;(3)家庭住宅。我们在此介绍前两部分的习俗,第三部分将在下面专门介绍。

村落的环境构造通常是以自然条件为素材的"布景",这些布景对外人可能没有什么意义,山山水水可能都显得极其普通,甚至微不足道,但对村民来说则完全是艺术化的,其中的一山一水,一草一木都有故事。不仅那些对自然加以人为改造的产物和那些附加在自然物上的建筑被村民赋了思想和用意,而且那些平凡的山水也被村民的大胆想象"修改"了原形,好像都成了某种天意的代言品。

村落环境的起码要求是安全、方便,因此村子要有寨子、城墙防护,要靠山以便采伐燃料,要近水以便饮食、洗涤。但是,民间对村落环境还有一种精神上的要求。人们营造村落不仅要得到毒虫猛兽、土匪强盗、妖魔鬼怪都不能侵害的保证,而且要追求安乐祥和的气氛,体验家族繁荣昌盛、子孙光宗耀祖的信心。有关村落环境的这些创造活动和追求目标都体现着一个东西,那就是风水意识。

村落环境的方位选择不是一个单一的模式,都要因地制宜,而比较多见的选择主要有下列几类:(1)背山面水,或只是抽象地依山傍水;(2)坐北朝南;(3)坐西朝东等。那种青龙、白虎、朱雀、玄武的理想配置是很难找到合适的地方的,因地制宜的主观改造就成了各地村落环境构造的主要思路。请看温州楠溪江畔的几个例子。[①]

苍坡村的村落以"文房四宝"的象征来进行布局。村右有山,村民把它想象为笔架,并命名为"笔架山";村里自然要修路,人们用砖石铺成长街,并把它想象为"笔";村民用卵石修成方形的村墙,本来是许多地方通行的式样,但他们因此而把村庄想象成为一张展开的"纸";他们再凿一块5米长的条石作为"墨",把两个方形的水池视为"砚",至此笔墨纸砚具备。这是一个居住的村落,又是一组读书致仁、光耀门庭的语汇。此外,"文房四宝"又是民间驱恶镇邪的法宝。

豫章村的村落环境也包含着文具崇拜。该村后面耸立着一座孤山,呈圆锥形,村民认为不论从哪个方向来看,都像毛笔的笔头,所以命名为"文笔山"。传说家族的始迁祖为了使"文笔"配砚,特在村前凿长池,名"砚沼"。该族的宗谱说:"文笔峰倒影如笔尖之蘸水,秀气所钟,可使仁宦迭出,科第连登,文笔代不乏人。"据说村民始终提倡"耕读",该村历史上曾出过"一门三代五进士"。

芙蓉村营造的"前横腰带水,后枕纱帽崖"的村落环境也是一种自然与人文相契合的产物。芙蓉村里本无芙蓉,因西南有三个高崖,其色白里透红,状如三朵含苞待放之芙蓉,所以村民如此命名。村前有河,被视为官员的腰带;三崖中的西崖,又被认为像纱帽,所以又有"纱帽崖"之称。腰带、纱帽系古代官宦佩戴之物,这种想象成为村民的意识,意在烘托子孙后代读书做官的气数。本地宗祠的一副对联曰,"地枕三崖崖吐名花明昭万古,门临象水水生秀气荣荫千秋"。村民这么自信的一个依据就是这里被创造出来的风水。

中国各地农村有无数个笔架山、笔架峰,文笔山、文笔峰,纱帽崖、纱帽峰之

[①] 见胡文莲:《温州楠溪江畔古村落调查》,载浙江省民间文艺家协会编《吴越民俗》,复旦大学出版社1992年版。

类的地方。中国山地占多数,村民近山而居,带着先入为主的观念,远看近看,侧看正看,早看晚看,晴看雨看,总能把一座山最后看成某个象征物。自然山水一旦成为象征物,最后很容易被理解为"天意"。各地民间创造的这些地方知识烘托着乡土人文景观,成为村落环境的灵魂。

村落的公共设施大致可以分为礼仪活动场所和生产生活基础设施,前者有祠堂、庙宇、祖屋、祖墓、戏台等,后者有禾场、道路、水源等。

杂姓村落的礼仪活动场所主要是庙宇和戏台,近世有一点规模的村子都有此类设施,如小型的道观、佛寺、奶奶庙、土地庙、八蜡庙、关帝庙等民间诸神的庙宇,大多数村子总有其一。

单姓村落的礼仪活动场所主要是祠堂、祖屋、祖墓。大一点的祠堂大门内设有戏台。一些村子全部的房屋甚至都是围绕祖屋建筑的。人们对浙江浦江县的村落民居调查为我们提供了典型的例子。这里的祖屋是厅堂建筑,一般是三进三间式,第一进为"门堂",有似寺庙之山门;第二进为"大厅",比门堂高些;第三进则叫"堂楼",地势又比大厅高。门堂与大厅之间,大厅与堂楼之间,都有天井。厅堂建筑是全村中心部分,为全族共有的主屋。各房子孙可以利用厅堂娶亲、摆酒席、搭台演戏等。各房子孙以厅堂为中心,选择厅堂后厢与左右厢的地方建造住屋。这些住屋不得高于主屋厅堂,且其朝向无论如何都得把正门朝向厅堂,并且要排列整齐,与后厢一起,构成了对厅堂的三面环围之势。住屋之前设有走廊;挨家挨户走廊相连,成为沟通全村的避雨通道。雨天走门串户,可以不湿脚,所以有"屋宇千间,游廊堂前"之说。村里还有祠堂,村周则为树木、农田。[①]

村落的生产生活基础设施之一是禾场(稻场或打麦场),为各个农村所必有,一般都是将土推平夯实或用石碌碾平。收获季节,这里一片热闹。禾场也是一种公共活动场所,是村民冬天晒太阳、夏天乘凉、平时端着碗吃饭聊天的地方。另一类基础设施是道路,各地村落中的道路有土路、卵石路和石板路。再一类设施是水源:(1)水井,一般村庄都有一眼或多眼水井,水位深的通常用辘轳提水。(2)堰塘,一般为人工挖成,以储存雨水,有的村庄只用于洗涤,有的村庄还饮用,在稻作区则广泛用于灌溉。(3)水渠,一般用于灌溉,也有一些水资源便利的村子引水沿寨墙、道路、民宅布置众多的水渠,清流涓涓,迂回于宅边、道旁,既可供村民洗涤、防火,又可调整小气候。

---

① 见洪长:《浦江县建筑与村居习俗琐谈》,载铃木满男主编《浙江民俗研究》,浙江人民出版社1992年版,第176—177页。

二、家屋布置习俗

家屋布置是居室附近和内部的布置,既要出于居家过日子的实用考虑,也要服从一系列习俗的规范。家屋布置非常突出地服务于安居的目标,一是使用物质、技术手段,二是采用民俗提供的心理方式。我们将从门前屋后、大门内外、厅堂、居室、其他空间等五个区间简述这方面的习俗。

(一) 门前屋后

各地农村家屋前后都有栽竹种树的习惯。有的是"房前栽杏,屋后种桃",有的是"前种榆,后种槐",都有一定的规矩。据说,榆树籽叫"榆钱子",把它种在门前是招财;"杏"与"幸"同音,把杏树种于门前,意味着幸福临门。南方的许多农户习惯在房前屋后种竹。护院围墙似的竹丛夏能遮荫,冬可挡风,造成很舒适的环境。当然,人们首先看重的还是竹与笋的经济价值,以致民间谚语说,"养儿不如种竹"。一些农户则习惯在屋后种竹,在门前栽树。门前屋后栽树也有一些禁忌,例如民间谚语说:"前不栽桑,后不种柳,门前不栽'鬼拍手'(杨树)。"江苏,浙江许多村子桑园成片,但是,因为"桑"与"丧"谐音,蚕农忌讳在门前种桑。

门前屋后要讲风水,例如客家人的围龙屋就非常重视这方面的布置。客家围龙屋的大门前都有一个宽敞的场地,俗称"晒禾坪",再往前是一口半月形池塘,一方面便于储水防火,另一方面有维护风水之效。围屋后面要植造"风围林",同样有维护风水的作用。

(二) 大门内外

大门是维护安全的一个关口,民居的门扇都用比较结实的厚木板制成,用的是铁皮包角、蘑菇门钉、兽头门环、铁环门搭,多刷成黑色或紫红色。人们还要采用一些巫术手段保障心理的安全,如照壁、宝镜等。照壁是受信仰禁忌心理支配的产物,通常迎门而建,主要是用以挡"脉气"外走,防"三煞",也避免人们直视院内景象。照壁正面中心多设有天地爷神龛。有的在门口外面还要设照壁。为辟灾邪,很多人家都在大门上方居中的地方挂一圆镜,谓之"宝镜",据说挂上"宝镜",邪气、小人便不敢入内。

(三) 厅堂

厅堂俗称"正厅"、"堂屋"等。在一些大家庭的房子里,客厅和供神的厅堂是不同的屋子,客家人的围龙屋就是如此。在普通的家屋里,正屋中间的一间最为高大宽敞,被用于待客和供神,这就是厅堂。厅堂正墙居中安放一长方形香几作为神台,几的两端各摆有一个大花瓶,内插时令鲜花或鸡毛掸子。香几正中供有"天地君亲师之神位"、财神等。两侧摆有香炉、蜡台。有的还要摆祖先牌位。在广东,神台正中下方为土地神牌位,并写有"天官赐福"。比较讲究的厅堂正壁多为木板嵌成,上挂"百寿图"、"松鹤延年"、"鹿鹤同春"等图画,称之为"中堂"。厅堂的中间多安置八仙桌或圆桌,周围放置各式椅凳。

(四)居室

居室是指卧房,俗称"房"。房的布置有明显的南北之分。在南方,房内摆木床,并有较多的家具。标准的床三面均有栏杆,在四周有六根方柱支撑床的棚顶。柱顶钉有木板,下面可以张挂蚊帐。柱上有图案,如麒麟送子、龙凤呈祥、花卉鸟兽等,或雕或绘,栩栩如生。床的内空高大、宽敞,酷似小屋。床前地面放有木制踏板。一般来说,床的装饰繁简以户主经济地位高低而分。摆床有一定规矩,必须按屋梁走向安放,但不得正对顶梁,否则为"担梁"。民间传说,"担梁"很不吉利,会导致家中财丁不旺。新婚夫妇在大床下设一神位,称之为"床头婆"。传说"床头婆"能保佑夫妇早生贵子,并可保佑母亲从怀孕、分娩直至孩子成人都安然无恙。"床头婆"神位下放一香炉,每月初一、十五要烧香,逢年过节要上供,还要经常烧衣纸,床头婆神一直供奉至儿童"出花园"(15岁)。此外,睡房内的家具有五屉柜、垛柜、梳妆台、马桶、椅凳、茶几之类。它们大都放置在进门附近的窗前或墙根处,马桶可能放在门后或墙角。南方人盛夏夜晚不待在房里,而是在外面的竹床、凉席上纳凉。

在北方,房内造炕。农村大多以土炕为卧榻,且多为过火炕。土炕与锅连为一体,由青砖筑起高约两尺的炕墙,炕洞垫起黄土,再用土坯或砖撑起,上面盖泥制炕板。有的地方用石片炕板。烧饭同时便热了炕。炕的讲究在炕围(或称"腰墙子"、"炕围子"),上面配有多种图案,有抓髻娃、鱼戏莲、戏剧人物、历史典故以及山水花鸟,这类图案高约一米。有的是雇民间艺人画上去的,有的是自家用蛋壳镶嵌的。炕围画由各种图案花边、画心、灶头画几部分组成。画心由白粉调胶打底,通常每幅炕围有六到八个画心,分长方形、圆形、菱形、六边形等。底色以绿色居多,也有红色的。画完用胶矾水封色后,用大漆或清漆油两遍。用蛋壳镶嵌炕围图案时,先把蛋壳分别用各色漆涂染,再剪成指甲大小的圆形、方形、菱形、三角形、长方形、枣核形等几何形状,在泥成炕围之后,趁湿在上边画上炕围常用的图画样,然后将剪好的蛋壳一块块扣在图样上按实,再用锅底灰加水、鸡蛋清调和后刷上几遍,又用豆浆刷几遍,稍干后用手蘸香油反复抹,图案就成了。①

(五) 其他空间

农家的生产和生活资料都和人在一起,诸如农具柴草、牛马鸡狗猪羊、吃喝拉撒都要安排位置,这就需要在主要建筑之外建有其他附属设施。在有院子和天井的民居里,人们在院子和天井里的空地上或打有水井,或设有水道,以便洗衣、洗菜;院子和天井周围总有几间狭小、简易的房间,其中比较好的一间可能会用做厨房,其他的用做库房、柴房、鸡窝、猪圈、牛棚、马厩、羊栏、茅房等。有的把茅房搭在街上,称为"街茅子";有的搭在后院;有的地方则没有专门的茅房。

三、房屋建筑习俗

近世民间有三个系列的家庭习俗是最为系统化的,一是婚姻系列,一是丧葬系列,再就是房屋建筑系列。除了结婚,盖房是一般民众最大的喜事,自然受到特殊的重视。盖房需要巨大的投入,并被认为关乎家道的兴衰,人们对之慎而又慎。这种态度行之于世,积累了一系列房屋建筑习俗。

在民间,盖房不仅是一项复杂的工程,而且有一套复杂的仪式。以最通行的上梁下墙为建筑主体的各种民居来说,房屋建筑的主要程序,除了备料之外还包括:请风水先生择基、择日、破土下基、起墙(架板筑墙或砌墙)、安过墙(安过梁、过门梁)、安挑、提垛子、开梁口、下墙板、封梁口、上梁、起列、上穿、立柱、做大门、安大门、祭大门、开大门、立神龛、修天井(面院坝)、贺乔迁之喜、谢土地神等数十种民俗仪式,就是最为贫困的农家建房也必须相宅和举行上梁仪式。②我们从礼仪的角度择要分述如下。

(一) 择基、择日

建房要请风水先生按四时八运、生辰八字来判定新房的地点、方位和开工日期。风水先生依照他们的专业选地基,普通民众也有一些自己的观念和俗信。兹举数例:(1) 地基要牢固,出水要通浚,后背要有"靠山",门向视线要开阔,又有门要朝向山之峰、峰之松等说法。倘若视线阻隔,便竖一块写有"泰山石敢当"的石碑或木牌,或在门上钉一小圆镜,用以驱邪镇魔。(2) 最好把地基

---

① 王世雄、黄卫平:《黄土风情录》,陕西人民教育出版社1991年版,第10页;温幸、薛麦喜主编:《山西民俗》,山西人民出版社1991年版,第167页。

② 朱仕珍:《四川建房民俗探索》,载《中国民间文化》总第九集,学林出版社1993年版,第140页。下述四川建房民俗的例子不再加注。

选在"青龙、白虎、朱雀、玄武"之中,"龙、穴、沙、水、向"汇聚之处。(3)房屋大多朝南,以享受日照,但只有庙宇、祠堂向正南,一般人家按风水先生的指点或偏东、或偏西。(4)庙宇旧址不能造房,坟地不能造房,绝户、败户的基地不能造房,火烧之地不能造房。(5)建房多取单数成间,忌造双数,特别是四间。

农家盖房大多在冬春之季不结冻、雨水少的农闲时期,具体日期要请风水先生择算。民众也知道一些择日的习俗,例如:(1)"看吉日"要报上户主或户主夫妇的生辰八字,以免看的日子与户主的生辰、属相相冲、相克。(2)农历的每一天分别由建、满、平、收、除、危、定、执、成、开、闭、破等作标志,一些地方一般是用带八的成日或开日。每逢成日或开日不一定带八(即初八、十八、二十八)的日期,因此要顺延等待。(3)如果风水先生测定动土方向正是所谓太岁所在方位,便要风水先生算一个"太岁"出游日来"偷修",或等来年再建。(4)所谓"好事成双",省事的法子是"逢双",选阴历初四、初六、初八……动土;民间又一个说法是"六六大顺",于是一些人不请人算日子,单捡一个有"六"的日子。

(二)破土下基

在择定的吉日良辰祭祀神灵之后才能动工。"破土"是指举行祭祀仪式告知神灵,并象征性地动土的开工典礼,不过许多地方"破土"典礼都不是大张旗鼓。各地普遍祭祀土地(称为"土地菩萨"、"土地正神"、"土地公"、"福德正神"等),不同地方的人随后还祭祀天地、祖宗、五路财神、"青龙将军"等。钟铭对湖州建房习俗的调查为我们提供了"破土"的详细报告:动土的前夜,户主起半夜,按算命先生告诉的时间祭神。户主摆一张八仙桌,八仙桌桌面的拼板缝须东西向;桌面上立马幛,先祭"土地正神",后祭"青龙将军"(实际是蛇)。祭罢,户主同预先约好的一人(以亲兄弟为多),按算命先生所说的路线、方向去动土,一般是在拂晓。两人带上拌在一起的石灰粉、瘪稻谷,一般在大路上先破土:一人持铁耙在前面开坑,一人在后面往坑里撒一把石灰和瘪稻谷。石灰和瘪稻谷即是建房的必备材料,也是避邪之物。动土时,两人不准说话,即使被行人撞上,也不能招呼、应答。行人若是本地人,自然会回避。①

一些地方是在地基现场破土:先要祭祀土地菩萨,然后可能再祭天地、敬祖宗;再将地基四角牵上线或撒上石灰标记,俗称"放样",由家中主人在四角各掘数锄,同时鞭炮齐鸣。若所选时辰恰逢刮风下雨,无法动工,则无论如何亦得砌

---

① 钟铭:《湖州建房习俗调查》,载《中国民间文化》总第11集,学林出版社1993年版,第241页。下述湖州建房民俗的例子不再加注。

上一块石头，表示该日已经动土，良辰并未错过。小工们（帮忙打下手的人）接着按石灰线开沟；泥水匠动手填基石，俗称"排石脚"、"下地基"、"下脚"。开沟的地方若是户主原来的旧居，开沟或在清除旧基石时发现蛇，不能碰伤或打死，马上口念"从哪里来，到那里去"的话，泼上一碗水，让蛇溜走。俗信认为这是家蛇，伤害它，户主要遭大灾。这天晚上，户主用丰盛的酒菜款待泥水匠、木匠、小工。

（三）起墙

起墙的方式主要有两类，一是架板筑墙，一是砖坯砌墙。兹简述四川架板筑墙的习俗。架板筑墙之前要先敬木王（墙板），并对木王进行赞颂，对房主进行祝福。颂木王唱："清早起来三炷香，点起香烛拜木王，叫声木王听我讲，长在青山你为王……"祝房主唱："日吉时良，天地开张，鲁班到此，大吉大昌，一板架在金山上，永远发财永远昌。"在架板、上土、安宗墙、提垛子、下墙板、接墙板、开梁口等关键时刻，工匠师傅都要对房主进行祝福。

（四）上梁

有关上梁的习俗是整个建房过程中最重要的活动。上梁是建房程序中最关键的步骤，在技术上也是对工匠的考验。户主对此极为关心，并予以奖赏，对工匠加以鼓励。有关上梁的习俗异常复杂，难以尽述，我们尝试把它分为做梁、亲友贺喜、祭梁、上梁、踩梁、抛梁等六个步骤来介绍。

其一，做梁。民居的大梁从取材到成梁有一些严肃、神秘的习俗。梁木是树中的俊杰，俗信把它做成大梁将影响一家几辈的兴衰，民间自然习惯在百里挑一，并把真诚的重视演化成仪式。一些地方有偷梁的习俗：主人物色好梁木后，组织人在黑夜偷伐。人们在山里寻准梁木后，要祭树，对树进香、烧纸、叩头，向树禀告缘由后才能动斧头砍树。梁木抬回工地，放到木马上，任何人不得对它说不吉祥的话，更不能从梁木上跨过。木匠师傅对梁木进行祝福后才开始做梁。梁木成形，最后要在梁木肚下画上"太极图"，民间称之为"画梁"。工匠画梁还要有一番赞颂、祝福。

其二，亲友贺喜。上梁要选吉日良辰。届时远朋近友、亲戚邻居要临门恭贺：贴对联、放喜炮、送贺礼。主人家自贴的对联多写"开基巧遇黄道日，上梁又逢紫微星"；"房修五间身安心泰，屋会三合财旺人兴"等。横批多写"福星高照"、"旭日东升"等吉祥词句。客人也送来贺喜的幛轴、对联。客人都要送礼庆贺，并帮工。礼品以与户主关系的亲疏而定。岳父家的贺礼最大，在湖州，岳父须送上50公斤左右的两盒糯米糕，糕垒得又方又高，顶端放一橘子；再加30公斤左右的两盒粽子，以讨"结子"、"高中"的口彩。另外还要有香烟、爆竹、猪头三牲等。

其三，祭梁。土木二匠在新房正堂门口设鲁班堂祭梁，要用到米、香蜡、纸钱、酒、雄鸡、新布鞋、一把布伞、利市钱等。事主将亲戚朋友赠送的各种礼物、红匾（书有"紫微高照"或"吉星高照"字样的红绸）、大梁、所封赞梁和上梁的"红包"、主人给土木二匠做的新鞋等全部摆出来，让公众观赏，这在民间有赛富贵的意思。接着，匠师将红匾挂在梁担木上，把代表鲁班的曲尺放在鲁班堂里，开始进香、烧纸、叩头、作揖，口中吟词请鲁班仙师登位。土木二匠吟唱诸多祭品的由来，对大梁进行赞颂，同时也对主人进行美好的祝愿。工匠大师傅手提雄鸡，口中吟诵《祭梁鸡》，将鸡冠上之鲜血滴入鲁班堂的酒杯之中，从鸡血在酒中所形成的形状来判断吉凶祸福，再将鸡血涂在梁担木上，沾上几根鸡毛，以示吉祥。此谓之"祭梁"。在祭梁仪式中，有的将所敬之酒洒在梁担木上，谓之"淋梁"；有些地方还要"看财"、"除煞"。祭梁结束，工匠、来宾、村民纷纷用四言八句对梁木进行赞颂，对主人进行祝福，谓之"赞梁"。

湖州的大师傅在祭祀时唱《拜祖师》歌，词曰："手拿金香七寸长，苏州蜡烛杭州香。左手拿来右手装，金香插在香炉内。一对蜡烛分两旁，喜烛头上金花开，金花头上出凤凰。一拜天来二拜地，三拜祖师在上头，又拜诸亲六眷贺喜来上梁。脚踏富贵地，手托圆盘圆又圆，……时辰已到喜上梁，鲁班先师传授在今朝，今有小徒来代朝。"祭祀完毕，就开始上梁。

其四，上梁。把大梁用绳子拉上墙壁并装妥的步骤就是上梁，从拴梁、"除煞"、请梁、发梁、起梁、拉梁（吼梁）、搁梁到压梁，每一步都有讲究。兹举四川上梁的例子。拴梁先拴梁头后拴梁尾，边拴边唱赞词。梁木拴好后进行"除煞"，吟诵《除煞鸡》祝词，后将雄鸡放在梁担木上站着，再请梁担木进入中堂，谓之"请梁"。梁担木进入中堂正中，才开始"发梁"、"起梁"、"拉梁"上墙，土木二匠步上云梯，步上一级，祝福一句，慢慢将梁担木送上房顶，表示这大梁是鲁班弟子亲自送上房顶的。大梁上房，站在梁担木上的雄鸡高声鸣叫最为吉祥。一些地方把拉梁上房称为"吼梁"，其特点是拉梁上房的号子与匠师吟诵的祝词一唱一和，气氛尤显热烈。大梁拉上墙顶后，要搁在土匠师傅预先挖好的"墙口"里，谓之"搁梁"。土匠师傅用泥土将梁担木压紧，谓之"压梁"。最后待大梁安放平整后，再用泥土密封，把大梁稳稳地固定下来，谓之"封梁口"。

有的地方，上梁时一边放炮，一边用红布把历书、笔墨包扎在正梁的中间，缠上五彩线，悬上镜子（也有嵌在屋脊上的），再贴好"上梁大吉"的横额。在湖州，良辰将到，户主将岳父家送来的"包梁布"（红绸）、状元灯笼和自备的四枚顺治铜钿交给木匠师傅。木匠师傅把"包梁布"包在正梁的正中，将顺治铜钿钉在"包梁布"的下面（如只有一枚顺治铜钿应放在中间,也可用康熙铜钿代之）,铜钿的方孔内穿上红丝线,挂上状元灯笼。工匠把大梁徐徐吊起之时,鞭炮齐鸣,敲锣震天。

其五,踩梁。踩梁又称"跑梁",是上梁仪式的高潮。主人为工匠备好了新做的布鞋两双（土、木匠各一双）。工匠接鞋在手要对新鞋进行赞颂,对主人进行祝福后才能穿鞋。工匠手拿五尺（长尺）从高悬的梁担木上走过来走过去,边走边吟诵祝词,谓之"踩梁"。五尺在手,表示有鲁班仙师同行,保佑弟子踩梁平安。四川工匠的颂词说:"手拿五尺踩梁来,脚踩蛟龙跨四海,乘浪漂,随风摆,随弯就弯走过来,喜鹊站在树枝上,放开喉咙说几台。一踩中梁头,子子孙孙做诸侯。二踩中梁腰,人兴财发步步高。我今踩过团团转,荣华富贵万万年!"有的地方的木匠师傅在"跑梁"时右手捉只红公鸡（提前用酒灌醉）驱邪,左手提着象征富贵的"金银斗"（以斗装五谷等）。

其六,抛梁。抛梁又称"甩包子",由工匠在梁上抛洒吉祥食物,念诵祝词。所抛的吉祥食物有包子、馍或糕、粽等,由主人自备和由亲友馈赠。届时,工匠一边吟诵祝词,一边抛撒食物。湖州的祝词有:"抛梁抛到东,东面出了姜太公,百无禁忌样样好,今后发达就在你家中。抛梁抛到南,代代子孙中状元,男子要把高官做,女子要把大学士中。抛梁抛到西,出了当年郭子仪,七子八婿朝廷坐,福寿双全像棵万年青。抛梁抛到北,代代砌高屋,前面造起阁老厅,后头两边再造转盘楼。"在四川,主家特别要抛包子,所抛的包子至少来自三家人以上。工匠师傅在房上抛包子时,吟诵到"一抛东方甲乙木"时,将包子向东方抛去;接着再是南方、西方、北方,直到吟诵"我今抛个团团转"后,将包子向新房四周抛撒。抛出去的食物四方都要有人去拣,拣的人越多越好,预示主人发达兴旺。主人要杀猪宰羊,大办筵席,亲朋好友登门祝贺。

吉祥食物有大有小,还各有名称。有的称为"上梁馒头",馒头上还印有"福禄寿喜"等字样。在陕西,抛梁又有新内容。主人事先要蒸"飘（抛）梁馍",备五谷杂粮一斗;特别要蒸三个大馒头,内包硬币,称"大元宝";再准备一桶酵子水。工匠跑梁后,自己骑在梁上,把公鸡立在梁上,然后抛撒斗内的五谷、钱币及"飘梁馍"。围观的男女老少纷纷乱抢,笑声此起彼落。木匠师傅在抛撒钱、谷时,亮起嗓门编唱吉祥如意顺口溜,唱毕又把桶里的酵子水向四周泼下。酵子能发面,在此取后辈人发家致富之意。最后留下三个"大元宝",分送木瓦工头及主人。接着梁下点一堆木柴大火,主人烧香拜梁,向木瓦工封礼赠红包,进行额外酬赏。①

（五）开大门

开大门是指开中堂门的仪式,其目的在于象征性地通过开门仪式把财源引进来,所以,民间又称为"开财门"。大门事先做好后不安、不钉,等到择定的吉日才安装,安装好后"祭门"。这些仪式结束,大门一直是关闭的,要等到吉日良辰时再举行开门仪式。例如在四川,这种仪式各地有简繁之分,没有"有无"之分,目的都是引进财源。木匠把安装好的大门关闭起来,看合不合缝,门一关后就不能随便打开。最简单的开门仪式是：大师傅请主人到场,当着主人,面对大门吟诵新门赞词,并对主人进行祝福,吟诵结束,大门打开。房主要给喜钱。

（六）修天井（面院坝）

修建天井是修建新房的最后一道工序,其间的开龙门在四川民间称之为"开龙眼",即开通院坝内积水的流出洞口。龙眼一般应在东方,表示水向东流。然后,扫除残渣,新房就算全部落成。在这些仪式中,工匠都要吟诵赞语、祝词。

（七）贺乔迁之喜

"乔迁"这个词来自《诗经》的《伐木》篇,其词曰："伐木丁丁,鸟鸣嘤嘤。出自幽谷,迁于乔木。"后世用这个词是用鸟儿飞离深谷而迁到高大的树木上,比喻人们从旧居搬迁到较高级的新居。迁居这一天,按照传统习俗,主人要在新居的大小门框上贴对联。常见的内容是："择居仁里和为贵,善与人同德为邻"；"鱼跃禹门随变化,莺迁乔木任飞腾"等等。同时设酒宴宾。客人贺房往往赠送裱糊精致的堂联、条幅。堂联、条幅很有文采情趣,例如："堂构维新轮奂并美；庄基弃旧福禄攸崇"（堂联）；"华屋落成喜气洋,乔迁福地胜锦堂,椿荣萱茂桂兰秀,歌聚于斯炽且昌"（条幅）。在乔迁新居时,贺喜的亲友和请来的工匠一般要进行赞房仪式。又是一片颂歌、祝词,房主照例要给赞房之人喜钱。

人们若在外乡外村买屋居住,乔迁后还要举"合邻"仪式。主人设酒备菜,将四邻或更大范围的人家各请一位（家长）进行招待。其目的是初来乍到,相互认识一下,同大家取个联系。

一些地方在房屋建好后首次新麦上场时举行"谢土"仪式：磨一斗麦子,蒸大贡、炸油花作供品,焚香烧纸,诚谢神灵保护新宅平安落成,并请土地神回新宅居住。②

上述房屋建筑习俗是广泛见于各地的上梁下墙式民间的习俗,西北一些地

---

① 王世雄、黄卫平：《黄土风情录》,陕西人民教育出版社1991年版,第7页。
② 温幸、薛麦喜主编：《山西民俗》,山西人民出版社1991年版,第163页。

方的窑洞却是另外一个小类。相比之下,窑洞建筑习俗要简朴一点,与上述习俗也多有相通之处。造窑洞也要相地基,择吉日良辰;合龙口和暖窑的习俗则分别与上梁、贺新居的礼仪近似。

窑洞是利用黄土的易凿、保温、坚固、耐久等特点,建造的一种洞穴住所。造窑洞也要请风水先生来选窑址。一般都选向阳、背风,吃水和交通都方便的地方,该地应避开沟壑,背山牢靠,土质结实,无洪水和泥石流的威胁。窑洞有多种类型,如靠崖窑、地坑窑、复土式窑洞等。(1)靠崖窑,一般是在向阳避风的天然土壁内开凿横洞,有的在洞壁加砌砖石,防止泥土崩坍冒落;有的在窑洞外砌砖墙,保护崖面。规模大的窑洞,还在窑外建房屋,盖成宅院式。(2)地坑窑,和靠崖窑不同的是,先在上地挖一个方形大坑,然后再向坑面三个方向凿,一方作通道。(3)复土式窑洞,是居于靠崖窑和地坑窑两者之间的半靠崖半地下的窑洞。各种窑洞常有两层或数层的。

农民新建窑洞和搬进新窑时,分别要举行"合龙口"和"暖窑"的庆贺仪式。造窑预先在窑洞中间墙面上部留一个缺口,或在窑顶正中留下一个缺口,称为"龙口";届时把事先准备好的一块合龙石或灰砖往里面一放,整座新窑就算砌好了。这就是"合龙口"。合龙口在选定的吉日良辰进行,龙口要放进五色线、五色布、五色石、一个红袋的五谷(即小麦、谷子、高粱、玉米、糜子)及书、笔、砚、墨、皇历和一双红筷子,有的则是把它们悬在龙口;工匠或宗族长辈施礼祝福:在鼓乐声中奠酒,念唱祝福词;然后手端一个盛有五谷(谷、糜、麻、麦、豆)和碎馍馍、糕片片、硬币、核桃、花生及糖果的大碗,向东、南、西、北、中五方抛撒,祈求文星高照,家庭和睦,六畜兴旺,五谷丰登。当这些东西撒向欢笑的人群时,他们争着去捡拾,气氛非常热闹。这天主家备酒食款待工匠和帮工的亲友邻居。

祭毕,主人拿过事先准备好的米筛(或说像渔网,或说是千里眼)、镰刀(铁器镇邪)、尺子("鬼怕尺量")、镜子(照妖)、秤杆(有吉星,可镇邪),并把它们拴于米筛上,悬挂在堂屋的墙上。据说,有了这些压邪之物,主家便可居家安宁了。①

"暖窑",指本家迁居新窑时亲友邻居前来庆贺。贺喜人向主人馈赠礼品,主人敬备蔬酌,款待来客。客主同坐炕头,畅饮美酒,唱酒曲助兴。

---

① 见丘桓兴:《中国民俗采英录》,湖南文艺出版社1987年版,第23—24页。

第四节　交通行旅民俗

交通行旅民俗是指有关交通工具、运输方式、个人的出门和行旅等方面的礼仪和习俗。中国社会长期缺乏便利、安全的客运系统,一般民众也不具备正常的行旅心理基础,这就从客观与主观两个方面影响了交通行旅民俗。

中国各地长期都是货运夹带客运,人们出门诸多不便。在近世,传统运输方式的各个行当自成帮派,分割成各种势力范围,不能构成有效的社会服务体系。这种交通状况与中国社会的地区封闭性和民众心理上的保守是互相呼应的。行旅难就少出门,民众普遍少出门就难以衍生出大规模的交通系统,反过来又决定了行旅难。

在传统社会,民众大多生活在熟人圈子里,乡邻、街坊、三亲六戚,相互之间诸事都有照应;家里、村里以及地方上都供奉着自己的保护神,俗信认为孤魂野鬼、妖魔精怪都被挡在这个圈子之外。这个环境给人的亲切感、安全感是人在任何时候都难以割舍的。超出了这个环境,人们就置身于一个陌生的世界,缺乏可以信任的人,没有自己信任的保护神,到处都充满了麻烦和危险,人们的陌生感、怀疑意识、危险意识自然就膨胀起来。于是,民众创造出一系列交通行旅民俗来应对这种状态。

我们分交通习俗和行旅习俗两个方面介绍交通行旅民俗,前一部分侧重交通工具和运输方式,后一部分侧重行人及其相关人物的活动和观念。

一、交通习俗

各地的交通工具和运输方式因地制宜,平川地区的车比较发达,沿河靠湖的地方则船更有用场,发展交通特别困难的地方只有更多地使用人力。在便宜的公共交通没有普及以前,交通方式的选用完全由身份和财富决定,并且充满了社会等级的含义,所以就有人坐轿,有人抬轿。我们在此不谈机动车,就传统的交通工具和运输方式来说,我们大致可以从车、船、骑、轿、人力等五个类别来叙述。

(一) 车

近世陆地交通的主要工具是车,各地民间对车的叫法很多,若从牵引方式来分类,有畜力车(如马车、驴车、骡车)和人力车(如独轮车、黄包车、板车);若从车轮来分类,有四轮车、三轮车、双轮车、独轮车,有木轮车、胶轮车。北方的平原地区用车的条件比较好,车也比较多。兹略举数例。

其一，太平车。太平车是大型车的代表，又称"大牛车"，简称"大车"，前面一个小轮，后面两个大轮，可由一至四头牛拉，载重量很大，能乘坐十多人。车轮的大小和车体的长宽在尺度上都有讲究，一定要带"六"，以"六六"最好，如车架的大杆最短六尺六寸，最长一丈二尺六寸。农闲时十多人赶集，逢年过节全家去祖坟祭扫，接送老姑奶奶回娘家，就特别用得上太平车。

其二，双轮大车。双轮大车是以大牲畜（马、牛、骡）为动力的载重车，过去各地农村普遍使用的运输工具，原为木轮铁角车，后改为胶皮充气轮胎，称之为"大皮车"、"胶轮大车"，用马拉的又称为"大马车"。这种车有两个大轮，车体两边的大杆向前延伸出五尺多，末端装一根横木，俗称"横担"。车体、大杆、横担之间形成一个长方形的框，俗称"辕门"。有的车辕、车尾装有镂花铜饰。车把势（车把式）坐在车上赶车，把一头牲畜放在辕门内，把横担搭在它的肩上或身上，谓之"驾辕"，前面另外一头或两头牲畜拉车，俗称"拉套"、"拉边套"。架车骡马的绳套、笼头各装有铜饰与缨穗，骡马的头颈上又系着许多铜铃。这种车普遍用于运货、载人。载人时通常临时架个窝棚（席棚或布篷），若是客车，车上本来就装有防风雨的车罩，俗称"花轿顶子"。遇到赶集、走亲戚，用三套马拉上，合家老小一坐，人喊马叫，串铃声声，风光得很。春节后，头一趟出车时，车把式还得在厩旁焚香鸣炮，祈求马神保佑这一年"车行千里路，人马保平安"。

其三，独轮车。独轮车俗称"小车"、"土牛车"等。车体称为"车架子"，呈梯形平面，前窄后宽；前边装独木轮，后边是一尺多长的两个车把，各装一个支架，俗称"小车腿"，在停下休息时作为支撑。这种车由一个人用两手抓住车把向前推行，并有一根系在两边车把上的带子搭在推车人的双肩上。这种车结构简单，造价便宜，不受道路限制，大道小路、载人载物都能适应。载重物时，前边可用人力、畜力牵引。①

城市在普及机动车以前，交通主要靠畜力和人力的车辆，各地都形成了一些约定俗成的服务项目。关于这方面的习俗，我们从老北京的车辆交通的一些例子可以略见一斑。②

老北京的轿车大多用骡子而不用马驾辕，所以又称"骡车"。轿车的服务既有短途，也有长途。（1）"短盘"。出租轿车的市内服务俗称"短盘"，如娶亲、送亲、送殡、上坟、走亲访友等，都要用到轿车。凡整齐一点的车把式，都为车备有送殡时的白围子、青围子，平日则是蓝围子。一般都是以日计价，很少以趟计

---

① 参见刘兆元：《海州民俗志》，江苏文艺出版社1991年版，第301—302页。
② 金受申：《老北京的生活》，北京出版社1989年版，第382—388页。

价。除车价以外,还另加饭钱。若是老主顾,就会让车把式随同客人吃饭,或为车把式另叫食物,按惯例为斤饼斤面,外加烧酒。所以日久天长产生感情,成了熟主顾。(2)"长趟"。出租轿车跑郊外的服务俗称"长趟"。这种生意以老主顾为多,平日顾客知道车把式是否可靠,车把式又素知顾客的习惯,可以代替僮仆尽心,两相凑合。跑郊县的轿车,要装饰成长行轿车模样,用蓝布将车帷子满包过来,下装垂脚箱,上装扶手板,如知有难行道路,还要另加牲口作为二套车。(3)"趟子车"。节会期间的专线车俗称"趟子车"。每年庙会期间,如白云观、大钟寺等众多的市内和近郊的庙会以及稍远的妙峰山庙会,人们用以代步的除驴以外就是趟子车。这种车较大敞车稍小,驾辕早年专用健骡,常年拉买卖的趟子车中铺有蓝布坐垫或家用的棉被褥。趟子车是男女合坐,乘客多时前辕、车尾都能坐人,连车轴上都卖两个站票,而女人多坐车内。庙会期间以外,有的趟子车专跑通州、海淀等地,颇像现代公共车的雏形。

专拉货物的大车是敞车,赶车人被辱称为"车豁子"。跑敞车的有人专包一行买卖,如拉煤的煤车,拉米的米车,拉砖的砖车等,每一行都有偷手,所谓干一行吃一行。例如,煤车代煤窑往城里送礼,因为收礼人不会过秤,拉车的便可大偷。又如拉米的可以使"探子"偷米。再如拉砖的可以吃"对头":买砖例应每百块有四块断砖,谓之"对头"。单买对头,在窑上是很贱的,几乎是白给。赶车的让多掺对头,可以换取不少好处。城里每一方跑大车的都有一个聚会的地方,俗称"车口儿",需要用车的人找车就方便了。这种聚会的地方大半是茶馆、饭馆,在这里喝茶、吃饭以及闲坐皆无不可,赶车的一般就在附近居住,一呼即至,说走就走。

(二) 船

船大致有捕鱼和运输之分。捕鱼之船多行于大海和湖泊,运输之船多行于江河。民间跑运输的船通常都以运货为业,捎带搭客。客船单独分化出来则是晚近的事。运输之船的一种特殊形式是渡船。一般行船都是上下游行驶,渡船却是在两岸之间来回跑。水上运输的一种简便形式是放排,如木排、竹排,把运输的货物编排成运输工具,顺江河漂流到目的地。我们先叙述江河行船的一般习俗,再简要地介绍渡船习俗。放排的习俗近似于行船习俗,兹不另述。

其一,船工组织。小船的人手和分工都很简单,而大江大河行船都有比较复杂的组织,一是行业组织,一是船上组织。为了调节行业内部的协作和竞争,近世各个江河上的船工普遍建立了自己的帮会或行会。例如,川江上的船工组织的帮会称为"王爷会",各帮有自己的势力范围、组织系统和集体活动:各帮自行划定停泊码头,把持某一航段;订立帮规,由会首主持事务;全体船工在每年的王爷圣诞聚会，演戏酬神，商讨帮内大事，推举新的会首。船上组织和分工的复杂程度由船的大小决定。通常一条船上地位最高的是船老大，川江上称为"驾长"。川江上的大船还有两个驾长，前驾长看水路，后驾长掌舵，掌舵的又称"太公"或"艄公"。船上有橹或桨，橹很大，每条橹要数人推；桨又叫"桡片"，推桡片的"三桡"比较重要，一条船视大小定桡工多少。船行下水，桡工推桡，每遇险滩，前俯后仰，全力以赴；船行上水，桡工又负纤拉船。拉纤的第一人最重要，称为"纤头"。一般纤夫是弓着身向前拉，"纤头"却要侧着身子拉，既要向后注意船的运行，又要看前面选择易走的路。

其二，船工祭祀。船工的崇拜对象有普遍的龙王和地区性的水神，如妈祖、各种"公"、"王爷"。川江船工奉祀"镇江王爷"。一说镇江王爷姓曹，一说是李冰之孙，一说是劈山救母的沉香，又说是斩蛟的赵煜。因为与水上运输有关的行帮如药材帮、木行、炭行也信奉"镇江王爷"，所以川江两岸一个地方常有几个王爷庙。俗传农历六月初六是镇江王爷的生日，是日无论何人均不行船，各帮船工办"王爷会"，请戏班子演戏，举办盛大的祭祀，祈求船货平安，然后大家聚餐。船工每次开船前，都要在船头祭祀王爷，祈求一路平安。船工祀神要杀一只大红公鸡，并把鸡血淋一点到头桡上，再贴上一片鸡毛。公鸡自然供大家"打牙祭"，俗称"吃神福"。

其三，船工行俗。船工的行业习俗表现在语言和行为的各个方面，大都以促进行船的安全和顺利为宗旨。(1) 船上说话有很多禁忌，一些词语一定要用行话取代，例如"倒"改说"倾"；"雾"改说"罩子"；"陈"与"沉"谐音，要称"烟"；"吃饭"改说"炒粉子"；筷子通称"篙竿"，不一而足。(2) 船上有一些忌讳，例如船头是祀神之处，严禁在那里大小便；船上要避免碗底朝天；吃饭时不能赤膊，不能用汤泡饭。(3) 船上船工是很讲个人身份的，并有一定的仪式强化这种意识。例如，川江上的船工在吃神福时由老板把鸡分到各人的碗里，鸡头归喊号的或前驾长，后驾长吃鸡尾，推三桡的吃腿、脚，拉纤的吃鸡肠。但实际上只是一个仪式，各人开始吃饭前又拈回菜碗，大家共享。(4) 船工的劳动强度和精神风险都很大，所以船工要找一些理由改善饮食，除了吃神福，船工还有见了城墙打一次牙祭的习俗，俗谓"吃过站"；如果有谁触犯了禁忌，就得买肉买酒敬神，祭祀之后由大家吃一顿。①

其四，渡船。道路被河流、湖泊隔断的地方可能就有渡口，并有固定的船往返引渡行人，俗称"待渡"、"载渡"、"摆渡"等。专用的船称为"渡船"，摇船的人

---

① 参见孙旭军等：《四川民俗大观》，四川人民出版社1989年版，第151—153页。

称为"摆渡的"、"渡船佬"、"艄公"等。摆渡的人往往一家都靠此为生,甚至几代人都以此为生,被称为"船户",也可能家就在渡口附近,以利于一天到晚都能给人以方便。像一些中小河流上,即使在半夜,只要有人在渡口呼叫,船主都会起来为人摆渡。渡船的收费方式有两种,即收钱和收粮。一些地方收钱的一个习惯是等船到河、湖的中间再停船收钱,一般是有钱给钱,或以实物作为船钱,没有什么可给的也就算了,各凭良心,因此有俗语说"有钱没钱都过河"。船户大多是周围住户集体雇佣的,本地人随便往来,既不收钱也不记账。船户每年在夏秋两季庄稼收获后,到服务范围的村庄里挨户收粮,俗称"收时俸"。因为缴粮并无定数,庄户人家随意缴纳,船户也是给多不嫌多,给少不怨少。一些人家即使一二年不外出乘船,见到船户收粮,也会主动给点,所谓"自己不绝自己路"。在云南一些地方,河两岸的村子本来合备公船,过江时自己撑船,没有专门的船家。三四十年代,新的商品意识促使几户人家用私船摆渡,一律收现钱,涨水时,船价也涨。①

(三) 骑

直接以牲畜代步称为"骑",马、骡、驴等曾经是通常的骑畜,以马的身份最高,而以驴的成本最低。毛驴性情温驯,生命力强,对饲料也不挑剔,在近世不仅广泛用作役畜,而且大量被用作代步工具。公驴俗称"叫驴",母驴俗称"草驴"。载人通常都用叫驴,在一些地方骑草驴是要受人家讥讽的。用作载畜的驴有一系列装饰:头上挂一个红线的穗子;脖子上套一个皮带圈,再挂九个铜铃,俗称"驴叫子";背上不加木鞍,但要垫一块褥子或一副被子。乡下中等人家可能会专门养一头驴,装饰起来供出门骑乘。也有一些以出租毛驴为生的人,俗称"赶脚的"。

在北京骑毛驴曾经像现在骑自行车一样普遍。老北京的"驴口儿"就等于站口,有"常驴口儿"、"临时驴口儿"、"对槽驴口儿"三种。(1)常驴口儿全在各城门外关厢上口及关厢下口,凡清明、中元、年底出城上坟,以及新正出城拜年,或平日出城到近路办事的人,雇用脚驴多半全在关厢上口。(2)临时驴口儿是指乡间庙会而言,如去白云观,临时驴口儿在宣武门一下桥及菜市口西。去大钟寺,临时驴口儿在德胜门冰窖口。(3)对槽驴口儿只在北京到通县的道路上有。所谓"对槽驴",是不用脚夫自己就会顺道在两站之间跑的驴。主人对驴的训练颇见功夫。使用对槽驴,顾客先讲明某处下驴,交付驴价,自己拿鞭子骑驴而行。虽说鞭在客手,快慢由心,中途遇友,下驴谈话,均无不可;赶它走下

---

① 见费孝通、张之毅:《云南三村》,天津人民出版社1990年重印,第279页。

大道,那是绝不可能,宁受痛打以至伤害,因为驴有相当训练,只认大道走向对槽上。驴至槽上,然后任意驱使便不成问题了。①

(四) 轿

轿子是由人抬的交通工具,因为滑竿也是由人抬的,所以也归入此类叙述。较豪华的轿子为官轿,为达官显贵们出行时乘坐,老百姓无权享受。一般民轿普通老百姓也只能在新婚大典时享受一下。轿有大小,四人抬行的称为"四人大轿",二人抬行的称为"二人小轿"。近世乡间十里八里必有专门出租轿子的,各家娶亲、一些人家请医生或接贵客要租用轿子。

滑竿,又称"笕子"、"山兜",就像是一种简易的轿子,是特别适应山区的一种代步工具,近世在四川、陕南、鄂西、浙江的山区非常流行。滑竿用竹竿及竹篾条编成,宽两尺许,长不盈丈,很像现今的担架,上铺垫褥,还可以撑起挡雨遮阳的斗笠篷伞,坐卧随意。坐在滑竿里让人抬着,滑竿闪闪悠悠,仿佛睡在悬空的大摇篮里,格外舒服。浙江的山兜比较简易,周作人介绍说,"兜子轿为山行乘物,两竹横间悬片枝作座位,绳系竹木棍为踏镫,二人舁之甚轻便"②。

抬滑竿是卖苦力,但需有特殊的技术。抬滑竿的人须挺直腰杆,脚移身不动;前后两人步伐要一致,前头出左脚,后边则抬左腿,同起同落,快慢一致,踏在一个"点子"上;前头视野宽、路况明,要随时向后头"报路",后头的必须应声回答,称为"应路"或"应点子"。这样才能省力、耐久。很讲技巧的是,二人换肩时不停步,同时向上一抛,再用另一个肩膀接着即可。抬滑竿有抬短程的,也有抬长途的,一般按里程远近和道路情况收费,翻山越岭加倍。

(五) 人力

乡间许多搬运工作一直都靠人力,尤其是在崇山峻岭的大山区,车船难行,搬运一切货物全凭人力,或肩挑背负,或数人伙抬。在陕西南部山区,从事背负运货生涯的人叫做"背二哥",数人伙抬运输货物的叫"抬脚子"。(1)背负。背二哥上路,事先选一个胆大、富有行路经验的背夫当"背头",由他负责路上安全。由于山道崎岖狭险,树木枝叶蔽目,再加人人背后货物高耸,挡住了视线,看不清眼前的道路,"背头"随景编歌报路,后边的人随口应和,以示知道,避免乱了套、止不住步出危险。特别是上坡、下坡、急弯、过桥和道上有障碍物时,报路歌就至关重要。(2)伙抬。抬脚子是众人协力劳动,在狭路上翻山越岭,更

---

① 见金受申:《老北京的生活》,北京出版社1989年版,第388—391页。
② 见周作人、丰子恺、钟叔河:《儿童杂事诗图笺释》,文化艺术出版社1991年版,第40页。插页"浙江山兜"(丰子恺画)见上书第41页。

要讲究规矩。伙抬时最前一个叫"领须",后边的一人叫伙尾,这两个人指挥报路;第二人叫"二把",也叫当家的;中间的人都叫"脚力"。抬脚时讲究"上八平十一,多走一步就是驴",意思是上坡只走八步,平坡只走十一步便要打杵换肩。一天抬七段路,一段路约为三里,中间就要"放梢"一次——即放下货物休息。领须也要唱报路歌,由众人应和,这同时又是劳动号子。[①]

二、行旅习俗

在传统社会,除了官员能够享受交通的便利和奢侈的接待,普通人的旅行充满艰辛,没有安全保障,"行路难"是民间普遍的感受,所以俗语说,"在家千般好,出门步步难"。平民百姓万不得已才出门,出门就得平添几多磨难。

离家外出的人主要有这几种:(1)外出谋生,如工匠、跑江湖的,商人、小贩、跑货运的等;(2)探亲访友;(3)求学赶考;(4)因生活所迫逃荒避难,因天旱雨涝、兵荒马乱无法生存而外走他乡的人,扶老携幼,衣衫褴褛,讨饭饷口,破庙栖身,甚至弃尸半道,是最惨的行人。前三种是正常的出门,才顾得上讲究行旅的习俗。

如果不是受突发事件所迫,只要是有安排的出门,人们不论路途远近,时间长短,都要择日上路,尤其偏爱黄道吉日。简易的择日是查阅皇历,一些地方则按更简便的方法择日,如出门逢三、六、九,回家逢二、五、八,依此安排行程就吉利。山东还以谚语的方式流传这种习俗:"三六九,往外走。""二五八,好回家。"这些择日习俗后世认为只是一种迷信,但当时的人却视为是可以信赖的依据、准则。其他方面的一些习俗也有这种历史价值变异的现象。

出远门要做充分的准备。(1)首要的是带足费用,俗称"盘缠",用布袋包了盘绕缠裹于腰间。俗话讲穷家富路,出门举目无亲,事事靠自己,事事靠钱财,总要尽力带足。(2)带衣物等生活用品,打成一个包袱斜挎于肩上,有的还要背上铺盖。(3)带遮雨遮阳的用具,如油伞、草帽、蓑衣;带灯具,如马灯、风灯;带水具,如水葫芦。(4)带干粮,如烙饼、煮鸡蛋。(5)若是骑驴骑马出行,尽力带足草料。特别是搞贩运的商人要带几只狗随行,晚上歇脚用以看管护守货物。(6)有的地方出门前要穿红腰带,俗信认为可以避邪气保平安。

出远门有一套辞行的仪式。(1)临行前在天地神前、祖先堂前和灶前烧香跪拜,禀明自己何事出门到何处,祈求神灵和祖先保佑。(2)有的上路前要到五道神庙去烧香上祭。(3)行前还要拜见家族各位长辈,谓之"道别",长辈们

---

① 见王世雄、黄卫平:《黄土风情录》,陕西人民教育出版社1991年版,第55—56页。

必定安抚吉言吉语,有的会资助一点盘缠。(4)行前全家一起吃饯行饭,单给行者吃荷包鸡蛋。许多地方的饯行及迎客的习俗是"出门饺子回家面",或说"上马饺子下马面",出门吃饺子(因其像元宝)是祝他出门发财,客来吃面条是表示绊住他,希望客人呆得长。一些地方煮十个鸡蛋相送,取"十全十美"的吉利,谓之"送元宝"。讲究一点的要摆宴席饯行,请家族兄长、亲朋好友,大家以酒祝愿。至亲者要远送。对父母长辈,出远门的晚辈多要跪别。

旅行途中有许多谨言慎行的习俗。(1)途中问路要先施礼,加尊称开口,所谓"见人不施礼,多走五十里"。(2)路上见到东西不要随便捡。例如,见布袋不捡,谓之"气布袋",恐惹是非。(3)遵守交通禁忌,坐车忌说翻字、坐船忌说停字等等。(4)路遇过道之蛇,决不伤害。俗信认为蛇为土神。(5)诸事尽量投亲靠友找老乡。

外出回来,亲友要为之"接站"、"接风"、"洗尘"。归来之人要给亲友每人一份礼物,多寡不限,以表心意。四邻乡亲大多要去探望问候,有的也要约请吃洗尘饭。

参考书目

金受申:《老北京的生活》,北京出版社1989年版。

王学泰:《华夏饮食文化》,中华书局1993年版。

黄能福、陈娟娟:《服饰志》,上海人民出版社1998年版。

思考题

1. 你怎样评价当下的用餐文化(特别是餐桌礼仪)?
2. 你怎样看待当代服饰文化的中国性或中国元素?
3. 如何从居住习俗理解中国的环境观念?

第四章

社会组织民俗

　　社会组织通常是指为特定目标而建立的社会单元,例如军队、企业。本章的"社会组织"是指中国传统社会中官僚体系之外具有稳定的互动关系的人们共同体,例如家族、行会、帮会、宗教信仰组织和庙会组织,以及一些小社团如钱会、老会、结拜兄弟、十姊妹等。传统社会的人们共同体并不都是标准化的"社会组织",但是,它们都具备一定的组织化水平,开展着自己特有的活动。传统社会的组织整合主要是靠群体内形成的一系列约定俗成的东西发挥作用。从这种理解出发,我们可以把社会组织民俗界定为人们在建立并沿袭群体内的互动关系开展群体活动的时候所形成的习俗惯制。我们尝试从组织的功能要素和组织过程这两个方面来把握社会组织民俗的内容。

　　从组织的功能要素来看,社会组织民俗包括四个方面:关于组织目标的民俗,关于组织成员的民俗,关于组织整合的民俗,关于组织活动条件的民俗。社会单元能够顺利运转起来,就在于其成员以既定的条件为基础,在权威人物和规则的约束和指导下,围绕组织目标行动。各种稳定的社会组织都要围绕目标、成员、整合、条件这四大功能要素积累一套一套的习俗惯制,作为组织顺利运转的前提。

　　其一是关于组织目标的民俗。目标是组织的逻辑前提,例如建立宗族是为了敬宗收族,设置庙会是为了敬神娱神。组织目标在某种意义上决定着组织的方方面面。宗族的目标当然是维护宗族共同体的父系血脉和利益。汉族的宗族通常都限制甚至禁止留女儿在家招婿,因为招婿对血统和财产的影响最起码在局部上是影响达成宗族目标的理想状况的。

其二是关于组织成员的民俗。要成为任何层次的社会组织的成员,一是习得该组织的文化,二是被组织赋予某种身份、角色。要进入木工班子和行业,就得拜师学艺,等到三年出师,再举行一个入行的仪式。

其三是关于组织整合的民俗。对组织起整合作用的因素有权威人物、组织认同、奖惩规范等,它们各自都涉及一系列民俗。关于权威的民俗,既是权威的标志,又是维持权威的习俗惯制。木工班子的大师傅不砍第一斧子,其他成员不能开工;大师傅吃饭坐首席,由他先端杯子,先动筷子。他得到的不仅是实惠,更有对权威的尊崇。各种层次的社会组织都会设计一些(有时是一套)组织标志、传说和仪式以加强成员对组织的认同。宗族成员通过宗谱、祭祖、分胙向宗族认同,并与其他成员联络感情,在宗族内流传的祖先业绩和事迹,成为宗族成员共同景仰的对象。有些组织的奖惩规则基本上限于言传身教,有些组织的规则是成文的,或载入文书,或刻石立碑。

其四是关于组织活动条件的民俗。组织活动的物质条件包括场所、设施、消耗材料和资金。各种社会组织都有一定的物质民俗为组织活动提供条件。宗族祭祖要设祠堂,祠堂祭祖要有供桌、牌位、香烛等等。走会要备龙灯、高跷、幡帜等等。并且,只要是组织活动,都要耗费一定的资财,以致一些盛大的传统组织活动,只有在丰收之年才有财力隆重举办。

从组织过程来看,社会组织民俗可以划分为确立组织的民俗、关于组织的活动程序的民俗、接纳组织成员的民俗、辞别组织成员的民俗、改变组织的民俗等。社会组织有形成、建立的过程,有存续的一个个环节。这一过程包含着相应的组织民俗。

其一是确立组织的民俗。民俗学所讨论的社会组织都是有其类属性的。类属性,意味着各有其约定俗成的规定。一个社会组织成为某类社会组织,它在产生之时就存在向此类组织的有关习俗惯制认同的程序。宗族的血缘联系是天然的,以此为基础建立宗族组织则必须开宗亲会,并同时完成宗谱以确认大家的血缘联系,确定族长以掌管宗族事务,宣布族规以维持族内人际秩序,设立族产以奠定宗族组织的经济基础,建造祠堂作为宗族组织的活动场所和宗族的象征。通过完成相应的仪式,一个组织才得以产生。

其二是关于组织的活动程序的民俗。组织活动总是模式化的,活动的一项项内容是选择妥当了的,各项内容的排列次序也由习惯作了规定。关于组织的活动程序的民俗既指组织的活动模式,也包括这些活动模式所体现的民俗观念。在宗族的祭祖活动中,祖先的牌位(或坟墓)是按照昭穆和辈次排列的,祭祀过程从备祭、摆供、叩拜、享胙(成员平分祭品),井然有序,各项步骤循序渐进。

其三是接纳组织成员的民俗。一个社会单元有它相对稳定的组织结构,而许多社会单元的组织结构是超越个人生命限度的。由于生命周期或其他原因,承担各个角色的成员总是要陆续退出组织结构,而由其他人员来接替。这种新旧交替的过程往往要履行一套文化程序,其中,确认新成员的角色的仪式,就是接纳组织成员的民俗,例如宗族的入谱和入庙仪式、各行业的收徒仪式、各种入会入社仪式以及就职仪式。有些社会单元没有角色的继替,例如,"十姊妹"由十位成员结盟组成,任何情况(婚嫁、死亡、迁移等)造成的减员都不会影响"十姊妹"在名义上的存在,只有在这十位成员都死亡的情况下,这个组织才消亡。

其四是组织减员的民俗。这里的"减员"主要涉及三种情况:生命限度带来的成员死亡,与其他社会组织所进行的人员交流,如婚姻、迁移,对成员的处罚。相关的民俗包括丧葬中的一些仪式、一些入赘与出嫁的风俗(从一个宗族进入另一个宗族),以及一些会社清理门户的措施和程序等。

其五是改变组织的民俗。多个社会组织有可能合而为一,例如两个宗族的合并;一个社会组织既可能一分为二,例如帮会的另立山头或山堂,也可能不断分蘖变化,例如学徒出师开业。

家族是传统社会最基本的组织,它的组织原则和伦常为其他社会组织提供了典范,它的组织民俗也是最丰富的。除家族以外,还有两类民间组织,一类按地缘形成社区组织,如村落组织以及更大的地区组织。另一类按个人意愿结成社团,大型的有行会、民间信仰组织、帮会,小型的主要有钱会、老会、喜事会、同善会、结拜兄弟、十姊妹等。下面我们对它们各自独特的组织民俗加以叙述。

第一节　家族组织民俗

在中国传统社会中,家族(宗族)是最重要的民间社会组织,在长期的文化积累中,形成了丰富多彩的组织民俗。中国的基层组织及其传统文化集中地体现在家族之中。在费孝通所概括的中国社会的"差序结构"中,家和家族处于核心位置[①]。一些学者干脆把中国界定为"家族(或宗族)社会"。关于中国血缘群体的概念主要有家族(宗族)、家户。因为谈论的对象千差万别,人们对这些

---

① 见费孝通:《乡土中国》,上海观察社1947年版,三联书店1985年重印,第21、36页。

概念所下的定义也就各不相同①。作者无意在此详尽地讨论这些定义以建立具有普遍意义的理论,只打算设置一组操作性的定义,以便我们叙述中国血缘组织的习俗。

氏族内部经过长期的分化,形成了较小的生产和生活单元,即同吃(共灶)、同住、同劳动、共财的家户。家户主要是经济的、日常生活的单元,它的社会生活功能是很有限的。家族是聚居的、以明确的世系组织起来祭祀共同祖先的家户团体。家族的世系由族谱认定,家族事务由族长主持,家族的管理权由族长和房支代表操纵,重大问题往往在家族聚会时讨论。家族是同聚落居住的父系血亲按儒家伦常建立的社会组织,成员之间有充分的交往,其功能通常涉及政治、经济、宗教、教育、礼仪以及社会互助等诸多方面。在封建时代,家族内部不可避免地存在着阶级的分野,家族的权力通常由经济上、政治上占有优势的地主阶级所掌握,而贫苦农民则处于被统治的地位,家族制度又是封建宗法制度的一部分。

宗族是多个在地域上相邻或不相邻的家族按谱系确认一个共同始祖的血缘组织,由祖庙、祖坟和宗谱(民间所谓总谱)维系。宗族由本身在结构上相当完整的家族组成,成员之间的交往是很有限的。在中国近世,家族和宗族很难区分,很多时候也不用区分。因此,家族和宗族常常混用。实际上,宗族是不同房支分别在不同地区繁衍的家族,地域的隔离或关系的疏远使分支之间的互助关系被淡化,使分支之间的礼仪活动由族众普遍参加转变为互相派代表参加。它们的关系淡化到极端,家族之间只是同姓关系,只存在对久远的血缘的认同,已经没有任何组织活动。简而言之,在我们的概念体系里,家族是一种实体性的组织,宗族是家族的联合体。

一、家族组织要素习俗

较为完整的家族组织要素包括有血缘关系的丁口,显示这种血缘关系的是族谱、祠堂、祖坟、资助这一组织及其活动的族产,以及协调这种关系的族规和族房长等。

在宋代以前,贵族和官宦的血缘组织可以形成世家大族,而普通人的族通

---

① 中文文献里有关的综述和讨论可以参见谢继昌:《中国家族的定义》,载李亦园、乔健合编《中国的民族社会与文化》,食货出版社1981年版;郑振满:《明清福建家族组织与社会变迁》,湖南教育出版社1992年版,第12—18页;冯尔康等:《中国宗族社会》,浙江人民出版社1994年版,第7—11页;章英华:《家户组成与家庭价值的变迁》,载乔健、潘乃谷主编《中国人的观念与行为》,天津人民出版社1995年版。

常指"五服"、"九族"和限于五世而迁的"小宗"。"五服",即斩衰、齐衰、大功、小功、缌麻,本来是丧服制度,用五种丧服作为差等标志死者与亲属的关系,按父系亲属计算,服丧范围是同一高祖的后裔。后来在民间,五服的范围即为血缘组织的范围,"出五服"就不算一个群体了。宋代以前,普通家族的祭祀以高祖为限,因而,"五服"指同一高祖的血缘祭祀群体,通常为若干个家户组成的一个家族。其中,一些大家庭是"五代同堂",本身就是一个"五服"单位,但是,由于五服是以户主而不是以低辈来计算的,这种大家庭仍然只是五服家族的一个家户。

讲到中国家族,动辄称九族。《礼记·丧服小记》则说:"亲亲,以三为五,以五为九,上杀,下杀,旁杀,而亲毕矣。"上亲父,下亲子,并己为三,所谓"亲亲";父上亲祖,子下亲孙,所谓"以三为五";上加曾祖高祖,下加曾孙玄孙,所谓"以五为九"。实际上,两个"五服"范围的重叠(从自己为高祖服"缌麻"之丧到自己成为高祖)就是九族。这种族依据人员的现实生活和有限的记忆来组织,因而族的丁口范围总是固定的。大致从宋代开始,民间逐渐流行以谱牒为依据的家族组织,上限有永不更替的始祖(始迁祖),下限是绵延不断的子孙,原先的"五服"或"九族"只是新式家族的分支。这种族的丁口范围相当于上古贵族的"大宗"。到明清之际,这种"大宗"庶民化的家族成为普遍的民间组织,族的丁口范围不断扩大,以至大姓望族的丁口常常遍及一乡一邑。

一套称谓民俗标明了丁口之间的亲属关系。在传统书面语里,人们对九族之内的各位亲属有一套相应的称谓。[①] 在口语中,称谓的类别比较少,在族内的使用比实际的关系显得亲密。常用的称呼介于曾祖到曾孙之间。例如:"我"称曾祖父母为太爷爷和太奶奶;称祖父母为爷爷和奶奶;称祖父的几个兄弟及其配偶为大爷、二爷、幺爷和大奶奶、二奶奶、幺奶奶;称父母为伯伯和妈妈(在一些地方,如果父亲不是排行老大,父母被称为叔叔和娘娘。同一个爷爷的所有孙子对他们的父辈的称呼是一样的),称父亲的哥哥们及其配偶为大伯、二伯、幺伯和大妈、二妈、幺妈,称父亲的弟弟们及其配偶为大叔、二叔、幺叔和大婶、二婶、幺婶;对同辈的兄弟及其配偶的称呼如大哥和大嫂、二哥和二嫂等,有多种排序方式,或者每一个父亲的儿子是一个序列,或者每一个祖父的孙子是一个序列。"我"背后说到其他上辈族人时往往用描述性的词组,但是,"我"当面称呼他们时通常拟用上述名词。族人当面称呼起来都像是真正的一家人似的。

---

① 参见林耀华主编:《民族学通论》,中央民族学院出版社1990年版,第370页附录"汉民族父系家族亲属称谓表"。

家族主要的组织成员有族长、宗子和庄正。族长又称宗长、家长，是家族的全权代表，对外代表家族出面见官，与外族打交道；对内管理家族事务，维持家族秩序，组织家族活动。宗子是历代长房的长子，是家族血脉的象征，主要在家族祭祀中担任主祭（祭首）。庄正是理财的经理，负责庄田（族产）的经营管理。家族组织成员的多寡非常悬殊，主要取决于家族规模的大小和家族事务的繁简。家族事务单纯的小家族可能只有族长，没有族产的家族自然用不着庄正，一些家族由族长主持祭祀，并不立宗子。

分支复杂、资源丰富的家族设置了较多的管理人员。《管氏宗谱·祠规》中记载，浙江萧山管氏家族在光绪元年设置的组织人员有：家长一人，统掌全族事务；宗子一人，主持中元之祭；每房设立一房长，辅佐家长行事；总理一人，执掌宗祠事务；通纠二人，察一族之是非。《费氏重修宗谱·宗规》中记载，江苏昆陵费氏家族在同治八年设立的组织更加复杂，包括八大类：宗长、宗统、宗辅、宗察、宗理、宗书、宗贮、宗干等，分别掌理宗族不同事务。

族长、宗子等的条件及其产生方式，各地虽有不同的规定，但总的离不开宗法的原则和正统的政治道德标准，它们一般由族中的地主担任或操纵。通常宗子承祭统，由长房长门嫡长子继承，他人僭越不得。有些地方的族长限定由嫡长房担任[①]，如果族产有主要的捐献者，庄正通常由该人的直系裔孙轮流担任或由其嫡长子孙世袭。20世纪20年代的调查报告说，湖南的一些家族内，"凡族内之人品行端正、身家殷富、办事干练者"才有被举为族长的资格；福建各地的族长"或属家中殷实，或厕身庠序，或属明白事理"[②]。

一些家族对庄正的选择与族房长的标准类似。例如，河南安阳《西蒋马氏宗谱·义庄规条》（光绪十二年）说，"族中公举老成、殷实、明白事理者"为庄正总理庄田，田租、银钱、簿册俱归其掌管。一些宗族推举外姓人充当义庄经理。例如，江苏华亭《顾氏宗谱·义庄规条》（光绪十八年）规定义庄由外人经理，并申明理由说：经理义庄，要在得人，"不用族人而延请外人，既有宾、东之分，又有众东稽察，俾免侵蚀，并可杜族众觊觎"。

族谱，又称为"家谱"、"家乘"、"宗谱"、"谱牒"，是家族共同体存在的文字形式，包括谱序、本族源流世系、先贤礼赞、界址墓图、族产登录、族人诗文选集以及族规家训之类。民间很重视"谱序"作者的身份，尽量聘请显贵名流、地方官吏充任。"谱序"是家谱序言，简要阐明家谱的意义和作谱方法，对本家族有

---

① 参见温幸、薛麦喜主编：《山西民俗》，山西人民出版社1991年版，第255页。
② 《民商事习惯调查报告录》，1930年印行，第1427页。

一个基本的介绍和总的评价。"本族源流"和"先贤礼赞"编纂一些传说和史事,宣扬祖德和本族的社会名望和地位,用以感召子孙的崇敬之心和认同意识。诗文选集是族人文才的最好证明,也是对读书入仕、用文章光宗耀祖的提倡。

新建家谱,叫"创家谱"。原有家谱,将后人按世系纳入谱内,叫"续家谱"。有的家族每过二十年修谱一次,一般三十年一小修,六十年一大修。动工叫开谱,完工叫圆谱。修谱要组成领导班子,由族长、房长和一批绅士、读书人组成。开谱要举行仪式,焚香、点烛、沐浴、拜祖宗等。圆谱要庆贺,隆重的要请戏班子。

家谱有谱例,如入谱年龄,或定为七岁,或定为十二岁,或定为十八岁娶妻后;又如规定女孩不入谱;又如对修谱用语规定为:七岁前死亡叫"殇",十五岁前死亡叫"夭",三十岁前死亡叫"亡",五十岁前死亡叫"卒",六十岁以后死亡叫"终",无后代叫"绝";对本族中人外迁及挑出挑入的,都要记载清楚,以便后人稽考。

家谱还有严格的"谱禁",即对于本族中什么样的人禁止入谱的规定,如:欺宗灭祖、忤逆不孝、殴亲致死者不入谱;奸生、妓生、赘婚、甥嗣舅、侄嗣姑者不入谱;反叛不法、大逆不道、刑犯大辟、为贼为盗者不入谱;倡优及三姑六婆(尼姑、道姑、卦姑;牙婆、媒婆、巫婆、虔婆、药婆、稳婆)不入谱;甘为下流之人,无志无血者不入谱;出卖家谱者,其祖逐出祠堂,子孙永不入谱。对于禁止入谱的人,全族人都不得与之来往。从上述规定不难看出,"谱禁"的作用,主要在维护家族组织的父系血统和礼法性质。

一些家族专门立下修谱的要求,称为"谱要"。有"八要"、"十要"、"十二要"不等,如勤修、明本、稽考、辨源、无冒、求实、除私、核真、无谬、珍藏等。家族对谱书有一套严格的管理制度。每次大修后,校清刊刻分由各支派中贤者保存,不得秽亵油污墨染。家谱犹如祖宗亡人所在,要十分敬仰,装于拜盒之内,放在祖先堂供桌上,与木主同受香火,不得随意翻动,不能轻易拿出大门。同族人借阅,要净手捧盘或双手恭敬捧出;同族若要拿到外庄,要用花轿抬,并放鞭炮迎送。例如,福建瓯宁县屯山祖氏《家规》规定:"守谱宜严……兹修之谱,编号分领执掌,当加意慎重,不可失之非类,以致混淆……或有偷录世系,收藏旧谱,即系奴生,外养希图入谱,当时众议不肯收系者,倘后彼纵富贵,决不可收系。"

近世的家族首先是一个祭祀组织,供奉先人的祠堂是家族组织的基本设置。祠堂,又称为家庙、宗祠,一般都有一个文雅的名号。名号有本姓氏通用和本家族专用两种。同一姓氏通用的名号以郡望相称,如李姓的"陇西堂"、王姓的"太原堂"、陈姓的"颍川堂"、高姓的"渤海堂"。许多郡望堂号被若干姓氏采用①，如"京兆堂"被宋、杜等34姓使用，"太原堂"被王、郭等27姓使用，"汝南堂"被周、殷等26姓使用。一个家族专门的名号大多是表达对儒家伦理的某个方面的追求，如称为"祠"的有"世德祠"、"继善祠"、"典礼祠"、"开先祠"、"谦孝祠"等，称为"堂"的有"思敬堂"、"永思堂"、"敬承堂"、"芳远堂"、"葆和堂"等。

　　按照王朝的礼制，立庙祭祖一直都是上层阶级的特权。先秦时期，从天子以降，贵族各有不同的"庙制"。总的说来，历代宗祧由嫡子（宗子）单独继，维持"百世不迁"的大宗之祭，而其余诸子只能另立"五世则迁"的小宗，并接受大宗宗子的统辖。庶人不能立庙祭祖，"但祭其父于寝"。到明万历时的《明会典·礼部·祭祀》仍坚持九品以上始可设立祖庙，奉祀高、曾、祖、祢四代先人，不出五服的范围。然而宋代民间逐渐开始在居室之外择风水宝地修专祠祭祀列祖列宗。民间实际传承的风俗常常突破成文礼制的限制。

　　关于民间的祠堂之制的发展，我们试以福建的情况为例。据郑振满研究②，福建历史上的家族祠堂，最初大多是先人故居，俗称"祖厝"，后来经由改建，演变为祭祖的"专祠"。专门用于祭祖的"祠堂"，是南宋时由朱熹发明的。在此之前，"祠堂"一般是指神祠，即祭神设施。不过，朱熹所设计的"祠堂"，只是附设于居室之中的灵堂，而且只用于奉祀高、曾、祖、祢四代祖先，类似于后来的"私室"或"公厅"，而不同于独立于居室之外的"专祠"。在福建沿海地区，至迟在宋元之际，已经出现独立于居室之外的"专祠"。宋末莆田理学家黄仲元的《黄氏族祠思敬堂记》可以为证。该文说："堂以祠名，即古家庙，或曰'影堂'，东里族黄氏春秋享祀、岁节序拜之所也。"③

　　明代前期的士绅阶层，对建祠活动还颇有疑虑。弘治二年，莆田缙绅彭韶在《白塘李氏重修先祠碑》④中记云："昔者，程子尝祀始、先祖矣，紫阳夫子本之，著于《家礼》，后疑其不安而止。我太祖洪武初，许士庶祭曾、祖、考。永乐年修《性理大全》，又颁《家礼》于天下，则远祖祖祀亦通制也，然设位无专祠。今莆诸名族多有之，而世次龛位家自为度。或分五室，左右祀高、曾以下；或子孙左右序房，各祀其高、曾以下；而皆以中室祀先祖……今白水塘之祠，上祀十有

---

① 参见王泉根：《中国民间姓氏堂号堂联的文化透视》，载《西南民族学院学报》1993年第5期。
② 见郑振满：《明清福建家族组织与社会变迁》，湖南教育出版社1992年版，第157页。本章对郑著多所引用，特此致谢。
③ 《莆田金石木刻拓本志（初稿）》，莆田县文化馆1963年编印。
④ 同上注。

余世,揆诸礼意似非所宜。然族属之众且疏,舍是不举,则人心涣散,无所维系,欲保宗祀于不坠,绵世泽于无穷,岂不难哉!"尽管有疑虑,但莆田民间的建祠祭祖活动,已经完全突破了宋儒和官方的有关规定,不仅"诸名族"多有"专祠",而且"祀远祖"已经成为习俗。

到明清时期,修祠供祖,在全国蔚然成风。清道光年间的《福建通志》卷五十五引《莆田县志》说:"诸世族有大宗祠、小宗祠,岁时宴飨,无贵贱皆行齿列。凡城中地,祠居五之一,营室先营宗庙,盖其俗然也。"

关于明代祠堂的形制,我们可以在成化年间莆田缙绅翁世资的《清江周氏宗祧碑铭》中见其概貌:"周为我清江著姓……岁时禴祀,恒于正寝,或有祠堂,只及四代。至是,其正宗子孙欲因祀事以敦睦宗党,率所亲以崇其祖而及于无穷,爰作是祧。虽于礼有所未合,崇本亲亲之意不无有可书者……正宅之厅事有廉廊,别尊卑,序长幼,而他宅所未有,故有'上廊'之号……[是祧]肇工于成化丁亥,讫事于成化辛丑。中构堂,堂北列五龛,中龛立一神牌,祀十七府君以下,以底孟仁君而止,祔之以族人之无后而又无私房可归者。岁正旦,则为一祭而合族焉。其四龛各立一牌,祀孟仁府君派下四房之祖,暨其房之物故者皆登焉,俗节献时,始得及之……堂之中为陈设位,南为两阶,阶上树门,有事则以时启闭,无事则以严开关。阶下复之屋,为子孙行礼之位。又以子孙繁夥,等第不可紊也,故屋外为露台以足之。堂东西为两夹室,扁其东曰'思成',以为致斋之所;西曰'绥禄'焉。二室之外,翼以两厦,而庖厨蠲涤皆在焉。厦南缭以两长廊,东曰'东跻跄',西曰'西跻跄'。外则……为中大门,以其为是祧之门,扁曰'桂苑'。"后世通行的祠堂结构于此已大致具备。

近世的祠堂建筑结构通常为四方三合院,主屋(堂屋)五间,两侧厢房五间或三间,前面为一小型宫殿式门厅。大门前以石狮或石鼓作门阙,石鼓上有松鹤、山水、云朵等浮雕。主门要向阳,但又不能正子午或正卯酉,要稍偏一些,如东南向或西南向。祠堂门楣上都有"祠标",前厅门额标明"某氏宗祠"、"某氏家庙",主屋门楣大书家族的堂号。主屋为"祖先堂",供奉木榜木主;厅堂正墙当中悬木牌,按辈次开列从始迁祖(或始祖)以下历代祖宗,在名字后加一个"公",如"×世祖××公",谓之"木榜";木榜下设若干层神主台,按辈分及排行次序供历代祖宗亡人木制灵位,俗呼"木主"、"神主"、"亡人牌"或"神主牌"。有的祠堂在供奉木榜木主的案桌下设福神(土地神)之位,在木榜木主的侧翼供奉观音塑像。神主台前设"供柜",或称"供桌",平时摆设香炉烛台,过节及举行祭祀活动时,摆设供品。供桌前地面上常设毡条或蒲团,供祭祀时磕头用。有的祖先堂两头有隔壁套间,专供陈放本族中高寿老人的寿器、喜材。祠堂东厢房常作为族中议事场所或本族孩子读书的学堂,西厢房(俗叫下首房)是看祠人的住所。

各祠堂都要根据本族传统,建立"祠规",内容大致是:宗祠是祖宗栖神之所,木主是先人的灵位,祠内要保持清洁庄严,每天洒扫一次,不准堆放杂物,每日早晚焚香,每年几次祭扫等。祠堂由专人看守,负责早晚焚香、庭院洒扫、财产保护、应酬侍候族人来祠祭扫议事等等。俗规只准用外姓人看守祠堂,因其将看祠人当成侍奉祖宗的奴仆,用本族人看祠,有辱祖宗。看祠人只准单身一人住在祠内,不准其眷属入祠;若有违规或懈怠,要以家法严处。①

族产是家族组织的经济基础和存在空间。族产的种类有山林、公墓、房屋、地基、借贷资本、工商资本、水利和交通等公共设施,最主要的是族田。族产的来源主要有三个途径。其一,先世遗产及其增置。家族田地房屋的租赁所得,家族事务花销后的剩余部分,有的被族众分掉,有的积累起来购置田产。其二,富贵族人捐纳。广东香山《何写环堂重修族谱·族规》第一条规定:族人为官,必须捐送田产入祠,以作公用,"四品以上送田一顷,尚书二顷,拜相三顷,五品以下谅其农业厚薄,多则一顷,少则五十亩"。江苏润州《大港赵氏族谱·祠规》确定:"贡士出仕输银三两,科出仕输银二十两,甲出仕输银五十两;文武出仕者每升一级送祠俸银拾两;锦旋之日,一品者出银百两,二品者出银九十两"。其中的逻辑在于,升官发财缘于祖宗的荫庇,为官者求学时可能还直接受到家族的资助。其三,族众的捐输。

族众的捐输有多种名目。一如按丁摊派的"丁口钱"。二如对全体族人直接征收"人头税",贵州平越《重修杨氏小宗祠谱·原刊条规》说:"以咸丰元年为始,凡我祠中子孙,不拘男女老幼,该得应行捐助,其男丁每年各捐银一两,女口每年各捐银五钱"。三如"进主税",即子孙为把本家亡人的神主牌位摆进祠堂必须缴纳的银钱,各地家族征收得比较普遍,各个家族各有自己的制度。江苏京江《杨氏族谱·宗规》说:"日后列例进主,准照嘉庆六年例,上户出钱三千文,次二千文,又次一千文。如欲立'长生主'者,加半。"浙江山阴《安昌徐氏宗谱·家礼》规定:"每进一主,其子孙捐入宗祠足钱五百文。"四如"遗产税",江苏昆陵《承氏宗谱·祠墓规》说:"继嗣之产,九归嗣子,一分入祠。"五如"析产税",广西桂林《张氏家乘·族规》说:"族人析产,以产二十之一作家祭产。"

族田之设,始于北宋范仲淹在苏州购置的范氏义庄,有田千亩。宋元时期模仿范氏的不乏其人,但是,族田成为普遍的家族组织因素则是明清时期

---

① 刘兆元:《海州民俗志》,江苏文艺出版社1991年版,第160—162页。

的事情。① 我们仅以江苏吴县为例,在明代初年,吴县五姓族田共计8078亩,至清道光年间,族田发展为三十姓,共计43772亩。② 近世族田的设置遍于各地,而尤盛于江浙、闽粤、两湖、江西、安徽、四川等地,所谓"族必有祠,祠必有产"。据土改时期华东军政委员会调查统计,江西的族田占土地的10%—15%以上,在一些县占土地40%以上,在一些乡占土地85%以上;福建北部、西部的族田平均占耕地50%以上,沿海地区的族田占耕地20%—30%;浙江七个地区的祠田占土地总数的22%以上。③

族田是"敬宗收族"的物质基础,之所以在明清时期为世人所重,是因为人们对此达成了共识。一些家族文献对此作了说明,如福建浦城县《后山蔡氏族谱·祭田引》说:"先人为子孙虑也远,故其为计也周。家产分析,虽数万金,传历再世,愈析愈微。惟厚积膳田,生为奉侍赡养,殁则垂作祭产,以供俎豆之需。或共理以孝享,或轮授以虔祀,绵延勿替,历久常存。不幸而后昆式微……余资犹资餬口。"地主有再多的田产,经过几代的瓜分,留在世上的只是一些小家小户。如果地主多留一些田产不分,生时可以养老,死后作为祭田,族人有条件聚会,身后才可能出现强宗大族。万一家道衰落,族田的积累可以救贫。地主阶级广设族田,是对家族利益的深谋远虑。

族田在不同地区各有自己习惯性的说法,如江浙多称义庄、义田,两广和福建称为祖尝、尝业、尝租,江西和安徽谓之公堂田,两湖呼为祠产、祀产或祭产等。因为族田有多种来源,其收入也有多种用途,所以,它又分别被赋予不同的称谓。族田据此又可分为三类。其一是赡族类型,族田被称为赡族田,又称为义庄、润族田、义田等,数量往往比较庞大,达千亩的很多,才有实力"赡族":族田的收入给族人发放义米、冬衣,资助族人求学、赴考,补助族人筹办喜事、丧事。其二是祭祀类型,族田的名目有祭田、墓田、醮田、祭祀公业、祭产、祀产等,专门用于资助祭祀列祖列宗或某位祖先。其三为助学类型,称谓有学田、书田、书灯田、义学田、义塾田、助学田、贤田、夺锦田等,其收入主要用来延师办学,资助族内子弟赴考,供考取功名的子弟办席庆贺。划分这些类型的意义是很有限的,义庄的功能本来就是全面的,祭田在实际运作中也常常资助族人的学业。

族田的管理方式,主要有义庄专管、祠堂兼管和族人轮管三种。义庄专管是指把族田辟为义庄经营,要经过"开庄"手续:将族田呈报政府注册,正式立为

---

① 参见张研:《清代族田与基层社会结构》,中国人民大学出版社1991年版,第14—37页。
② 据潘光旦、全慰天:《苏南土地改革访问记》,三联书店1952年版。
③ 参见张研:《清代族田与基层社会结构》,中国人民大学出版社1991年版,第45、51页。

"义庄公产",并由族人议定一套管理机构,经营义庄的产业。总理庄务的多称"庄正",有的义庄还设"庄副"为之辅佐,下辖的办事人员主要负责会计和催租。会计人员的称呼有"典籍"、"会计"、"司食"、"司庄",一般有两人,一人管入,一人管出。催租人员的称呼有"司直"、"司事"、"催租",一般有一到四人。祠堂兼管是指祠堂的管理人员同时也负责族田的经营。许多家族的田产都是从属于祠堂的,自然由祠堂管理。有的家族专立"宗相"、"宗理"之职,以辅助族长掌管族田。族人轮管是指族人每年按房、按户轮流管理族田。轮到的户称为"值年"、"管年"、"落轮",或招佃或自种,将收成办理祭祀并履行规定的其他义务。轮流的方式和范围主要可以分为公举若干"殷户房"轮值、按房轮值和捐产后裔各房轮值等三种。清人对族人按房按户轮管的情况有这样一段叙述:"建阳士民皆有轮祭租。小宗派下或五六年轮收一次,大宗派下有五六十年始轮一次者。轮收之年,完额粮、修祠宇、春秋供祭品、分胙肉,余即为轮值者承收。"①族田名义上为一族共有,实际上常被族长和富有的管理人员所把持。

　　族田的经营方式以出租为主,谋取田租收益。多数家族实行族外租,本族成员不得承租本族土地。族外租方式的确立,可上溯至苏州范氏义庄。北宋元丰六年,范氏族人续订《义庄规矩》,其增补第二条为"族人不得租佃义田"。后人对这一原则的解释是:"义田本赡亲友,然亲友不得承种,恐他日有擅行侵扣者,纵则非义,惩则伤恩,谨之于初,可以无弊。"②

　　家训和族规,各地又称为"家法"、"家约"、"家规"、"祠规"、"宗规"、"族训"、"祖训"等,一方面包含训导族人修身、立业、处世的经验积累,宣扬用以规范族人行为的封建礼教;一方面包含维持家族内部秩序、保护家族利益的规章制度,使家族统治在制度化、条文化中得以定型和强化。一方面是指导性的,一方面是强制性的。较早而又被后世引用的家训族规有北齐颜之推《颜氏家训》、北宋司马光《居家杂仪》、南宋袁采《袁氏世范》等。乾隆七年,江西巡抚陈宏谋汇集三十六种家训族规,刊为《训俗遗规》,除了司马光和袁采的上述杂仪示范,还有朱熹《增损吕氏乡约》、王孟箕《讲宗约会规》、王士晋《宗规》、朱伯庐《劝言》、高忠宪《家训》等。各宗族制定族规,多参考上述成法。其中的一些条文直接录自《易经》、《礼记》、《尔雅》、《白虎通》等典籍中关于君臣、父子、宗亲之关系的言论。

　　关于家训和族规的条文和内容,我们从安徽桐城《柳峰朱氏宗谱·家规》的

---

① 陈盛韶:《问俗录·轮祭租》,书目文献出版社1983年版。
② 引自《古今图书集成·明伦汇编·家范典》卷一〇〇和卷一〇一,《宗族部》。

第四章 社会组织民俗

二十四个标题可以大略知其覆盖面：立宗子，举户长，修祖庙，谨茔墓，积公租，设义田，教子弟，敦孝友，笃忠义，睦家族，重婚姻，肃闺阃，治生理，积阴德，奖节烈，尚德行，习文艺，勤耕织，崇俭约，戒游荡，禁刁讼，戒嫖赌，禁奸盗，禁贱役。其他重要的方面还有"严宗祧"（如不许招赘）等。

家训和族规的指导性内容通用"宜"字句式，经常涉及的内容如：礼让宜明，雍和宜讲，贫穷宜恤，承祧宜慎，品行宜端，交友宜择，本业宜勤，持家宜俭，祭扫宜虔，内外宜肃，嫁娶宜慎，奴仆宜严。

中国的家族普遍有自己的经验传承，其中一个比较正规的渠道就是家训和族规。各地家族传承的文本多有不同，但内容多有相同之处。清代山西万泉王赐琏曾作《训子歌》[1]千余言，广为流传。其内容颇有代表性，我们抄录了它的主要部分：

> 你父本是庄稼汉，先把庄稼说一遍，
> 力田务农无他道，勤劳辛苦何待言。
> 锄要锄得细，犁要犁得端。
> 麦田要保墒，秋田不妨干。
> 牲口乃是庄稼本，昼夜不可离槽院。
> 草料休节省，拴系要妥然。
> 有粪忙送地，无事修埝畔。
> 大雨下毕往地走，庄稼熟了勤照看，
> 大偷自然要提防，小偷还要看得宽。
> 只要庄稼做造好，莫和地邻起争端。
> 戒懒惰，尚勤俭，或收或种要争先。
> 麦子切莫等熟过，七八分熟就下镰。
> 装载不必装饱车，车重人畜俱担玄。
> 田禾到场须成积，成积先要晒得干。
> 糠秕粮食须当事，纵然不吃能卖钱。
> 衣子柴草休作践，到冬方知烧的难。
> 这是农人本分事，你父亲经岂妄言。
> 倘若老天予碗饭，急忙读书莫清闲。
> 孝顺父母根本固，敬爱兄弟手足全。

---

[1] 全文见温幸、薛麦喜主编：《山西民俗》，山西人民出版社1991年版，第269—270页。

> 教子须从幼时起,劝妻全在新几年。
> 叔伯是父亲同胞,姐妹与你气相连。
> 家庭和睦多祥瑞,休学乖忤生忌嫌。
> 乡党邻里护身符,有事相帮受称赞。
> 穷要干净富要宽,干净更比宽展难。
> 再穷都莫胡偷盗,大小是贼把嘴钳。
> 想钱休入赌博场,赌博场里丧家缘。
> 饱时莫把饥时忘,丰年还记有荒年。
> 强徒匪人莫交往,谨防发案受牵连。
> 亲戚朋友不可少,胡结滥交枉费钱。
> 千万莫带行利账,压穷多少假富汉。
> 背后莫论人是非,安知自己见不偏。
> 戒轻浮,慎语言,说话做事把理占。
> 平素日子戒奢侈,要饱还是家常饭。
> 穿衣勿须讲时兴,不热不冷便是仙。
> 一切坏事莫沾染,入井恐寻出路难。
> 正当使费莫缩后,千万不可胡花钱。
> 买卖不必多争竞,随行就市少要悭。

《训子歌》用亲切的语言把农民的生产知识、生活经验和人生哲学简明扼要地传达出来了。与此同样性质的文本在许多家族都有传承。

家训和族规的强制性内容通用"禁"字、"戒"字、"毋"或"勿"字等句式,例如:禁刁讼,禁奸盗,禁贱役;戒游荡,戒聚赌;毋行冶淫,毋操聚赌,毋好争讼,毋贪货财,毋事豪饮,毋吸鸦片。

族人违犯族规,要受到相应的处罚。各地家族的处罚方式和"量刑"轻重不尽相同,常见的处罚方式自轻及重有十一种之多。(1)训斥:由族长、房长等负有管教权的尊长对当事人进行训诫、斥责,令其悔过。(2)罚跪:令当事人跪于祠堂内祖宗牌位前,向祖宗请罪。罚跪时间多以燃香计算,一炷香至三炷香不等。(3)记过:在家族"功过簿"上记下一笔,并用大字书其名于祠内照壁或特制木牌上,晓知族众。屡被记过,则给予较重处罚。(4)锁禁:拘禁当事人居祠内专设之黑屋,限制自由。时间由两个时辰至六个时辰不等。(5)罚银:当事人交纳银两,充作公用。数额从五钱至三两不等,无力出银者易以劳役,修葺祠屋祖坟。(6)革胙:剥夺当事人领取祭品的资格,一年起算,高至十年、终身(止于己身),严重者永远革胙(罚及子孙后世)。(7)处以家法:以特制竹鞭或棍杖(俗称"家法")抽打当事人臀腿部,有的计次,十次起算,每五次一等,高达四十;有的酌情选用不同档次的家法。(8)鸣官:由族众扭送官府,一告一个准。(9)不许入祠:当事人生前不许入祠参与祭祀等公共活动,死后不准入祖宗之神主牌位。(10)出族:当事人被削除族籍,家谱上除名,不准同姓,不准居住在本族地面。(11)处死:对于犯乱伦、不孝等大罪的人,直接处以活埋、勒死、沉水、令其自尽等极刑。其中,以"革胙"、"鸣官"、"出族"在成文的《族规》中出现率最高。① 族规是家族权力的重要体现和象征,也是王朝国法的一种补充和延伸,包括残酷的肉刑、死刑在内的各种刑罚,维系着对族人特别是贫苦农民和妇女的专制统治。

族规的执行由族房长负责,一些家族还设有专门的职位,有的称"监视"、"通纠"、"宗纠",有的称"司正"、"司直"。这些职位必遴选"刚方正直、果毅干练"之人。一些家族执行族规时模仿法庭的程序,如光绪元年安徽合肥《邢氏宗谱·家规》叙说:"凡族中有事,必具禀于户长,户长协同宗正(族长)批示:某日讯审。原被两造及词证先至祠伺候。至日原告设公案笔砚,户长同宗正上座,各房长左右座。两造对质毕,静听户长、宗正剖决。或罚或责,各宜禀遵,违者公究。"

各地家族都力求自己解决族内问题,要求族人尽量避免向官府提起诉讼,以"不劳官府而自治"为荣。许多家规都有"息讼"条,诉讼入官被认为有百害而无一利。例如,江南《丰氏家规》"息讼"条说:"盖讼有害无利,要盘缠,要奔走,遣机关又坏心术。且无论官府廉明如何,到城市便由歇保把持,到衙门便受胥吏呵斥。伺候几朝夕,方得见官。理直犹可,理曲到底吃亏,受笞杖,甚至被(破)家身亡,冤冤相报,遗害后人。"②

二、家族组织过程习俗

家族组织建立在不断裂变的家庭之上,它所经历的过程呈现为一个总趋势:一方面,家庭和房支不断分蘖,总是维持着相对稳定的规模;另一方面,家族不断得到扩张,发展成越来越庞大的组织。这一过程可以从分家、立族、入族、合谱等四个步骤来叙述。

传统的汉人家庭是一个同居共财、养老育小、举行家祭的多功能社会单元。

---

① 参见朱勇:《清代宗族法研究》,湖南教育出版社1987年版,第98—99页。
② 同上书,第94页。

分家包括分灶、分居、析产,划分养老送终的义务,设立单独的祭祀。分家有两大类:一为老一辈给子侄分家,一为兄弟分家。分家通常要邀请没有利害关系的族长(族老)及舅爷、姑爷来主持,作为见证,并维持公道。分家的形式有口头协议和书面契约两种,契约俗称"分关"、"分书"、"分单"、"分关文书"、"合同阄书"等。

分书有通用的格式和套话,分家时父母在世,以父母名义写分书,叫"立命分书";若父母双亡,要说成是邀中说合,叫"立议分书"。例如,广东洪氏宗族规定的分单格式为:"立分关兄弟某某等,今因家务纷纭,势难总理,兄弟相商,已议妥当。爰请族老亲戚将祖、父遗下产品、田地几处搭匀均分,拈阄为定,已极公平,各宜和合,照依关书永远管业。如敢违抗,又起争端,即鸣亲族共同攻讦。空口无凭,立此关书,同样各执一本存据。"又如江苏海州广泛使用的一种格式是:"盖闻张公九世同居,千秋佳话,然树大分枝,河源派别,未有久居而不分者。老夫××配×氏,所生×子××××,均已婚娶,子女成行,人口甚多,老夫难以料理家政,不得已邀请房族公亲,将房屋、田产、器皿等命作×份,品配均分"等等,此外还要勉励兄弟妯娌分家后和睦互助,各人要勤俭持家,昌荣门庭;并强调分家后若有消长,各听天命,永无异说,恐后无凭,立此分书,各执一纸为据。要有亲族"中人"作证画押,特别要写明族长和舅父,写明执笔人("代笔"),写明年、月、日,写好骑缝字。骑缝字常写"根深叶茂"、"万事俱兴",或写本姓本宗的"堂号"。

分家包括分割家产和分担义务。各地常见的分家方案大致有三种,一是兄弟均分,二是长子、幼子与诸子有别,三是兄弟大体均分,但对长子、幼子有特殊的安排。在一些地方,长子还带着历史上宗子的影子,可以得到包含"传宗"意义的财产。江苏海州人的习俗是把下列四样财产给长子:主屋(设祖先堂的屋,当是家中最高大、质量最好的房子)、老陵地(门面房的前后门部分)、过道(门面房的前后门部分)、供柜(供桌,放祖宗亡人灵位的长桌)。若长子得了以上肥产还不是与其他兄弟拉平,经公议再搭配一些"瘦产",使总量略高于其他兄弟。剩余财产由其他兄弟平分。父母往往随最小的儿子生活,养老地便常归他所有。养老地一般都是距离近、产量高的好地。①

平分的财产搭配停当后,往往用抓阄的方式决定兄弟们各人该得的一份。由主事人明确指定某份是某字,代笔人用同样大小的红纸条写阄的用字和民间常用的房分字派是相通的,如:兄弟二人则可以写"天"、"地"二阄,兄弟三人则

---

① 刘兆元:《海州民俗志》,江苏文艺出版社1991年版,第194—195页。

第四章 社会组织民俗

可以写"天"、"地"、"人"三阄,兄弟四人则可以写"忠"、"孝"、"节"、"义",兄弟五人则可以写"仁"、"义"、"礼"、"智"、"信",再多的按"天干"顺序写阄。

分家所面临的义务划分主要是养老送终。在民间,兄弟大致按四种方式承担这一义务。第一,彻底划分:例如,如果两兄弟分家而父母双全,那么,兄弟两人负担一位老人的生养死葬。第二,轮流负担:有些地方叫"派饭",有些地方称"轮伙头",即几个儿子按月(或天、旬等)轮流供养父母。第三,分摊:父母另起炉灶,由诸子平摊衣食及丧葬费用。第四,幼子继承:诸兄成婚后另立门户,父母与幼子一起生活,由幼子继承祖屋并经营父母的养老田。

分家时,有些东西是不能分割的,如祖墓、坟山等实物,地望、姓氏等名义;有些东西是不允许分割的,如养膳田、祭田。所谓养膳田,是老一辈在为子孙分家时给自己留下的养老田,有的在分关书中规定,等他们死后,养膳田转为祭田。可见,分家一方面是不断地瓜分共同的东西,另一方面也逐渐积聚起一些共同的东西,成为血脉相连的凭证。

实际上,分家在许多方面隐含着它是家庭向家族过渡的一个步骤乃至一个仪式。分家有时预设了小家将要聚合成族。我们先看道光十八年台湾的一份《合同阄书》:"同立合同阄书字人长族、次寝、三掌同等……兄弟三人,议欲各人分居,致(自)火另食,以为日后创造之基,成家之富。于是公请族长,在祖先位上,议将田园搭份三份均分……又抽出王田社脚上园一所,为祖先祭祀之公业,作长、次、三房轮流,上承下接,耕种收成,祭祀完课。又议三房尚未完婚,约将公业本年二月起,至廿年二月止,交掌耕种收成二年,为完娶之费,并完正供。"兄弟分家,预设了日后成立家族的房分,留下了不可分割的祭产。分家是在把大家庭转为"族"的结构。

家族首先是一种自然的存在,一些有血缘关系的家户比邻而居,死去的人埋在一起,活着的人是高度互动的,许多共同的东西就以诸如此类的形式存在着。家族组织是在此基础上人为建立的制度。自然的血缘群体转化为家族组织要经过立族的过程。立族一方面要把大家共享的东西在制度上加以确认(如整修坟地、租屋),另一方面要建立新的组织因素(如设立族产、修建祠堂等,编修族谱、订立成文族规、成立家族管理班子等),把两个方面整合为一个组织体系。

立族对家户的组织方式,通常不是直接把各个家庭网罗在一起,而是按血缘序列用树状结构把各个家庭归属于一层层的分支。族的分支与分层通用"派"、"房"、"支"、"堂"等字(它们之中谁包含谁,各族不尽相同),最小的单位是"家"或"户"。因此,家族是一种层次复杂的组织。一个层次往往就是一个小体系,这种体系性表现为各有自己的祖先、祭产、祠堂,表现为特有的命名制度。一个层次(派、房、堂等)如果包括2个分支,常见的命名用字有天地、乾坤、忠恕、经纶、友恭等。3个分支的用字有天地人、日月星、天行健、恭俭让、孟仲季、礼义信、智仁勇等。4个分支的用字有忠孝节义、元亨利贞、文行忠信等。5个分支的用字有仁义礼智信、诵诗闻国政等。6个分支以上的用字有礼乐射御书数、孝悌忠信礼义等。

宋代以前,民间的家族组织范围是"五服"。宋代以后特别是明清时期,家族组织的范围及于一村、一乡,而"五服"只是初级的房支组织。不过,从立族的过程来看,一村一乡的家族组织往往是一个一个的房支组织不断加盟的结果。我们以福建省瓯宁县屯山祖氏家族为例,介绍立族通常所经历的过程及其习俗惯制。

据《闽瓯屯山祖氏宗谱》记载,一世祖"溪西公"于南宋末年迁此定居,到明洪武年间传至第六代,分乾、坤两房,延及民国初年,共传二十七代,二百余家,丁口一千余人。自溪西公以下,历代都举行墓祭,但是,直到十一世祖"榕六公"(乾房)才立下祀产祭田,明末第一次修家谱,"记十二世以上",屯山祖氏家族形成。

清顺治年间,因战乱,房屋家谱俱为灰烬,祖氏家族的组织不复存在。此后,乾、坤两大支派各建祠堂、置祭产,各自形成相对独立的血缘组织。康熙八年,"榕六公"派下四大房子孙议定修建"世德祠",资金取诸榕六公祭产之羡息及孙曾之捐助。后来,乾房的其他支派"特向世德祠榕六公支派裔孙相商,将其先代牌位祀入祠内",条件是向世德祠捐献一定数量的祭田。于是,世德祠就成了乾房的公祠。康熙三十七年,坤房裔孙开始筹建本支的"继善祠",历时三十年落成,"糜金数百,皆出自祭产生殖余羡与夫各房乐助丁资"。坤房六至十代均为一脉单传,建祠者主要是其派下第十四、十五代后裔。坤房丁口有限,易于统属,所以继善祠从一开始就是坤房的公共祠堂。两支分别建立祠堂以后,其祭产不再按房轮收,而交由祠堂的"理事"统一管理,例如继善祠的《谷雨祭规》确定,"簿内旧遗祭产并续置田,公举派下子孙廉正公直者总理"。

"世德"和"继善"两祠相对独立,但是,"每逢春秋墓祭合荐始祖暨六代列祖",并形成了相应的祭首、祭簿、祭田(主要由丁口积累购置)。据嘉庆十三年的《始祖溪西公祭簿序》记载:"先人分立两祠,一世德,一继善,每逢春秋墓祭合荐始祖暨(上)六代列祖。所以致其同敬合爱者,惟藉田产、祭簿,派祭首以董修祀事,稽丁男而广充公积。掌是簿者,上交下接,后先承理,直同家乘,世袭珍藏……论世二十有奇,计丁八百之多,谱虽未修,簿已先正。"嘉庆二十三年,两支为"始祖之家庙"选址,修建工程历时十三年,至道光十年竣工,号称"典礼祠"。该祠计费千金,所有经费出自诸公(祭产)及孙曾之捐助。道光二年春,开始编修族谱,编修者以历代祭簿为基础,征之各家笔记,考之各房墓碑,访之父老口述,汇纂编辑,纠工付梓①。至此,祖氏族人建立了完备的家族组织。

家族以房支为结构,以家庭为基本单元,同时又直接面对成员。成员是血缘上的族人,但要成为组织上的族人,需要经过一定标准的衡量,并履行仪式。已经入族的人严重触犯族规,要受出族的处罚。入族的标志是活着名字入谱(入籍),死后名字入祠(受祀)。出族的标志是出籍,免祀。这就是入族与出族的习俗惯制。

入族主要是确认因婚姻和生育而新增人口的家族成员身份。外族女子因婚姻加入本家,必须通过一定的仪式。婚礼使外族女子成为夫家的一员,但须经拜祠祭祖方确认她成为家族的一员。浙江山阴《安昌徐氏宗谱·家约》(光绪十年修)规定:"婚嫁先期具一幅纸,遍告族人,曰:第几男与某氏议婚,今择某月某日亲迎,谨告。遇春祀之日率新婚者拜祖宗,见尊长,领宗帖。"经过这些过程,一是说明新婚妇入族无人反对,二要让新媳妇与列祖列宗相互承认,让新媳妇有机会受尊长教训,知本族法规。妇女是附属于丈夫才得以入族的,在封建社会的大多数家族,不同婚姻身份的妇女在载入家谱和牌位时受到区别对待,例如:福建南台《刘氏桂枝房支谱·凡例》规定:"本谱中各公妻室,凡明媒正娶者书'配',继室为'继配',妾为'侧室',其余来历未明及不以礼聘者,均削去配氏、继室、侧室字样,仅书'某氏'二字而已。"

新生子孙入族分"报丁"和"入谱"两个步骤。族人在生子后,按规定时间告知族房长,到祠堂告知祖先。浙江会稽《章氏家乘》(康熙三十六年修)规定:"凡子生一日,告于宗长而书其行,弥月抱之以见于庙及宗长"。江苏苏州《彭氏宗谱·庄规》(光绪二年修)规定:"族中生产,不论男女,一体报庄注册,载明年月日时及父母名氏。"报丁时日或依诞生日计算,随生随报;或一年一次,在合族祭祀时增加此一项目。丁簿是族谱的基础。丁簿登录所有合法出生的男孩,而族谱通常只收载成年男子或已婚男子。子孙先入丁簿,再入族谱。各地家族大多以十六岁划分成年与未成年标准,例如苏州范氏家族的惯例:"子孙年十六岁,本房房长同亲支、父兄于春秋祭祀时,同往祠中,具申文正位验实,批仰典籍注籍。"②如果未成年或未婚而殁,就算夭折了,族谱不录。没有合法的婚姻关

---

① 见郑振满:《明清福建家族组织与社会变迁》,湖南教育出版社1992年版,第126—128页。
② 苏州《范氏家乘》卷一五《主奉能浒增定规矩》(乾隆十一年修)。

系,新生儿皆不得入族。浙江萧山《来氏家谱·赈米条款》(康熙五十年修)规定:"野合于外妇与宣淫于族妇,及下乱于家人妇而有子,俱为奸生子,不得入谱。"

本族女婴出生也要注册,但是不必告于族庙。本族女子成年后都要嫁给外姓,结果,她们不论长幼,在族内都不具有成年人的身份。浙江会稽《重修登荣张氏族谱·义田条规》(道光二十一年修)规定:子孙"十六岁以上作大口,不及十六岁作小口;室女无论长幼作小口算。"她们等到出嫁后,才可能被夫家作为正式的成员载入族谱。

出族,或曰"削籍",或曰"免祀",主要是因为触犯了族规的有关条款。近世各族处以这种惩罚的罪名起码有:不孝,乱伦,从事贱役,媳妇改嫁或被出等。例如,江南宁国府太平县《馆田李氏宗谱·李氏家法》(道光二十八年修)"削不入谱"项下规定:"子孙不孝不弟,渎伦伤化,作奸犯科,及娼优皂隶,寡廉鲜耻有玷祖宗清白者,概削之";"妇丧夫再嫁者、同姓为婚者、同族乱配者,概削之。更有大故被出者,亦削之"。有的家族极大地扩大了范围。例如,湖北麻城《鲍氏宗谱·鲍氏户规》(宣统三年修)列入"免祀"的有:(1)子孙盗卖祖遗祀产及亏空公款者;(2)祖宗丘墓、祠宇无故毁坏者;(3)兄亡收嫂、弟亡收弟媳者;(4)娶同宗无服之亲及无服亲之妻妾者;(5)妇人夫亡愿守志,而强逼改嫁,无论受财、未受财者;(6)将妻妾妄作姊妹嫁人者;(7)宰杀耕牛、窝藏匪类者;(8)窃盗再犯,计赃应杖者;(9)素行不端,游手好闲,赌博财物,开设赌坊,教而不改者;(10)子弟犯罪而父兄代认,或隐匿者;(11)遇事胡言乱道、扯东划西、拗公不出者。[①]

两个家族的族谱上所载的祖先相同,证明他们是同源分流,它们协议合并成一个宗族组织,谓之"联宗"、"合谱"或"通谱"。合谱要举行盛大的庆典,要设立共同的祠堂,祭产,编写新的族谱。有的家族声称属于某个望族,而望族乐于承认,此谓"认宗"、"归宗"。这几种家族合并方式使宗族组织不限于聚居区,而扩大到一县一省,以至各地。以山东曲阜为中心的孔氏宗族的支房遍布五湖四海,其中一些支房就是通过"认宗"被编入的。有的家族合为一个宗族,只不过皆为同姓,并没有可靠的证明,会被人讥为"篡宗"。

三、家族成员的活动习俗

家族成员集体参与的民俗事件按参与时机可以分为三类:(1)按节候(年

---

① 引自朱勇:《清代宗族法研究》"附件",湖南教育出版社 1987 年版。

历)举行的,如拜年、清明会、寿庆等;(2)择吉日举行的,如婚嫁、建房等;(3)随机发生而成员闻讯前往的,如生诞、丧葬、家族救助等。每当这种时机,大家不约而同地聚集在一起,按部就班地各司其职,使事件得以顺利解决。这些民俗事件实际上可以按照经办主体分为家庭民俗事件和家族民俗事件。前者如婚丧、寿诞、建房,由一家人经办,大家不同程度地参与。其参与方式涉及三个方面:前往致意(贺喜或抚慰)、出人帮工、出资送礼。各家按血缘关系的远近派出相应的参与成员,或派代表(家长、男性或女性)参加,或全家参加。民间通常称操办之家"有事"、"办事"或"做事",实际上,"事"是大家办的(主要是宗亲中的近亲),也是由大家资助的(包括宗亲和姻亲,送礼最多的是舅爷和姑爷)。

家族民俗事件,由家族筹办,大家相对平等地参与。家族救助、拜年和家族祭祀分别代表了其中的三种类型。

家族救助是载入族规的习俗惯制,包括救济和资助两种,基金来源于族田、义田、学田、书灯田。有族产的家族通常在"族规"中厘定,本族成员缺衣少食、无力嫁娶、就学、入试、举丧等,可以获得"赈济"。许多族谱对赈济数量有详细规定。例如,江西《江夏陈氏庄规定》说:"族中如有因灾贫乏,不能自为存者,十五岁以上男妇〔日〕给米一升,十五岁以下者日给米三合,未三岁者不给"。这是按年龄分等给粮,另一例给钱,其分等规则带着更浓的宗法色彩:浙江会稽《重修登荣张氏族谱·义庄条规》(道光二十一年修)写道,子孙"十六岁以上作大口,不及十六岁作小口,室女(闺女)无论长幼作小口算。大口每日贴钱十文、小口每日贴钱五文。"

家族为成员设立常规的资助以学田为代表。学田之设,一为延师办塾,二为子弟外出就读补贴,三为子弟考取功名后的花费。我们从嘉庆十四年福建省寿宁县欧阳氏《分类》的有关记载中可以见其宗旨和制度:"学田之设,所以作育人才,使其砥砺廉隅,愤志读书……汝曹不负予志,前后幸列序序,更虑膏火无资,则学业难成,专设学田伍拾石,现与入泮者同收分用,嗣后有能读书习射,考入文武两庠及乡、会题者,本年许其独收一次,择吉谒祖时,邀同子姓中派列长者开筵同庆。"

家族内完整的拜年程序分两个阶段,先集体到祖祠拜,然后分头拜本族近亲。在没有祖祠的情况下,先拜近亲,再拜本族各家。拜近亲时通常要携礼品(食品),新婚夫妇在头三年或更长年限内给近亲(包括自家父母、祖父母)拜年时还要携带瓶壶杯盏去敬茶。正月初一的家族拜年,加上大年三十的家庭团圆饭,年复一年地用仪式强化着家庭组织。

民间尊祖的家族祭祀主要是宋代以来逐渐定型的墓祭和祠祭两个序列。上古的祭祀依四时而行，所谓"凡祭有四时"，春祭、夏祭、秋祭、冬祭并行，各有名目。宋代以来民间的家族祭祖活动主要是春秋大祭，具体日期因地因族而异，大多春用清明（前后），秋用中元（前后），也有些宗族的大祭定在元宵、谷雨、重阳、冬至等时日举行。家族祭祀分为祠祭和墓祭两大类，有些家族的族祭只包括祠祭，例如，福建连城县的李氏世孙的祠祭，每岁春祭用清明，秋用七月十四；而福州吴氏族人则祠祭与墓祭并行，祠祭分别于元宵、中元等日举行，墓祭有春秋两举，春祭以清明为正，秋祭以重阳为正。此外，有些家族的大祭没有固定的时日，如有需要，由族老出面择吉日举行。

家族祭祀的程序可以分为备祭、祭仪、会饮、分胙。祭祀的费用取自祖上留下的祭产、历年收取的丁资或临时的摊派，有祭产的家族由轮流值收的家庭从收入中拿出一部分筹办祭品和宴席，否则，由族长按产（或丁口）征收款项操办。各地宗族大都规定：成年男丁除做官在外、经商异乡或卧床不起者，都得参加春秋大祭，否则给予处罚。有的家庭还规定，参与祭祀前必须斋戒沐浴，整衣整容。祠祭从入祠序立，经降神、奠献、叩拜、辞神，到礼毕退拜，井然有序。湖北麻城鲍氏宗族把祭仪规定为九十三道程序，并严格地规定了祭器的种类、牺牲及"具馔"的数量、司祭的分类。就墓祭来说，我们从广东长塘村的情况可以见其大概："在祭祀日，由族老领头，四个健壮男子抬祭品至祖先墓地，本族'金狮队'陪送助威，本族成员自愿陪祭。祭品摆在坟地正前方，由族老主持，向祖坟三奠酒、三上香，族老告词，后族子孙向祖先三鞠躬，礼成。"[①]祭仪完毕后，族人享胙：或者把酒肉分给各家，或者各家派代表聚餐会饮。

祭祀活动是家族组织的例行大事，人们以祖宗的名义联络族人的感情。通过血缘认同以达到组织认同，把对祖宗的虔诚导向对家族组织的忠诚。因此，家族通常都把祭祀活动作为合族遵行的习俗惯制列入家法族规。家族祭祀的规范程度总是与家族的组织水平对应的。

第二节 社区组织民俗

家族毕竟不是部落及氏族，绝对不是独立自在的。与此相反，它的存在必须以其他社会组织的存在为前提。为了通婚、进行物资交易、祭祀保佑一方水土的神灵，人们走出家族，建立更广泛的互动关系，开展公益活动。这些关系的

---

① 参见王沪宁：《当代中国村落家族文化》，上海人民出版社1991年版，第380页。

确立形成了地缘性的社区组织,并相应地存在着一定的习俗惯制。

自在的地缘群体由于某种公共事务才设立社区组织。传统的民间社区组织负责具体的公共事务,筹办公共事务的活动形成习俗,而习俗协调公共关系,成为社区文化的基本内容。不同层次的民间社区组织一般都有自己的神和庙,组织的成员大致对应于参加祭祀活动的信徒。因此,社区组织常常就是供奉某位主祭神的祭祀圈。祭祀圈有时就是社交圈、通婚圈、物质交流圈。

传统的社区组织大致可以分为小型的村落组织和规模比较大的地区组织。

一、村落组织习俗

村落组织是小型的社区组织,只有那些多姓杂居的村落才有必要在宗族组织之外建立村落组织,以协调居民的关系,维护村落的整体利益。村落组织往往有多种公益系统,提供村民基本的生存条件和环境:一般有村庙,供奉保护神,并有"会"之类的组织负责筹集钱物,安排聚会,祭祀鬼神;更有村规民约界定村民做人处世的原则,制定与生产有关的规则等。

村落的公益系统主要包括生活用水、自卫、风水、会场(演戏及聚会的场地)等方面。会场是每村都有的,有的在村庙之前,有的在某姓的祠堂之前,有的借用村中较大的禾场。生活用水是村落最基本的公益事务,有关的习俗惯制大多是与自然环境相适应的:对提取饮用水、牲畜饮水、洗菜水、洗衣服水、洗卫生器具(如马桶、小孩尿布)水都有不同的地段规定,利用自然水系(如溪、河)的村落通常以上下游而定;依靠堰塘的村落通常以方位而定,如果有几个堰塘,则对堰塘有所分工;有赖水井的村落可能既有时间规定,如早晨先挑吃水,又有距离规定,如井台上可以淘米、洗菜,很远的地方才允许洗涤卫生器具;一些有几个水系可用的村落会对水系进行分工,如饮用井水,到堰塘或河边洗衣服。

村落的自卫系统有寨子、城壕,有瞭望和射击功能的土楼或围楼等,也有的村落利用自然的水系、山隘作为天然的屏障。寨子一般为山村所用,城壕大多出现在平畈地区。我在湖北京山县调查时看到过这两种自卫系统。寨子都是用石头依山势垒成,分两种类型:一种是居民固定的山村,一种是周围村民专门为"跑土匪"而建造的有多层防御工事的临时住所。京山的平畈上的一些村落用黄土夯城,城下环绕壕沟,沟里灌水,不一定四方都有城门。基本上就是简陋一点的古代城防体系。土楼或围楼见于东南地区,是以楼为寨,如福建、广东。土楼多数是圆柱体的,也有四方体、长方体或八角体的,外墙约一丈厚,用黄泥土夯成。后来有的用石灰夯成,用石板砌成,被称为灰楼、石楼。楼寨只设一个大门,门内有重门,如遇匪乱械斗,则禁闭楼门,平时安排一人专司守更,每夜按时关锁楼门,确保安全。楼内有的是一个家族,有的是几姓共居。1994年我们在广东饶平县参观客家楼寨建筑时被告知,该地现存最大的土楼是镇福楼,高四层,建筑面积1.13万平方米,分为60间。有的家族在楼寨之外修筑围屋,形成更大的规模,如庆阳楼,楼高三层,内分48间,三落两天井,楼外筑三圈围屋,居民达1200多人。

风水的讲究是村落公益系统的高级追求,村民通常讲究的方面有寨子或城门的朝向、风水林的培育、水口的保护。我们试以福建瓯宁县吴屯村的风水保护为例。《闽瓯屯山祖氏宗谱·吴屯村山木碑记》(嘉庆二十年撰)说,乾隆三十年,祖氏士绅以保护本地风水为名,要求当地吴氏族人献出了一片山场,"爱集众姓子弟,凡山麓平坡、夹路前后启蒙植松苗,并栽培杂木……永作合乡千年之罗城";嘉庆二十年,祖氏士绅又发动各姓村民重建临水宫,"广基址,崇殿宇,增垣墉,意在回龙护脉于焉。内资神庙以保障,外藉树木为屏藩,地户之关锁益固,洵屯乡一巨观也"。南方村落非常注重培育风水林,并流行在水口修宫、庙供奉保护神。从家庭风水、家族风水到村落风水,这是地缘共同体对共同利益、共同命运的共识的标志。

村庙是村民的共同体意识的标志。供奉村落保护神,使大家以神的名义组织起来,其他的组织行为也逐渐派生出来或附丽上去,结果都有利于村落组织的组织化水平。

在没有遭受近代政治和文化的有力冲击之前,中国各地都是有村必有庙,甚或一村多庙。各地遭受这种冲击的时期和程度大不相同,村庙的变化(其中的大趋势是衰落)也就先后有别。总的来说,北方比南方的变化缓慢,保持传统多的地区比外来影响大的地区的变化缓慢。李景汉于1928年对华北一个乡(河北定县东亭乡)62村的调查[①]得到的数据是:在庙宇兴盛的时期,62村共有435座庙宇,平均每村有7座;全部10445户,平均24户拥有一座,实际上,有的村庄几家就有一座,有的一二十家一座,有的三四十家一座。从光绪年间开始,不断有庙宇被毁或改作他用(如学堂、村公所)。特别是民国初期的1914和1915年,在毁庙兴学的运动中,245座庙宇被改为学堂。运动一过,又不断有村民集资重新修建庙宇。到1928年,62村还留存104座有神像的庙宇。李景汉同一时期对定县各村调查的统计显示,全县尚存在庙宇至少有879座,城关计22座,453村计857座。

村民供奉神灵,一为广义的祈福免灾,如观音、关帝、真武、释迦牟尼;二为

---

① 见李景汉编:《定县社会概况调查》第十章第二节,中华平民教育促进会1933年版。

招魂悼亡,如五道神、土地神;三为生产劳动,如保风调雨顺的玉皇、龙王,免除虫灾的虫王,免除畜病的马王;四为具体的祈福免灾,如主财运的财神,保子嗣的奶奶,免疾病的药王。定县二十年代末有453座村庙,其中最多的是五道庙,计157座,关帝庙次之,计123座,再次为老母庙、南海大士庙、三官庙、奶奶庙、真武庙、龙王庙、玉皇庙、马王庙、虫王庙、药王庙、三义庙等。

村规民约大致可以分为两种类型:一种是"应该做什么"和"不能做什么"的综合体,就像是伦理道德和法律的混合物,我们以《吕氏乡约》为代表;另一种只是"不能做什么"的条文的集合,我们以山西沁水县的"蒲弘公约碑"为例。

较早的村规民约是宋代浙江蓝田的《吕氏乡约》,这是一种地缘组织的公约,于熙宁九年(1076年)十二月由吕大中拟定。该组织由约正一人或二人(公约中人轮流担任)主事。公约对地缘组织的重要性是这样认识的:"人之所赖于邻里乡党者,犹身有手足,家有兄弟,善恶利害皆与之同,不可一日而无之。"这一公约的总则有四条:德业相劝、过失相规、礼俗相交、患难相恤。

公约对"德业相劝"的解释是:"德谓见善必行,闻过必改,能治其身,能治其家,能事父兄,能教子弟,能御童仆,能事长上,能睦亲故,能择交游,能守廉介,能广施惠,能受寄托,能救患难,能规过失,能为人谋,能为众集事,能解斗争,能决是非,能兴利除害,能居官举职。凡有一善为众所推者,皆书于籍,以为善行。业谓居家则事父兄,教子弟,待妻妾;在外则事长上,接朋友,教后生,御童仆。至于读书治田营家济物,好礼乐射御书数之类,皆可为之,非此之类,皆为无益。"这是一套乡村绅士的儒家伦理,是他们共同的人生价值观的条理化,阐明他们做人处世的基本思想是以耕读为务,以孝悌为先,兼备气节与善行。

"过失相规"所包含的条目有:"过失谓犯义之过六,犯约之过四,不修之过五。犯义之过,一曰酗博斗讼(讼谓告人罪恶,意在害人者。若事干负累及为人侵而诉之者非),二曰行止逾违,三曰行不恭逊,四曰言不忠信,五曰造言诬毁,六曰营私太甚。犯约之过,一曰德业不相劝,二曰过失不相规,三曰礼俗不相成,四曰患难不相恤。不修之过,一曰交非其人,二曰游戏怠惰,三曰动作无仪,四曰临事不恪,五曰用度不节。以上不修之过,每犯皆书于籍,三犯则行罚。"这里的过失不止限于法律通常涉及的行为层面,还深入到个人修养和道义层面。

"礼俗相交"包含的是礼尚往来和互通有无的条例:"凡遗物婚嫁及庆贺,用币、帛、羊、酒、蜡烛、雉、兔、果实之类,计所直多不过三千,少至一二百。丧葬始丧则用衣服或衣段以为遂礼,以酒脯为奠礼,计直多不过三千,少至一二百;至葬则用钱帛为赙礼,用猪羊酒蜡烛为奠礼,计直多不过五千,少至三四百。灾患如水火、盗贼、疾病、刑狱之类,助济者以钱帛、米谷、薪炭等物,计直多不三千,少至二三百……凡助事谓助其力所不足者,婚嫁则借助器用,丧葬则又借助人夫及为之营干。"村落是一个地域单位,同时也是一个礼俗单位。家庭办理生育、婚姻、建房、丧葬等"大事",街坊或庄户都要来送礼、帮工、参加仪式,于是有"乡亲"一词,所谓"生得不亲,住得亲",但是,民间频繁的送礼也经常引起是非,因此该公约特别把乡民之间的礼物的流动规范化。

"患难相恤"条目的下文是:"患难之事七,一曰水火,二曰盗贼,三曰疾病,四曰死丧,五曰孤弱,六曰诬枉,七曰贫乏。凡同约者财物、器用、车马、人仆皆有无相假。若不急之用及有所妨者,亦不必借。可借而不借及逾期不还及损坏借物者,皆有罚。"该条目把地域单位界定为一个互助的、社会保障的单位。民间对乡亲之间的排难解纷看得很重,所谓"远亲不如近邻"。

四大条目之后是"罚式":"犯义之过,其罚五百。不修之过及犯约之过,其罚一百。凡轻过,规之而听及能自举者,止书于籍,皆免罚。若再犯者,不免。其规之不听,听而复为,及过之大者,皆即罚之。其仪已甚,非士伦所容者,及累犯重罚而不悛者,特聚众议。若决不可容,则皆绝之。"处罚分三级,一记过,二罚款,三开除。一些村规的条例还包括送官治罪、驱逐等处罚。

山西沁水县的"蒲弘公约碑"①刻立于1921年,是山西许多乡村里都可以见到的刻在巨石上的禁约之一。它不涉及伦理道德,也不谈乡民的人生价值,只是一份维护物质利益的"禁约",共有7条:

  赌博每一罚大洋五元,开场人罚大洋十元,违抗者公禀。
  横行打架,送入社中公议。
  牧放牲畜,损伤树株,每一株罚栽活树五株。踏践五谷者,罚大洋叁元,不遵守者公禀。
  游手为闲,偷盗人物,犯者入社公议。
  放牧入地(毁)树株,每一株罚大洋五元,不遵者公禀。
  割草夹带五谷并杂色树草,罚大洋叁元,违抗者公禀。
  窃取果木者罚大洋五元,违者公禀。

该禁约除了开头两条是关于社会风气的,其余五条都是关于经济秩序的。这些行为是过去乡村里最容易发生的,也是大多数纷争的根源。过去,一些村庄专门设立青苗会保护庄稼、树林、竹林。这一公约规定的处罚也是三种,一公议(谴责),二罚款,三公禀(送官治罪)。村规民约通常不像家族法那样处以

---

① 温幸、薛麦喜主编:《山西民俗》,山西人民出版社1991午版,第263页。

极刑。

村落之内除了祭祀、自卫、青苗会等组织性极强的活动之外,还存在大量非正式的群体活动。村民的日常交往频繁而普遍。交往大多是以年龄相近、性别相同为原则的。村民是一个聊天的群体,成年男子的聊天多在田间地头,或吃饭时各端一碗饭在村中某个便利的地方(如某一大树下、或村中交通要冲),或晚上在村中公共场所内;妇女们则利用洗衣或做针线活的机会在一起评说本村各家长短,交流女工技艺,村中许多年轻人的婚姻就是在井边街头牵的线。乡村中的换工是一种非正式的劳动组织。农村以小家庭为经济单位,到了耕种收获季节,一家人劳力往往不够,于是,若干家庭合伙劳动,干完一家再干一家,俗称"打变工"。这样可以在季节不等人的紧迫时期,迅速完成耕种与收获。

二、地区组织习俗

民间的地区组织是跨村落的或以城镇为中心的地缘组织。地区组织有多种形式,其一是村与村之间的联合体,其二是若干村的村民的联合体,其三是城镇居民的联合体,其四是城镇居民和周围村民的联合体。前两种可以称为"联村组织",第三种可以称为"市民组织",第四种可以称为"城乡组织"。传统社会的地区组织作为中型乃至大型的社区组织,它的内部不像村落组织那样保持着频繁的人际互动,通常是因为某种特殊的活动而形成或建立的,但是一经产生,它又会派生若干活动。传统社会的各种地区组织可能各有自己的实际事务,如械斗、水利、社交,但是,它们无论如何都是一个祭祀组织,都以某位神祇的名义把大家组织起来。崇拜神的祭典、庙会是社区习俗的重要组成部分,也是社区组织认同的基本标志。

因械斗而结成的地区组织多见于南方,尤盛于福建、广东、台湾。各地的械斗大致可以分为家族械斗和分类械斗。前者以"族"分,后者以"类"分。各地在不同时期对"类"的认同是变化的,或几姓结为一体,或以村分,或以乡分,或以府县分,或以土著和客籍来分,或以祖籍分,或以方言分。虽然大致说来福建和广东以家族械斗为多,台湾以分类械斗为主,但是,福建和广东也不乏分类械斗的例子。

我们先看福建的例子:民国《同安县志》卷三记载:"雍正六年,包、齐会聚众格斗。大姓李、陈、苏、庄、林为'包',杂姓为'齐',互杀伤。"几大姓和更多的杂姓分别以"包"和"齐"为名义上的姓组织成一体相对抗,这种模拟家族的械斗实际上是分类械斗。再看广东的例子:咸丰、同治年间广东土客分籍互斗,持续了十年,这种土、客籍的分类械斗起于鹤山,后来开平的一些土著士绅煽动周围各县土属联合逐客,图谋占其村庄田产,遂使开平、恩平、高恩、新宁诸县卷入,酿成巨祸。这种械斗在整个清代屡禁不止。张之洞在光绪十一年撰《请严定械斗专条折》说:"粤省民情强悍,每因睚眦小怨,坟山细故,辄即不候官断,招募外匪约期械斗","号召者或数百人,或数千人,附和者或数村,或数十村","临斗之时,高竖大旗,对放巨炮。若攻入彼村,即恣意焚掠搜抢,所烧房屋动以数百间计,所杀人口动以数十命计"。①

分类械斗以清代的台湾各地为盛,并且械斗组织往往发展成综合性的地区组织。我们试以彰化平原的七十二村联盟为例②。台湾彰化平原的清代早期移民以泉州人最多,其次是漳州人和客家人,相互之间经常发生械斗。当地的地域组织比较发达,其中最大的是漳州人和客家人的七十二村联盟。这一联盟是清道光年间他们与泉州人械斗后的产物。他们集资修建了奉三山国王为主神的永安宫,里面还供奉械斗中死去的"勇士"。后来械斗没有了,该联盟的基础转化为永安宫的三山国王祭祀,械斗组织后来基本上只是一个祭祀组织。遇到年关不好的时候,七十二村要共同举办王爷出巡绕境的活动。王爷巡境一般在农历三四月之间,具体日期由王爷降乩决定,经过各村的顺序和路线已成为惯例。各村通过永安宫的祭祀和王爷巡境时的迎神、送神等活动组织起来。

械斗有复杂的社会原因,但常因有权势者的操纵而愈演愈烈。械斗有一套组织习俗。械斗双方约期以斗,此前各自备战(武器先是农具、鸟铳,清末发展为洋枪洋炮)。械斗以族、村为基层组织单位。斗前在族祠或村庙前宣告奖惩条例。有两种习俗助长了械斗的惨烈程度。一是真凶不抵命,或者花钱买外人抵命,或者内部有人自愿抵命,代价由集体承担,谓之"顶凶"或"宰白鸭"③。参加战斗的人员可以说肆无忌惮。二是雇佣外人作帮手,俗称"买鸟"。家族械斗雇外姓之人,分类械斗雇外乡之人。这些受雇的铳手(又称斗徒)不乏以斗为生的惯匪、无赖。卖"鸟"参战先要签订合同:某某承雇鸟若干只,鸟粮每日若干,飞风(失首级)、走水(失尸体)各补费若干等。例如前述广东咸丰同治年间土客械斗新宁西路一仗,土属一方应偿的勇费值租谷二万石。④ 雇佣大量此类有专长的"斗徒"参战,械斗的水准自然不可等闲视之。

因水利而结成的地区组织是汉人乡村的一个特点。汉人传统上通行灌溉

---

① 见《张襄文公全集》卷一四。
② 参见许嘉明:《彰化平原福佬客的地域组织》,载台北《民族学研究所集刊》第36期。
③ 参见胡朴安:《中华全国风俗志》下篇卷七,第43页"宰白鸭"条。
④ 参见李调元:《粤游小识》卷三;徐珂:《清稗类钞·风俗》。

农业,水利设施是关键,以致西方著名的汉学家魏特夫在《东方专制主义》一书里把中国归入"治水社会"。水利型的地区组织散见于各大农业区,而以四川特别是都江堰灌区及其周围最为兴盛。

四川历代崇拜治水英雄李冰父子,明清时期各地都修建了以他们为主神的"川主庙"。各个"川主庙"都有自己的庙会组织,由地方上的士绅出面,由附近百姓集资。士绅为会首,百姓为会众。集资和募捐的钱及其利息用于修造、扩建庙宇,兴修水利。许多"川主庙"的庙会都控制着一定的水利设施(如沟、渠、池塘等),未入会者不得参与祭祀,也不能利用这些水利设施。都江堰每年的岁修和几年一次的大修及其他种种水利建设征集人力、物力、财力都是以李冰父子为组织动力。宋代以来,每年一次对李冰的官祭沿袭下来,民国时期官祭与每年的清明"开水典礼"一起举行。此外的民祭在李冰父子的生日举行。传说李二郎生于农历六月二十四,后二日又是李冰的生日。在此前后十多天,都江堰受益地区的人民每日有近万人到供奉李冰父子的二王庙祭拜,正如《灌县乡土志》所说:"每岁插秧毕,蜀人奉香烛祀李王,络绎不绝。"[1]中小型"川主庙"的庙会是实体性的地区组织,而祭祀二王庙的大规模群体应该说只是一种组织相当松散的群体。

小流域的水利型地区组织可以台湾草屯镇"联合里祈安三献醮"的祭祀圈为例。[2] 这一祭祀组织与龙泉圳的开发有密切关系:起初,龙泉圳流域的全体居民为祭祀开凿水圳而罹难的人员,捐资设立三献醮典,后来举凡开发这一水系有功而已经亡故的人员,乃至本地域的一切孤魂野鬼都在祭祀之列。在同一水利灌溉地区,人们凭借共同的祭祀活动结成组织,把各个聚落联结成一体,可以减少冲突,促进和谐。

各种地区组织都有社交功能,而特别突出社交功能的地区组织可以关中的亲戚会为例。其他一些地区也有联合一方的若干村庄举办亲戚会的风俗,但是没有关中咸阳、户县、长安一带的规模大,从农历六月初五开始到七月底的单日办会,每村一天,依照约定俗成的顺序轮流进行。轮到某村办会,该村家家把新老亲戚都请来,看大戏,吃宴席。因而,此会俗称亲戚会。亲戚会是各村的村民合伙办的,一村人同姓或不同姓,家家凑份子请戏班,家家出劳力搭戏台。亲戚会的来客中最受欢迎的是外亲,特别把女婿和外甥奉为上宾,所以"亲戚会"在一些地方也叫女婿会。这说明加入这一亲戚会系统的村子也是一个通婚圈。

---

[1] 转引自《都江堰文物志》,《四川师范大学学报》丛刊第 5 期,第 65 页。
[2] 林美容:《由祭祀圈来看草屯镇的地方组织》,载台北《民族学研究所集刊》第 62 期,第 103 页。

上述亲戚会的社交费用在各村之间大致是均摊的,各村在组织内的机会、作用是对等的。普通的地区性庙会在发挥社交功能时,赋予各村的地位和角色大不相同。庙会所在地的村子成了中心,它们单方面接待周围村子的亲戚。参加庙会的区域往往也是一个通婚的范围,人们的许多亲戚朋友都在赶庙会的人员之列,因此庙会给这一社区的成员提供了走亲访友的机会,例如在延安地区,过去的庙会往往还是相亲、定亲的时机。青年男女借庙会见面、接触,双方有意,就由媒人和家长一起在草地上喝酒定亲。一无所获的小伙子总会用一句话来安慰自己,"待到来年四月八(庙会日期),庙会上有的是姣女娃"①。一般来说,中、小型庙会比大型庙会有更强的社交功能。

地区组织民俗较丰富的表现是在庙会上。不同层次的社区都有自己的中心,而这个中心往往就是庙宇。庙宇通常由一方的民众集资、出工而修建。各村(或各姓)推举人员组成理事会之类的机构,负责筹办,主持落成大典,确定一年之内的大祭。有的庙宇是一个村子集资兴建的,只有该村的村民才有资格主持祭祀,但是,参加祭祀的包括周围各村的村民。这应该看作还是一个地区性的祭祀组织。祭祀期间就是庙会。庙祭固有的活动是敬神班子摆供祭神,一般民众烧香叩头,许愿还愿。庙祭而成为"会",它的实际功能变得异常丰富,活动内容几乎包括社区生活和文化的一切方面。

庙会是汉人社会通行的地区组织形式,一个庙会就是一个地区共同体的组织形式和认同标志。庙会在全国各地都很普遍,每个村、镇至少属于一个庙会圈子。我们从浙江"嘉善县庙会一览表"②可以大略知道农村地区庙会的地域分布和时间分布的概况。全县 21 个乡镇,有 83 个庙会。民间庙会的地区组织多数比现在的乡镇规模小,并且与行政组织没有必然的对应关系,一部分庙会局限于一个乡镇之内,一部分以一个乡镇为主而及于附近乡镇的一些村子,另一部分涵盖几个乡镇的联结地带。绝大多数庙会属于联村组织和城乡组织,大概只有正月初五陶庄集镇上的财神会和八月二十五西圹镇上的财神庙会属于市民组织。通常大城市总有一部分庙会主要属于市民组织。大型的庙会主要有各地的城隍庙会,北京的妙峰山庙会,四川灌口的二王庙庙会,陕西的白云山真武大帝庙会、骊山庙会、尧山庙会、灵山庙会等,其中一些庙会在兴盛时期达到连县跨省的规模。

---

① 劲挺:《延安风土记·订亲庙会》,西北大学出版社 1986 年版。
② 引自何焕:《水乡庙会文化浅析》,载浙江省民间文艺家协会编《吴越民俗》,复旦大学出版社 1992 年版。

第四章 社会组织民俗

各地的庙会名目繁多,但组织形式和活动内容大同小异,除了祭祀神灵和商品交流,重要的就是百戏表演。敬神还须娱神,娱神也是自娱。庙会通常是民间杂艺大展示的舞台。丰富而盛大的杂艺表演自然要数老北京的庙会了。其杂艺在五十年代被命名为"民间花会",在此以前,俗称"走会"、"过会"。清光绪年间富察敦崇《燕京岁时记·过会》说:"过会者,乃京师游手,扮作开路、中幡、杠箱、官儿、五虎棍、跨鼓、花钹、高跷、秧歌、什不闲、耍坛子、耍狮子之类,如遇城隍出巡及各庙会等,随地演唱,观者如堵。"庙会把五花八门的杂艺聚合在一起表演,庙会因此成为社区文化的大荟萃。

地区组织常常就是供奉某位主祭神的祭祀圈。祭祀圈的范围一方面可以从庙会的会众来看,另一方面可以从主祭神巡境的区域来看。巡境的神以城隍最普遍,通行于多数城镇;而乡村和另一些城镇各有自己的地方保护神,如妈祖、刘猛将、都天、三山国王以及各种水神或瘟神,可以说不计其数。

城隍出巡可以天津的城隍庙会为例。戴愚庵《沽水旧闻·庚子先之城隍庙会》记曰:"夏历四月初一至初八日,为城隍庙会之期,会场在西城内城隍庙中。当三月下旬,各小组会均赴会场报到。凡报到者,即将其会名书诸黄纸,贴之庙外。所有上会会员,不外三种:一曰扮鬼,二曰扮犯,三曰扮挂灯。此三者,均许愿还愿者也。津俗,凡有病之家,均对天许愿,如病而不死,则许于城隍会中出任何事,或扮鬼,或扮犯,或挂灯,任择其一也。扮鬼者,需购铠甲一身,伪面具一个,昂者需千金,廉者亦数十金也,尚须用执烛者数十人,夜间照之以行,费甚巨也。扮犯者,需备囚服一身,鱼枷一面,俨然梨园中起解之玉堂春……挂灯者,乃愚孝之类,以肉体酬神者,法由庙中道士穿其臂肉成孔,左右各三,各孔挂羊角灯三只,灯中燃烛。出会时,随行鬼犯之后,伸二臂如肩舆之杆,灯垂如冕旒之珠,十九为长亲病瘳所许……此外尚有赦孤会,会名曰'老都魁',扮作五色斑斓之鬼,执钗排阵,浑如舞台上金钱豹尹下一群小妖也。民间由初一至初六入庙进香,购买儿童玩具,妇女开放逛庙游走,凡居沿会道人家,均须在门前搭台,台上搭棚,棚前悬以湘帘,接待亲友内眷来此观会,饮食务求丰盛,衣裳必须考究,劳民伤财,莫此为甚。实则出会期仅初六、初八两天耳。初八夜间,城隍泥像出巡,'老都魁'赴白骨塔、掩骨会等处绕坟赦孤;夜午,城隍回巡,方始道场散了。"可见,城隍出巡是一种地区性组织活动,最上层有会董负责,具体项目有各小组会分担,还有本地许多志愿人员担当出巡队伍的各种角色;出巡所到之处,人们都要搭台设供;居民以入庙进香、逛庙游走、观看随行的百艺表演等活动广泛参与进来。

城镇用其他神巡境的例子可以列举江苏南通的都天巡境。① "都天"即唐代名将张巡,神号全称为"五福都天金容大帝",是南通人仰奉诚笃的驱鬼逐邪、收灾布福的尊神。城镇乡村立庙塑像,四时祭祀,香火不断。都天会一般在农历九十月间举行。由当地乡绅和德高望重之人组成庙董会,负责筹办。出会之前先"净路"(亦谓"踩路"),即在出会前半月余,由庙宇人员肩扛会期告示牌,手敲大锣,沿行会路线(一般总在十公里以上),张贴告示,以喻乡民。净路之后,任何人不得污秽路线。农民挑粪亦自觉绕道而行。沿途的百姓积极准备"路祭"迎神,或几家合资搭建祭篷;或独家设供桌供品。祭主在会前不行房事,沐浴更衣,洁身侍神。职司人员、许愿和还愿者、香客信众也各自准备。家住市梢街尾、出会路线两侧的居民,事先相约城内亲友前来"看会"。

供奉都天的庙(堂)中,一般塑有两尊神像:一为"座神",常年驻守庙中享受香火;一曰"行神"(木身),专供出巡收灾之用。出会前夕,将"行神"请出,供在殿堂正中。随轿司职人员如轿夫、吆班(呼堂传棍者)、皇名班、职事班、大旗班、锣鼓班、太平班(即鬼班)等,须在后半夜赶到庙中就位职守。各种特殊香客如烧马夫香、肉香、提炉(锣)香的,须在后半夜到庙中跪拜神前,用钢针、铜钩等利器"封嘴"、"刺肉"。往往因为香客太多,许多人只好在庙外焚香。

一到规定时辰,在震耳欲聋的登炮(以铁筒盛放火药燃放的土炮)、鞭炮声中,锣鼓齐鸣,神像乘八抬绿呢大轿离庙出巡。出巡队伍浩浩荡荡,有手持"肃静"、"回避"、"敕封五福都天金容大帝"等牌的前导班,龙旗飞舞,鸣锣(头班锣)开道,炮声隆隆,威风凛凛。后是雕花金漆香亭、龙船(即神船)内供神牌位,抬杠前行。神轿之前,有"亲兵班"护驾,众多的"鬼班"人员前呼后拥。还有十三名人员组成的手持"皇名"筒儿的"皇名班"(据老人和僮子讲,都天菩萨神位最高,有十三道皇名,与皇帝出巡相同)。另有神马等名目繁多的仪仗、职司。接着是各种香客队伍和百戏杂陈的游艺队伍,绵延数里。

民间器乐、歌舞、技艺表演是都天会的重要内容,常见的有舞龙、舞狮、舞滚叉、锣鼓班、吹鼓乐、挑花担、倒花篮、跑马灯、花鼓灯、打莲湘、荡湖船、蚌壳精、中幡、台搁、踩高跷等等。这些表演队伍,来自附近乡镇,献技之余带有竞争意味,每当几支队伍同时到达某个祭篷时,表演尤为精彩。

沿途乡人设篷供祭:乡人自愿结合,集资购买香烛纸马、猪羊鸡鱼、水果糕点,置办的供菜中海参鱼皮之类也屡有所见。行会之日,祭篷内供都天神马。神轿到达时,冲天炮鸣,在锣鼓鞭炮声中,都天于正堂受祭,主祭人跪于神前,举

---

① 有关调查见施汉如等:《庙会》,载《中国民间文化》总12期,学林出版社1993年版。

菜过顶,通报菜名后一一献上。凡先期到达或尾随而至的各种队伍则在此表演献技。各种香客在此顶礼朝拜。有的祭篷还请僧众道士诵念经文,祈求消灾降福、保佑太平。除大祭篷外,更有难以数计的户祭。与祭篷相比,户祭比较简单。乡民在神轿经过的自家门前,设供桌一张,供神马一副,香炉烛台,清茶一杯,糕点水果数碟。二十余里的出巡路程,往往是拂晓前起轿,摸黑方归。

都天出巡与城隍出巡的组织形式颇为相似,有庙董会总理其事,各种"班"、香客、附近乡村的民艺表演队以及路祭班子等构成活动的组织单位,一方的人民通过祭祀和看会参与进来。它的覆盖面超出了城市,附近村民和市民同样参与,因此这一祭祀圈是一个城乡组织。

乡村抬神巡境的例子我们于1994年在广东大埔见过。百侯镇的许多村庄信仰青龙凹龙安寺的惭愧祖师,并在正月抬惭愧祖师的塑像巡境。侯南排在初三巡境,初二晚用锣鼓仪仗去邻村把祖师接来。负责人是三户的户主,称为"福首",通过抓阄产生。祖师被安置在村中的行帐(搭的棚),享受素供,然后(祖师被抱着)挨户巡查,在各户室内绕行一圈。每家分到一套"惭愧祖师驱邪逐疫保命神符",黄纸的贴在家里,黄布的可在出门时带在身上。每家设供接神,并在巡查完后把一元以上的钱交给一位福首。巡查之后回到行帐,接受祭祀,享受大供(主要是生的全猪全鸡)。最后,村民用锣鼓仪仗把祖师送出村外,由下一村接走。这一方的村子就是这样通过接神、送神,通过仪式、符、钱等的交流,达成一种组织认同。

第三节　社团组织民俗

社团组织是若干当事人出于共同的个人意愿而结成的组织。社团与血缘、地缘组织的区别在于,先天的血缘和自然的地缘决定一个人是某个家族或某地庙会的成员,他的成员资格是先赋的,但是,一个人加入某个社团却是他的个人选择,影响他的选择的是一些后天的因素。血缘组织和地缘组织内部的社会文化差异越大,社团组织就会越发达。社团的组织基础可能是职业相同(如行会),可能是信仰相同(如香火会),可能是志趣相同(如结义兄弟),也可能是利益相同(如帮会、钱会)。传统社会的民间社团都有自己的一套组织民俗发挥文化的维系作用。我们把社团组织分为四类来描述它们的习俗:(1)行会,(2)民间信仰组织,(3)帮会组织,(4)小社团组织(如钱会、喜事会等)。

一、行会组织习俗

中国自古就有官府用"肆"来管制工商业者的制度,《论语》所谓"百工居肆,以成其事",就是说工商业者必须在肆内分门别类按指定的位置营业。从隋朝到唐朝前期,商品经济空前繁荣,工商业者开始按行结成组织,以便在全行业中安排如何服徭役,应官差。这种行的组织到宋代便完全确定了便于为官府尽义务的性质和以行头为首的组织形式。行业组织的构成要素主要有行首(行老、行头、会长)、值年(司年)、行业神、神庙、业务场所。成员拜师学艺、出师入行、在行营业以及同业的重大活动,都有一定的习俗惯制。

各行各业都供奉行业神,它们被供奉在称为庙、堂、馆、殿、宫、阁、祠的建筑内。行业神崇拜既有一业多神的情况,也有一神多业的现象。所崇拜的神包括祖师神和保护神。宜兴陶业既供祖师神范蠡,也供保护神土地神和火神。鲁班被木匠、石匠、瓦匠、车铺等行业奉为祖师神,以致有"百作手艺供鲁班"之说。许多行业组织的名称以其所奉之神命名,如老君会、鲁班社。

行老或行头为一行之首,举凡同行人员的共同活动、相互关系以及对官府、行外的一切接洽交涉,都由行老或行头代表本行处理。值年或司年负责行会一年的会务。苏州评弹艺人组织光裕社,每年当神诞日由资格较老的艺人当着玉皇祖师像抓阄,以选出一年任期的司年。各行均有固定的交易地点(行的所在地或其他固定场所),凡有交易或雇佣,供需双方皆于一定时间会集于行的交易地点进行,谓之"上行"。行会的活动中心是会馆,雇佣固定的服务人员,称为馆役或长班。

清代和近代的行会主要是办理公益善举的同业组织,通过征收开店、开作、收徒、入行等的例钱为成员提供生活保险、医疗保险、丧葬保险,举行同业祭祀。所有这些内容大多以行规的形式加以制度化,例如长洲县、元和县、吴县(1912年合并为吴县)的梳妆业同人在苏州成立的行会所议定的章程:①

一议:同业公议,遵照旧章,无论开店开作,每日照人数归店主愿出一文善愿。一议:同业公议,现以历年所捐一文善愿,积资置买公所基地一处,即欲起造。一议:年迈孤苦伙友,残疾无依,不能做工者,由公所每月酌给膳金若干。一议:如有伙友疾病,应延医至公所诊治,并侍汤药。一议:如果伙友身后无着,给发衣衾棺木灰炭等件。一议:如有伙友病故而无坟

---

① 《长元吴三县梳妆公所议定章程碑》。原碑在苏州桃花坞红木梳妆公所。

墓,由公所暂葬义冢,立碑为记,且俟家属领回。一议:祖师坟墓与义冢毗连,每年七月中旬,同业齐集,祭扫一次。一议:如果公所起造工竣,由同业中公举诚实之人司年司月。一议:外方之人来苏开店,遵照旧规入行,出七折大钱二十两。一议:本地之人开店,遵照旧规入行,出七折大钱十两。一议:无论开店开作,欲收学徒,遵照旧规入行,由店主出七折大钱三两二钱。一议:如果学徒师满,已成伙友,遵照旧规入行,伙友司出七折大钱四钱。

苏州工商诸行,从清代开始在建立公所时都有在官府备案的习惯,并将其组织缘起、本行行规以及其他有关营业的要点刊刻于碑。上述章程是其中的一例,我们从中可以了解行会习俗惯制的大概。

一些城市在大行业内再分小行业成立行会,行规既要维持同业的关系,还要维持小行业之间的关系。广东佛山铸铁业有四个行会:一是铸锅业,行会会馆为既济堂;二是铸杂件产品的行业,行会会馆为全胜堂;三是经营铸件的商业,行会会馆为江济堂;四是铸造工人的"西家"(与"东家"对称,即工人)行会,有自己的陶全会馆。各行行规包括经营范围、维护同行利益、限制同业竞争、保持传统生产习惯、规定原料产品规格和价格、帮工待遇、劳动条件、学徒制度、违章争议裁定和公共福利等;此外,还规定各行不得超行生产。[①]

行会本来看起来是全体同业的组织,当业主和雇员的不平等突出起来以后,组织上也出现了分化,雇员成立了自己的组织。上述佛山铸铁业的"西家"有专门的会馆。四川富荣盐场的烧盐工成立了炎帝会,担卤工成立了华祝会,外人不入会就上工,必遭痛打,并被赶走。这种类似现代工会的组织有自己的规矩,具有相当大的战斗力。行帮内的纠纷自己能够解决,不向官诉;炎帝会便是由原告先垫两桌酒席的钱,会首请来证人、原告、被告等,断理后将钱办酒席共享,输理一方出钱。清朝同治、光绪年间,华祝会的会首一声令下,全体罢工,无人退缩。[②]

老北京的手艺人有分行在茶馆聚会等活儿的习俗,形成行业工人的组织,称为"攒儿"。凡在茶馆中安"攒儿"的,差不多都要各成一行,有行规、有祖师、有师傅徒弟。各行手艺人都有"攒儿":每日凌晨,这些匠人必聚于一个固定的茶馆中,东西南北各城皆有,等待招雇。有约活的承头人手下缺人时,即至茶馆约找。各行的工资及承头人应得的"绪儿",也就是提成的佣金都有规定,凡到

---

① 刘志文主编:《广东民俗大观》下卷,广东旅游出版社1993年版,第54页。
② 孙旭军等:《四川民俗大观》,四川人民出版社1989年版,第248页。

茶馆等活的手艺人都携带着本人手使的家伙,因此,承头人一声招呼,工人就可以随去干活。在茶馆中等活的一般都是本"攒儿"的熟人,外人不得混在其中。凡到"攒儿"上的手艺人,有的按茶馆的规矩给茶钱,有的是将"会意儿"(随自己决定钱数,一般比应付茶资少)交到"攒儿"的公案上,由一人负责在散"攒儿"时统一交柜上。赶粗活的工人还有另一种聚会形式:每日日出之时,十字路口之旁,聚有许多扛汗褂的壮汉等候承头人来叫,过时自散,谓之"听叫儿"。听叫的地点虽为临时街头"攒儿",但也有一定地点,如东城在隆福寺街东口外,北城在交道口。①

入行的习俗惯制和过程是很复杂的。特别是在社会消费需求增长缓慢的时期,各个行业通常都要把好这一关。入行的正途是从师,走科班一样的路子,连讨饭谋生也最好通过拜师入丐帮。学徒投师,首先要有介绍人(举荐人、保人),除非本来就是亲戚,学徒如有差错,他要负责;其次,可能要经过师傅的考查,看是否机灵,是否具备本行的素质。例如,师傅以手抹嘴,意为口渴,能够马上送茶自然会得到好评;理发业的师傅让想要学艺的人吃豆花饭,看他能否用筷子把豆花整块夹起;而商店往往故意把钱币放在某处,检验学徒是否可靠;如此等等。如果考查不合格,师傅便婉言拒之。

各业学徒拜师入门的礼仪大致是:择一吉日,在师傅家的正堂设祖师及保护神的神位,由师徒先后向神位行叩拜礼,然后由徒弟叩拜师傅、师娘,再向师兄弟行礼,最后由师傅或店主(或作坊主)向徒弟训话,要求徒弟尊师敬祖,谨守行规。有的还立有字据,有的称之为"投师文约",例如北京的评书业的拜师字据:"今有×××经×××介绍,情愿拜投×××门下学演评词,于×年×月×日在祖师驾前焚香叩禀,行拜师礼,入门受业。自后分虽师徒,谊同父子,守先圣之教,对于师门,当知恭敬。"②有的"投师文约"主要写明学艺时间、待遇、应遵守的规矩等,还要写明"任随师家管束教诲","生疮害病,自行料理;人走人亡,与主无涉"等。有的还要求学徒备丰美酒席宴请师傅、师伯、师叔、举荐人、证人等。整个仪式及师门人际关系表明了对家庭的模拟,而各个师门联合的行会与家族在组织民俗上颇有相似之处。

从师学艺一般是三年,有的规定要跟师傅学足1440天(4年),如因病缺勤,缺一天补回一天,够期才为满师。一般先要做杂活,到第二年方正式开始学艺。手工场、商店的学徒最苦,不仅要煮饭、挑水、做粗活,有的还要帮师娘带小

---

① 见金受申:《老北京的生活》,北京出版社1989年版,第391—393页。
② 见张次溪:《天桥一览》,中华印书局1936年版。

孩、洗尿布、涮马桶,还免不了要经常挨打受骂,人称"徒弟徒弟,三年奴婢"。师傅只包学徒伙食,付给徒弟少许衣、鞋钱和剃头钱,逢年过节时给点喜钱,不付工钱。工匠的徒弟出工的工钱,也由师傅得。满师后,有的还要"跟三年",这个时期,处于半徒弟半工匠的地位。此后有的还要"帮三年",在师傅的班子里干活,按工匠待遇。如果师傅同意满师,学徒照例就要敬神、酬师,大办"出师酒",请帮内有名气的人参加。这样做,出师仪式同时成了入行仪式。徒弟给师傅磕头,送衣帽鞋袜给师傅、师娘,感谢师傅的教艺之恩。师傅则对徒弟说些祝愿话,退还"投师文约"。无钱谢师的,不能算"出师"。泥木石工、饮食业等行道的学徒满师后,师傅要送给一套工具。学医的徒弟满师后,还要跪在药王菩萨面前盟誓:"不得借端报仇,毒药杀人,看病不分贵贱,不分远近,不调戏妇女,不得背师叛教"等等。

行会常规的重大活动是祭祀行业神,专门的祭祀在行业神的诞辰和忌日进行,活动内容包括焚香上供、演戏酬神、迎神赛会、饮宴、说公话(讨论行业公事)、交流技艺等多种项目;此外,逢年过节以及其他庆贺活动(如店铺开张)都要举行祭祀。我们从北京银号会馆于民国17年所订《公议重订本馆简章》之中可以看到行会对行业神祭祀的安排:"本馆仍照旧章,每岁大小祀神共十八次。大祭六次,小祭十二次。所有香烛、纸马、钱粮、供品,责成司事人照例备办。大祭之日,全体执事齐集拈香。小祭之日,则由正副两家值年代表。先期应由司事人缮写敬单,派长班通知各号。每大祭一次,各号出资贰元,小祭暂仍停收。"该行采用集资祭祀的方式,而许多行会都有公产可以用于祭祀和其他的行业集体活动。例如,宁波药业的"连山会馆"(传说伏羲氏作的八卦,称为"连山",故名)建有"药王殿",所置公产的花息列出祭祀之日赛会演戏的专项开支,由司年按时提取。每年四月二十八是药王菩萨生日,药业人员汇集连山会馆,赛会演戏。按会馆规定,只要拜一下药王菩萨,就可免费看戏,并吃到一碗花色面。

二、信仰组织习俗

广义地说,中国传统的民间组织大都有共同的信仰和祭祀活动,无论它本来是(或主要是)什么样的组织,它都同时还是一个信仰组织,如家族的祖先崇拜、社区组织的保护神崇拜、各行业的祖师崇拜。狭义地说,如果人们个人自愿结成社团是为了共同从事某种信仰活动,那么,这一社团就是我们这里所谓的民间信仰组织,它们的宗旨是追求精神价值。一些信仰组织是公开的,但是,由于专制社会官方意识形态的独裁和垄断,许多信仰组织在力量不够强大时不得不处于秘密状态。

我们可以把民间信仰组织按层次划分为体系化、制度化的宗教组织和普通的信仰组织,前者如各种民间宗教,后者如各地进香朝圣的香火会。有些宗教在民间传来传去,或者由于组织体系被摧毁,或者由于传教人的问题,后来蜕化为不完整的宗教,但仍然以某些方式存在,大概只能算是普通的信仰组织了。

最早的民间宗教组织是东汉的天师道和太平道。张陵依据原始道教,并吸收巴蜀地区少数民族原始宗教的成分创立天师道。天师道学奉老子,尊教主为天师,故称天师道。又因入道者须交五斗米,亦称五斗米道。张角创立的太平道以黄天为至上神,又信奉黄帝与老子,认为黄帝时天下是人类社会最美好的太平世界。张角及其弟子以高明的医术和令人神往的太子世界吸引民众,十余年间,赢得徒众数十万。张角自称大贤良师,把数十万徒众分为三十六方,大方万余人,小方六七千,各立渠师(道领),建立起严密的宗教组织。

影响最大的民间宗教组织是兴于宋、盛于元、在明清层出不穷的白莲教。白莲教支脉繁复,都以无生老母为最高崇拜,以龙华三会为信仰核心。宋元时代的白莲教组织,由于史料缺乏,人们现在不甚了然。明中叶至清中叶时期的白莲教的组织大致是:教主自称是某某佛(如弥勒佛、观音菩萨等)的化身,将亲传弟子分宗定派(或按三宗五派九杆十八枝,或按八卦),遣往各地传教收徒。他们的再传弟子或称"传头",如东大乘教;或称"老官",如无为教;或称"卦主",如天理教;或称"当家",如天地门。他们负责传教收徒,收缴徒众香金,举办各种宗教活动,听候教主征召,组织造反起义等。他们又委任自己的若干弟子管理教众,领导普通教徒,在一般教徒之中男称大众,女称二众或二道,彼此互称道亲或师傅。自清中叶始,白莲教各变体、支派的组织形式更加复杂。其中,八卦教的组织是:教主统领八卦的卦长,卦长下辖六爻,掌爻称指路真人,下设开路真人、挡来真人、总流水、流水、点火、全仕、传仕、夏仕、秋仕等教职,其下是一般徒众。掌爻真人受命掌握卦内生杀大权,真人以上可动用银钱,流水以上可经营账目,点火专管出钱人的姓名单子,用火烧了使阴司记账,全仕以上可传授徒弟,传仕专管送信,夏仕和秋仕只等来世才有好处。传说夏仕托生举人,秋仕托生秀才。[①]

白莲教在组织上的常规的习俗惯制主要有渡人和入教仪式道场以及集会。白莲教内一般教徒最重要的修持功夫是渡人,即劝人入教,称为"作功"。先要把自己的家属渡进来,然后渡亲友和所能接触的人。由老教徒一至二人引进,经过受戒、传诀、唱誓愿文、上表挂号对合同等步骤,这个人就成了正式教徒。

---

① 见濮文起:《中国民间秘密宗教》,浙江人民出版社1991年版,第177—178页。

所谓受戒,是由教首教授戒律,内容与佛教戒律大同小异,如清茶门的三皈五戒:皈依佛、法、师;戒杀生,戒偷盗,戒邪淫,戒荤酒,戒诳语。所谓传诀,是由教首传授"三诀"(亦称"三宝"),一是口诀,以"真空家乡,无生老母"八字真言最为普遍;二是本支派的手诀;三是由教首在两眉中间到囟门的某处点玄关,以便灵魂于死后升天。所谓唱誓愿文,是让教徒发誓永远忠于本教,有的支派须上香,有的甚至歃血,并唱念"天雷轰杀"等咒语。所谓上表挂号对合同,是用黄纸书写教徒姓名后将其焚化,以示向无生老母报告,作为幸赴龙华三会享受极乐世界的凭证。

白莲教的道场一般是借各个支派祖师的生辰忌日或传统节日(如上元、中元、下元)举行,遇丧事或受信徒邀请也可能临时开场。规模大的道场要高搭彩棚,供无生老母、众位仙佛以及创教祖师,还要焚香燃烛,唱念经文,扶乩占卜,由善男信女许愿还愿,祈祝众生无灾无病,并舍粥施药。当官方采用严刑峻法进行打击的时候,有的教派的道场会采取社会上通行的布置。董计升在顺治年间创立天地门的早期,道场供奉无生老母牌位,后来为了躲避清廷的杀伐,将无生老母牌位改为"天地三界十方万灵之真宰"牌位,并且一般还不用,信徒平常只供"天地君亲师"牌位。[①]

民间宗教具有严密、稳定而较大规模的组织,而民间其他的社团性信仰组织如香火会以及为庙会服务的各种"会",一般都是松散、活动少而规模较小的组织。香火会是朝圣进香的信仰组织,发起和管理这种组织的人叫善首,会员称善男信女。加入香火会要缴会费,有的会是一人缴一份,有的会由会众凭心意、凭家底上缴。如果是缴粮食,有的富户缴数百斤。

我们以各地去泰山进香的香火会为例。[②] 每年到泰山进香的香客成群结队,由"善首"带领,队前打红旗,上书"朝山进香",下署"某县某村香火会"字样。香客上山专"请"(实际是买)头号大元宝。这种特大的元宝有1.5米长,80厘米宽,用锡箔裱糊,一对元宝中一个是金的一个是银的。香客雇一人担着,担子一头挑一个,名叫"钱粮挑子",挑子分量虽轻,但不容易挑。上山风大,必须小心翼翼,保证元宝不能损坏。完成任务后,担"钱粮挑子"的人可以得到优厚的报酬。碧霞祠(泰山奶奶庙)是香客送香火的集中地。香客除在这里顶礼参拜、焚烧纸帛、扔香钱外,如果想求泰山奶奶保佑生个儿子,还要扔个银娃娃;想求生个女儿,还要扔丝、棉、绸缎绣鞋等物品。泰山碧霞宫内有一件镇山之宝,

---

[①] 见濮文起:《中国民间秘密宗教》,浙江人民出版社1991年版,第78—79页。
[②] 吴延文、萧宝万:《张大山香客店》,载《民俗研究》1989年第4期。

名叫"碧霞元君玺",俗称"老奶奶印"。香客若请道士用黄表纸印一张符,必须另外花钱。香客们相信,这张盖了玺的黄表纸可以辟邪、镇妖、除病。进香后再带回符表,人们祈福免灾的心情可能倍感安慰。

庙会是社区组织,但是,为庙会服务的许多小型的会是社团组织。这些社团组织大致可以分为杂艺表演组织和服务组织两类,老北京称前者为"武会",后者为"文会"。武会又分"会规以里"的会档和"会规以外"的会档,前者指"幡鼓齐动十三档",即开路、五虎棍、身歌、中幡、狮子会、双石头、石锁、杠子、花坛会、杠箱、天平会(什不闲)、吵子会、挎鼓会,后者有七十多个品种,如小车会、早船会、太平鼓类。文会向茶棚和寺庙捐物,为香客服务,一个会专司一项,并由此归类,如茶叶老会、馒头老会、粥茶老会、献盐老会、献花老会、燃灯老会、盘香老会、修路老会、缝绽老会,它们向香道上的茶棚和寺庙献茶叶、馒头、粥、鲜花,为香客修路、补鞋,总之,是什么会就为香客和寺庙提供什么。武会和文会为庙会和香客的服务都是义务的,自备物质和设备,分文不取。

老北京的每一个会都有响亮而吉祥的"会万"(名称),一般是地名加会名再加会种,文会如角儿堡、万花献瑞、鲜花老会,武会如虎坊桥、万寿无疆、秧歌老会。会档一般由一名"把头"或"大督管"(会首)承担会里的全部费用(设备、交通等),两名"前引"受会首委托实际带队走会,若干"耍手"作为演员,一对大三角形的"门旗",镶有火焰边,绣着本会的名号,一面"拨旗"由把头或前引执掌。会龄长的称"老会",成立不久的称"圣会",只有老会的旗帜用黄色。新会成立,走会前要举行隆重的仪式,下帖把各会的把头、前引请来指教,得到大家承认后才能正式出会。圣会经过若干年后改为老会。①

信仰组织在各地乡村的存在是比较普遍的,乡民或者结成自愿团体(各种会、班)为本社区的庙会服务,或者组成香火会到异地朝拜特别有声望的神灵,或者就地加入某个信仰团体(会、道、门),按时参加宗教活动。这些组织是可以并存的。一些地方一时间流行一种宗教,一些乡村同时存在多种信仰团体。1920年代对河北定县东亭乡62村的调查说明,在大量庙会组织存在的地区,还活动着十种名目的宗教团体,它们的分布见下表。

可见,一种会道门不限于一个村庄,一个村庄也不限于一种会道门。"可是一个人只能属一个团体,不能同时加入两种团体"。各会道门的规矩颇严,团体的秘密上不传父母,下不告妻子。我们从当时的调查报告关于普济佛教会、背粮道和九功道的介绍可以对这些会道门有具体一点的了解。

---

① 参见郭子升:《北京民间花会》,载张紫晨编《民俗调查与研究》,河北人民出版社1988年版。

普济佛教会共计854人，本地信徒散布于13村内。当地传说始祖是一个和尚，名叫普济。信徒入教时，都得先向会里捐钱，相信死后可以得救。属背粮道的共计570人，分布在6个村。传道的常常背着粮食走村串户劝教，人们就称它"背粮道"。会众常在每月初一、十五两天带着粮食到一定的地方会餐，会餐以后，男女信徒在一起唱诵道歌，静坐修炼。九功道有109人，见于5个村。此道禁吃五荤。人们传说信了这个道门以后，就能推卜未来吉凶。该道后来渐趋衰微，信徒集会没有一定的地方，也不定期。

定县东亭乡62村宗教信仰团体统计（1928）[①]

团体名称	加入人数	有此团体之村数
普济佛教会	854	13
背粮道	570	6
圣贤道	243	22
九功道	109	5
老师道	106	13
理门	90	16
香门道	28	3
坐功道	9	1
静心道	7	1
金香道	5	1
总合	2021	…

三、帮会组织习俗

帮会组织历来上不为官方所容，下遭受家族敌视（许多家族的族规严禁子弟参加），通常都是"秘密结社"。帮会有两种组织类型：一是以歃血结盟的形式聚义结拜，依据忠义信条和生死弟兄关系把赵钱孙李、东西南北的人结为一体，例如天地会；一是以拜师认父的方式把徒子徒孙结成模拟式家族，例如青帮。帮会与信仰组织有密切的关系，帮会都有崇拜对象和祭祀活动；有的帮会原先就是一种信仰组织，例如青帮的前身是罗祖教；一些会道门与其说是宗教组织，不如说是帮会，例如白莲教演化出来的大刀会。帮会在性质上是正统体制之外的组织。从正统的社会阶层分化出来的游民、移民、难民更容易加入帮会，他们即使是做乞丐也要结成丐帮。帮会日常是江湖上经济互助、感情互通的联盟。

---

① 见李景汉编：《定县社会概况调查》第十章第二节，中华平民教育促进会1933年。

它们大都有层出不穷的反对官府的表现,特别是天地会,长期以反清复明为宗旨,并曾响应太平天国起事,有的还曾受孙中山的同盟会领导,多次参加起义。但帮会组织成分复杂,具有封建落后性等弱点。进入新民主主义革命时期,它们为帝国主义和国内反动政治势力所操纵和利用,最终为人民革命的浪潮所淘汰。

民间秘密结社兴盛于清代和民国时期。无论在什么社会,帮会与正统体制的相容性都是极其有限的。正统体制的狭隘性越突出,帮会就越兴盛。清代档案中的会党名目竟达一百多个,其中以天地会系统和青帮的影响最大。除了介绍它们,我们还将叙述哥老会、大刀会和一些地区的丐帮的组织习俗。

天地会是朋友加兄弟的异姓联盟,因而在理论上是一种横向的平等的组织。它的成员大都从农业、手工业中分解出来,与士农工商都有联系却不属于四业中的任何一业,因而与行会有别。它始终被官府明令禁止,清初竟然在刑法中第一次把异姓结拜视同谋反。雍正朝《大清会典·刑部·奸徒结盟》说:"顺治十八年定歃血盟誓焚表结拜弟兄者,著即正法。"因而,天地会一直是地下组织。

据孙中山在《建国方略·有志竟成》中的论述,天地会(洪门)创设于明朝遗老,起于康熙时代。因为该会"拜天为父,拜地为母",所以称为"天地会"。据说因为是合异姓为一家共图"反清复明之大业",所以取明太祖年号洪武为名,号称"洪家"或"洪门"。相传各地天地会由五祖所创,他们作为五房分赴各省,各立山水香堂。山堂的大头领称大元帅或总理,二头目称香主或二哥,三头目称白扇、三哥或先生,四头目称先锋,五头目称洪棍,一般会员称草鞋。它不是一个单一的垂直组织,而是散布全国绝大部分地区的独立山堂的总称。洪门以多种形式参加、帮助了辛亥革命。辛亥革命后,它仍然作为秘密组织存在,与青帮一起被世人并称为青洪帮。

洪帮的入帮仪式叫"开香堂"。香堂有大小之别,入帮人数较多时开大香堂,其仪式更为讲究。申请入帮,先向帮中发展组织的头目报名,等到积有数十或上百人之后,由山主派负责开香堂的"老大"选择僻静的庙宇布置大香堂。正中设炎帝位,上悬"忠义堂"匾额,中间设置供桌供祖师牌位。堂中另设大方台一张,右供大片子(大刀)一把,左供小喷筒(手枪)一支,下焚一炉香、一对烛,台口置线香一束,并且要张红灯,外层三盏,中层八盏,内层二十一盏,隐含"三八二十一"(洪)。待新会员和请来赴会的各位入内后,紧闭大门,由新会员向祖师牌位行三跪九叩之礼,然后,则有一名负责人向他们详解种种帮规,接着便将台口线香执于左手,将大片子握于右手,对他们厉声道,"以后各位如有不

第四章 社会组织民俗

遵教主命令,不能严守帮规者,即以此香为例!"于是,将线香一刀两断,把断香分给新会员。接着,他向他们朗诵入帮诗,令同帮兄弟互相行礼。最后是入会问答,主香人问:"天地日月,如何称呼?"众会员答:"拜天为父,拜地为母,拜日为兄,拜月为嫂。"又问:"你们能严守帮规吗?"答:"能!"于是一一发给"票布",令各珍藏。这些人算是正式入了门。

哥老会是异姓结拜兄弟的组织,又叫哥弟会,在四川通称袍哥,也叫汉留,属于天地会系统,清末和民国时期盛行于四川城乡各地,流传于云南、贵州、两湖、两广、江西、陕西、甘肃等省。哥老会以结义为标榜,以关公为主神,各个组织互不统属,自成一体,称为"公"、"堂"、"堂口",所据地盘称为"码头"。哥老会的会规包括劝勉内容的"红十条"和惩罚内容的"黑十款"。

"红十条"全文是:"汉留原本有十条,编成歌诀要记牢。言语虽俗道理妙,总要遵行才算高。第一要把父母孝,尊敬长上第二条;第三莫以大欺小,手足和睦第四条;第五乡邻要和好,敬让谦恭第六条;第七常把忠诚抱,行仁尚义第八条;第九上下宜分晓,谨言慎行第十条。是非好歹分清楚,牢牢谨记红十条。"

"黑十款"全文是:"出卖码头挖坑跳,红面视兄犯律条,弟淫兄嫂遭惨报,勾引敌人罪难逃,通风报信有关照,三刀六眼谁恕饶,平素不听拜兄教,四十红棍皮肉焦,言语不慎名黜掉,亏欠粮草自乘挑。"帮会对袍哥的惩罚有下列数种:当众罚跪(俗称"矮起说");挂黑牌(停止资格若干天);用红棍责打;开除;吹灯(挖眼);砍丫枝(剁手足);活埋;三刀(穿体)六个眼。严重的惩罚要开"执法堂",当着关圣帝君处理。[①]

青帮,又称"清帮"、"安清帮"等,与罗教的宗教组织和运河上的行帮有渊源关系。罗教是明代罗梦鸿(1442—1527年)创立的秘密宗教,在明代就已经从河北、山东传到运河南端。据清代档案记载:"明季时有密云人钱姓、翁姓,松江人潘姓三人,流寓杭州,共兴罗教,即于该地各建一庵,供奉佛像,吃素念经。于是有钱庵、翁庵、潘庵之名。因该处近福粮船水次,有水手人等借居其中,以至日久相率皈教。"罗教与运河水手的结合发展到清中叶,水手的行帮会社形成。在道光、咸丰年间,信仰罗教的水手组织扩展到华北和华东的大部分地方,成为近世的青帮:"道咸年间由江浙失业水手转向苏北而建立的安清道友,在清末沿着两个方向发展。在南路,它由苏北、皖东进入苏南、浙江;在北路,它由沛、丰诸地发展到山东、河南。与此同时,它的组织成分发生了很大变化,由单

---

① 王纯五:《袍哥探秘》,巴蜀书社1993年版,第59—60页。

纯的失业水手发展成各种私盐贩、流氓、土棍、裁汰的营兵,乃至各地的小知识分子、衙役、武举、秀才等等。"①

青帮是一个家族式的秘密组织,有家庙、家谱和严格的帮规、帮俗。其家庙在大运河南端的杭州武林门外宝华寺;家谱为《通草》,又叫《清谱经》,追认了前二十四辈,以菩提达摩为始祖,下分中二十四辈和后二十四辈。后二十四辈的徒子徒孙只出现几个,就因与人民为敌而遭到人民政府的镇压。

青帮内部是师徒关系。一个人第一次收徒叫"开山门",开了山门就可以陆续收徒;到了一定时候要宣布"关山门",以后便不再收徒。谁收的徒弟以及徒弟再收徒,均属谁的支系。入帮就是拜师,所拜的师傅叫"本命师"。拜师手续烦琐,要有两人介绍,一人叫"穿蘪师",一人叫"引进师",穿蘪师可以是本帮的也可以不是本帮,引进师一定要是"家里人",但又不能是本帮头的;要投两次拜师帖,一次叫"记名帖",一次叫"投师帖"。正式拜师,须穿蘪师、引进师二人带领,备孝敬礼品,向本命师投递拜师帖,拜师帖的封面写"义气千秋",正文写"××自愿加入安清帮,经××师穿蘪,××师引进,拜××老前人门下为徒,一切听从师傅教导,如有不轨,愿受十大帮规处置"。入帮人一般喜欢投辈分高的人为师,以便"磕一人头、受百人尊"。要举行大、中、小三种规格的"香堂参祖"(又叫"孝祖"),才能算是正式"进了家"。香堂收徒仪式之始,先请祖、悬祖,上烛、上香、上茶,念诵开坛词,参祖;然后,入门人向辈分高的人行叩礼,拜见各帮师父。其中若有一人拦阻,即不得入帮。后由本命师传教帮中规矩、仪注、礼法,交代自己的师傅、师爷、师太及所属帮头(视同家谱),徒弟要一一牢记。

青帮开香堂的一些讲词宣示了其内部适用的价值观。上烛词为:"一对红烛红又红,五湖四海称英雄,帮中尽出英雄汉,专为世界打不平。"上香词为:"一炉香烟振中华,长江运河是我家,安清只知安天下,香烟散入武豪家。"开坛词有这样几句:"我替祖师把道传,三老四少请听言。开帮运行清朝起,代代安清往下传。既然你把家门进,以后做事学圣贤。先学仁义礼智信,忠孝节义要周全。"从文辞来看,青帮的价值观与正统的伦理道德大致相同,两者的差别可能主要在于运用对象和情境。青帮在行为上常常是反社会的,但是,青帮没有形成自己的反文化。

青帮的"帮俗"、"帮规"主要有教导性的"十要"和"十守",禁戒性的"十大帮规"、"十禁"、"十戒"以及"家法"的惩罚条例。"十要"是"孝顺父母,热心做事,尊敬长上,兄宽弟忍,夫妇和顺,和睦亲邻,亲友有信,正心修身,时行方便,

---

① 马西沙、韩秉方:《中国民间宗教史》,上海人民出版社1992年版,第312页。

济老怜贫";"十守"是"守法律,孝双亲,敬神明,习正道,保身体,善改过,立品行,慎言语,务正业,戒嗜好"。"十大帮规"是"不准欺师蔑祖,不准藐视前人,不准扒灰倒笼,不准奸盗邪淫,不准江湖乱道,不准引法代跳,不准以卑为尊,不准开闸放水,不准欺软凌弱,不准违背帮规";"十禁"是"禁拜二师,禁父子同师,禁师死再投师,禁关山门重开,禁徒不收师收,禁兄弟班辈高低,禁本帮与本帮引进,禁师过代师收徒,禁香头低爬高,禁在道谤道";"十戒"是"万恶淫乱,截路行凶,偷盗财物,邪言咒语,讼棍伤人,毒药害生,假证欺人,聚众欺寡,以大欺小,烟酒骂人"。为了保证帮规帮俗得到遵守,其"家法"规定了相应的处罚,主要有申斥、棍击、在身上烧字(例如"犯规"、"不孝"、"顽民"、"无义")后斥革、处死。香堂的香案上有一根木棍叫"家法",有的写着"违犯帮律,打死无罪",有的写着"祖师爷家法",传说是乾隆皇帝下江南时所赐,以表彰该帮对漕运皇粮的贡献。青帮对皇权还是有认同感的。

　　帮会为了付官府的侦探和捕杀,设计了一套又一套内部成员相互联络的暗语和手势,特别是天地会,因为长期没有一个全国性的"领导机构",所以各个山堂的"问答"因时因地而异。不过,它们的问答都有一些共同的基本内容:问姓答洪,问数答三八二十一。青帮成员要联络同帮的人提供帮助,就坐到茶馆里端起茶,左手露三个指头,右手露四个指头,客气地说一声,"请各位老大用茶"。如果在场有同帮的人,他就会过来搭话,问姓答潘(祖师爷之一),问来路去向则答"从杭州来,到五台山朝祖"。直到盘问到相信彼此是帮中人才高高兴兴地按帮中规矩相待。青帮的盘问内容称为"海底",本帮的来历、势力、帮规等传承知识尽在其中。秘密交际符号是大型秘密组织在大社会开展活动的基本条件。①

　　乞丐曾经是一种行业,城乡都有,而丐帮在大中城市更见规模。② 乞丐依其地域来源不同而分成不同帮派。汉口丐帮帮内设有许多宗门,宗门内按资历设字派,以区分尊卑。乞丐按宗门字派划定范围,各据一方,外人不得越界侵犯。各宗门内设有总管、甲头。甲头主要由徒弟供养,平时不行乞,还可能过优裕的生活,有的甚至养婢纳妾。广州市内较大的一个丐帮称为"关帝厅人马",帮主

---

① 上述关于青帮的材料主要引用了刘兆元在江苏海州的调查,见《海州民俗志》,江苏文艺出版社1991年版,第171—180页。
② 汉口丐帮的资料引自萧放:《荆山楚水的民俗与旅游》,旅游教育出版社1992年版,第21页;广州关帝厅人马的资料引自叶炳昌:《中国名城汉俗大观——广州篇》,中国友谊出版公司1993年版,第119页;浙江象山港海鹰帮的资料引自应长裕:《象山港沿海乞人习俗调查》,载《中国民间文化》总第17集,1995年。

下面的乞头称为"大骨",大骨管理乞丐。浙江象山港沿海的丐帮以海鹰帮势力最大,帮主称为"海鹰王",其副手称为"青龙头",下辖若干"乌鸦头",再下一级是"麻雀头",这些都是"乞头",其中只有麻雀头平时行乞,高级乞头只在人家的家里有事时率手下前往,用吉利话换取酒喝;日常乞讨的"乞人"还根据资历分为"上品"、"二等"、"阿三"和"下等"。

丐帮各有自己的"帮规",如果违犯,轻则跪打,重则割舌断足,甚至活埋。汉口丐帮的帮规严禁:(1)越边抽舵(偷住户周围人家和同行的东西);(2)顶色卧莲(嫖同行之妻);(3)点水发线(充当内奸眼线);(4)引马上槽(暴露所做的事情);(5)溜边拐将(借同行的东西不还或拐走同行的徒弟);(6)挑灯拨火(搬弄是非于同门之间);(7)欺孤傲相(欺压同行中老弱孤残人员);(8)遁逃扯谎(欺骗自己人而逃跑);(9)偷言耳哄(偷听别人私话而向外传播);(10)迷糊吃大(讨来的钱财不公开交出)。

乞丐获取钱和物的方法可分为:路讨(沿路乞讨)、艺讨(卖艺得赏)、骗讨(例如假说借用)、苦讨(装得可怜引人施舍)、恶讨(例如砍伤自己让人害怕,赶忙给钱打发)、节讨和喜讨(在人家过节、办喜事时说吉利话讨赏)等形式,所用手段千奇百怪。民间有"乞口兆吉凶"、"讨饭圣口"等观念,人们为了求吉利,讨口彩,欢迎乞丐在自己办大事时上门说吉利话。

象山港的海鹰帮似乎成了当地居民生活中少不得的服务行业:结婚贺喜,停丧致哀,盖房、造船、开店时送吉言,诸如此类,不论大小红白喜事都少不了他们。这些活动都由青龙头或乌鸦头以青龙头的名义主持。抬棺出丧前,丧家要请乞丐头目在棺材旁念《十殿无神咒》,一般为此给相当于一百斤谷的赏钱。孩子满月,乞头放三个炮仗(寓意"连中三元"),给孩子脖子上挂一串彩线("长命线"),并说:"长命百岁,富贵万年"。主人就会接口说:"圣口万岁"。重赏自不待言。此外,每年挨家挨户送春牛图(年历表)也是海鹰帮的专利,能够获得不少报酬。

广州丐帮的帮主异常威风。一般人家办红白喜事,必先送一笔钱至关帝厅帮主的住所,换回一木板刻印的"附城花子陈起风"字样的符箓式条子,贴于门口,别的乞丐便不敢前来寻事。如果事前备一桌盛宴款待帮主陈起风,陈只带一二亲信赴宴,入席后只饮一杯酒,每盘菜只尝一口,便吩咐随从将全席酒菜收拾回寓所,以飨其亲信众徒。关帝厅人马全盛时期,陈起风作为乞头,在西关拥有豪华的住宅,并有几房妻妾,一群奴婢。因此,广州有俚语说"做惯乞儿懒做官"。

第四章　社会组织民俗

四、小社团的组织习俗

民间小社团可以分为信用组织，如钱会；红白喜事互助组织，如老会、喜事会、瓷器会；慈善组织，如施孤会、施茶会等；结拜组织，如结拜兄弟、十姊妹。略述如下。

钱会是一种互助性的信用组织，原则上由若干人平均凑钱，会员轮流使用。其组织活动俗称请会、打会、合会、上赊，即每人定期拿出一点钱，凑成一笔较大的款项，给轮到的人使用。出面组织的人称为会首，成员称为会脚或会友，得钱称为得会，依次称为头会、二会……了会，有的钱会对头会到了会之间的时间差用利息来平衡。钱会有多种形式，也就有不同的称谓。其一，独脚会或单刀会：主要因人情而设，会脚只交一次钱，由会首用钱，到时归还。其二，摇会：会首用头会、会脚的次序通过抽签或掷骰子确定。其三，坐会：用钱顺序通过协商认定，先用钱的人加付利息给后用的人。其四，拔会：头会由会首得，以下各会的产生靠"下注子"决定，谁的注子高本次就轮到谁。急需用钱的人自然把注子下得高一点。不需要用钱的人在纸上只写自己的名字，不写钱数，称为保会。其计算方法是，如果最高的注子是2元，每人应出的份子是10元，那么，这次每人只需拿出8元。头会和了会能得到全份，中间各个拔会的人只能得到份子和注子的差额。其五，灶爷会（因在腊月祭灶日期满，故名）：会员定时交一份鸡蛋（一到五个，也有交粮食或现金的）给会首，会首换为现金，放出生息（大多借给会员）；到祭灶日，会首把历次借出的钱收齐，全部用来买年货，会员各得一份，会首历次都不交份子，此时也得一份。

红白喜事互助组织有老会、喜助会、瓷器会等形式。老会，有的称为行孝会，是若干家庭联合办理老人丧事的互助性组织，十户组成的俗称十老会。传统社会最重孝道，而孝道集中体现在热热闹闹厚葬父母。在家族功能不健全的地方，村民和城市贫民往往无力体面地安葬父母，老会因而在近世广为流行。老会有一名会首，父母双全者入会为正股，父母存一者为半股。会中一有老人逝世，会首即指挥会中人负责丧事，拿会费筹办。停尸、报丧、安排吊孝、入殓、挖坟坑、出殡以及安排亲戚食宿，都由老会办理。等到会中各户老人都去世了，"一段老会"就算结束了。

喜助会是婚嫁互助组织，大多由十家组成，推举一名会首主持。一家会员有喜事，由会首通知会员准备资金份额，及时送去，以供应用。瓷器会是为会员筹办婚丧大事宴客而提供餐具的合作组织。婚丧大事的酒席所需餐具难得一用，家庭购买殊不经济，一般乡民于是组会集体购置。瓷器会的全套餐具由一名会首掌管,除了会员使用,非会员也可以租用,若有损坏,一律赔偿。

慈善服务组织大致有修桥补路的、在节日祭奠孤魂野鬼的、施茶舍药的、为庙会义务服务的以及综合功能的等多种类型。我们在此介绍安徽、河南等地的同善会。据说这些地区的同善会发源于清末,其宗旨为义务修桥补路、施药舍茶,设会首总理会务。会员相信行善是积德。会员每年出资、出力在地方上修桥、筑路;暑期为行人施茶。会费除会员负担外,也向外募捐。

民间小型的结拜组织有结拜兄弟和十姊妹两种。结拜兄弟均在三人以上,仿照刘关张桃园三结义。结拜要写"结义帖",封面写"金兰谱",正文第一句总是"桃园遗风",主要内容是:我等结义兄弟,情同手足,不是同日生,但愿同日死,义气千秋,同甘共苦,永无异心,立约为照。结拜仪式主要有"拿香"拜刘关张、歃血盟誓。人数较多的结拜兄弟要推选老大和小老弟,推选老大重在组织能力和号召力,推选小老弟重在吃苦耐劳和跑腿办事的能力。

青年女子的结拜一般是十人,所以通称十姊妹。她们的结拜不写帖,也不歃血,只需聚在一起对天发誓,例如:不求同日生,但求同日死;今生作姊妹,来世也作姊妹。十姊妹要另找一个比她们小许多的男孩作小老弟,一是相互之间的联系靠他跑腿,一是说避免来世投生一家而使这家全是女子。结拜之日,大家凑钱把小老弟打扮一新。同时,她们还要请本地一对可靠的夫妇作义父义母,盟誓时大家向他俩叩拜。

传统组织在现代持续的各种运动中受到冲击、打压或改造,到"文化大革命"的鼎盛时期几乎都销声匿迹了。与此同时,传统的组织形式在学术领域和思想领域大都被归入"封建"的范畴。可是,从1978年国家奉行改革开放政策以来,各种传统的组织形式又出现在现实的社会生活之中,宗族又修谱、恢复祠堂了,庙会又活跃在城乡各地了,舞龙灯、舞狮子、走高跷、玩抬搁的队伍又在民间复兴起来了。从复出的一开始,媒体中对它们的质疑、批判就没有停止过。可是,它们的组织者中不乏识时务的人士,努力调整组织与社会的关系,改变自己的存在方式,适应这个时代的需要。例如,我们在广东梅州、江西泰和的调查看到,组织者在把祠堂恢复为宗族活动的场所时,也把它作为老龄协会的活动中心、普及文化知识的图书室;我们在河北、北京的调查看到,组织者把庙会作为现代的节日文化活动的机会、作为发展经济尤其是旅游的工具[①]。现在,宗族

---

① 高丙中:《一座庙宇——博物馆建筑的民族志》,载《社会学研究》2006年第1期。

组织能够以一种具有正面形象的文化形式在媒体中出现了①,多种庙会已经被列入 2008 年 6 月公布的第二批"国家级非物质文化遗产代表作名录"。这显示传统的组织形式也是能够为今天所用的。此外,传统的组织文化也在现代社会发挥着多种作用。

参考书目

费孝通:《乡土中国》,上海观察社 1947 年版,三联书店 1985 年重印。
濮文起:《中国民间秘密宗教》,浙江人民出版社 1991 年版。
王沪宁:《当代中国村落家族文化》,上海人民出版社 1991 年版。
许烺光:《宗族·种姓·俱乐部》,薛刚译,华夏出版社 1990 年版。
郑振满:《明清福建家族组织与社会变迁》,湖南教育出版社 1992 年版。

思考题

1. 如何用社团生活看待传统组织的复兴?
2. 试论仪式对成员身份的成立所起的作用。
3. 为什么传统社会的人们习惯用拟血缘关系来结社?

---

① 参见"寻根网"在 2008 年 5—6 月关于各地宗族活动的新闻,如泉州闽台缘博物馆对宗亲会的合作,把族谱作为民族文化的报道。

第五章

岁时节日民俗

节日是社会文化所设置的时间单位,以历日和季节等组成的历年作为循环的基础。如果一定要下一个定义的话,我们可以说,节日是被赋予了特殊的社会文化意义并穿插于日常之间的日子,节日民俗是指这些特殊日子的文化内涵以及人们所表现的相沿成习的各种活动。节日之所以不同于一般的历日,就在于这期间包含着特定的风俗习惯。

节日民俗的组成要素可以划分为下列三项:(1)特定的日期,(2)祭祀或纪念的对象,包括相关的神话、传说、俗信、禁忌等观念性因素,(3)人们相沿成习的仪式性的、社交性的以及娱乐性的活动。当这三项要素有机地结合的时候,一定的历日就成其为节日,人们在这期间的有关活动就成其为节日民俗。

中国传统的岁时节日体系萌芽于先秦时期,成长于秦汉魏晋南北朝时期,定型于隋唐两宋时期。先秦时期不仅形成了以春社、伏日、秋社、腊日为主的节日序列,为后世丰富节日文化奠定了一个框架,而且这一时期积累的包括二十四节气和干支记日的历法以及包括祖先崇拜、天地崇拜、鬼神崇拜、生殖崇拜等原始宗教信仰也为后世创设繁复的节日民俗准备了大量的文化素材。

在秦汉魏晋南北朝时期,中国的节日习俗获得了长足的发展。新的社会经济条件、稳定的历法、道教和佛教的浸润,是这一时期节日习俗欣欣向荣的生长点和营养素。这一时期的节日序列可以梁代宗懔的《荆楚岁时记》为代表,主要包括正月一日元旦、正月七日人日、立春日、正月十五日、正月晦日、二月八日、春分日、社日、寒食、三月三日、四月八日、四月十五日、五月五日、夏至节、六月伏日、七月七日夜、七月十五日、八月十四日、秋分、九月九日、十月朔日、冬至

第五章 岁时节日民俗

日、十二月八日、除夕等。其中,除正月十五尚未成为灯节之外,还没有把清明和中秋视为节日。

隋唐两宋时期在节日民俗方面又有重大建树,据宋代陈元靓《岁时广记》所述,当时的节日计有元旦、立春、人日、上元、正月晦、中和节、二社日、寒食、清明、上巳、佛日、端午、朝节、三伏节、立秋、七夕、中元、中秋、重九、小春、下元、冬至、腊日、交年节、岁除。这一序列基本上囊括了传统社会全部的重要节日,元明清时期对这一体系没有大的突破。

中华人民共和国成立以来采用西历,并照顾民众需要而兼用夏历,人们习惯于称前者"公历"、"官历",称后者"农历"、"民历"。在国家发行的历书上,二历并存,公历附带星期,农历附带节气。结果,传统节日仍在民间沿袭。中华人民共和国订立的节日是元旦、植树节、三八妇女节、国际劳动节、五四青年节、儿童节、党的生日、建军节、教师节、国庆节等。总之,辛亥革命以来,中国社会呈现为两种节日体系并存的局面。不过,新式节日尚未形成深厚而丰富的民俗,真正靠文化魅力活跃于民间的还是传统节日。

节日文化是一个民族的生活文化的精粹的集中展示。现代国家的节日体系是反映政府与人民、国家与社会的关系的重要指标。国家对节日的制度安排应该考虑如何把节日作为展示民族文化、增强民族认同的机制。基于这种思想出发,经过社会大众的呼吁、学人的论证和人大代表的议案,国家从2008年开始在制度上承认春节、清明节、端午节和中秋节这"四大节"作为具有普遍的群众基础的时间主轴的事实,重新调整法定假日的分配,赋予这个节日体系以法定假日的地位。传统节日对于我们的共同体的重要性又得到了官民一致的承认。

在悠久的历史和博大的地域之内,节日民俗既表现出一脉相承的内容,也表现出纷繁的变异,有的节日民俗甚至在日期、节名、节俗上发生过重组。有鉴于此,本章在描述传统社会的节日民俗时,努力根据历代的文献记录,概括那些在现代仍然广泛流行的节日民俗的基本内容,并分别叙述各项重要内容的历史渊源和流变。我们希望既能从总体上把握一种节日民俗的各项文化因素,反映出节日民俗在巨大时空背景中的丰富表现,又能给人一种直观的印象。

第一节 春季节日民俗

春季主要节日有新年、立春日、元宵节、二月二、春社、寒食节、清明节、上巳日等,立春日、二月二龙抬头、春社基本上是农事节日,我们已经列入第一章第一节"祈年备耕民俗"叙述,寒食节、清明节、上巳日的节俗在近世大多归入清明节,因此,这一节的叙述对象是新年、元宵节和清明节。

春季还有一些次要的节日。正月二十是"天穿日",北方各地有做煎饼置屋上补天穿的习俗。正月二十或二十五是"天仓节"或"添(填)仓节",北方各地模拟性地用粮食填仓,预示秋收。二月初一是太阳生日,节俗是供太阳星君、吃太阳糕;又是中和节,人们用青囊盛种子互相馈送,谓之"送生子"。二月初三是文昌帝君诞辰,有文昌庙会、文人学士聚会。二月十二是花朝,百花生日,有花神庙会,人们祭祀花神、插花。二月十五是真元节(太上老君诞辰),二月十九是观音诞,三月三是王母娘娘诞辰(蟠桃节)、北极星君诞辰,三月初五是大禹诞辰,三月初六是麦王诞辰,三月十五是龙王诞辰,三月二十二是三皇节,三月二十三是天后(妈祖)诞辰,三月二十八是东岳大帝诞辰,各有祭祀活动、庙会。在那些供奉它们的地区,神诞往往成为当地盛大的节日。

一、新年

"新年"即"春节",原来是夏历的元旦。辛亥革命后改用世界通行的公历,将公历1月1日定为"元旦"。在公历和农历并存的情况下,就有了两个元旦,为了区别起见,社会上就把农历的元旦改为"春节"。因为我们在这里谈的都是农历的节日,所以,下文中所提及的日期和节名皆以农历为据。

在古代农历正月初一有多种名称,例如元旦、元日、元正、元辰、元朔、三元、三朝、三正、正旦等,老百姓则称为"新年",并用"过年"、"过大年"指欢度春节。宋代吴自牧在《梦粱录·元旦》中写道,"正月朔日,谓之元旦,俗呼为新年"。再往前溯,唐代徐坚在《初学记》中引隋代杜台卿《玉烛宝典》说,正月一日为"三元",因为这天是"岁之元、时之元、月之元"。它的多种名称所要表达的意义是:这一天是各种时间单位(年、季、月、朔望等)的开始。

严格地说,元日和元旦(元辰)的意义是有区别的。元日是正月初一这一天,元旦则是这一天的初始时辰。在中华文明的早期,元日和元旦的确定因朝代而异。

中国古代的历法是阴阳合历,需要同时考虑太阳和月亮的位置。在确定岁首时,先规定它在某个季节,再选定与这个季节最相近的朔日。由于地球绕太阳公转所形成的一岁与十二个阴历月并不相等,相差约十一天,大约三年须设置一个闰月来调整阴历与季节的对应。古代天文学家曾以一个简便的方法来判断月序与季节的关系,这就是以傍晚时斗柄的指向定月序,斗柄的指向被分成十二月建。推算起来,其子月、丑月、寅月分别相当于农历十一月、十二月、正月。夏代建寅,商代建丑,周代建子,秦代建亥,也就是说,这几代把岁首确定在不同的季节,夏代定在初春,商代定在寒冬,周代定在冬至前后,秦代定在初冬。到汉武帝时编定的太阳历采用夏历的岁首,这才是沿用至今的农历正月初一。

元旦的时辰通常就是历法所确定的一天开始的时间。夏代以平旦为日始,商代以鸡鸣为日始,周代以夜半为日始,战国时期又开始流行夏代的时制,以平旦为日始,于是将一年最初的时刻称为元旦。从此,元旦作为专门名词沿用下来。秦汉以后,统一以夜半为一天的开始,并由汉代的太初历列入时制,被后世普遍采纳(也有例外,如王莽新朝曾一度规定以鸡鸣丑时为日始)。夜半在子时,相当于二十三点至一点;鸡鸣为后半夜,在丑时,相当于一点至三点;平旦为黎明时分,在寅时,相当于三点至五点。

元旦的本义是元日开始的时候,民间通常把它理解为午夜至早晨之间。所谓除夕守夜,主要是为了等候元旦时刻来临后举行庆贺新年的仪式。尽管历法关于元旦的时限是明确的,但是,老百姓对元旦的理解有很大的随意性,他们不可能同时开始元旦活动,再加上长期的文化积聚,为新年祈福禳灾的活动并不限于一时、一日,所以,元旦实际上扩及整个元日和随后的若干天,其节庆活动甚至延及整个正月。老百姓谓之"过年",又说"正月里来是新年",倒是恰如其分。新年这一概念在时限上有较大的弹性,它的上限是作为时辰的元旦,下限是正月末,民间又有多种界定。新年民俗可以分为下列时段来叙述。

(一) 元旦

元旦这天的礼俗活动大致是这样的:元旦时分(鸡初鸣),家里生起旺火,一家之主在正厅或院中摆好供品,点烛烧香,率全家或全家男性先拜天地百神,再拜祖先牌位,然后子女拜尊长。主人接着"出行"或"出方",也就是放鞭炮,开大门,在外面摆上香案,按历书所说的方向祭拜,名为"接喜神"。家人随后朝喜神方向走去,前往寺庙里烧香叩拜,祈求一年顺遂。然后家族内部和邻里之间开始互相拜年。通常要到下午,整个新年期间的游艺娱乐活动才能拉开序幕。元旦习俗主要包括点旺火、礼拜天地和祖先、开大门、接喜神、拜庙、拜年贺岁、享用特殊饮食、特定的禁忌。

在新年开始的时候,人们有生火的习惯,以达到驱鬼怪、燎灾晦、兆兴旺的目的。这一习俗起源很早,梁代宗懔《荆楚岁时记》说,正月一日,"鸡鸣而起,先于庭前爆竹、燃草,以辟山臊恶鬼"。这时生火只是燃草而已,到后来则变得颇为讲究。明末田汝成《熙朝乐事》说,在新旧交替之际,人们"祀先及百神,架松柴齐屋,举火焚之,谓之籸盆,烟焰烛天,烂如霞布"。在文献中见得较多的情况是,人们在除夕之夜,用木柴、庄稼秆或煤炭等垒成外圆中空的小塔或小堆,到元旦时分点燃,火势越旺越好,既驱邪,又象征新年全家日子过得红火。有的人家以松柏桃杏诸柴生一盆火,合家一一而过,用意是一样的。此外,生旺火还有照明、取暖的作用。生火的习俗各地均有,但生火的方式和时间在各地有很多变异。一些地方(如笔者调查过的湖北荆州地区)在除夕之夜就在大门外烧过火堆了。一些地方(如闽北①)从大年夜至元宵都要在室外用树蔸和木头烧火堆,其用意也是兆兴旺、驱虫豸妖邪寒气。

礼拜天地祖先的习俗在历史上有一个变化的过程。可能写于战国时期的《月令》说:"天子乃以元日祈谷于上帝"。南宋吴自牧《梦粱录》卷一说:正月朔日,"不论贫富,游玩琳宫梵宇,竟日不绝";又说:"元旦侵晨,禁中景阳钟罢,主上精虔炷天香,为苍生祈百谷于上穹。"周密《武林旧事·元正》说,南宋皇帝先焚香献礼祭拜祖宗,然后接受群臣朝贺。我们只知道宋代以前皇帝要在元旦祭拜天神、祖宗,老百姓有了到寺庙敬神的习俗。明清以降,民间盛行多种元旦祭拜天地百神和祖宗的习俗。祭拜顺序,以山东招远为例,是一拜天地,二拜王母娘娘,三拜灶王,四拜财神,五拜祖先。各地略有差别。

祭拜天地诸神是在特设的神位前。有的神位在厅堂,有的神位在庭院。例如,山西各地的天地神位设在庭院,摆设的供品极其丰富。大多用素供,也有的用全供。晋北地区习惯摆五盘炒菜,五盘凉菜,五盘干、鲜水果,五盘油炸小吃,五盘称为"供献"的特制花馍,取意五福来临。晋南地区除一般供品外,特别讲究全猪和全鸡。全猪多由四蹄、一头、一尾来代表。鸡谐音"吉",意喻大吉大利(客家话"橘"与"吉"同音,客家人一定挑选大橘作供品)。除了少数地区(如闽台)在初三或初四才接回灶神以外,此时通常还要向灶神献供。山西家庭主妇特别注重在灶君神位前隆重供上"枣山馍"。"枣山馍"用面粉嵌红枣蒸成三角形状,取意米面如山,上面饰以面塑的龙、凤、如意、福寿、瓜果等等,大者有十几斤重,往往是女主人灵巧手艺的佳作,以后演化成了室内灶前陈列的面塑工艺品。祭拜开始,家长要率领全家,依次给各个神位点灯、敬香、摆供、奠酒,三跪九叩。②

家里祭拜祖先,有的是拜祖先画像或牌位,有的举行祖先入席仪式。祖先画像俗称"老影"或"神影子",南方和北方都有。初一拜老影,有的在家里有的在祠堂。陕西长安、西安、兴平地区,正月初一的早上,先烧桃木柴火,以驱鬼

---

① 参见吴文:《顺昌县岁时习俗的调查及其成因试探》,载陈国强主编《闽台岁时节日风俗》,厦门大学出版社1992年版,第33页。

② 温幸、薛麦喜主编:《山西民俗》,山西人民出版社1991年版,第74页。

魅,然后在老影前摆香案,供酒菜,男女老幼穿新衣,按辈分长幼,先男后女,依次向祖宗跪拜磕头①。华东江南一带家家户户除夕悬挂祖先画像,称为"挂喜神",初一早晨在喜神案上供茶果、粉丸、年糕,烧香点烛,一家老小依次叩拜。湖北安陆人举行祖先入席仪式称为"叫老人"。仪式开始时,桌椅摆好,男主人燃上两支蜡烛,端出冒着热气的猪头,置于桌上,烧上几叠火纸,然后在朝着神台方向之桌子前的拜席上先作揖叩头。这时,女主人上菜上酒。酒菜上好后,男主人绕着酒席为"老人"斟酒,想象着这些空着的酒席上坐满了自己的列祖列宗。"老人"用餐完毕,男主人将杯中的酒轻轻洒在各座位下的地上。"叫老人"仪式完毕。②

一年的第一次开门被赋予了丰厚的意蕴(主要是预兆一年的吉与利),人们对之慎而又慎。开门被称为开财门。在湖北一些地方,人们对大门作揖磕头(拜门神)后才开门。武汉有一种风俗,事先把写有"开门大吉"字样的条幅将门缝贴上,初一清晨,家中主人用刀从正中划开,称为"开财门"。开门前后必定放鞭炮,并且颇有讲究。山东人开门前要放一挂鞭炮,说是直接开门怕冲撞了神灵。有的地方先从门缝伸出一个炮仗放过,才能大开门户。上海人讲究"开门爆伏",即一开门就燃放三个特响的炮仗,意在击退邪祟,然后再放成挂的鞭炮。《清嘉录》记苏州"岁朝,开门放炮仗三声,云辟疫疠,谓之'开门炮仗'"。各地还有多种象征进财得宝的习俗。陕西南部石泉、宁陕、佛坪一带的"进财"是:预先在三十晚上背一捆柴,靠在大门上,初一早上开门迎喜时,柴就往门内倒来。"柴"谐(协)"财"或财气进门来。浙江则有除夕封门把甘蔗倚在门上的习俗,用意与此同。在陕西城固、洋县、西乡一带,开门迎喜后要上井台或溪边担水,谓之"担银水"。不过,和洋县等地相距不远的石泉一带,大年初一则忌讳挑水。这两种习惯在全国都是有代表性的。再如晋北地区这一天忌挑水,而晋南一些地方却讲究从外面挑一担水回家,以象征招财进宝。陕西一些地方有开门接元宝的风俗:年三十老年人在外边捡些圆溜溜的石头放在大门外,初一天未亮放开门炮迎喜后叫孩子们用衣服传进家门,一边传一边问答:"接什么?""接元宝。"③

开门后要拜四方,这一仪式称为"出方"或"出行"。有的说四方神是喜、

---

① 王世雄、黄卫平:《黄土风情录》,陕西人民教育出版社1991年版,第70页。
② 蒋安庆:《春节中的揖拜仪式及其文化分析》,载台北《民族学研究所资料汇编》第8期,第78页。
③ 王世雄、黄卫平:《黄土风情录》,陕西人民教育出版社1991年版,第68页。

贵、福、财，有的说是福、禄、寿、喜。可能是喜神最受重视，也可能是喜神代表着四方神，所以，许多地区（主要是北方）称这一仪式为"迎喜"。为喜神设的供品为"甜料"，包括红枣、冬瓜糖、花生、糖果等。元旦出门，首先向吉利方向起步，谓之"出行"。吉利方向写入皇历，每年依干支而定，或者以干支和自己生辰择卜"利年"方向。近代各地所谓"出行"是指元旦开大门后的全部仪式。以湖北为例，出行的情形是：先在茶盘上摆上一碗热饭、两杯酒、一只酒壶、两碗热菜、两支蜡烛、相应的香和钱纸、一千响或更长的鞭炮一挂，经过一番仪式后，男主人开门，作一个揖，家中晚辈手中拿着灯笼，跟着男主人一同走出家门。在离大门外几十米的开阔地上，放好茶盘，然后在茶盘后面摆好拜席，点烛、燃香、烧纸、燃放鞭炮。在鞭炮声中，出方的一行成员依次叩头并作揖（各三个）。

元旦到寺庙烧香有一些特别的讲究。一是大家争烧头香，二是讲烧"八寺香"、"十庙香"。我们从署名仓山旧主的《沪上新正词》中看到，"城门彻夜不曾关，向晓香车水一般。何时烧香周十庙，往人环绕看云鬟"。

到寺庙祭祀神佛之后，对于建有祠堂的家族来说，人们又聚在祠堂里祭拜家族的列祖列宗。陕西关中地区普遍在正月初一悬挂老影，全族人共同设香烛祭奠。有些村镇数千口人同族同宗，共拜一个神轴，上画祖宗神像多达三十余代，少者也有十几代。江苏《武进、阳湖县志》（光绪五年修）记曰，元旦"谒宗祠，悬先像于中堂，设果饵，朝夕馈献，凡三日"。新年连续三天早晚都要到祠堂祖像前祭祀。祭产充足的家族在祠堂祭拜完毕，所有男丁均分祭品，称为"享胙"。例如江西《宜黄县志·祭礼》（道光五年修）载，"元旦，子姓必至祠拜祖，孩提均至，按丁给煎饼"。

拜完天地、诸神、祖先，接着是本家、同族、邻里之间互相揖拜，谓之"拜年"。拜年的先后次序是从亲到疏，从尊到卑。去人家拜年，先拜人家的祖先，再给长辈磕头，向年长的同辈作揖。儿童给尊长磕头，可以得到压岁钱。这种拜年的情景可以武汉为例：初一通常先拜爷亲（即本家祖父母、父母、叔伯等），或各户齐聚长者堂屋团拜，或逐一登门参拜。拜年人行至人家门外便朗声呼"开财门，开财门啰！"里边人答"有慢，有慢！"门开后，晚辈跪于神龛前行叩头礼，起身后说："恭喜发财"或"恭喜您家越活越鲜健"。同辈之间则打躬作揖，互致问候。接着主人请客人饮"元宝茶"，即糖水煮成的红枣甜茶，端给客人时连说"得元宝，得元宝"。①

初一的应时食品主要有南方的年糕和元宝茶、北方的饺子。饺子谐音角子

---

① 见冯本年：《中国名城汉俗大观——武汉篇》，中国友谊出版公司1993年版，第54页。

（钱币），饺子的形制又好像元宝。大年吃饺子，取意一年四季招财进宝。民间煮饺子的烧柴，讲究用芝麻秸秆。饺子煮破了要说成是挣了，不能说破了。陕西关中人吃饺子，还有同时把饺子和面条一齐下锅，煮熟后捞着吃的习俗，名叫"金线穿元宝，银线吊葫芦"。

大年初一有一系列排除晦气、制止破财的禁忌风俗。初一不能买东西，买东西就得往外拿钱，是"破财"；不借东西，免得财气让人带走；不扫地，即使家里实在太脏，也只能扫在一边，不能扫进簸箕倒出去，在这里垃圾代表千金；不泼水，涮锅水、洗菜水都倒在备用的水桶里；初一不动刀，不动剪，以免给新的一年带来血光之灾。如果一些禁忌不慎被违犯了，也有补救的法门。小孩说了犯忌的话，大人赶紧说"童言无忌"；失手打碎了东西，随口一句"岁岁（碎）平安"，或者像胶东人那样，一声不响地把碎东西收拾干净，赶快扔到井里，碰到熟人绝对不要说话。

这些元旦习俗在不同时期、不同地区的组合模式是有差别的，甚至有少数例子是相反的，例如，有的没有祠堂拜祖；有的必须担水，有的绝对不担水；广州人初一关在家里，没有出门给人家拜年一说。找到一个包括上述习俗的实例是困难的，侥幸的是，江苏《吴县志·正月》（民国二十二年修）为我们提供了一条珍贵的记录："元旦为岁朝。黎明起，爆竹开门（谓之'开门爆仗'，除夕亦用之，谓之'封门爆仗'）。长幼正衣冠，拜诸神祇及祖先毕（堂中悬神轴，室内列祖先像），依次拜贺。丸粉食之，古所谓'元宵'也。啖春糕、春饼。是日不借火，不汲井，不扫地，不贸易，出门必检宪书迎喜神方。妇女簪松虎、彩胜，相见各道吉利语。凡贺亲友，谓之'拜年'……吴俗佞佛，岁首入庙烧香，必历十庙而止。比户整备酒肴，邻里亲朋递相邀饮，至十五日始罢。"初一早晨慎重地忙完这些严肃的仪式，饮宴娱乐的项目就开始排上日程了。

新年人们对喜神的重视不限于初一早晨"出方"或"迎喜"时的祭拜，一些地方此外还专门有"迎喜"的活动。上海人谓之"兜喜神方"，定在正月初一进行。刘豁公《上海竹枝词》唱道："曈曈旭日上红墙，多少佳人理晓妆。戚畹招邀浑不应，大家争赴喜神方。"作者注曰："沪俗阴历元旦有兜喜神方之举。兜喜神方者，即就《历本》所注喜神所在之方向绕行一周，所以取吉利也。"[①]"迎喜"的习俗在上海已经变成了一种新年游乐活动。上海人定在初一是对时间计算的简化，他们的近邻江苏吴县人是这样的，《吴县志》中有如下记载，"大府择立春后丁日或壬日，喜神正南方，率标下弁卒各陈队伍，张列兵器，迤逦至山川坛迎

---

① 引自顾柄权：《上海风俗古迹考》，华东师范大学出版社1993年版，第345页。

祀喜神（主祓除一岁之不祥），谓之'迎喜'。"

山西人习惯选择第一个吉日外出郊游，称为迎喜神，亦称游喜神。《石楼县志》说："遇首吉，出门携酒肴、香、炮，罗拜座次，谓之'喜迎神'。"迎喜神的日子，一般都在正月初五日以前。晋北地区习惯选择在春节后的戊日或癸日，吕梁地区一般在正月初一日或初二日，晋南的霍县等地则在正月初三日。这天，大人小孩赶着马牛驴骡等家畜，朝着喜神所在的方位走去。进入旷野以后，要举行仪式：领头人先从木盘内取出各种祭物，呈"品"字形在地上摆供，然后用手垒三个小土堆，右边代表喜神。土堆上各插香三炷，烧纸三张。大家三跪九拜，祈祷喜神保佑、出门顺利等等。回家的时候，老人们习惯捡根柴（谐音"财"），意喻招财进宝。吕梁地区迎喜神，盛行在郊外相邀饮酒。①

（二）新年期间的其他习俗

新年的持续日期有多种说法，如果以"小年"的日期为限，可以说在初三；如果以"出年卦（出年假）"和妇女自由往来的日子计算，可以说在初五；如果根据"开大正"和拜年的时限计算，则在正月十五前后。各地民间对新年期限的理解在一定意义上决定了祭祀财神（有的地方还要接财神，也有地方接灶神）、送祖、送穷鬼、拜年等习俗的日期。各地民间的理解有所不同，这些习俗与日期的组合也就不同。新年日程有两个系列：一是新年本身的习俗系列；一是农家基本生物的诞辰系列。

新年本身的习俗从事象上看，各地大同小异，但从排列上看，各地大多有自己的特色。清代震钧《天咫偶闻》（卷一〇）记北京的排列顺序是："正月初一，子刻后祀神，谓之'接神'。遍至戚友家拜于堂，谓之'拜年'。初二日祀财神，初三旃檀寺打鬼，初五日名'破五'，以前五日，禁妇女往来，初六日归宁。"再如广州人的程序就比较特别：除夕日不出家门，俗称"大年三十勿有外人"；年初一仍闭门谢客；初二为"开年"，是日，家中晚辈给长者拜年，而不走外人家。直到初三、初四才开始走亲友家。

把正月初的几天确定为几种生物的诞辰有很古老的历史，而在近世变得更加农家化。三国魏董勋《问礼俗》的记载已经系列化："正月一日为鸡，二日为狗，三日为猪，四日为羊，五日为牛，六日为马，七日为人。正旦画鸡于门，七日贴人于帐。"又有异文记作"三日为羊，四日为猪"②。《清嘉录》记曰："俗以七日为人日，八日为谷日，九日为天日，十日为地日。"辽宁《桓仁县志·岁时》（1937

---

① 温幸、薛麦喜主编：《山西民俗》，山西人民出版社1991年版，第76页。
② 转引自谭麟：《〈荆楚岁时记〉译注》，湖北人民出版社1985年版，第25页。

年修）："又有以初一为鸡日，初二为鸭日，初三为猫日，初四为狗日，初五为猪日，初六为羊日，初七为人日，初八为谷日，初九为果日，初十为菜日者，以当日之晴阴占岁之丰歉，验否则不问也。"诞辰序列在这里更加农家化了，这一组事物是一个更丰富的农家生物世界。而广东阳江的排列显得更加社会化：一鸡，二犬，三猪，四羊，五牛，六马，七人，八谷，九兵，十贼。①

这两个系列的民俗事象各有繁简，下面逐日记叙。初一的习俗如前所述，这里再补充一点有关鸡的习俗。《荆楚岁时记》中记载，古人以鸡辟邪，三国时元旦画鸡于门，梁代正月一日"贴画鸡户上，悬苇索于其上，插桃符其傍，百鬼畏之"，还要每人吃一个鸡蛋。清周亮工《书影》记曰："正月一日，贴画鸡。今都门剪以插首，中州画以悬堂。中州贵人尤好画大鸡于石，元旦张之。盖北地类呼吉为鸡，俗云'室上大吉'也。"元旦用鸡这个形象的习俗一直沿袭下来，只是人们的心理由鸡能压邪又衍生出鸡谐音"吉"了。

（1）初二的习俗。综观各地初二的习俗，重要的一是拜财神，一是拜外亲（岳父或外公）。拜财神有两个日子，初二或初五。清富察敦崇《燕京岁时记·祭财神》："初二日，致祭财神，鞭炮甚夥，昼夜不休。"1935年北平市政府编《旧都文物略·杂事略》有更详细的记载："新年之二日，则于广宁门外五显庙祈财神，争烧头一炷香。倾城男妇，均于半夜候城趋出，借元宝而归。元宝为纸制，每出若干钱，则向庙中易元宝一二对，不曰'买'而曰'借'。归则供之灶中，更饰以各色纸制之彩胜，盖取一年之吉兆也。"

春节给母系至亲拜年，或者是姑娘偕姑爷回娘家拜年，或者是未婚子女给外公外婆拜年，各地的时间不尽相同，有初二、初三、初四、初六等日期。山西南部地区多习惯在正月初二回娘家（北部地区多讲究正月初三回娘家），所以有"正月初二、三，路上尽是小生和小旦"的民谚。再看湖北、浙江宁波、台湾也通行初二媳妇回娘家拜年，说明这一习俗在近世是比较普遍的。

（2）初三的习俗。初三在许多地方都被视为一个划分新年阶段的日子，一些地方称为"小年"、"小年朝"，一些地方把祖宗从家里送走，一些地方解除"年"的禁忌（如扫地、开井），一些地方在这天接待外姓的女婿拜年，如此等等。腊月二十四在许多地方也被称为"小年"。两个小年可以视为对年的一种界定。综合各地的情况来看，这种界定在近世既不严格也不规范。我们能够看到这种界定的轮廓，但是它表现在各地的民俗有一定的弹性。

台湾居民以初三为小年，又是"赤狗日"，一般不出门，不请客。当地民间传

---

① 刘志文主编：《广东民俗大观》上卷，广东旅游出版社1993年版，第520页。

说初三晚上是老鼠结婚日,所以深夜不点灯,在地上撒米、盐,人要早上床,不影响老鼠的喜事。在福建莆田,俗传灶公爷这天回归本位,家家户户当天午夜当空陈设祭品,焚香点烛,磕头膜拜,到次日早晨才收拾祭品。此谓之"接神"①。客家人把初三称为"穷鬼日",把堆积的废物清扫出去,称为"送穷鬼"。在全国更普遍的是在初五"送穷鬼"。

在浙江杭州,初三称为"小年朝",宅旁有井的人家,早晨拿香烛素菜供于井栏,并将井上除夕所封的红纸条揭去,名曰"开井"。宁波人这天不出拜,与台湾人相似。②

春节后,要送祖宗,就是将年前请回来的象征列祖列宗的牌位送到坟地焚烧、摆供,进行安置。挂家谱的人家,则要把家谱收藏起来。山西有的地方讲究"人双鬼单",送祖宗在初三日进行。有的地方,讲究"人三鬼四",送祖宗在初四日进行。有些地方,还讲究姑娘回娘家,不能看到旺火架子,所以要清扫院落,干干净净欢迎姑爷上门拜年。不过,也有的地方讲究正月初五日以前不扫院,扫院则是破财。

东北人认为,正月初三是一年中出现的第一个三,故旧称黄道吉日。在东北有些地方,这天新婚夫妇到岳父家拜年。此俗随移民从关内传入东北,在部分地方流行。其俗,拜岳父要拿四盒礼。旧时多备两瓶酒、两盒糕点及水果罐头等物品。岳父家要盛宴招待女婿,席间内弟给姐夫倒酒,女婿要给岳父敬酒,场面热烈。东北旧俗,岳父岳母要给女婿女儿"压腰钱",而女婿带去的礼物又只能留下一半。过年给祖宗上大供,俗有不许看娘家"供尖"的习俗,所以多数人家要在初三撤供以后才回娘家。③

(3)初四的习俗。前述"送神—接神"时段的下限是在初三,也有一些地方是在初四,可以视为初三夜接神的变异。所接的神,有的说是诸神,有的说是灶神,有的说是财神。福建和台湾的另一些地方是在初四"接神":原来腊月二十四诸神上天,朝贺玉帝、述职,正月初四诸神又下凡来,所以,这天称为"接神"或"迎神"。接神的供品有香、食品,要放爆竹,烧"神马"或"驾马",然后诸神骑神马下凡。传说诸神上天期间,玉皇派了另外的天神巡查人间④。胡朴安《中华全国风俗志》下篇卷五安徽"寿春岁时记"载:"正月初四日,接财神,具三牲肴蔌,

---

① 参见陈国强主编:《闽台岁时节日风俗》,厦门大学出版社1992年版,第95页。
② 浙江民俗学会编:《浙江风俗简志》,浙江人民出版社1986年版,第52、142页。
③ 李抵:《东北岁时节俗研究》,吉林文史出版社1992年版,第65页。
④ 片冈岩:《台湾风俗志》,众文图书公司1987年版,第39页。

谓之请'财神酒'。"

也有妇女在这天回娘家拜年的。广东翁源的习惯是初二开年,族内互拜;初三是送穷的日子,所谓"穷鬼日",不能出门走亲戚;初四才最合适。①

(4)初五的习俗。初五是几种时段计算方式的一个端点:其一,称为"出年卦"或"出年假",与腊月祭灶开始的"入年卦"或"入年假"对应;其二,是从初一开始的烧"长香"时段的最后一天,是初一到初五所谓"新正"的最后一天;其三,称为"开小正",与正月十五"开大正"相对;其四,称为"小年",与元旦的大年相呼应。这些时段都有一定的仪式来表现。作为时段的端点,初五常被呼为"破五"、"送穷节",多种习俗都以它们的名义演示。

初五为"破五",俗以饮食、香火的变化作标志。辽宁《海城县志·岁时》(1937年修)记曰:"初五日,俗称'破五'。家家食蒸饺,曰'捏破五'。由初一迄初五日,所供诸神位前,香烬即续,谓之'长香'。过此则朝、午、晚三次焚香。"清代《天咫偶闻》卷十也提到以饺子的食用为时间标志:"正月元日至五日,俗名'破五'。旧例食水饺子五日,北方名煮饽饽。""破五"以后,就是日常饮食了。

初五作为送穷节,各地都有送穷的习俗,许多地方同日还有祈富、祭财神的习俗。因为送穷的基本活动是把家里五天积存的灰土、渣滓倒出去,加上时间在初五,所以,各种说法大多提到"五"、"灰"、"土",如"送五穷"、"赶五穷"、"送穷土"、"送穷灰"。山西《和顺县志》(民国三年修)"正月"记曰:"初五日,各家扫尘土,于五更爆竹送门外,俗云'送穷土'。"送穷节有一些避免沾惹穷气的禁忌:在一些地方,这一天忌出门,一出门会让送走的穷神附上重又带回家门;忌讳在这一天借别人家东西用,非借不可的要拿物品去换,最不能借的是水、火,一借灾难必至。

送穷在一些地方被人格化,出现了穷神。在陕西关中临潼、蓝田、高陵一带的送穷节②,家家要剪个纸人(剪工特细的必定剪的是女人),这个纸人就是穷神,然后把纸人送到门外,掷之荒野、土壕之中,象征穷神被送走。山西一些地方的穷神被呼为"五穷娘",又与"扫晴娘"相混,如《怀来县志》(光绪八年修)"正月"记曰:"初四日晚,扫室内卧席下土,室女剪纸缚秸,作妇人状,手握小帚,肩负纸袋,内盛糇粮,置箕内,曰'扫晴娘',又曰'五穷娘'。昧爽有沿门呼者,'送出五穷媳妇来',则送出之。人拾得则焚,灰于播种时和籽内,谓可免鸟雀弹

---

① 清水:《翁源新年的风俗》,载《民俗周刊》第27、28合期。
② 送穷节习俗所举陕西的例子见王世雄、黄卫平:《黄土风情录》,陕西人民教育出版社1991年版,第75—78页;山西的例子均见温幸、薛麦喜主编:《山西民俗》,山西人民出版社1991年版,第76页。

食;或不焚,逢阴雨悬之檐端,可扫瞖祈晴。"晋东南地区则是"送穷鬼":民间习惯将烂衣服扔到墙外,传说是以破衣烂裤祭穷困而死的上古高阳氏之子,民间称为"送穷鬼"。

还有以吃来"填穷坑"、"嘣穷"的说法和习俗。陕西许多地方这一天都要饱食,人人都须放开肚子吃。渭北铜川一带送穷节那天,大清早起来要从家内放鞭炮一直响到院门外,叫作"赶五穷";中午吃饺子,饺子是圆的,民间称其是元宝。用元宝塞住穷窟窿,可以不受穷,称"填穷坑";黄河边的韩城、澄城一带,在送穷节忌出门,并取胡豆、麻豆、苞谷等置于锅中,用炭火加热,使之在锅中发出"劈劈啪啪"的响声,叫嘣穷。山西寿阳等县讲究早晨从外面担水倒入空水缸,称为填穷。

非常有意思的是,一些地方送穷可以转化为得富。晋北地区,民间习惯用彩色纸剪成人的图像,小孩子拿到街头,互相交换。把自己的纸人送给别人,称为"送走穷媳妇";把别人的纸人换回来,称为"得到有福人"。此俗在乾隆四十七年晋北《大同府志》"正月"已有记载:"五日,剪采纸为人,小儿拥抱戏通衢,曰'送穷';有攫而去者,曰'得富'"。河南义马人另有一种送穷得富的法子:初五俗称"破五",也称"小年",夜晚送穷灰,即将初一以来的煤渣除尽,晚饭后由主人送到村外十字路口倾倒,烧香,放爆竹,拾一块石头带回,俗谓"送穷灰得富贵"。①

初五还说是五路财神的生日,商店都祭财神。《上海县志》(同治十年修)"正月"记曰:"五日,接财神,用鲜鲤担鱼呼卖曰'送元宝鱼'。至暮轰饮,曰'财神酒'。"

(5)初五以后的习俗。初七为人日,又称为人节、人庆节。三国时有"贴人于账"的习俗,南朝时的荆楚习俗是:以七种菜为羹,赠送饰物,剪彩人贴于屏风,戴之头鬓(《荆楚岁时记》)。唐代有几位诗人咏人日事物,如杜甫《人日》两篇、李商隐《人日即事》、徐延寿《人日剪彩》等。人日习俗到近世仍有留存。清富察敦崇《燕京岁时记·人日》:"初七日谓之人日。是日天气清明则人生繁衍。"这是根据气象占卜人事。西北地区的人节颇有特点,称为"人齐节":家家户户当晚必于土地庙前置一碗,家中有几口人便在碗内放几条灯捻,黄昏后,燃起灯火,彻夜不熄;晚饭后吃馄饨,饭前,由家庭的长者——多为年老的主妇——呼唤全家人的名字,唤谁谁必须答应"回来了",人齐后方可揭锅开饭,此

---

① 见戴景琥主编:《义马民俗志》,中州古籍出版社1991年版,第262页。

谓之"回魂"。初七这一天，凡家人均不得远走外出，故有"七不出，八不入"之俗。①

初八为谷日，在民间演变为谷神节。道家认为每人每年有一位值年星宿，人一年的命运操在它手里，传说初八是星君聚会之期，许多地方有祭星习俗。此外还有人把这天作为敬八仙的节日，备佳肴水果以祭祀八仙。山西民间祭祀五谷神，或是到后土庙设供祭拜，或是在太阳出山时，取五谷杂粮各一份，在田间地头迎日扬洒，意喻五谷丰收。晋北的祭星，是在天地神位前面燃灯七盏，烧香焚表。晋东南的祭祀星君活动一般在院子里进行：人们向北设案，上置米面做的饼灯九盏，再置茶水九杯，然后祭奠②。北京人祭星俗呼"顺星"，有些人到白云观星神殿烧香顺星，晚间星斗出齐后，各家举行祭祀仪式：由长辈主持，燃烛上香，全宅人口依次叩拜，最后将星神码及钱粮与松木枝、芝麻秸一起焚化，同时放鞭炮。③

初九为玉皇诞辰。玉皇大帝俗称天公、天公祖，传说初九是其诞辰，民间有祭天公习俗，尤以南方为盛。《基隆县志》中记载，台湾基隆玉皇大帝圣诞俗呼"天公生"，祭祀仪式特别隆重：全家斋戒沐浴，备上、下桌，上桌供灯座、五果六斋，扎红面线清茶；下桌供五牲等。午夜以后，全家衣冠整齐，依次行三跪九叩礼。

初十称为石头节、石头生日，亦称老鼠娶亲日。十与石同音，所以人们把历史悠久的石崇拜落实在初十。这一天，民间忌动一切石器，不搬石头，祭祀碾神、磨神、碓臼神、泰山石敢当等。旧俗在除夕于这些石器上贴春联后，正月初十以前，是禁止使用的。过了正月初十日，则可以开封使用。老鼠娶亲日各地不同，或在初三（台湾），或在初十，或在正月十二（如河北新河）、十七（如湖南宁远）、二十四（如旧时河北永平府）。山西民间传说初十是老鼠娶媳妇的日子，人们讨好它们是为了减轻鼠害。晋东南地区，习惯用谷面作蒸食，称为"十子团"，夜晚放置于墙角土穴等处供老鼠吃。晋南地区是在墙根置放面饼，以庆祝老鼠娶媳妇。忻州地区在这一天习惯吃莜面或高粱面鱼鱼。妇女们搓鱼一手五根，两手同时动作，面板上搓动着十根细长的面鱼，故把这一天称为十指。搓面鱼的时候，要捏一些花轿同时蒸熟，放置墙角瓮底等处，以备鼠郎娶亲使用。许多地方要在屋隅、墙角点灯、焚香、敬纸，对老鼠娶亲志贺。而在晋北一

---

① 魏正乾：《年节风俗新考补遗》，《西北民俗》1989年创刊号。
② 温幸、薛麦喜主编：《山西民俗》，山西人民出版社1991年版，第78页。
③ 参见常人春：《老北京的风俗》，北京：燕山出版社1990年版，第136页。

些地方,晚上却忌点灯,忌说话,以免惊扰了老鼠娶亲,惹下鼠神,引来一年大患。①

二、元宵节

元宵节又称为上元节、灯节,是多种文化汇聚而形成的节日。正月十五在西汉是祭祀中国本土信仰的东皇太一的节日,而燃灯习俗源于佛教,"上元"的称呼又是从道教借来的说法。道教"三元"神(上元天官、中元地官、下元水官)分别以正月、七月、十月的十五日为诞辰,这三个日子就分别叫上元、中元、下元。正月十五在唐以后俗称"上元",民间习惯称"元宵节"。节俗活动在唐代已经是三天,到宋代增至五天,后世甚至有延长为十天半月的。

正月十五元宵节是以火和灯为主要节物的节日,朴素的远古火崇拜经过文明宗教的浸染和城市繁华生活的改造而变得蔚为壮观。正月十五在汉代成为灯与火的宫廷寺院节日。这天晚上在汉代是一个大张灯火的祭祀日,汉武帝时祭祀太一,汉明帝时举行佛事活动。唐代徐坚等撰《初学记》卷四云:"《史记·乐书》曰:汉家祀太一,从昏时祀到明。今人正月望日夜游观灯,是其遗事。"又说汉明帝知道印度佛事有燃灯习俗,下令正月十五佛事活动燃灯,其情景是"收舍利罢置金床上,天人散花奏乐,绕城步步燃灯十二里"。正月十五作为灯节的源头在此,只是其活动限于都城。

正月十五在南北朝时期也是民间的一个祭祀日,《荆楚岁时记》说:"今州里风俗,正月望日祀门,其法以杨枝插门而祭之。"插杨枝实为辟邪。《荆楚岁时记》又说:"正月十五日,其夕迎紫姑以卜将来蚕桑。"这个祭祀日在唐宋以后转变为以灯节为主,传之后世的是近世各地流行的祭紫姑及其变体,如浙江的淘箩头娘子、三姑。清代《清嘉录》卷一记曰:"望夕,迎紫姑,俗称接三姑娘,问终岁之休咎。"各地妇女祭祀紫姑的目的是占卜、求吉、祈蚕业丰收。

十五燃灯,在隋代都城成为常例,并扩散到外地。《隋书·音乐志下》记曰:"每岁正月,万国来朝,留至十五日,于端门外,建国门内,绵亘八里,列为戏场。百官起棚夹路,从昏达旦,以纵观之。至晦而罢……大列炬火,光烛天地,百戏之盛,振古无比。自是每年以为常焉。"隋炀帝还写有观灯诗《元夕于通衢建灯夜升南楼》,从"法轮天上转,梵声天上来。灯树千光照,花焰七枝开"等诗句来看,隋代正月十五燃灯风俗受佛教影响,可以说与汉代一脉相传。又据《隋书·柳彧传》记载:"……窃见京邑,爰及外州,每以正月望夜,充街塞陌聚戏朋游。

---

① 见温幸、薛麦喜主编:《山西民俗》,山西人民出版社1991年版,第78—79页。

鸣鼓聒天,燎炬照地,人戴兽面,男为女服,倡优杂技,诡状异形。"隋代正月十五开始成为灯火游乐节日。

唐宋以降,元宵节主要是围绕灯与火的活动,其中大致可以分为灯与火两个系列。

元宵节又称为灯节,是因为人们把灯视为节俗的中心。唐、宋、明、清灯的发展经历了从独立到组合,从静止到活动,从单纯到装饰的过程①,其间也是佛事色彩逐渐淡化、娱乐和艺术追求不断强化的过程。唐代张灯以灯树为盛,唐《朝野金载》卷三记睿宗时"正月十五、十六夜,于京师安福门外作灯轮高二十丈,衣以锦绮,饰以金玉,燃五万盏灯,簇之如花树……于灯轮下踏三日夜,欢乐之极,未始有之"。唐末《开元天宝遗事·百丈灯树》记睿宗之后的玄宗时期的故事云:"韩国夫人,置百枝灯树,高八十尺,竖之高山上,元夜点之,百里皆光,光明夺月色也。"唐代灯树已是极一时之盛,北宋进一步推出灯山这种更复杂的组合。孟元老《东京梦华录·元宵》记曰:"正月十五日元宵,大内前,自岁前冬至后,开封府绞缚山棚,立木正对宣德楼。游人已集御街两廊下,奇术异能,歌舞百戏,鳞鳞相切。乐声嘈杂十余里……灯山上彩,金碧相射,锦绣交辉。面北悉以彩结,山棚上皆画神仙故事……彩山左右以彩结文殊、普贤,跨狮子、白象,各于手指出水五道,其手摇动。用辘轳绞水上灯山尖高处,用木柜贮之,逐时放下,如瀑布状。"这灯山的设计是综合艺术,其复杂和智巧可谓登峰造极。

南宋以来,灯的花样翻新可谓层出不穷。宋人周密《武林旧事》卷二说灯品至多,精妙绝伦:"所谓'无骨灯'者,其法用绢囊贮粟为胎,内之烧缀,及成去粟,则混然玻璃球也。景物奇巧,前无其比。又为大屏,灌水转机,百物活动……外此有鱿灯,则刻镂金珀玳瑁以饰之。珠子灯则以五色珠为网,下垂流苏,或为龙船、凤辇、楼台故事。羊皮灯则镞镂精巧,五色妆染,如影戏之法。罗帛灯之类尤多,或为百花,或细眼,间以红白,号'万眼罗'者,此种最奇。外此有五色蜡纸,菩提叶,若沙戏影灯马骑人物,旋转如飞。又有深闺巧娃,剪纸而成,尤为精妙。又有以绢灯剪写诗词,时寓讥笑,及画人物,藏头隐语及旧京诨语,戏弄行人。有贵邸尝出新意,以细竹丝为之,加以彩饰,疏明可爱。""藏头隐语"应该说是灯谜的雏形。

明清更是以千姿百态的花灯和烟火取胜。争妍斗奇的灯市花灯可以从《金瓶梅词话》第十五回"佳人笑赏玩月楼"的描写窥见一斑:"山石穿双龙戏水,云霞映独鹤朝天。金莲灯、玉楼灯,见一片珠玑;荷花灯、芙蓉灯,散千围锦绣。绣

---

① 乔继堂:《中国岁时礼俗》,天津人民出版社1991年版,第49页。

球灯,皎皎洁洁;雪花灯,拂拂纷纷。秀才灯,揖让进止,存孔孟之遗风;媳妇灯,容德温柔,效孟姜之节操。和尚灯,月明与柳翠相连;通判灯,钟馗共小妹并坐;师婆灯,挥羽扇,假降邪神;刘海灯,背金蟾,戏吞至宝。骆驼灯、青狮灯,驮无价之奇珍,咆哮吼吼;猿猴灯、白象灯,进连城之秘宝,玩玩耍耍。七手八脚螃蟹灯,倒戏清波;巨口大髯鲇鱼灯,平吞绿藻。银娥斗彩,雪柳争辉……转灯儿一来一往,吊灯儿或仰或垂。琉璃瓶映美女奇花,云母障并瀛洲阆苑。"

各种灯俗在近世各地乡镇变得极其普及,各种灯会尤为盛行。灯会有许多名目,如玩灯会、龙灯会、九曲黄河灯会。长沙周围乡村近世流行过"玩灯会":正月十一至十五晚(或者加上十五后的几天),一班精于音律扎作的富饶子弟带头组成灯会,以彩纸扎成种种鸟、兽、果实形状的灯,各持一盏,导以旌旗,和以鼓乐,百十成群,游行乡井或城市中,每至一家,主人燃爆竹欢迎,并赠以食品,另赠以蜡烛,以供点灯。

许多灯会都是龙灯(见第七章"游艺民俗"的专门介绍)、花灯、焰火及本地杂艺的荟萃,"九曲黄河灯"就是最好的代表。"九曲黄河灯"(又称"九曲黄河阵")布置成九个弯曲的小阵,简单地用九九八十一根杆子,复杂的用三百六十五根杆子,人们必须不走重路地转完全阵,因为只有这样才预示全年每一天都平顺。山西和陕西沿黄河的广大地区都有这种游艺①。三百六十一根灯杆栽成十九行,每行十九根,间隔距离相等,按九曲十八弯行进路以绳相连,布成一个大方阵。中央竖立一根老杆,高约数丈。每根灯杆顶端放置荷花灯一盏。中央老杆布置焰火。出入口处,另栽三根杆子,各挂一灯,称为门灯。总数合成三百六十五,象征一年。如果遇到闰年,另加三十根,栽于阵外。吉时一到,三声炮响,鼓乐齐鸣、秧歌、社火队伍依序进阵,载歌载舞。龙灯进阵,排在最后。转至老杆,焰火点燃。上下鞭炮齐鸣,神龙翻滚,欢声雷动。各种队伍退阵后,群众各自在阵内穿行。老年人要摸一摸老杆,说是"摸摸老杆,祛病延年"。②我们2008年在山西柳林看到,走阵的人在入阵之前都要点燃一根香,持香走完阵,再回到阵的起始处的天官神像前,参拜后把香放入香炉。

此外,还有一类有趣的灯俗是以"丁"为主题。灯谐音"丁",人们因此大做文章。其一是请灯:广州各地庙间在上元前挂满了灯,上书吉祥名目,如"早生贵子"、"添丁发财"等,游人看中哪一种,告知庙祝,办好手续(交费、留地址),

---

① 我在2008年春节后到山西柳林考察已经文化部公示为国家级非物质文化遗产代表作的元宵节盘子会,在乡镇和县城都看到了"九曲黄河阵"。

② 温幸、薛麦喜主编:《山西民俗》,山西人民出版社1991年版,第81页。

庙祝便在灯上用红纸写上"某宅敬请"。元宵后三天,就有一行人挑上花灯,敲着锣鼓,把灯逐个送到请灯人家中。据说如此一来,请灯人家便可添丁了①。其二是送灯:在成都,凡是嫁女不久,都可在上元把一对漂亮的抬灯和面粉蒸成的小老鼠(多少不定)送到婆家。如此可以多生小孩②。其三是偷灯:山西妇女用面类制成灯盏,蒸熟后加油点燃,置放土地神、门神等处,供盼望得子的新媳妇在正月十五来偷。传说偷回燃着的灯,必定生子。主人见偷灯要喊几声,偷灯者则要跑几步。跑动而面灯不灭,方为灵验。也有的地方讲究小孩偷吃面灯,一年不病。所以各家置灯也要供小孩来偷取。其四是庆灯,即"庆丁":在广东翁源,已生子的家庭预先买花灯,在这天用红绳吊上祖祠梁上去,同时打着锣鼓,燃着鞭炮,这叫做"闹灯"。另外还要买许多花灯去送其他的神坛社庙观音棚等。有丁会的家族都在这天设席,或由公尝备办,或由新生子的人家送办,开始举杯时,照例说"恭喜! 多生贵丁!""添丁! 添丁!"③

火的系列分为两支:一是烟火、烟花愈演愈烈;二是原始的火崇拜在各地民间陈陈相因。

烟火、烟花尤盛于明清,并逐步从大城市波及各地乡镇。明沈榜《宛署杂记》叙述北京地区元宵烟火情状曰:"放烟火,用生铁粉杂硝、磺、灰等为玩具,其名不一。有声者,曰响炮;高起者,曰起头;起火中带炮连声者,曰三级浪;不响不起,旋绕地上者,曰地老鼠。筑打多有虚实,分量有多寡,因而有花草人物等形者,曰花儿。名几百种。其以泥函者,曰砂锅儿;以纸函者,曰花筒;以筐函者,曰花盆。总之曰烟火云。勋戚家有集百巧为一架,分四门次第传爇,通宵不尽,一赏而数百金者。"清代的烟花在富察敦崇《燕京岁时记·灯节》里有介绍,"每至灯节,内廷筵宴,放烟火,市肆张灯……花炮棚子制造各色烟火,竞巧争奇,有盒子、花盆、烟火杆子、线穿牡丹、水浇莲、金盘落月、葡萄架、旗火、二踢脚、飞天十响、五鬼闹判儿、八角子、炮打襄阳城、匣炮、天地灯等名目"。如店铺放的盒子,有几层至十几层的,大型盒子总是吊在预先搭好的高架上,第一层放出来的是"恭贺新禧"之类的祝词或铺户字号,然后是长明塔、珍珠帘、和合二仙、福禄寿三仙、八仙或其他戏剧人物,还有放出诗句的。④

原始的火崇拜在近世留存在元宵节的表现是用火驱邪除疾、保护生灵。其

---

① 叶炳昌:《中国名城汉俗大观——广州篇》,中国友谊出版公司1993年版,第103页。
② 李依怜:《成都旧历年节的风俗谈》,载《民俗周刊》第53、54合期。
③ 清水:《翁源新年的风俗》,载《民俗周刊》第27、28合期。
④ 常人春:《老北京的风俗》,北京燕山出版社1990年版,第142页。

一是以火防虫：江苏南通地区在此期间有促使棉花丰收的"放烧火"；江苏北部的人们在元宵点着火把，在屋角、路边、场头、河畔、沟旁、枯草绕行，并唱"灯笼亮，火把红，正月十五炸麻虫，场头田边都炸到，炸得害虫无影无踪"之类的童谣；湖南宁乡在元宵节有焚田活动，称"烧元宵"，农民高呼"正月十五元宵节，害虫蚂蚁高山歇哩"之类的咒语①。其二是跳火免灾：在湖北、甘肃、青海等地，人们家家在元宵节期间烧火堆，一家人都要从上面跳过，不能行走奔跑的幼儿也要象征性地烤一下。其三是以火照果树：此俗现在还留存于青海和湖北等地，湖北孝感人在元宵深夜用火照栗、梨等果木，边照边用刀斧敲打树干。一人边敲边问："结不结？"一人从旁应道："结！"他们认为这样做能促使果实丰收②。其四是以旺火兆兴旺：各地都有元宵在门前烧旺火的习俗，山西煤乡至今尤烈，门前垒旺火的习俗非常普遍。如晋中一米多高的泥塔火，以砖铺底，四面留有出灰口；再上以半砖垒砌，下细上粗，留有火眼，即是塔火的火身；火身糊以麦秸土泥，并穿出元宝形的火眼，形如一个带蜂窝眼的高脚酒杯。一经点燃，火势熊熊，很有气氛。③

元宵节期间男女老幼四处游走，观灯会，看百戏，游走本身又被赋予民俗意义，这就是所谓的"游百病"、"走百病"、"除百病"，主要是通过走桥、走城墙以保一年的健康。清潘荣陆《帝京岁时纪胜·走桥摸钉》记曰："元夕妇女群游，祈免灾咎。前一人持香辟人，曰走百病。凡有桥处，三五相率以过，谓之度厄，俗传曰'走桥'。又竞往正阳门中洞摸门钉，讖宜男也。"北京的妇女们还要到城门洞摸门钉，希望此等巫术使自己生子。有的地方则必过三座桥。《清嘉录》卷一记曰："元夕，妇女相率宵行，以除疾病，必历三桥而止，谓之走三桥。"南京等地流行的则是走城墙。

元宵节的应时食品在南方称汤圆，北方谓元宵。唐代称这种食品为"面茧"、"圆不落泥"，宋代称为"圆子"、"团子"。《清嘉录》卷一记吴中圆子："上元，市人簸米粉为丸，曰圆子……为居民祀神享先节物。"元宵的种类很多。老北京一些糕点铺卖元宵几乎均于事先高搭席棚，悬灯结彩，引人注目。灯节期间，他们便在棚里支案，摆出大筐箩，当众摇元宵：先做馅，有山楂白糖、桂花白糖、枣泥、澄沙、奶油等类，切成骰子形的方块，放在大筐箩内的干糯米粉上，摇晃筐箩使馅粒滚来滚去而蘸上糯米粉，捞起蘸水，再下筐箩摇滚，店伙计们边摇

---

① 涂元济等：《灯节的起源与发展》，载《民间文学论坛》1985年第1期。
② 萧放：《荆山楚水的民俗与旅游》，旅游教育出版社1992年版，第63页。
③ 温幸、薛麦喜主编：《山西民俗》，山西人民出版社1991年版，第82页。

第五章 岁时节日民俗

边跳,有的还即兴唱起了小曲,逛灯人不免要驻足围观。他们边做边卖,生意十分兴隆。①

三、清明节

近世的清明节是古代寒食、清明和上巳的节俗混合而成的一个以上坟祭祖为主并兼及踏青春游的节庆,时间不限于清明那一天。湖北《罗田县志》(光绪二年修)记曰:"清明前后,各家诣墓祭扫,挂纸标。儿童为风鸢之戏。游人携酒,簪桃李花,谓之踏青。"近世乡村清明节的一般景象是:清明前后若干天,一家一族的人提盒挑担去祭墓,然后分享供品,在野外游乐竟日,多有风筝、秋千之戏。

寒食没有固定的日期,汉末以来一般定在冬至后一百零五日。寒食是从禁火与生火的制度转换而生成的习俗。禁火与天文历法相关②。上古有春季禁旧火、换新火的制度,据《周礼·司烜氏》记载,仲春二月,每当玄鸟春分到来时,司烜氏"以木铎修火,禁于国中"。《注》云:"为季春将出火也。"这是说,管火的司烜氏在此期间敲着木铎,发出响声通知国人禁火时节到了。禁火期间,必定寒食。这一制度以及有关火的禁忌的影响在民间形成了有信仰基础的寒食习俗,东汉太原的这种习俗较早见于《后汉书·周举传》记载:"太原一郡,旧俗以介子推焚骸,有龙忌之禁。至其亡月,咸言神灵不乐举火,由是士民每冬中辄一月寒食,莫敢烟爨。"周举在此任官时发现此俗持续一个月,危害民生,强制缩短为三天。后世寒食期限或三日,或一日。汉末曹操《明罚令》提到寒食在冬至后百又五日,"闻太原上党西河雁门,冬至后百有五日,皆绝火寒食,云为介子推"。曹操认为寒食有害老少健康,下令取缔寒食习俗,"令到,人不得寒食。若犯者,家长半岁刑,主吏百日刑,令长夺一月俸"。民间的寒食习俗仍然存在于各地。《荆楚岁时记》叙述南北朝时期的寒食习俗为:"去冬节一百五日,即有疾风甚雨,谓之寒食。禁火三日,造饧大麦粥。"寒食的基本节俗(节期、禁火、吃现存食品的习俗)至此稳定下来了。

唐代的寒食节增加了新的内容,一是官员放假,二是家家上坟扫墓。《旧唐书·宪宗纪》记曰:元和元年三月"戊辰诏常参官,寒食拜墓,在畿内听假日往还,他州府奏取进止"。又据《通典》介绍:"开元二十年制曰,寒食上墓,《礼经》无闻,近代相传,浸以成俗。士庶有不合庙享者,何以用展孝思?宜许上墓,同

---

① 常人春:《老北京的风俗》,燕山出版社 1990 年版,第 145 页。
② 参见陈久金、卢莲蓉:《中国节庆及其起源》,上海科技教育出版社 1989 年版,第 94—95 页。

拜扫礼。"京官在寒食期间放假，朝廷听任他们各扫祖墓。寒食扫墓，本来不符合礼制，但在当时已经风行开来，朝廷考虑到普通百姓没有资格立庙祭祖，无以表达孝道，只好承认既成事实。唐代寒食节的过法在诗人王建《寒食行》之中有生动的记述："寒食家家出古城，老人看屋少年行。丘垅年年无旧道，车徒散行入衰草。牧儿驱牛下冢头，畏有家人来洒扫。远人无坟水头祭，还引妇姑望乡拜。三日无火烧纸钱，纸钱那得到黄泉。但看垅上无新土，此中白骨应无主。"从中可知唐代寒食禁火三天，家家扫墓，无法上坟的人家也要在水边对着那个方向遥遥祭拜。显而易见，近世的清明节与此如出一辙。

在唐代文献中，清明开始成为寒食节的一个组成部分。清明本来只是二十四节气之一，比寒食的日期略晚几天，大多在三月。唐代的清明是生新火的日子，百姓自己钻木取火，高官贵戚则由皇帝赐火。杜甫《清明二首》有"家家钻火用青枫"的句子。郑辕《清明日赐百僚新火》有"改火清明后，优恩赐近臣。漏残丹禁晚，燧发白榆新"的诗句；韦庄《长安清明》有"内官初赐清明火"的句子。宋人《岁时广记》说："唐朝于清明取榆柳之火以赐近臣，顺阳气也。"《春明退朝录》也说："唐时惟清明取榆柳火以赐近臣戚里，本朝因之。"清明改火只是寒食节的最后一个组成部分。

古人春季踏青郊游、野餐的节日是上巳（三月的第一个巳日）。上巳早先是一个用春水祓除宿垢和不祥的巫教节日，《周礼·春官·女巫》记曰："女巫掌岁时祓除衅浴。"郑玄注曰："岁时祓除，如今三月上巳，如水上之类。衅浴谓以香熏草药沐浴。"《后汉书·礼仪志》也记曰："是月上巳，官民皆洁于东流水上，曰洗濯祓除。"可见汉代的此类活动定在三月上巳。上巳在日期上很不稳定，作为普及性的节日，在魏时开始固定在三月三日。《晋书·礼志》中记载："汉仪季春上巳，官及百姓皆禊于东流水上……自魏但用三日，不以上巳也。"南北朝时期固定在三月三过节，除了洗濯祓除，还流行曲水流觞的饮宴游乐。梁朝萧子范写有《三月三赋》，庾肩吾有《三日侍兰亭曲水宴》，而宗懔《荆楚岁时记》有这样的叙说："三月三日，士民并出江渚池沼间，为流杯曲水之饮。"日期固定的同时，巫教的性质在转变，游乐的成分在增加。

唐代的上巳节定在三月三，是一个以踏青、饮宴为主的盛大节日。杜甫《丽人行》有"三月三日天气新，长安水边多丽人"的佳句，他的一首《绝句》有"江边踏青罢，回首见旌旗"的句子；刘驾《上巳日》曰："上巳曲江边，喧于市朝路。相寻不见者，此地皆相遇。"长安人在上巳节倾室而出，水边比闹市还热闹。刘长卿《三日李明府后亭泛舟》写出江南文人雅士把三月三作为一个冶游饮宴的浪漫节日来过的情景："江南风景复如何，闻道新亭更欲过。处处纫兰春浦绿，萋萋藉草远山多。壶觞须就陶彭泽,时俗犹传晋永和。更待持桡徐转去,微风落日水增波。"诗中说道,置身江南草青水绿的美景,或坐在草地看远山,或泛舟水上赏落日,像陶渊明那样喝酒,像王羲之那样曲水流觞,风流唱和。

"清明"在两宋成为以扫墓祭祖为主而兼及踏青饮宴的重大节期,不再是改火的一日。唐代寒食节扫墓祭祖的习俗被归在清明节的名义之下,北宋以来的文献或者只有清明节,或者把寒食节附属于清明节。唐代上巳节踏青饮宴的活动有时被视为清明节的习俗,有时还保留着上巳或三月三的名义。总之,寒食节和上巳节从北宋开始变成了很不起眼的名词,并且逐渐被淡化,被淡忘。孟元老《东京梦华录·清明节》记北宋京师习俗说:清明节,寻常京师以冬至后一百五日为大寒食。前一日谓之"炊熟",做面食以柳条串之,插于门楣,谓之"子推燕"。寒食后第三天是清明日,凡新坟皆用此日拜扫。都城人出郊。禁中前半月发宫人车马朝陵,宗室南班近亲,亦分遣诣诸陵坟享祀。"士庶填塞诸门,纸马铺皆于当街用纸衮叠成楼阁之状。四野如市,往往就芳树之下,或园囿之间,罗列杯盘,互相劝酬。都城之歌儿舞女,遍满园亭,抵暮而归"。我们看到,"清明节"成为这一段节期的总称,节期的主要内容是扫墓附带郊游和野餐,原来的寒食节习俗保留了做冷食和纪念介子推。再看《西湖老人繁胜录》"清明节"条记南宋的概况:"公子王孙富室骄民踏青游赏城西店舍经营,辐凑湖上,开张赶趁。"踏青游赏也是清明节的主题。吴自牧《梦粱录》卷二提到三月三,但是,已经没有汉唐上巳节的内容,这天在南宋主要是纪念"佑圣真君"诞辰;所述清明节与《东京梦华录》大同小异。

清明节、寒食节、上巳节的习俗传承到近世,和两宋一样仍然主要是扫墓和踏青(春游)两项,湖北《汉阳县志》(嘉庆二十三年)"三月"的记载可以视为代表,"扫墓:清明前,率以纸钱、酒馔各祭其先垄。踏青:二三月间,各于月湖堤上、桃柳阴中选胜,携觞倾城游宴,或泛舟绿水,或结伴芳舟,帘影波光,往来如栉"。扫墓不限于清明日一天,踏青也不限于三月三或清明日。人们经常就用"清明节"指这个时段及其习俗。

清明节祭扫有新坟与旧坟的区别,有家庭上坟与家族上坟的区别,有烧纸与挂纸的区别,有上坟与不上坟的区别。因为上坟常常不在清明节那天,这天人们又要在家里祭祖,例如山东《清平县志》(宣统三年修)记曰:"清明节,簪柳于头,陈蔬菜祭祖先。前数日,各祭扫坟墓,添土,挂纸钱,至日仍祭先于堂。"

清明上坟,对于新坟和旧坟是有区别的。三年以内的是新坟,三年以后的是旧坟。闽南清明上坟谓之"扫墓"或"巡墓",到了墓前,把纸钱散布在墓周围,纸上压石子,以免被风吹走,然后摆祭品,燃蜡烛,烧金纸,放爆竹。但是,对新坟必定有两个要求：一是祭扫时间当在五更时分，因为据说日出之后，死者不敢出墓就食；一是米糕、薄饼少不得①。上坟的时间有很大的跨度可以选择，但上新坟的时间往往有特殊规定。在广东翁源、台湾，人们上新坟应在春社之前。

　　有的扫墓是家族行为，有的扫墓是家庭活动。在20世纪20年代的广东海丰和翁源，从二月到四月，都可以拜祖，每人每家往往要举行多次，一次是自家拜近祖，一次或多次是拜公祖，即一族一房的祖先，后者通常有"公尝"、"祭田"作为经济支柱，并且有复杂而盛大的仪式。私家上坟的日子可以临时安排，但公共的祖坟的祭期是固定的，百年不变。人丁众多的巨族祭祀祖墓有专门的组织班子，届时车水马龙，冠盖相望，伴有八音演奏。祭祀包括祭土地神，祭祖，还要慎重地读祭文。祭祀之后分丁肉，一个男子一份；妇女一般没有，也有少数家族给妇女分半份；新丁（出生登记后的第一次）、老人、族房长、值年户、有功名的人（如清朝的秀才、举人，民国的毕业生）另外还有一份。也有的家族就在墓前生火会餐。②

　　上坟除了摆供宴请祖先，还要送冥钱给祖先使用。通常送冥钱要通过焚烧才能转化到冥界，但是，因为与寒食的历史关系，许多地方清明节的冥钱和其他物品（如纸幡、纸扎）是不焚烧的，或者挂起来，或者用土石压在地面，所以人们称之为"挂山"、"挂纸"、"压纸"。这两种类型山西都有，南部多数地方不燃香、不化纸，要将冥钱等物悬挂坟头，所谓"清明坟头一片白"，据说原因是寒食节禁火，而清明节又在寒食期间；北部多数地方却要将冥钱等物全部烧尽，理由是不烧尽就转不到先人手里③。一些地方不烧纸钱，但烧金银纸（做成元宝）。台湾人置纸钱在墓碑顶面，称"挂纸"、"压纸"，另外烧香，烧银纸。④

　　清明期间通行上坟祭祖，如果不便上坟，习惯上可以变通，如望祭，唐代就已经采用这种方式（如上述王建《寒食行》的记述）。我们看对广州的调查。清明节，祖坟不在广州的人家，祭祖活动大体可分两种形式：一种是到住家附近找棵大树或巨石，在树下或石边烧香挂纸，燃鞭放炮。另一种是在自家门前祭奠。有的人家，还要在正门左边设一神牌（用一张红纸，写上"门口土地福神"或"门口土地财神"字样贴上），神牌下再贴一红纸粘成的小袋子：内插一翠绿柳枝，然后在正堂（或客厅里）和门神位下烧香化纸。⑤

---

① 谢云声：《闽南清明的风俗》，载《民俗》第60期（1929年5月），第4页。
② 清水：《翁源墓祭谈》和刘万章：《海丰清明》，载《民俗》第60期，第15—20页。
③ 温幸、薛麦喜主编：《山西民俗》，山西人民出版社1991年版，第85页。
④ 片冈岩：《台湾风俗志》，众文图书公司1987年版，第43页。
⑤ 叶炳昌：《中国名城汉俗大观——广州篇》，中国友谊出版公司1993年版，第68页。

清明节除了墓地活动以外,活人和家户的一个重要标志是插柳:人插两鬓,户插门首。广东东莞清明节前一日,家家门首插杨柳。传说清明前后阴间鬼门大开,鬼到处游走,所以插柳防止鬼进入作怪。福州也有相同的习俗和传说[①]。实际上,清明插柳在全国是普遍的。湖北《孝感县志》(光绪八年修)记曰:"清明祠先祖,扫墓,俗云新坟不过社日。男女插杨柳鬓边,语曰:'清明不带(戴)柳,死了变猪狗。'或云不带(戴)柳是不祭祖之讹。"

偌大的中国,凡事岂能一概而论?虽然从全国来看寒食、清明和上巳的习俗在近世已经大致合而为一,都以清明节的名义传承,但是,也不乏三个节日并行于世的地方。山西晋中《灵石县志》(民国二十三年修)记曰:"清明前,东乡村庄相沿冷食三日,不举火,约禁颇严,感介(子推)神也,名曰'寒食'。前二日,各家墓祭,皆加封焉。节前后,儿童有秋千之戏,相传以为去百病。清明节展墓,邑人重之,甚至客他乡者,亦多归祭,并于墓地栽植松柏等树。三月初三日,为上巳。古人以为修禊踏青节令,迄今文人学士犹有行之者。"古晋国之地的人民因对介子推怀有地方认同,以致奉之为神,所以保留寒食节纪念他。上巳有古风之名,浪漫之实,自然得到文人雅士的认同和继承。

从上述关于清明节习俗的历史渊源来看,我们很清楚地看到节俗的复合性。清明节在明清以来演变为大节,是由吸纳多个传统节日丰富起来的。这是一个民间自发演变的产物,但是政府的力量也在一些历史时期发挥着调节的作用。

清明节在辛亥革命之后就被废除了作为国家法定假日的地位。近年来,受民众需求的感召和学者们的呼吁,国家又重新把清明节、端午节、中秋节等纳入法定假日。这是中国的民族文化复兴的一项标志性事件。那么,怎样看待民众以自己乐意的方式欢度这一重要的传统节日,是对国家的意识形态部门和有关行政机构的一种挑战。观念性的方面如上坟祭祖的"迷信"问题,技术性的方面如春季火灾多发季节的烧香问题,都考验着这些部门和机构的应对智慧和能力。不论它们怎么应对,我想,都应该秉持一种包容的思想和服务的意识。

当今的清明节仍然应该是多种习俗的复合。国家做国家主张的事情,民众做民众乐意的事情。举例来说,既然清明节到烈士陵园扫墓已经是很多学校的惯例,学校还会这么组织;近一些年一些地方兴起在清明对黄帝、炎帝的公祭,他们的做法会得到越来越广泛的理解。此外,春游、植树,爱护自然的各种新民俗也已经在我们的社会稳定下来,那么就让它们有机会成为清明节的习俗吧。

---

① 魏应麒:《福州的清明》和袁洪铭:《我也谈谈东莞的清明节》,载《民俗》第60期,第9、23页。

第二节 夏季节日民俗

夏季主要的节日有四月八的浴佛节、五月的端午节、六月六的天贶节,本节叙述这三个节日的习俗。此外,夏季还有一些节日,四月十八是碧霞元君诞辰,四月二十八是药王诞辰,五月十三是关帝诞辰,六月十三是鲁班诞辰,对于一些地区或行业来说,它们是重要节日,有祭祀活动和庙会;一些地方在六月初一举办家宴,称为"过半年"。

一、四月八

四月八有浴佛会、放生会,被称为浴佛节、放生节等。相传佛祖释迦牟尼生于周昭王二十四年四月初八,各佛教寺庙在这天举行诵经法会,以各种名香浸水灌洗佛像,供养各种花卉,俗人则到寺庙拈香敬佛,并施钱财于"浴佛"。这一佛教节日在民间形成了放生、结缘等普遍的习俗,此外还形成了一些地方性的习俗,如四川的嫁毛虫。

在中国佛祖诞辰的说法曾经有多种,如二月八、四月八、腊八。在宋代皇祐年间普遍定为四月八。宋代金盈之《醉翁谈录》卷四讲述了这段历史:"诸经说佛生日,不同其指。言四月八日生者为多。《宿愿果报经》云,我佛世尊,生是此日。故用四月八日灌佛也。南方多用此日,北方多用腊八。皇祐年间,员照禅师来会林,始用此日。盖行《摩诃刹头经》。浴佛之日,僧尼道流云集相国寺,是会独甚。常年平明,合都士庶妇女骈集,四方挈老扶幼交观者,莫不蔬素。"此日浴佛的大致过程是:佛寺取诸种香料制作浴佛香汤;作方坛,敷设妙座,供上诞生佛像;住持上堂祝香、说法,领僧众上殿上香拜佛宣疏,唱《浴佛偈》;僧众逐一以小勺取香汤次第灌浴佛身,然后用净水淋洗,其间反复唱偈;最后,信众各取少许洗像水,淋在自己头上①。最后一个步骤使大众参与进来,佛教节日也成为民间节日。

这一天,各地要举办放生会。人们相信,此日救一生命,等于平日作十万功德。善男信女买来鱼类、鸟类的动物,于池边、河边、林边放生,以结善缘。贫民则遍觅水族,以待买主。近世成都放生会极为盛大,成都竹枝词中有不少描写此俗的,如"一到东门挤不开,放生看会尽都来";"池边放罢又河边,到处留情结善缘。口内喃喃浑不辨,放生几句咒儿宣"。上游在放,下游渔民又打捞,故有

---

① 参见元代《敕修百丈清规》的"佛降诞"条。

竹枝词说:"惟有渔人手段高,凭空能够饱腰包。见钱再学关公法,捉得曹来又放曹。"①放生是佛教固有的活动,在中国,崇佛的梁武帝曾经修筑放生池(称"长命洲");唐肃宗乾元二年(759年)诏令天下修放生池81所,书法家颜真卿曾为之作《天下放生池碑铭序》。民间四月八的放生习俗是在宋代定型的,周密《武林旧事·浴佛》记曰:"是日(四月八日)西湖作放生会,舟楫甚盛,略如春时小舟,竞买龟鱼螺蚌放生。"

近世民间有在四月八舍豆结缘的习俗。先应是寺院僧人行此俗,再流行于民间。富察敦崇《燕京岁时记·舍缘豆》说:"四月八日,都人之好善者,取青黄豆数升,宣佛号而拈之。拈毕煮熟,散之市人,谓之舍缘豆。预结来世缘也。谨按《日下旧闻考》:'京师僧人念佛号者,辄以豆记其数。至四月八日佛诞生之辰,煮豆微撒以盐,邀人于路请食之,以为结缘。'今尚沿其旧也。"看来,僧人是结佛缘,都人是结更广泛的来世缘。

信仰性的节日在民间总是被认为具有神圣的力量,民间还在四月初八推行其他风俗,如四川民间就把古代逐蟊消灾的习俗附会在这天,谓之"嫁毛虫"。是日人们剪纸作"毛虫夹",并用红纸两条架成十字,称为"毛虫架",多倒贴于楼板或横梁上,或斜贴于墙壁上。毛虫架上的咒语是"佛生四月八,毛虫今日嫁,嫁到深山去,永世不归家";或者是"佛祖生辰,毛虫远行";川北有的用的咒语是"毛虫毛虫,黑耸黑耸,嫁到青山,绝种绝种"。②

二、端午节

端午节又称端阳节、重午节、中天节、五月节等。端午节本是午月午日节,有时还突出它的正时是在午时,所以也叫重午节;午月为斗柄指午之月,即农历五月;午日即农历五月十二支纪日的第一个午日。据黄石考证,自先秦至两汉,端午的日子每年变动,随干支记日而定在五月的第一个午日,端午之名由此而生,即五月的第一个午日之谓;大约魏晋以后,由于用干支表示的节日不便记忆,形成代之以数字日期的趋势,于是上巳定在三月三日,端午定在五月五日,而端"五"大约也在此时起用来代替较古的端"午"。③ 后来端午就固定在五月初五日。

---

① 见孙旭军等编著:《四川民俗大观》,四川人民出版社1989年版,第305页。
② 同上。
③ 见黄石:《端午礼俗史》,香港泰兴书局1963年版,第5页。

端午节在许多地方又称为端阳节,可是,从起源来说,端阳节应该是源于夏至。① 端阳者,阳气之端点也。这就是说,端阳是阳气盛极、阴气即将回升之义,这个转折点就是夏至。夏至是一年阳气最盛、白天最长的一天。夏至日是中气(一般在中旬),但是,阴历日期并不固定,我们推测民间把它转换为端阳节来过,节庆固定在五月十五。在魏晋南北朝时期,端午节和夏至节并行于世,同时两者的习俗逐渐合流。《太平御览》卷三十一引晋周处《风土记》:"仲夏端午。端,初也。俗重五日与夏至同。先节一日又以菰叶裹黏米,以粟枣灰汁煮,令熟,节日啖。"梁宗懔《荆楚岁时记》说:"夏至节日食粽。"从这两条文献可知,粽子本是夏至节的食物,却被初五的端午节借用。当端午节和夏至节的节俗没有根本差别的时候,民间出现了两种结果:其一,人们只在初五过节,月中、月末没有活动;其二,人们把本来意义上的端午节和夏至意义上的端阳节合成一个系列,把五月初五定为小端午(或小端阳),把五月十五(或五月二十五)定为大端午(或大端阳),各地、各户根据情况(如避开农忙、联村赛龙舟所需要的天数)选定一个端阳安排节俗活动。近世长江南北的许多地区把五月初五定为小端午(或小端阳),把五月十五定为大端午(或大端阳);少数地区把五月二十五定为大端午。② 在湖北长阳,初五称为头端阳,十五称为大端阳,二十五称为末端阳。这种大小端阳节的系统化是古端午和夏至的节俗混合之后重新整合的结果。

端午节又称为中天节,其原因是此节的正时是午时,日在中天。黄石的研究认为,午在八卦上为离为火,太阳的威力走到午的方位才登峰造极,所以此节的每一时间层次都是午,定在午月午日午时,日在中天,阳气达到极点。③

此外,端午节有时还称为浴兰节、蒲节、女儿节。浴兰节:吴自牧《梦粱录》说:"五日重五节,又曰浴兰令节。"因为古代有于是日以兰汤沐浴的风习,故称。五月又称蒲月,端午则称蒲节,这是因为五月菖蒲成熟,而端午又有悬蒲于门首,或以菖蒲浸制药酒饮用之俗。女儿节:明沈榜《宛署杂记》卷十七记曰:"五月女儿节,系端午索,戴艾叶、五毒灵符。宛俗自五月初一至初五日,饰小闺女,尽态极妍。出嫁女亦各归宁,因呼为女儿节。"

端午节习俗很多,概括地说,其一是广泛采用菖蒲、艾蒿,其二是缠挂各种

---

① 参见陈久金、卢莲蓉编著:《中国节庆及其起源》,上海科技教育出版社1989年版,第105页。
② 见胡朝栋:《从两个龙船节看中华龙舟文化的传承和发展》,载李瑞岐等编《中华龙舟文化研究》,贵州民族出版社1991年版。
③ 参见黄石:《端午礼俗史》,香港泰兴书局1963年版,第215—216页。

端午索,其三是用符图驱邪,其四是饮用药酒(主要是蒲酒和雄黄酒),其五是吃粽子,其六是划龙舟或赛龙舟,其七是姻亲交往。节俗的中心是祛毒禳灾,保健康,求吉祥,但娱乐和社交在近世变得很突出。其中一些单项习俗非常古老,大致在南北朝时汇聚成端午的节俗,后世不断得以附会增益。孟元老《东京梦华录·端午》记北宋京都开封情形说:"自五月一日及端午前一日,买桃、柳、葵花、蒲叶、佛道艾,次日家家铺陈于门首,与粽子、五色水团、茶酒供养,又钉艾于门上,士庶递相宴赏。"费著《岁华纪丽谱》记唐宋时四川此节,说是日"医人鬻艾,道人卖符,朱丝彩缕、长命避灾之物,筒饭、角黍,莫不咸在"。近世端午习俗大抵如此,只是在水系允许的地方还多一项龙舟竞渡。下面对这七项节俗略作分述。

其一,广泛采用菖蒲、艾蒿。菖蒲、艾蒿长期被相信具有巫术和药用的双重价值,因此而生成一系列的习俗。艾蒿历来被制成艾人、天师艾、艾虎等厌胜之物。艾人早见于梁宗懔《荆楚岁时记》,该书记云:"五月五日,四民并蹋百草,又有斗百草之戏。采艾以为人,悬门户上,以禳毒气。"天师指道教法师张(道)陵,是五斗米道的创始人,俗传他善于捉鬼降妖。吴自牧《梦粱录》记南宋行都杭州端午的天师艾说道:"以艾与百草缚成天师,悬于门额上,或悬虎头白泽。"宋陈元靓《岁时广记·画天师》引《岁时杂记》说:宋代的端午节,京都的人们除画天师像贩卖外,又作泥塑的张天师像,以艾为须,以蒜作拳,置于门上,称"天师艾"。苏辙《学士院端五帖子·皇太妃阁》诗之三云:"太医争献天师艾,瑞雾常萦尧母门。"此外,更著名的是艾虎。艾虎有的是用艾枝艾叶编成的,有的则是布帛剪成的老虎上粘艾叶。陈元靓《岁时广记》引《岁时杂记》说:"端午以艾为虎形,至有如黑豆大者,或剪彩为小虎,粘艾叶以戴之。"清富察敦崇《燕京岁时记·彩丝系虎》也谈到艾虎:"每至端阳,闺阁中之巧者,用绫罗制成小虎及粽子、葫芦、樱桃、桑葚之类,以彩线穿之,悬于钗头,或系于小儿之背。古诗云'玉燕钗头艾虎轻',即此意也。"

作为厌胜之物,艾制品通常是与蒲制品并用的,而尤以艾虎配蒲剑最为常见。《梦粱录·五月》记菖蒲厌胜物说,重午"以菖蒲或通草雕刻天师驭虎像于中,四围以五色染菖蒲悬围于左右"。宋陈元靓《岁时广记》引《岁时杂记》云:"端午刻蒲剑为小人子,或葫芦形,带之辟邪。"古俗以蒲叶似剑,称为蒲剑,谓可辟邪;艾叶也可驱邪,多扎成虎形,或剪彩绸作虎形,上粘艾叶,称为艾虎。清富察敦崇《燕京岁时记》云:"端五日,用菖蒲、艾子插于门旁,以禳不祥,亦古者艾虎、蒲剑之遗意。"

其二,缠挂各种端午索。端午期间历代沿袭用彩色或曰五色的线、缕、索作为驱邪辟凶的节物,可以概称为端午索。端午索有许多别称,从材料的色彩着眼,称朱索、五色丝、五彩缕、五色缕、五彩缯等;从辟兵的角度着眼,称辟兵缯;从延寿的角度着眼,称寿索、长命缕、续命缕、续命丝、延年缕、长寿线、百索、百岁索等等①。不管名称如何,端午索的形制和功用则是大体相同的,或系于小儿手臂,或挂在床帐、摇篮等处,或敬献尊长,以辟灾除病、保佑安康、益寿延年。它的形制大体有以下几种:一是简单地以五色丝线合股成绳,二是五彩绳上缀饰金锡饰物,三是五彩绳折成方胜或结为人像等,四是以五彩丝线绣绘日月星辰鸟兽等物。② 这种习俗形成甚早。《太平御览》卷三一引东汉《风俗通》曰:"五月五日以五彩丝系臂者,辟兵及鬼,令人不病瘟。"南朝《荆楚岁时记》也有类似的记载。明刘侗、于奕正《帝京景物略》记曰:"(五月)五日之午前……项各彩系,垂金锡,若钱者,若锁者,曰端午索。"此俗直到近世仍然广为流行。

其三,用符图驱邪。《后汉书·礼仪志》云:"五月五日,朱索五色印为门户饰,以难止恶气。"宋代及以后大行"天师符"。道家把自己的符归在张天师的名下,叫天师符。旧时,道教宫观端午节有用朱砂笔在黄表纸上画符馈送或出售的习俗,供民间端午贴在门楣上辟邪。吴自牧《梦粱录》记南宋行都杭州端午习俗,除了沿袭北宋情形,还流行符图,"诸宫观亦以经筒、符袋、灵符、卷轴、巧粽、夏橘等送馈贵宦之家。如市井看经道流,亦以分遗施主家。所谓经筒、符袋者,盖因《抱朴子》问辟五兵之道,以五月午日配朱灵符挂心前,今以钗符佩带,即此意也……或仕宦等家以生硃于午时书'五月五日天中节,赤口白舌尽消灭'之句。"《燕京岁时记·天师符》载北京此俗云:"每至端阳,市肆间用尺幅黄纸,盖以朱印,或绘画天师、钟馗之像,或绘画五毒符咒之形,悬而售之。都人士争相购买,粘之于中门,以辟祟恶。"1929 年的调查所记录的广州午时符有两种图,一是天师像,一是太极八卦图,所配的文字是一样的:中间是"敕令五月五日午时书破官非口舌鼠蚁蛇虫一切尽消除",两侧是"艾旗迎百福"和"蒲剑斩千邪"。③

其四,饮用药酒(主要是蒲酒和雄黄酒)。作为端午节俗的药酒主要是蒲酒和雄黄酒。蒲酒也叫菖蒲酒、菖华酒等,古代民间常在端午制作、饮用,俗云可辟瘟气。宗懔《荆楚岁时记》载:"端午,以菖蒲生山润中一寸九节者,或镂或屑,泛酒以辟瘟气。"唐代殷尧藩的七律《端午日》有"不效艾符趋习俗,但祈蒲酒话升平"的诗句。虽然蒲酒之名史不绝书,但是近世民间以雄黄酒最普及,饮雄黄

---

① 参见谭麟:《荆楚岁时记译注》,湖北人民出版社 1985 年版,第 96 页。
② 乔继堂:《中国岁时礼俗》,天津人民出版社 1991 年版,第 163 页。
③ 《民俗》第 71 期卷首。

酒既是家喻户晓的《白蛇传》情节,也是大家都遵行的习俗。清潘荣陛《帝京岁时纪胜·端阳》记曰:"午前细切蒲根,伴以雄黄,曝而浸酒。饮余则涂抹儿童面颊耳鼻,并挥酒床帐间,以避毒虫。"用雄黄酒涂抹小儿面颊耳鼻俗称"画额",通常是用雄黄酒在小儿额头画"王"字,一借雄黄以驱毒,二借猛虎("王"字似虎的额纹)以镇邪。

其五,吃粽子的习俗可谓源远流长。《太平御览》卷三十一引晋周处《风土记》:"仲夏端午。端,初也。俗重五日与夏至同。先节一日又以菰叶裹黏米,以粟枣灰汁煮,令熟,节日啖。煮肥龟,令极熟,去骨加盐豉秋蓼,名曰俎龟黏米,一名粽,一名角黍。盖取阴阳包裹未(分)之象也。龟表肉里,阳内阴外之形,所以赞时也。"据陈元靓《岁时广记》引《岁时杂记》云,当时的粽子已达数种之多:"端五粽子,名品甚多,形制不一。有角粽、锥粽、茭粽、筒粽、秤锤粽,又有九子粽。"关于粽子的起源及其形制有几种传说,其中最流行的是屈原的传说。南朝吴均《续齐谐记》的记录较早:"屈原五月五日自投汨罗而死,楚人哀之,每至此日,以竹筒贮米投水祭之。""汉建武年,长沙欧回见人自称三闾大夫,谓回曰,'见祭甚善,常苦蛟龙所窃,可以菰叶塞上,以彩丝约缚之。二物蛟龙所畏'"。后世粽子的传说大多与此有关。

其六,划龙舟或赛龙舟是民间过端午节的高潮。竞渡之俗早见于南方(吴越、荆楚),梁代宗懔《荆楚岁时记》提到"是日,竞渡,采杂药",隋代杜公瞻注曰:"五月五日竞渡,俗为屈原投汨罗日,伤其死,故命舟楫以拯之。舸舟取其轻利谓之飞凫,一自以为水军,一自以为水马。州将及士人悉临水而观之。"此时的舟楫竞渡颇具规模,只是尚无"龙舟"之说。唐代的竞渡使用龙舟,并有夺标的制度,与近世无异。唐人张建封有《竞渡歌》咏道:"两岸罗衣扑鼻香,银钗照日如霜刃。鼓声三下红旗开,两龙跃出浮水来。棹影斡波飞万剑,鼓声劈浪鸣千雷。鼓声渐急标将近,两龙望标目如瞬。坡上人呼霹雳惊,竿头彩挂虹霓晕。前船抢水已得标,后船失执空挥桡。"储光羲的五律《观竞渡》也有"标随绿云动,船逆清波来"的句子。所谓"夺标"、"夺锦标",有的是在前方终点处,先泊一船,叫"标船",赛船到达时,标船上有人把锦标(如活鸭,或活鹅等)投入水中,赛船上选一水性极好的人届时跳水夺标。传统龙舟皆以杉木做之,取其质轻,船长有达十一丈的,由八十桡划行,次者九丈,坐六十余桡,短的也有七丈多,坐桡手四十余人。

关于龙舟与竞渡,清李斗所著《扬州画舫录》有更加详细的描述:

> 龙船自五月朔至十八日为一市。先于四月晦日试演,谓之"下水"。至

十八日牵船上岸,谓之"送圣"。船长十余丈,前为龙首,中为龙腹,后为龙尾,各占一色。四角枋柱,扬旌拽旗,篙师执长钩,谓之**跕头**,舵为刀式,执之者谓之拿尾。尾长丈许,牵彩绳令小儿水嬉,谓之掉梢。有"独占鳌头"、"红孩儿拜观音"、"指日高升"、"杨妃春睡"诸戏。两旁桨折十六,前为头折,顺流而折,谓之"打招"。一招水如溅珠,中置戽斗戽水,金鼓振之,与水声相激。上供太子,不知何神,或曰屈大夫,楚之同姓,故曰太子。小船载乳鸭,往来画舫间,游人鬻之掷水中。龙舟执戈竞斗,谓之"抢标"。又有以土瓶实钱果为标者、以猪胞实钱果使浮水面为标者,舟中人飞身泅水抢之……送圣后捧太子于画舫中礼拜,祈祷收灾降福,举国若狂。

这里除了赛龙舟夺标的描述,还说到请神、供神的做法,看来这也是其中一项重要习俗。广东东莞的李建青在1929年叙述家乡端午习俗说:"我乡的龙舟竞渡,是和附近各乡联合举行的,由五月初一起至十五止,每乡轮值一天,如今天是某乡当值,那么,各乡的龙舟,都要扒到某乡去竞渡了。竞渡那天,各乡都有请菩萨看龙船的举动,礼节很是隆重,由乡中的耆老们联合到庙里向菩萨拜请后,便由少壮的子弟,把菩萨扛下船去,各耆老也坐船随着,待各乡的龙船齐集后,便来开始竞赛了。"[①]赛龙舟还是一种地区组织活动,其地区规模有时大至县市一级。我们再看近世四川的例子。清末民国期间,川中各地都由袍哥、行帮等出面组织龙舟竞赛,较有名的为乐山、新津、泸州、忠县、万县等地,主要有两种方式:夺标(又名抢兆)和抢鸭子。龙舟多为小船,船头扎糊龙头,船尾扎有龙尾;每只龙船上,前有指挥1人,中有击鼓1人,尾有舵手1人,舱中两侧为桡手10余人。夺标时,参赛龙舟于河中一字排开,远处立一红旗为标。一声炮响,群舟竞发,指挥执小旗领喊号子,鼓手击鼓,桡手随着号子和鼓声的节奏奋力而划,河边观众密集,呐喊助阵。至领先的龙舟夺标为止。此时一阵鞭炮声响,彩船上抛下数十只鸭子于河中,各龙舟赶到,争抢水中游弋的鸭子,岸边观众欢笑不绝。有些地方抢吹胀了的猪尿包,以抢得多为胜而获奖。[②]

赛龙舟也和吃粽子一样,在古代被认为是纪念屈原的活动。南朝吴均《续齐谐记》载:"楚大夫屈原遭谗不用,是日投汨罗而死,楚人哀之,乃以舟楫拯救。端阳竞渡。乃遗俗也。"闻一多的研究结论是这两大节俗都由龙图腾崇拜转化而来:"古代吴越民族是以龙为图腾的,为表示他们'龙子'的身份,借以巩固本

---

① 李建青:《东莞的端阳节》,载《民俗》第71期。
② 孙旭军等编著:《四川民俗大观》,四川人民出版社1989年版,第307页。

身的被保护权,所以有那断发文身的风俗。一年一度,就是在今天,他们要举行一次盛大的图腾祭,将各种食物,装在竹筒,或裹在树叶里,一面往水里扔,献给图腾神吃,一面也自己吃。完了,还在急鼓声中(那时或许没有锣)划着那刻画成龙形的独木舟,在水上作竞渡的游戏,给图腾神,也给自己取乐……这便是最古端午节的意义。"①端午的节俗是在汉唐期间逐渐形成的,其基本形态在更古的时候并不存在,其中一些内容可能与龙崇拜有关,但是,他的具体叙述只是一种主观的推测。端午的节俗吸收了古文化因素,但基本形态完全是汉唐的文化创造。

其七,姻亲交往。近世的所有节庆除了本身的宗旨之外,都具有一定的社交功能,而端午突出的社交功能是姻亲的交往,乃至许多地方呼此节为"女儿节"。《帝京岁时纪胜·端阳》说:"饰小女尽态极妍,已嫁之女亦各归宁,呼是日为女儿节。"在近世端午的民间姻亲交往中,一是订婚的男方绝对要给未来的岳家送节礼,如果准备在下一个端午前结婚,还要正式送大礼,主要是给长辈的酒和肉以及给未婚妻的衣物;一是媳妇回娘家,带去酒和肉,同时娘家也给女儿女婿一些礼物。例如,陕西一些地方把端阳节也叫女娃节、女儿节。每到这一天,出嫁的女儿要回娘家。娘家要给出嫁的女儿一定的端阳礼,俗称"送裹肚儿",礼物可以包括夏令衣物、扇子、凉帽汗衫等,但必不可少的是绣有蛤蟆(蟾蜍)的花裹肚兜,因蛤蟆具有生儿育女、繁衍子孙的能力。②

端午节是一个敏感地应对气候节令的变化而发展起来的节日,并形成了一系列中国人强烈认同的节日文化。这个时段已经是夏季炎热的时候,避暑热,驱蚊虫,防瘟疫,是摆在眼前的要务。中国人在千年的历史里根据当时的物质条件和技术手段,因地制宜地筛选了各种在生理、心理和社会关系的层面能够起作用的物品和活动,作为习俗传承下来。如果按照今天的科学技术的尺度一项一项来衡量,其中一些习俗可能没有实际的功能。但是,端午节的习俗在整体上传承的文化价值毫无疑问对我们今天的生活具有重要的意义:

第一,从总体上说,端午节活动体现的是关爱生命的主题,是卫生与健康的主题。各种个人配饰、居室装饰、特色饮食和赛龙舟、走亲戚的活动,都是关爱生命的表现。艾蒿、菖蒲、雄黄的各种运用是要维护生命,粽子的性质表示调和阴阳,赛龙舟是通过体育竞技磨砺与讴歌生命力,妇女回娘家探亲是生命报本、感谢生命之源的仪式。

---

① 见《闻一多全集》第一卷,三联书店,第 242 页。
② 见王世雄、黄卫平:《黄土风情录》,陕西人民教育出版社 1991 年版,第 90 页。

第二,在社会历史层面,端午节传承的是对于高于个人生命的社会价值的信念。值得用个人生命去实行的社会价值包括爱国主义,但是并不只限于爱国主义。人们代代传说,屈原以生命表达自己对国家的忠诚,对自己的操守、人格的坚持,所以闻一多先生在抗日战争时期把这种精神提炼为爱国主义,这一内涵就很快成为社会的共识。这实际上是关爱生命的主题的一种发展。生命可贵,值得采取各种手段加以珍惜,但是对于一个社会,还有比个人生命更高的价值,有时候,为了这些价值是应该牺牲个人生命的。

第三,在日常生活层面,端午节是一个表达亲情、进行社交的机会,其节日氛围的主调是热情和激动。妇女回娘家,订婚的人家送节礼,有情的男女送绣品(如香包、手绢、鞋袜)传情,一个地区的村子之间赛龙舟,把整个地方营造得热情洋溢,甚至情绪激昂。端午节还真是一个娱乐和参与指数都比较高的节日,是一个小孩有得玩,青年男女有得盼,媳妇有得闲,男子有得闹,大家有的看的节日。

三、六月六

六月初六有许多节名,如天贶节、曝晒节、晒经节、晒书节、晒衣节、姑姑节、迎女节等。天贶节起源于北宋。宋真宗赵恒称梦见神人,谓将降天书《大中祥符》,于是在承天门举行受天书仪式,因改年号为大中祥符。这一天就成为天贶节,贶就是赐赠的意思。民间又传说,唐三藏(玄奘)到印度取经回来过通天河时,不慎将经卷打湿,只好将经卷一页页翻检开,置一大石上晾晒。唐三藏晒经的这天刚好是六月初六,故后人把这一天定为晒经节,又名翻经节。寺院僧道及信徒在这一天都要翻晒经书,有的还要举行纪念活动,据说在这一天翻晒经卷,可得灵气,读起来悟解更深。

六月六的民俗有两个主题,一是晒物,一是媳妇回娘家。

读书人这一天晒书,谓之晒书节。百姓则称之为晒衣节,其实是什么都晒,如晒酱、晒曲。山西人除了将自家各种保存的衣物,尤其是皮大衣、皮套子、毛衣之类统统拿到太阳底下曝晒之外,农家这一天还盛行做曲,说是用这一天做的曲做出的醋特别酸。陕西有顺口溜说"六月六,日头红,晒了衣物不生虫",因此三秦各地到这一天家家翻箱倒柜,把毛料、皮货、棉衣、绫罗绸缎拿出来翻晒。在农村,还要把过冬的种子拿出来曝晒,说是经这一天晒后,虫子不咬,也不发霉。湖北人把六月六日称为龙王节,传说龙王在这天大晒龙袍,晒后不回潮,不虫蛀。于是,民间百姓都起而效仿,纷纷翻晒衣物、箱柜。

各地民间借六月农闲的时候接姑娘回娘家,有的住一天,大多住一段时间,后者称为住六月。许多地方习惯在六月六接姑娘,因此又称之为姑姑节、迎女节等。在山西,民间有"六月六,走罢麦"的俗语,六月六姑娘回娘家,要用新产的小麦面粉,蒸一个大月形的角子馍,意喻自家又获得了丰收。如果是新出嫁的姑娘,这一天,娘家还要给亲家送馍,馍内夹以碎肉,蒸熟后必须呈开口形状,称为"张口馒头",象征着早为婆家生儿育女。在陕西,陕北称为姑姑节,俗谚"六月六,请姑姑";关中称为迎女节。姑娘出嫁的头一年,母亲要亲手缝衬衣,亲自在六月六送给女儿。陕南娘家人送的不是衬衣,而是自编的草帽,用红线绳作帽带,当地叫送草帽,或叫送节。在武汉地区,出嫁姑娘在这天携猪肉一大块,和丈夫、子女一同回娘家。因天气炎热,肉容易变味,民间称为"赶臭肉"。①

第三节　秋季节日民俗

本节记叙的主要的秋季节日是七夕节、中元节和中秋节。此外,八月二十七是孔子的诞辰,官民祭孔,文人学子以此名义办"会",相聚庆祝。九月九是重阳节,又称为重九,主要节俗是秋游登高、佩茱萸、赏菊、饮菊花酒、吃糕。重阳节是一个包含健康、长寿意蕴的节日,刘歆(或葛洪)《西京杂记》记汉代风俗说:"三月上巳,九月重阳,士女游戏,就此祓禊登高";魏文帝《与钟繇九日送菊书》说:"岁往月来,忽复九月九日。九为阳数,而日月并应,俗嘉其名,以为宜于长久,故以享宴高会。"梁吴均《续齐谐记·九日登高》记曰:"汝南桓景随费长房游学累年,长房谓曰:'九月九日,汝家中当有灾,宜急去,令家人各作绛囊,盛茱萸以系臂,登高,饮菊花酒,此祸可除。'景如言……今世人九日登高饮酒,妇人带茱萸囊,盖始于此。"历代文人墨客偏爱重阳节,届时携酒登高,留下了大量的篇章。现代此节增强了敬老的内容。

一、七夕节

七月七日的节俗因为主要在晚上进行,所以此节称为七夕节;因为主要的节俗是乞巧,所以又称为乞巧节;又因为参与节俗的都是女性,所以各地又称为女儿节、女节、少女节、妇女节等。此外,七月七日还有双七节、双星节、情人节等称呼。中国古代典型的男耕女织的生活方式孕育了牛郎织女的传说,并使之

---

① 六月六习俗中,山西、陕西、湖北的例子见温幸、薛麦喜主编:《山西民俗》,山西人民出版社1991年版,第90页;王世雄、黄卫平:《黄土风情录》,陕西人民教育出版社1991年版,第94页;冯桂林:《中国名城汉俗大观——武汉篇》,中国友谊出版公司1993年版,第61—62页。

成为最著名的四大传说之一。牛郎勤劳忠厚,织女(本是天仙)在女红方面具有神奇的本领。他们结为恩爱夫妻,却被天帝用天河隔开,只能一年一度七夕相会。这些内容就是七夕节的传说基础。

牛郎织女的传说大约在东汉就定型了,而七月七日向他们祈祷的风俗出现在魏晋时期。西晋傅玄《拟天问》说"七月七日牵牛织女会天河"。西晋周处《风土记》说:"七月七日,其夜洒扫于庭,露施几筵,设酒脯时果,散香粉于筵上,以祈河鼓、织女。言此二星神当会。守夜者咸怀私愿,或云见天汉中有奕奕正白气,有耀五色,以此为征应。见者便拜而乞富乞寿,无子乞子。唯得乞一,不得兼求。"傅玄、周处都生活在魏晋之交,从他们的记录来看,七夕摆供祈祷,此为后世沿袭。与后世不同的是,祈祷的是河鼓(牛郎)、织女二星神,而不仅是织女;乞富、乞寿、乞子三者择一,而不是乞女红之巧。祈祷者不是女子或不限于女子。

魏晋式的七夕祈祷转化为妇女专门的乞巧,先见于南朝时的南方,梁宗懔《荆楚岁时记》记曰:"七月七日,为牵牛、织女聚会之夜。""是夕,妇人结彩缕,穿七孔针,或以金、银、鍮石为针,陈瓜果于庭中以乞巧。有喜子网于瓜上,则以为符应。"荆楚地区此时的乞巧习俗已经有三项活动,穿七孔针是试巧或比巧,庭中摆供是乞巧,看蛛(喜子)网是验巧。此俗在唐代经过妃子、宫女的示范而普及全国。唐明皇与杨贵妃曾在宫中以蛛丝卜巧,事见五代王仁裕《开元天宝遗事》:"帝与贵妃,每至七月七日夜在华清宫游宴。时宫女辈陈瓜花酒馔列于庭中,求恩于牵牛、织女星也。又各捉蜘蛛闭于小合(盒)中,至晓开视蛛网稀密,以为得巧之候:密者言巧多,稀者言巧少。民间亦效之。"唐代宋之问《七夕》诗写当时此俗,有"传道仙星媛,年年会水隅。停梭借蟋蟀,留巧付蜘蛛"之句,当时还是重蛛网验巧。此俗从南方传到北方,宫廷起了很大的推动作用。对这类习俗的记录在宋代就开始多了,如宋代孟元老《东京梦华录》卷八、金盈之《醉翁谈录》卷四都有比较详细的记录。

长期以来,七夕的乞巧都是一项细致、复杂的女性系列活动,虽然宋代以来的记录在男人垄断的笔记、方志之中在在可征,但大多是概要或片段。现代的民俗调查才最终为我们提供了相当完整的资料。我们试以陕西和广东近世的乞巧活动为例。

每逢乞巧节,陕西几乎村村有姑娘聚会乞巧。活动分准备、请七姐、七姐传艺、验巧等步骤。准备工作主要是生芽菜做"巧娘娘"以及糊制七姐像,从六月六开始。先由村中一名公认的巧妇在六月六日泡豆芽(以豌豆为佳),长至两三寸后整理成束,用纸条腰起来,以后逐步加腰,至七月初可长至七八寸,村女们呼之"巧娘娘",以备测巧时用。然后巧妇又糊制七姐像:一般以鸡蛋为头,芦苇秆或竹篾子作骨,以五色纸为服,糊制得十分漂亮。再设供桌,上面立秋千架,大小和七姐合比例,让七姐站立在秋千架上,两手握绳,足踏云板,作荡秋千状。供桌上还有早已备好的"巧娘娘"和新鲜瓜果菜品、香蜡纸表,桌前铺有毡、垫、席等,供乞巧时用。活动开始,先由村中一名声誉好的中年妇女任司仪请七姐下凡,她面对七姐,口中念念有词,点亮香火蜡烛,接着妇女、姑娘一起唱:"七姐七姐嗨咳,桐树上花开,花又开,树又摆,把我七姐拜下来。"一边唱一边晃动身子,态度十分虔诚,有的还边唱边哭。这时司仪指定一名巧女作七姐的化身,传授纺织刺绣艺术:七姐的化身拉着其他人的手唱歌,唱词如"二姐娃,姐给你教,赶这么裁、赶这么缝";"三姐娃,姐给你教,赶这么纺、赶这么织";并作裁剪、织纺、缝纫的动作。其他女孩一起合唱:"我给七姐献核桃,七姐教我做棉袄;我给七姐献白馍,七姐教我绣花裤……"像这样的乞巧活动,要进行三天。头两天是在初五、初六晚上,在家庭院落中进行,第三天是在七夕,要搭棚公开进行,有的就在现成的葡萄棚、南瓜棚下进行,具有相当大的规模。乞巧仪式完了后,司仪就将"巧娘娘"拆开,分给各个少女带回去进行乞巧测验。验巧的方式是:少女自己把豆芽杆掐成一寸长,投入清水碗内,照影于碗底,投影似花朵,则认为将来可擅长绣花;似针,就以为将来一定擅长针线等等。此外,在渭北蒲城一带,姑娘们在乞巧后还有乞女婿的习俗,即把水碗中豆芽捞出,向天抛去,以豆芽落的方向喻示将来找到美满夫婿的方向。[①]

  这些活动内容都具有悠久的历史和广泛的代表性。生芽的习俗在宋代《东京梦华录·七夕》中已有记录:"又以绿豆、小豆、小麦于瓷器内以水浸之,生芽数寸,以红蓝彩丝束之,谓之种生。"各种方志的记载尤多。民间除了这种先乞巧再验巧的仪式之外,各地还流行用针、松针、纤草置水中以卜巧。一般是头一天(或头几天)晚上,准备一碗水,置月光下,盛受露水;经次日阳光曝晒,便在水面生膜,可以浮物,视水底之影像卜巧。明刘侗、于奕正《帝京景物略》记曰:"七月七日之午,丢巧针。妇女曝盎水日中,顷之,水膜生面,绣针投之则浮。则看水底针影,有成云物、花头、鸟兽影者,有成鞋及剪刀、水茄影者,谓乞得巧。其影粗如槌,细如丝,直如轴蜡,此拙征矣。妇或叹,女有泣者。"这种习俗在明清以来风行各地,明沈榜《宛署杂记》卷十七、清顾禄《清嘉录》等书以及许多地方志对这种卜巧之法都有记载。

  许多地方的乞巧仪式包含了赛巧内容。广州近世极重七夕,少女结社联办

---

① 王世雄、黄卫平:《黄土风情录》,陕西人民教育出版社1991年版,第100—102页。

乞巧会，先期备办种种奇巧玩品，并用通草、色纸、芝麻、米粒等，制成各种花果、仕女、器物、宫室等等，极尽其妙。胡朴安《中华全国风俗志》下篇"广州之七夕"记曰："其陈设之品，又能聚米粘成小器皿，以胡麻粘成龙眼荔枝莲藕之属，极精致。"后来的调查者又说，广州习俗，乞巧实为比巧：七夕的前一日，姑娘们便在自家院子里或阳台上摆好供品及自己精心制作的工艺品，有大小如同一粒米的各式绣花鞋，有如同鲩鱼鳞大小的各种折叠扇，还有五颜六色的袜子、小巧玲珑的蚊帐、枕头、被单、手帕等。①

二、中元节

七月十五是道教、佛教、儒教这三大信仰体系集中展示的节日：道教谓之中元节，各有斋醮等会；佛寺则有盂兰盆会；而一般人家在这天祭祖。民间也称这天为"鬼节"，主要节俗是围绕鬼魂设置的。这是一个安魂的节日，实际上，三教的各种仪式都以此为中心。

道教的中元节是一个以乞求免罪为主的节日。道教将正月至六月称为天官，七月至十二月称为地官，将正月十五称为上元，七月十五称为中元，又将十月十五日列为后元，称为水官。北魏道士寇谦之将三元分别附会为三个神人，说陈子祷与龙王三女儿结为夫妇，分别于正月十五、七月十五和十月十五日生下了天官、地官、水官三兄弟；他们神通广大，法力无边，受到敕封，称为三元大帝，分别掌管赐福、赦罪、解厄三事；并在世间建三官庙供人朝拜。

佛教的盂兰盆会明确是为亡人解脱苦难的。"盂兰盆"为梵文译音，意为"解救倒悬"。据《盂兰盆经》说，目连修成罗汉后，用天眼看见他的亡母生活在饿鬼中，于是他送饭给母亲吃，但饭未入口便化火炭。目连请教佛祖，佛祖说："当须十方众僧威神之力，乃得解脱。"要目连在七月十五僧自恣时，"当为七世父母及现在父母厄难中者具饭百味五果，汲灌盆器，香油锭烛，床敷卧具，尽世甘味，以荐盆中，供养十方大德众僧"。目连如法设供，母亲才脱离饿鬼之道。从南朝梁武帝时起，佛教徒据此兴起盂兰盆会。后世传为一切孝顺子孙都应作盂兰盆会，诵经施食，俗谓放焰口，成为佛教徒追荐祖先的常例。

俗传此时地藏王将鬼门打开，各家之死鬼均放归各家，与家人共聚，各路亡魂野鬼也纷纷返回人间。俗称之为"冥府开禁，鬼魂过年"。又称"七月半，鬼乱窜"。各家于此节设酒馔，烧衣服钱纸，祭奠祖先。对于孤魂野鬼，主要通过盂兰盆会的普度、城隍庙的道场城隍出巡等来对付，民众也为无后嗣的孤魂野鬼

---

① 见叶炳昌：《中国名城汉俗大观——广州篇》，中国友谊出版公司1993年版，第71页。

烧纸钱、送寒衣、泼水饭,谓之"赏孤"。

道教和佛教的观念、仪式与儒家的尊祖习俗相结合,七月十五就成了祭祖并为一切孤魂野鬼安魂的重大节日。此日的节俗在宋代已经定型,孟元老《东京梦华录》卷八记载北宋都城中元节说:"先数日,市井卖冥器、靴鞋、幞头帽子、金犀假带、五彩衣服……及印卖尊胜目连经,又以竹竿斫成三脚,高三五尺,上织灯窝之状,谓之盂兰盆,挂搭衣服冥钱在上焚之。构肆乐人,自过七夕,便搬(演)《目连救母》杂剧,直至十五日止,观者增倍。"陆游《老学庵笔记》卷七记曰:"故都残暑,不过七月中旬。俗以望日具素馔享先,组竹作盆盎状,贮纸钱,承以一竹焚之……今人以是日祀祖,通行南北。"盂兰盆已经被误解为祭祀用具,是以竹竿和竹篾编织的"盂兰"盆。这种形式一直流传,并出现了一些变体。例如:成都一带人们用纸扎成"花盘",上放冥纸和供果,端在手上,先在屋内边走边念:"至亲好友,左邻右舍,原先住户,还舍不得回去的亡魂,一切孤魂野鬼,都请上花盘,送你们回去咯!"然后端到屋外烧掉。①

除了僧道主持的水陆道场、放焰口、盂兰盆会等正规仪式之外,中元节的一项重要习俗是祭祖烧包袱。宋代烧"挂搭衣服冥钱"的盆是一种祭祀方式,在近世的说法是烧花盘、烧包袱、烧袱纸等。在武汉,各户为祖先焚香、烧纸、送冥钱,谓之烧包袱;凡守孝未满三年的新丧人家,必在十四日前祭祀,其他人家均在十四、十五两天祭祀;中元节期间,出嫁姑娘回娘家,一为祭祖,二为阖家团聚;各家均摆席办酒,谓之吃包袱饭②。四川人所谓的袱纸,即将纸钱一叠,封成小封,封面上写着收受人的班辈称呼和姓名、收受的封数、化帛者的姓名及时间,如"今逢中元化帛之期/谨献上冥钱壹仟封/故显考(妣)×××收受/孝子(女)×××跪献/×年×月×日"。据说此期间烧袱纸,阴间鬼魂方能收到冥钱。有的人家还请僧尼、道士来家中念经超度亡魂,或出钱给城隍庙所办的盂兰盆会,为死去的亲人做道场。

另一项重要习俗是放河灯,普度一切鬼魂。近世的河灯也叫"荷花灯",因为这种灯的底座是用纸、木做成莲花瓣形的,也有直接以荷叶作底座的,上面点燃蜡烛,让它们顺水漂流而去。中元放灯的习俗在宋代已经存在,吴自牧《梦粱录》卷四记杭州此俗曰:"七月十五日……后殿赐钱,差内侍往龙山放江灯万盏。"田汝成《西湖游览志余》卷二十记杭州此俗曰:"七月十五日为中元节,俗传地官赦罪之辰,人家多持斋诵经,荐奠祖考,摄孤判斛,屠门罢市。僧家建盂

---

① 见孙旭军等编著:《四川民俗大观》,四川人民出版社 1989 年版,第 310 页。
② 见冯桂林:《中国名城汉俗大观——武汉篇》,中国友谊出版公司 1993 年版,第 63 页。

兰盆会,放灯西湖及塔上、河中,谓之'照冥'。"清代京师放河灯之俗颇盛,《帝京岁时纪胜·河灯》载:"中元祭扫,尤胜清明……庵观寺院,设盂兰会,传为目连僧救母日也。街巷搭苫高台,鬼王棚座,看演经文,施放焰口,以济孤魂。锦纸扎糊法船,长至七八十尺者,临池焚化。点燃河灯,谓以慈航普度……自十三日至十五日放河灯,使小内监持荷叶燃烛其中,罗列两岸,以数千计。又用琉璃作荷花灯数千盏,随波上下……都中小儿亦于是夕执长柄荷叶,燃烛于内,青光荧荧,如磷火然。又以青蒿缚香烬数日,燃为星星灯。镂瓜皮,掏莲蓬,俱可为灯,各具一质。"

三、中秋节

中秋节又称为月夕、月节、团圆节等,南宋吴自牧《梦粱录·中秋》对节名和节俗有详细的解说,望月、玩月、赏月、拜月,合家团圆的节俗在都市广泛流行,近世的中秋节在宋代已经基本定型,此夜金吾不禁,说明此节得到了国家制度的肯定。

中秋节的节俗主要是拜月、赏月和吃月饼,有些地方流行兔儿爷,有些地方有摸秋(或送瓜)之类的习俗。

古代关于月亮的神话、仙话、传说层出不穷,而以蟾蜍、月兔、月桂、嫦娥、吴刚为中心。从屈原《天问》"夜光何德,死则又育?厥利维何,而顾菟在腹"的句子来看,先秦已有月亮神话,顾菟可能是蟾蜍。西汉《淮南子·览冥训》记载,后羿向西王母求得不死之药,其妻嫦娥偷吃后成仙奔月,在月宫变成蟾蜍。晋傅玄《拟天问》说"月中何有?白兔捣药"。唐代段成式《酉阳杂俎》卷一记录了吴刚伐桂的传说:月中有桂高500丈,西河人吴刚学仙有过失,被罚在月中砍伐桂树。这些零星的记载说明很早的时期月亮就是古人幻想的媒介。后世派生的想象更加多样。可见,古人拜月、赏月有丰富的意蕴。

拜月本是天子专有的礼制,《礼记》说:"天子春朝日,秋夕月。朝日以朝,夕月以夕。"但是,到唐朝的时候,民间有玩月、望月、赏月的风尚,并不流行拜月。唐代欧阳詹《玩月》诗序说:"玩月,古也。谢赋、鲍诗,朓之'庭前'、亮之'楼中',皆玩月也。"说明南北朝文人有玩月风尚,谢灵运、鲍照、谢朓等人还都写下了诗赋。该诗序又说:"秋之于时。后夏先冬;八月于秋,季始孟终;十五于夜,又月之中。稽于天道,则寒暑中;取于月数,则蟾兔圆……斯古人所以为玩也。"应该说,文人雅士是推动八月十五成为中秋节的重要力量。唐代的中秋诗很多,如殷文圭《八月十五夜》、司空图《中秋诗》的"此夜若无月,一年虚度秋"之句;又如王建《十五夜望月寄杜郎中》七绝咏曰:"中庭地白树栖鸦,冷露无声湿桂花。今夜月明人尽望,不知秋思在谁家?"唐代的中秋日主要是文人赏月。

如前引《梦粱录·中秋》所述,中秋日在宋代才成为都市流行的民间节日,赏月习俗与唐代文人风尚一脉相传,拜月习俗也从天子及于百姓。明清时期,民间对月的祭拜非常普遍。明代《帝京景物略》卷二记此俗云:"八月十五日祭月,其祭果饼必圆,分瓜必牙错瓣刻之,如莲花。纸肆市月光纸,绘满月像,跌坐莲花者,月光遍照菩萨也。花下月轮桂殿,有兔杵而人立,捣药臼中。纸小者三寸,大者丈,缋工者金碧缤纷。家设月光位于月所出方,向月供而拜,则焚月光纸,撤所供,散家之人必遍。"明代祭月用圆形果饼,有专门的通用的月神像可买,所谓"月光纸"绘有端坐的月光神、鲜花、桂殿、月兔捣药等图像。清顾氏《清嘉录》记苏州此俗云:"(中秋夜)每户瓶兰、香烛,望空顶礼,小儿女膜拜月下,嬉打灯前,谓之'斋月宫'。"它特别提到"小儿女",而《燕京岁时记》也说大男子不拜月,"惟供月时男子多不叩拜。故京师谚曰,'男不拜月,女不祭灶'"("中秋"条)。该书所述神马儿与明代月光纸颇为相似:"京师谓神像为神马儿,不敢斥言神也。月光马者,以纸为之,上绘太阴星君,如菩萨像,下绘月宫及捣药之玉兔,人立而执杵。藻彩精致,金碧辉煌,市肆间多卖之者。长者七八尺,短者二三尺,顶有二旗,作红绿色,或黄色,向月而供之。焚香行礼,祭毕与千张、元宝等一并焚之。"("月光马儿"条)

月饼即是祭月供品,又是全家人欢度节日的食品,还作为赠送亲友的礼品,在明清时期风行各地。明人沈榜《宛署杂记·民风》"八月馈月饼"条注云:"士庶家俱以是月造面饼相遗,大小不等,呼为月饼。市肆至以果为馅,巧名异状,有一饼值九百钱者。"清人富察敦崇《燕京岁时记·月饼》说:"中秋月饼以前门致美斋者为京都第一,他处不足食也。至供月月饼到处皆有。大者尺余,上绘月宫蟾兔之形。有祭毕而食者,有留至除夕而食者,谓之团圆饼。按《帝京景物略》:'八月十五日祭月,其祭果饼必圆……月饼月果,戚属馈遗相报。饼有径二尺者。女归宁,是日必返其夫家,曰团圆节也。'以上所云与今强半相同。"明清相沿,月饼先作祭品,再作食品,并被赋予团圆之意。

月饼在近世逐渐突出为中秋节的象征物,其风格和品种因而取得长足的改进。由于各地月饼用料、调味、形状等的差别,形成了多种风格、诸般品种,如京式、苏式、广式等,又如甜馅、咸馅、荤馅、素馅等。广州月饼形成了较大的系列,在民国年间已经有80余个品种,诸如凤凰西山月、银河印秋月、东坡腾皓月、宝鸭穿莲月、金花香腿月、五仁罗汉月、冬菇腊肠月,更为名贵的有唐皇燕月、七星伴月、西施酥月等。在制作上,各地月饼可以分为提浆、酥皮、硬皮三大类。其一是提浆月饼,也叫浆皮月饼:熬糖浆调入面团,做月饼皮,包咸肉、甜肉、火腿、枣泥、豆沙、莲蓉、椰蓉等,饼面印各色花纹,以广式月饼为代表。其二是酥皮月饼:将面粉、饴糖、猪油用热水搅拌做皮,有百果、豆沙、火腿等馅,以苏式月饼为代表。其三是硬皮月饼:用面粉、白糖、饴糖、香油加小苏打和面做皮,冰糖、白糖、香油、桂花、瓜子仁、核桃仁、青红丝等搅拌为馅,以北京自来红、自来白为代表。除了这些有名有品的商业性月饼之外,各地普通人家多有自做自享的习惯。山西农村习惯自己制作,称为打月饼。每逢节日来临,村村都要架炉。各家准备好面、油、糖、馅,由精通手艺的老师傅操持。也有不少人家是自己制作。月饼品种,大体可分酥皮和提浆两种,有红糖与白糖之分,有玫瑰丝、桃仁、杏仁、核桃仁、柿子、红枣、花生米等佐料,图案有"嫦娥奔月"、"银河明月"、"犀牛望月"等,皆取意于神话传说故事。

上述节俗在近世民间的表现,我们试以广东和山西为例。广东《四会县志》(民国十四年修)"八月"条记述:"十五日为中秋节,以月饼、柚子相馈遗。具牲醴、果饼祀神及祖,夜祀月,谓之'拜月光'。对月饮酒,食石螺、芋丝饼、柚等,谓之'赏月'。为小儿女剥熟芋抛弃之,曰'剥疵癞'。儿童赛柚灯,烧番(梵)塔,打锣鼓,各乐其乐焉。"可见各地实际的节令活动颇多地方特色,除通用的月饼之外,总是配以地方时令食品;祭祀方面除了拜月光(或太阴星君),通常要拜本地信仰的诸神和各家的祖先。晋南各家习惯制作一个特大的月饼,专门用来祭月。晋北地区祭月习惯用套饼,由小到大,垒起来像一座宝塔。山西大部分地区讲究"男不拜月",与京师雷同,大概因为月亮属阴。晋东南地区却有"女不望月"的说法,祭祀只能由男子进行。人们拜月还要念拜月歌,如"八月十五月儿圆,西瓜月饼敬神仙,有吃有喝还有穿,一家大小都平安"[①]。通用的民俗事项在各地的组合是多样化的。

月中有玉兔,由此发展而来的兔儿爷也是中秋节的节物,明清以来在一些地区极其盛行。明人纪坤《戏题》诗小序谓:"京师中秋节,多以泥抟兔形,衣冠踞坐如人状,儿女祀而拜之。"清代此俗颇盛,近世所见的兔儿爷以泥制成,多模制,肥耳,施色,有些还描金。大者1米左右,小者仅15厘米。形象为粉白脸,金盔,披战袍,左手抱臼,右手拿杵,背插伞或旗帜,底座为虎、鹿或狮子、莲花或骆驼[②]。清人蒋士铨《京师乐府诗》有一首专咏兔儿爷,其前半部分云:"月中不闻杵臼声,捣药使者功暂停。酬庸特许享时祭,抟泥范作千万形。居然人身兔

---

① 与前段山西月饼习俗皆见温幸、薛麦喜主编:《山西民俗》,山西人民出版社1991年版,第94—95页。

② 参见宋兆麟、李露露:《中国古代节日文化》,文物出版社1991年版,第138页。

子首,士家工商无不有。就中簪缨窈绅黻,不道衣冠藏土偶。持钱入市儿喧哗,担头争买兔儿爷。"可见形形色色的兔儿爷也是京师中秋节的一大习俗。

中秋之日,南方不少地方有送瓜或偷瓜(俗谓"摸秋")以求子的风俗。宋代孟元老《东京梦华录》卷八所记的是八月秋社送瓜祈子:"人家妇女皆归外家,晚归,即外公、姨舅,皆以新葫芦儿、枣儿为遗。"近世此俗集中在中秋节。胡朴安《中华全国风俗志》下篇卷六"湖南衡州风俗记"说:"中秋晚,衡城有送瓜一事。凡席丰履厚之家,娶妇数年不育者,则亲友举行送瓜。先数日于菜园中窃冬瓜一个,勿令园主知之,以彩色绘成面目,衣服裹于其上如人形,举年长命好者抱之,鸣金放爆送至其家。年长者置瓜于床,以被覆之,口中念曰:'种瓜得瓜,种豆得豆。'受瓜者设盛筵款之,若喜事然。妇女得瓜后即剖食之。俗传此俗最验云。"同书下篇卷八"贵州之中秋节"记曰:"偷瓜于晚上行之,偷之时,故意使被偷之人知道,以讨其怒骂,而且愈骂之利(厉)害愈妙。将瓜偷来之后,穿之以衣服,绘以眉目,装成小儿之状,乘以竹舆,用锣鼓送至于无子之妇人家。受瓜之人,须请送瓜之人食一顿月饼,然后将瓜放在床上,伴睡一夜。次日清晨,将瓜煮而食之,以为自此可以怀孕也。"武汉旧俗称类似的中秋摸瓜为"摸秋":中秋节,亲友在当夜为盼生儿子的妇女馈赠形体端正的秋南瓜。倘若无人送瓜,盼子妇人或家人便会踩着月光到他人园圃摘南瓜,携回置于妇人床下。①

中国人围绕中秋节所进行的文化发明和创造,特别把自己的审美价值和伦理价值寄托在满月意象之中,对作为象征符号的满月极尽铺陈、演义之能事,为我们今天在较好的物质条件下过一种有文化的生活积累了丰厚的文化遗产。

第四节 冬季节日民俗

本节所述冬季主要节日是十月初一的寒衣节、冬至节、腊八、以祭灶为标志的小年以及大年三十。从祭灶到除夕实际上是一个节期,我们把这个节期合在一起叙述,列为"小年到大年"。

一、十月一

十月一有十月朝、寒衣节等称呼,主要节俗是祭祖先、送寒衣,与清明节、中元节一起合为三鬼节。

十月朝是秦朝岁首,也就是秦朝历法的元旦。这一历法到西汉太初改历,

---

① 冯桂林:《中国名城汉俗大观——武汉篇》,中国友谊出版公司1993年版,第65页。

大约行使了一百余年。改历后,民间仍然把它保留为一个节日。梁宗懔《荆楚岁时记》说:"十月朔日,黍臛,俗谓之秦岁首……今北人此日设麻羹豆饭。"南北民众在这天都有特定的饮食,南人吃黍子羹,北人吃麻羹豆饭。杜甫五律《十月一日》有"蒸裹如千室,焦糟幸一盘。兹辰南国重,旧俗自相欢"之句,写西南民间特制蒸裹、焦糟等食品欢度此日。但是,十月朝成为祭祖日,是挪用、汇聚一些周代礼俗的结果。其一,周代以农历十一月为正月,在农历十月举行蜡祭,祭先祖五祀[①];其二,周代这段时间有"授衣"的传统,如《诗经·七月》所谓"七月流火,九月授衣"。可以说,寒衣节由周代习俗与秦历岁首结合而成。

十月初一,朝廷赐衣,百姓试衣。周代"九月授衣"的内情不得其详;在汉代,朝廷这一天要赐给百官披袄;魏时,无论贵贱此日都要戴温凉帽。唐宋沿袭这一制度。河北《东光县志》(光绪十四年修)记载:"考孔帖《唐制》:'十月朔,赐宰臣红锦袍,淳化间代以细花盘雕锦袍,下丞相一等。又凡学士,十月朔,赐新样锦袍。'十月朔,乃唐宋每岁赐衣之日。燕俗之送寒衣,亦事死如事生之意耳。"撰写人认为送寒衣习俗源于活人习俗推及先人。宋孟元老《东京梦华录》记曰:"十月一日,宰臣已下受衣著锦袄。"这种制度限于官府上层,不知其时是否准许民间模仿。近世民间有在这天试冬衣的习俗。例如在山西,妇女们要在这一天将做好的棉衣拿出来,让儿女、丈夫换季。如果此时天气仍然暖和,不适宜穿棉,也要督促儿女、丈夫试穿一下,图个吉利。男人们习惯在这天整理火炉、烟筒,还要试着生一下火[②]。这也是古俗。上引《东京梦华录》文字之后又说:"有司进暖炉炭。民间皆置酒作暖炉会也。"清代富察敦崇《燕京岁时记·添火》记曰:"京师居人例于十月初一日添设煤火。"

祭墓、送寒衣的习俗在北宋都城已经流行开,《东京梦华录》卷八的最后一句是"(九月)下旬即卖冥衣靴鞋席帽衣段,以十月朔日烧献故也",卷九"十月一日"条说,"士庶皆出城饷坟"。由此可知,城市里有专门制作冥间成套衣物出售,它们被烧掉后才能为先人所得。明代刘侗、于奕正《帝京景物略》对寒衣制式的记载更明确:"十月一日,纸肆裁纸五色,作男女衣,长尺有咫,曰寒衣……新丧,白纸为之,曰新鬼不敢衣彩衣也";人们作封包,在上面写上收受人、寄送人,把寒衣等礼品装进去一起烧掉,该书于此又记曰:"有疏印缄,识其姓氏辈行,如寄书然,家家修具,夜奠而焚之其门,曰送寒衣。"

---

① 参见陈久金、卢莲蓉编著:《中国节庆及其起源》,上海科技教育出版社1989年版,第156—157页。

② 见温幸、薛麦喜主编:《山西民俗》,山西人民出版社1991年版,第97页。

清代沿袭明俗,后期又有变化。清初潘荣陛《帝京岁时纪胜·送寒衣》记曰:"十月朔,孟冬时享宗庙,颁宪书,乃国之大典。士民家祭祖扫墓,如中元仪。晚夕缄书冥楮,加以五色彩帛作成冠带衣履,于门外奠而焚之,曰送寒衣。"到清末富察敦崇写《燕京岁时记·十月一》时已经发生变化:"今则以包袱代之,有寒衣之名,无寒衣之实矣。包袱者,以冥镪封于纸函中,题其姓名行辈,如前所云(即夜奠而焚之)。"京城的新俗是以冥间的银钱代替纸制的衣物,不过,许多地方仍然流行烧纸制的衣物,或同时还烧送纸钱。湖北《郧县志》(同治五年修)"十月"记曰:"朔日,祭先拜墓,与清明同,盖本春露秋霜之义。又以五色纸剪作花绘服色式样,或和香楮焚化,或挂于茔上,谓之送寒衣。"所送物品一般都要焚化,可见也有只挂不焚的。还有一点差别是,城市通行白天祭墓、夜晚在家门前焚烧纸品,如上述京城习俗的记录;农村大多在上坟时焚烧纸品,如郧县的例子。

清代以后,送寒衣的习俗在各地民间的表现可以陕西和山西为例。在陕西,三秦人每到这一天,都要搀老牵幼给故去的亲人上坟,奠烧早已备好的纸衣纸裤;有些地方行此俗因自家祖坟远在他乡或亲人殁在他处,就在平川大道十字路口或交通要道画一个圈,焚烧一堆纸,西安尤其是这样,次日晨在大街小巷、城里城外到处可见焚烧过的灰堆。在渭北、渭南、关中乡间,还有寒衣会的会社组织。村中孤寡老人,没儿没女,无依无靠的人死了,没人给祭奠,烧化纸钱,就成立了寒衣会,大家捐一点钱,用它生息,再用息买些纸品在十月一日为这些人烧化。尤为尚健在的绝后户欢迎,村里乡民因其慈善性质,也乐于捐赠。①

在山西,晋南地区送寒衣时,讲究在五色纸里夹裹一些棉花,说是为亡者做棉衣、棉被使用;晋北地区送寒衣时,要将五色纸分别做成衣、帽、鞋、被种种式样,甚至还要制作一套纸房舍,瓦柱分明,门窗具备。凡属送给死者的衣物、冥钞诸物,都必须烧焚,只有烧得干干净净,才能转化为阴曹地府的绸缎布匹、房舍、衣被及金银铜钱。民间送寒衣时,还讲究在十字路口焚烧一些五色纸,象征布帛类。用意是救济那些无人祭祀的绝户孤魂,以免给亲人送去的过冬用物被他们抢去。焚烧寒衣,有的地方在坟前进行,讲究在太阳出山前上坟;有的地方习惯在门前焚烧。在雁北及晋中的平遥等县,傍晚妇女要在门外放声大哭。十月一日还有一些习俗,如儿女们守孝,孝满之年的十月一日脱孝服;先人的迁坟

---

① 参见王世雄、黄卫平:《黄土风情录》,陕西人民教育出版社1991年版,第107—108页。

合葬等仪式，民间也习惯在这天进行，与东南多选择清明节不同。①

一些地方在这一阶段的祭祖不在十月朔，而另有时日，或在下元，或在冬至。浙江《嵊县志》（民国二十四年修）"下元"："十月望日，家祀其先。"江西《吉安县志》（民国三十年修）"十一月"："冬至与清明同，为邑人祭扫之期。"两地都没有十月朔祭祖的记载。

二、冬至节

冬至节被称为"亚岁"、"长至"等，曾经像新年一样受重视，所以有"冬至大于（似）年"的说法。这是因为冬至在古代历法中处于重要位置。其一，冬至是周历的气首（一岁二十四节气的起点），类似于立春作为夏历气首的地位。周历是子正，新年在农历的十一月，冬至是气首。其二，冬至在古代被作为历算的起点。冬至日影最长，便于测定，所以中国古代历法无论是子正、丑正，还是寅正，计算节气都习惯以冬至为起点推算。其三，冬至是白天增长的转折点，古人认为阳气开始强盛，因而是一个值得庆贺的日子②。这些因素所流传的习俗及其形成的文化心理使得冬至节长期备受重视。

汉代以前，冬至的节俗类似后世的元旦，天子要在圜丘祭天，率公卿迎岁。汉武帝以后，夏历新年习俗稳定下来，冬至在节日体系中处于"亚岁"地位。汉代《四民月令》说："冬至之日，荐黍羔，先荐玄冥以及祖祢，其进酒肴及谒贺君师耆老，如正日。"冬至向君王、尊长送礼贺节的习惯在魏曹植《冬至献袜颂表》所代表的行为及其言辞中也可以得到证明："伏见旧仪，国家冬至，献履贡袜，所以迎福践长。"唐代段成式《酉阳杂俎》说："北朝妇女，常以冬至日进履袜及靴。"当朝民间可能并不流行此节。到北宋，不仅朝廷重视，市民过冬至节一如新年，孟元老《东京梦华录》卷八记曰："十一月冬至，京师最重此节。虽至贫者，一年之间，积累假借，至此日更易新衣，备办饮食，享祀先祖。官放关扑，庆贺往来，一如年节。"此时的冬至节谓之亚岁是名副其实的。

明清以来，冬至节的影响日渐缩小，但上上下下仍视为节日，一些地方还是像过年一样度节。清初《帝京岁时纪胜》"冬至"条记曰："长至南郊大祀，次旦百官进表朝贺，为国大典。绅耆庶士，奔走往来，家置一簿，题名满幅。传自正统己巳之变，此礼顿废。然在京仕宦流寓极多，尚皆拜贺。预日为冬夜，祀祖羹

---

① 参见温幸、薛麦喜主编：《山西民俗》，山西人民出版社1991年版，第96—97页。
② 参见陈久金、卢莲蓉编著：《中国节庆及其起源》，上海科技教育出版社1989年版，第165—166页。

饭之外,以细肉馅包角儿奉献。谚所谓'冬至馄饨夏至面'之遗意也。"再看清末《燕京岁时记》"冬至"条的记叙:"冬至郊天令节,百官递贺表。民间不为节,惟食馄饨而已。"由此可知,明正统己巳年(1449年)前后是一个分界线,此前的冬至节在国家为大典,民间届时也互相拜贺;此后,其节俗被大大简化了。

当然,上述文献所言的明清冬至节是京城的情况,各地自然要受其影响,但是也有许多地方保持着古俗。浙江《双林镇志》(民国六年修)"十一月"条记曰:"冬至日为亚岁,作粉团,曰冬节圆子,馈送亲朋,祀先,祀土地,祀灶。"胡朴安《中华全国风俗志》下篇卷三"吴中岁时杂记·十一月"条记叙了"冬至大如年"的习俗:"郡人最重冬至节。先日,亲朋各以食物相馈遗,提筐担盒,充斥道路,俗呼冬至盘。节前一夕,俗呼冬至夜。是夜,人家更迭燕饮,谓之节酒。女嫁而归宁在室者,至是日必归婿家。家无大小,必市食物以享先。间有悬挂祖先遗容者。诸凡仪文,加于常节,故有'冬至大如年'之谣。蔡云吴歈云:'有几人家挂喜神,忽忽拜节趁清晨,冬肥年瘦生分别,尚袭姬家建子春。'"紧接其后的"昆山冬至节风俗"条记曰:"冬至前数日,各家备鱼肉。至是日烹鱼肉煮蔬菜,先祭祖先,然后宴亲友。名曰过冬至节,又名过年节……又昆地冬至节,无论贫富,皆须丰备酒菜。俗云'有者冬至夜,无者冻一夜'。亦可见社会之状况矣。惟是日出阁之女,必回夫家。盖俗谓女儿已经出嫁者,遇年节如在母家,母家家道即因之衰落也。"可见直到现代,江浙的一些地方确实是把冬至节当新年一样来过的。

近世民间的冬至节是人们礼拜尊长、师长的节日。如前所述,古时一直流传冬至节向长上奉献冬令物品如鞋袜之类的习俗,后来加入了尊师的内容。清代的例子如:山西《榆次县志》(光绪七年修)记曰:"冬至日,缙绅拜阙,士人拜师长,子孙拜祖父,曰贺冬。"河北《怀安县志》(光绪二年修)记曰:"冬至,祭先祖。冬至前一日,馆徒为师具馔,宴行尽欢。次日,衣冠拜师,师亦命酒。次贺家长,次及岳家,外戚亦往拜之。"民国的例子如:河北《新河县志》(民国十八年修)记曰:"冬至日为长至节。小学学生衣新衣,携酒脯,各赴业师拜,是曰'拜冬'。"冬至成为一个尊师重教的民间节日。

与冬至相关的一项习俗是数九。从冬至次日开始数起,每九天为一个时段,共有九个时段,这便是与夏季的"伏"相对的"九"。冬至虽然阴气达到极盛,却是阳气开始回升之时,故自冬至开始代表阳。九是阳数,又是数中之最大者,所以在冬至以后阳气上升的季节,习惯用数九消寒。九个九,或有重阳之意。数九有《九九歌》和《消寒图》。流行得比较广的《九九歌》如:"一九二九不舒手,三九四九冰上走,五九六九沿河看柳,七九冰开,八九雁来,九九加一九,犁牛遍地走。"

在南朝已有数九之俗，梁宗懔《荆楚岁时记》说，当时"俗用冬至日数及九九八十一日，为寒尽"。《九九歌》在唐宋时已经流行，宋陈元靓《岁时广记录》有一条记载："《岁时杂记》，鄙俗自冬至之次日数九，凡九九八十一日。里巷多作《九九词》。"九九的日期相同，但各地气候不同，《九九歌》也就有所区别。

消寒图有描字和描画两类。描字的如徐珂《清稗类钞·时令类》载："宣宗御制词，有'亭前垂柳珍重待春风'一句，各句九言，言各九画，其后双钩之，装潢成幅，曰九九消寒图⋯⋯自冬至始，日填一划，凡八十一日而毕事。"描画的如明代《帝京景物略》云："日冬至，画素梅一枝，为瓣八十有一，日染一瓣，瓣尽而九九出，则春深矣，曰'九九消寒图'。"又如明代杨允浮《滦京杂咏一百首》"试数窗间九九图"诗注云："冬至后，贴梅花一枝于窗间，佳会晓妆，日以胭脂图一圈，八十一圈既足，变作杏花，即暖回矣。"由梅而杏、由冬而春，确实是消寒的妙品。

三、腊八

上古的腊与蜡是指丰收后的冬季祭神祭祖的活动。因为这种冬季祭祀活动多在十二月举行(也有在冬季其他月份的，如《礼·月令》说孟冬十月腊先祖五祀)，所以便称十二月为腊月或蜡月。最初的腊祭并无确定的日期。《礼记·郊特牲》说"天子大蜡八"，有的说是蜡祭八位神，有的解释为蜡祭八方神。后世腊月初八成为节日，一方面源于佛教徒的信仰，另一方面直接源于对"大蜡八"的误读。

腊月初八固定为节日，早见于南朝。梁宗懔《荆楚岁时记》说："十二月八日为腊日。谚语：'腊鼓鸣，春草生。'村人并击细腰鼓、戴胡公头(面具)及作金刚力士以逐疫。"唐代的蜡祭规定在大寒后第一个辰日，宋代才最后把十二月八日固定为腊日。后世民间通称此日为"腊八"。

腊八的主要节俗是食用腊八粥。此俗与佛教有关。佛教传入中国后，假托已经成为节日的腊八新编了佛祖释迦牟尼此日成道的历史传说：释迦牟尼修苦行多年，饿得骨瘦如柴，决定放弃苦行。此时一位牧女送给他乳糜充饥。他食后体力恢复，在菩提树下沉思而成道。佛教徒每年在此日以米加果物煮粥，届时供佛并散给众人，称为腊八粥。清人李福有《腊八粥》诗云："腊月八日粥，传自梵王国。七宝美调和，五味香糁入。用以供伊蒲，藉之作功德。"

梁《荆楚岁时记》说到腊月八，未提及腊八粥。这说明，传统的腊八祭和新起的腊八粥在此期间不是对应的,只是一种若即若离的关系。宋代以后两者才合在一起。宋陆游《十二月八日步至西村》诗说:"今朝佛粥更相馈,更觉江村景物新。"孟元老《东京梦华录·十二月》记曰:"初八日……诸大寺作浴佛会,并送七宝五味粥与门徒,谓之腊八粥。都人是日各家亦以果子杂料煮粥而食也。"此时,腊八粥已经成为普遍的节日食俗。腊八粥的配料在宋代已经颇为讲究,周密《武林旧事·岁晚节物》说:"(腊)八日,寺院及人家用胡桃、松子、乳蕈、柿、栗之类作粥,谓之腊八粥。"到清代的制作,可谓极尽精巧,富察敦崇《燕京岁时记》说:"腊八粥者用黄米、白米、江米、小米、菱角米、粟子、红豇豆、去皮枣泥等,合水煮熟,外用染红桃仁、杏仁、瓜子、花生、榛穣、松子及白糖、红糖、琐琐葡萄,以作点染。切不可用莲子、扁豆、薏米、桂圆,用则伤味。每至腊月七日,则剥果涤器,终夜经营,至天明时粥则熟矣。除祀先供佛外,分馈亲友,不得过午。并用红枣、桃仁等制成狮子、小儿等类,以见巧思。"腊八日用腊八粥祀先供佛,说明传统的蜡祭与佛教的腊八在民间完全融合了。

现代民间制作、食用腊八粥有各种讲究。陕西人选用八种主料、八种佐料,切合腊八的八。晋南地区多数民家选用"五豆、三米",常见的是红豆、绿豆、黄豆、豇豆、扁豆加小米、小麦、玉米。佐料习惯在桃脯、杏脯、核桃仁、枣泥、栗子、柿子、瓜子、莲子、花生、榛子、松子、果脯、梨干、葡萄、白糖、玫瑰里边选择。晋北许多地方,腊月初七日下河取冰块,除留一部分供神外,全部倒在水缸内融化,以备次日早晨做"腊八粥"。人们讲究在太阳出山以前吃腊八粥。学生家这天要给先生敬送腊八粥。陕西家家用大锅熬粥,做得多就剩得多,剩得多即是来年五谷丰登吃不完的象征。西府地区腊八粥还有抢早做赶早吃和相互赠送的习俗。①

腊八粥除了用于人鬼神佛的饮食,还因为它在文化渊源上与农业收成、除祟(蜡祭)和生命力(佛教传说)的关系而派生出一些风俗。一是涂粥四处,以除不祥,如河北《张北县志》(民国二十四年修)记曰:"各家杂米、豆、栗、枣八样,熬成红粥,谓之腊八粥,以祀诸神及祖先。并将粥涂于墙壁、树木、门环等处,以禳不祥。"一是用粥赋予生命力,如河北《遵化通志》(光绪十二年修)记曰:"以粥抹果树上,则多实,或戏贴妇人背上,以祝生子。"俗信腊八粥包含多子就能带来多子。陕西民间又称腊八节作"五谷节",人和农事有关的牲口、植物

---

① 腊八习俗中山西的例子均见温幸、薛麦喜主编:《山西民俗》,山西人民出版社1991年版,第99—100页;陕西的例子均见王世雄、黄卫平:《黄土风情录》,陕西人民教育出版社1991年版,第110—112页。

在这一天同享"腊八粥"。西府宝鸡、凤翔、陕南洋县一带,腊八这一天要用腊八粥喂牲口,说牲口食腊八粥,可使牲口肥壮无病,保障农耕。渭南、华县和陕南勉县、留坝、宁强一带在腊八要将果树砍些裂口,糊上"腊八粥",或者直接涂在果树上,据说可以使果树多挂果子。西府一带,还用做腊八粥的米泔水洒浴蚕种,可使蚕种率高,可保来年蚕桑兴旺。山西民间先往果树上抹粥,然后用斧头或木棍敲打树干三下,口中还唱道:"管你结枣不结枣,年年打你三斧脑。""看你结杏不结杏,年年打你三大棍"等等。

四、小年到大年

民间以祭灶那天为小年,以三十为大年,有的称这一阶段为年关。年关从祭灶正式开始,直到除旧迎新仪式,这期间除了备办年货,重要的习俗围绕大扫除、装饰并布置居室、安神奉祖等活动展开。

年关的各项基本活动在各地民间有年节歌或年谣加以叙述。黑龙江青冈县的年节歌唱道:"二十三,祭灶天;二十四,写大字;二十五,扫尘土;二十六,刨猪肉;二十七,杀年鸡;二十八,把面发;二十九,贴春联,烀猪首;三十晚上,玩一宿。"河南开封年谣说:"二十三,祭灶官;二十四,扫房子;二十五,打豆腐;二十六,蒸馒头;二十七,杀只鸡;二十八,杀只鸭;二十九,去灌酒;三十儿,贴门旗儿;初一,撅着屁股乱作揖!"①河北《卢龙县志》(民国二十年修)"民间文艺"项下所载年节歌说:"二十三,祭灶天;二十四,写联对;二十五,做豆腐;二十六,割年肉;二十七,宰年鸡;二十八,蒸枣花;二十九,蒙香斗;三十日,耗油儿;初一初二磕头儿,初三初四耍球儿,初五初六跳猴儿"。因为押韵和日期与单项活动对应的语言模式的限制,年谣列举的一些日程是真实的风俗,如二十三日祭灶,许多日程只是一种参考。

上述年谣所叙是农村年关活动情况,城市的景象可以《天津志略》(民国二十年修)的记录为例:"自是(二十三日祭灶)以后,即预备过年矣。卖年画者,卖花者,卖门神、挂钱者,卖松柏枝、芝秸者,卖陶瓷器者,叫呼不绝于门,街市则春联摊、花糕、馒首、鸡鸭鱼肉、花木、果品,一切年货,无不具备。商家、居民,各于门前纷贴挂钱(至次年正月十五日或二月初二日以竹竿挑去,谓之打挂钱),并贴春联。凡几案、铜锡各器,皆拂拭一新,而沽酒市肉,以备春初旬日之肴馔,颇形忙碌。"

近世年关的一些准备活动是家庭劳动或家庭工艺,而另一些要到集市购买,

---

① 见《民俗周刊》第53、54合期,第109页。

两者的划分在不同地区和家户不尽相同。馒头、油炸食品、香斗等肯定由自家制作；大多自家打豆腐、打糍粑、做年糕、杀猪和鸡鸭，但也有购买的；人们一般是买纸回家，自家剪窗花，请村里人写春联；有的买酒，有的自己做酒；年画、门神、鞭炮肯定要买。农村自家做的多，城市购买的多。

祭灶是祭奠灶神，送之上天。灶神也叫灶王、灶君、灶君菩萨、东厨司命、司命菩萨、灶王爷等。《礼记》记载的古代"七祀"之中，除了土地、井、门户、道路等之外，就有灶。灶神与上古的火神有关，但后世通常所说的灶神是家神，负责监督一家人的行状，这一职能在葛洪《抱朴子·微旨》中提到过："月晦之夜，灶神亦上天白人罪状。"近世《敬灶全书》把其职责概括为"受一家香火，保一家康泰。察一家善恶，奏一家功过"。灶神的姓名早见于东汉许慎《五经异义》："灶神姓苏，名吉利。或云姓张，名单，字子郭。其妇姓王，名抟颊，字卿忌。"后一个姓名的故事在唐段成式《酉阳杂俎》中有详细记载。

汉代以前有夏季祀灶的记载，如《吕氏春秋·孟夏》记曰："孟夏之月……其祀灶。"汉代以后在腊月的腊日祭灶，如《后汉书·阴识传》记载："宣帝时，阴子方者，至孝有仁恩，腊日晨炊，见灶神形见，子方再拜受庆。家有黄羊，因以祀之……子方常言'我子孙必将强大'，至（阴）识三世而遂繁昌，故后常以腊日祀灶，而荐黄羊焉。"腊日祭灶在南朝已是习俗，如《荆楚岁时记》说："其日（指腊日），并以豚酒祭灶神。"腊日最后在宋代固定在二十三或二十四日，后世各地民间在这两天中的一天祭灶。大致说来，北方在二十三日的多，南方在二十四日的多。

虽然祭灶之举早就存在，但贴灶马、用饧糖的风俗则在宋代时才出现。孟元老《东京梦华录》"十二月"条记曰："二十四日交年，都人至夜请僧道看经，备酒果送神，烧合家替代钱纸，贴灶马于灶上，以酒糟涂抹灶门，谓之醉司命。"吴自牧《梦粱录》"十二月"条记曰："二十四日，不以穷富，皆备蔬食饧豆祀灶。"所谓"灶马"，也就是灶神画像。近世一般用木板彩印，中间有身着官服的灶王爷，身边是灶王奶奶，两边或有"上天言好事，回宫降吉祥"的联语。用饧糖除了贡献，还别有用意，正如河北《新河县志》（民国十八年修）所云："二十三日，扫房舍，夜设饴糖以祀灶君，以槽草秣灶君马。盖灶君翌日朝天去，白人间一岁事，此盖所以媚之，而塞其口也。又祝曰：'上天言好事，回宫降吉祥。'"黑龙江《双城县志》（民国十五年修）"十二月"条祭灶的记录对糖的多重用意解释得很明白："用糖以祀者，谓神食而口甘，俾上天言好事也；又或以糖粘灶门上，谓以粘神口，俾上天不能言恶事云。"

祭灶的程序在宋代基本定型，范成大《祭灶词》记叙了当时的祭灶风俗：

古传腊月二十四,灶君朝天欲言事。
云车风马小留连,家有杯盘丰典祀。
猪头烂熟双鱼鲜,豆沙甘松粉饵团。
男儿酌献女儿避,酹酒烧钱灶君喜。
婢子斗争君莫闻,猫犬角秽君莫嗔。
送君醉饱登天门,杓长杓短勿复云。

前八句写祭灶风俗,后四句应该是祝词的内容。当时不为灶君提供马匹,是云为车风为马;男人祭灶,女人要避开;供糖,但没有用以粘灶君嘴的意思,而是用酒使其醉不能言。近世的祭祀与宋代一脉相传,差别在于还要提供马料,有使灶君醉酒而达到主人目的的,但更多的是用糖讨好灶君,粘灶君的嘴。《中华全国风俗志》下篇卷二河南"泚源县之祀灶"对用品的记录颇详,并叙述了以鸡为马送灶神上天的过程:"祭时用香五根,黄表三张;小蜡一对,名曰灶蜡;烧饼二枚,名曰灶火烧;牙饧一块,名曰灶糖;雄鸡一只,名曰灶马;芊草节少许,粮食五种,清水一盂,谓之马草,用以饲灶马者。预买新灶神一张,张贴灶前,谓之换新衣。随带黄纸马二张,约方寸许,亦名之曰灶马。一张粘于灶神额上,意谓迎灶神回宫之马。于元旦黎明时焚化。其他一张即于当日随香表焚化,意谓送灶神升天之马。主祀之人,必为家长。礼拜时,身后跪一幼童,双手抱一雄鸡。家长叩首毕,向灶神祷祝数语。祝毕,一手握雄鸡之颈,将鸡头向草料内推送三次,一手将凉水向鸡头倾洒。鸡若惊战,便谓灶神将马领受。"

对居室一年一次的彻底打扫,各地各户不尽相同,大致有四种时间选择:(1)或在祭灶之日,(2)或在祭灶之后,(3)或择日,(4)或在腊月三十。一般在年关前要择日,入年关后不必择日,因为此时诸神上天而少忌讳。第一种选择的例子:苏州《元和唯亭志》(道光二十三年修)记曰:"二十四日,扫舍宇尘,夜祀灶,送灶神。"第二种选择如湖北《钟祥县志》(同治六年修)"十二月"条的记叙:"二十三日,夜供茶果、饼饵、草豆以祀灶……又于二十四日扫堂尘。"第三种选择的例子如《天津志略》(民国二十年修)所记,"既过腊八日,择吉日行大扫除,谓之扫房。其平日之不轻易扫除者,恐有不祥也"。第四种在宋吴自牧《梦粱录》"除夜"条记曰,十二月尽(三十日),士庶家不论大小,俱洒扫门间,去尘秽,净庭户。清顾禄《清嘉录》记吴中并存上述几种选择:"腊将残,择宪书宜扫舍宇日,去庭户尘秽。或在二十三日,二十四日及二十七者,俗呼'打尘埃'。"

居室的年节装饰和布置主要有换门神,贴春联,准备灯笼并在各室置灯,摆供、请祖及安神。这些在宋代文献中已有全面的记录,如《梦粱录》"除夜"条记腊月三十,"士庶家(不论大小家)俱洒扫门闾,去尘秽,净庭户,换门神,挂钟馗,钉桃符,贴春牌,祭祀祖宗。遇夜则备迎神香花供物,以祈新岁之安"。现代社会的准备情况可以黑龙江《双城县志》(民国十五年修)"十二月"的记录为例:"择日行大扫除,谓之扫房。于庭前立松枝一对;或立长杆,顶缚松枝,名'灯笼杆',为过年时夜挂天灯之用……至是日(三十日),家家贴春联,谓之贴对子;粘挂钱纸,贴新画。有服者否。天地、门灶各神,皆易新牌位及像……午后,天地位前置香斗,插全神马于中,谓之供大纸。全神马者,上绘天上众神像之纸也。陈设甚丰之供品,于诸神及祖先之神位前,每以成串铜钱压之,燃香烛,裸(将)酒跪拜,焚纸马,放鞭炮,谓之安神。于是炉不断香。入夜,诸神位前及室内外遍燃灯烛达旦,以主家宅光明。"

门神是民间普遍信仰的神明,门神像是春节的重要节物。门是上古五祀之一,在人格化后衍生出两类:一是神话人物,如神荼、郁垒和钟馗;一是历史上的武将,如秦琼(叔宝)和尉迟恭(敬德)。神荼、郁垒是神话人物,汉代以降,人们在桃木上写其名,画其像,在年节置于大门挡鬼。蔡邕《独断》说:海中有度朔之山,其东北有鬼门,"神荼与郁垒居其门,阅领诸鬼。其恶害之鬼,执以苇索,食虎。故十二月竟,画荼、垒并悬苇索于门户,以御凶也"。可见东汉时它们已经成为门户的守护神。《荆楚岁时记》写南朝时,"(元旦)贴画鸡户上,悬苇索于其上,插桃符其旁,百鬼畏之",桃符上画的就是神荼、郁垒。唐代以降,武将门神流行开,秦琼和尉迟恭较常见。两位都是唐代的名将,据说曾为唐太宗守宫门、防厉鬼惊扰;后来唐太宗不忍心他们如此辛劳,便画其像贴在门上。后来民间模仿,他们成为通用的门神。一些地方的门神不用秦琼,如陕西一些地方忌讳"琼"谐音"穷"。曾经也有其他武将被列入门神,如苏州地区的门神贴过岳飞、温峤;还有的贴孙膑、庞涓等。近世民间年节时所贴的门神,多是彩绘的秦琼、敬德。

春联的前身也是桃符。桃符上写吉祥语,进而把吉祥语写在纸上,春联就产生了。这种变化见于宋黄复休《茅亭客话·蜀先兆》的记载:"先是,(五代)蜀主每岁除日,诸宫门各给桃符一对,俾题'元亨利贞'四字。时伪太子善书札,选本宫策熏府桃符,亲题曰:'天垂余庆,地接长春'八字,以为词翰之美。"又传说最早的一副春联是五代蜀主孟昶写的"新年纳余庆,佳节贺长春"。这样上下句联语的桃符(春联)在宋代普遍流行,如下列文献提到的桃符:王安石《元旦》诗"千门万户曈曈日,总把新桃换旧符";孟元老《东京梦华录》所记"市井皆印卖门神、钟馗、桃板、桃符";吴自牧《梦粱录》所说"钉桃符,贴春牌"。纸制的春联则是明清兴盛起来的。清富察敦崇《燕京岁时记·春联》说:"春联者,即桃符也。自入腊以后,即有文人墨客,在市肆檐下,书写春联,以图润笔。祭灶以后,则渐次粘挂,千门万户,焕然一新,或用朱笺,或用红纸,惟内廷及宗室王公等例用白纸,缘以红边蓝边,非宗室者不得擅用。"

近世,民间欢度春节都要贴对联。每个居室门自然要贴,大门的春联尤其讲究。一些门楣上挂楣签(又称挂签等),楣签由五张雕花红纸粘在门楣上,中间贴一大"福"字。民间有倒贴"福"字斗方的习俗。堂屋两侧贴有"童言无忌"、"万事如意"或"天地阴阳,百无禁忌"的小幅对联或条幅。窗子上贴"姜太公在此,诸神回避"的条幅。大门对面的墙上贴有"对我生财"、"抬头见喜"等。神灵前的对联都有定式,如常见的天地神联为"天恩深似海,地德重如山";土地神联为"土中生白玉,地内出黄金";财神联为"天上财源主,人间福禄神";井神联为"井能通四海,家可达三江"。粮仓、畜圈等处的春联常用的有"五谷丰登,六畜兴旺";"米面如山厚,油盐似海深";"牛似南山虎,马如北海龙"。新丧人家贴的对联,第一年用白纸,第二年用黄纸,第三年用蓝纸,内容多为"守我堂前孝,不知门外春"、"守孝不知红日去,思亲唯望白云飞"等。

剪贴窗花在北方极其盛行,内容多为吉祥动植物和掌故,如喜鹊登梅、燕穿桃李、孔雀戏牡丹、狮子滚绣球、三羊(阳)开泰、二龙戏珠、鹿鹤桐椿(六合同春)、五蝠(福)捧寿、犀牛望月、莲(连)年有鱼(余)、鸳鸯戏水、刘海戏金蟾、和合二仙等等。也有各种戏剧故事,民间把它们串为:"大登殿,二度梅,三娘教子四进士,五女拜寿六月雪,七月七日天河配,八仙庆寿九件衣。"新媳妇用自己剪的窗花糊窗户,左邻右舍要前来观赏。

安神奉祖是年三十的大事。此时所供的是所有的神明(百神聚会图),有的还设专门的"天地桌",甚至搭"天地棚"("神棚")。富察敦崇《燕京岁时记》写清代北京此俗:"每届除夕,列长案于中庭,供以百分。百分者,乃诸天神圣之全图也。百分之前,陈设蜜供一层。苹果、干果、馒头、素菜、年糕各一层,谓之全供。供上签以通草八仙及石榴、元宝等,谓之供佛花。及接神时,将百分焚化,接递烧香,至灯节而止,谓之天地桌。"对于神位前的"斗",湖南《醴陵县志》(民国三十七年修)记曰:"以斗储米,插招牌、戥秤、剪刀、算盘、梅花、蜡叶之属于其中,供诸神前,以明不欺(示无欺伪),曰'装斗'。"

山西人安神重视天地神位和灶神位。天地神位设在院中,供奉"天地三界十方万灵真宰神位"。特别讲究的人家还要搭彩棚,饰以松枝柏叶。香炉习惯用木斗盛黍来充当。天地神位前面,还要铺设毡毯,因为大年初一,村人互相拜年,均在天地神位前进行。因为灶君神像一贴就是一年,不断受到烟熏气蒸,有的用秸秆及五色彩纸,扎成一座宫殿形外罩,配以能够活动的门。平时关闭双门、敬香、奠酒时才打开。山西人请先人回家度佳节,一般是在一间不住人的居室里安排先人"灵魂"。存有家谱的人家,要将家谱恭恭敬敬地悬挂起来。没有家谱的人家,要设置亡人灵牌。灵牌分两种:一种用木材加工而成,外面配有金匣,平时灵牌装在金匣内,这一天要从套匣内取出陈列;另一种是用白麻纸做成,用尺许长八寸宽麻纸,折叠成方筒状,也有的折成灵牌式样,祖先名讳书于其上,称为"亡疏",背面粘在秸秆上,插在斗方内供奉。传统上是除夕晚上"安神"以后,才写"亡疏",讲究"先神后祖"。多数老百姓要请人写疏,往往在白日里便准备完毕。山西人在三十傍晚"安神"(包括诸神和先人),要放炮,并焚香、敬纸。①

三十这一天要备好各种灯火。糊灯笼分大灯、小灯。大灯悬挂于大门外,一般讲究成双配对。大年下的灯,见地方就摆。各个神位、土地、井台、畜圈、鸡窝、厕所、窗台,到处是灯火通明。一些地方在夜晚置井泉童子神马于竹筛内,祀以糕、果、茶、酒,谓之"封井"。至新正三日或五日,焚送神马,开始汲水。

除夕吃罢团年饭,各地有坐守元旦来临的习俗。此俗唐宋以来一直盛行。唐太宗李世民《守岁》诗有"共欢新故岁,迎送一宵中"的名句;孟元老《东京梦华录·除夕》记曰,"士庶之家,围炉团坐,达旦不寐,谓之守岁"。人们在等待中吃着年节零食,玩着室内游戏,只等时辰一到,就开始举行新年仪式。

中国的节日因为定型于农业文明主导的时期,内在地具有一个春祈秋报的主线或者框架。中国人所习惯的时间模式是:满怀希望并以表达希望的仪式开端,接着采取各种积极的生产措施和防范性的仪式保证事情顺利进行,在丰收在望的时候就开始庆贺、感恩了。因为日历年与春种秋收的农事有一个时间差,虽然从收获季节就开始了酬神报恩的活动,但是这类活动积淀成全民性的隆重节庆还是汇聚在了年末。

我们意识到中国的传统节日是日历年循环与春祈秋报的农业文化周期的合成。同时我们也看到,中国即使是在传统时代也是都市民俗繁荣的社会。尤其是节日民俗,在都市要热闹得多。都市民俗以村社民俗为基础,在更高的生活水平和更好的技术条件下发展出更多样的民俗活动、更精致的民俗物品、更符合都市生活的民俗观念。这说明,新的物质基础可以是民俗得到提升的条件。恰恰是富裕的物质生活更迫切需要有意义的文化形式,同时也更有实力美化文化形式。

从历史上看,我们可以说中国常常是一个物资匮乏的社会。但是这不妨碍

---

① 温幸、薛麦喜主编:《山西民俗》,山西人民出版社1991年版,第102—103页。

中国的生活文化饱含美妙的内容。我们从传统节日尤其是"四大节"的习俗内容和内涵中能够非常充分地感受到。中国传统的节日体系所依据的时间系统主要是阴历,同时兼用阳历。这是一种兼顾日月,协调阴阳的时间框架。阴历依据月亮的弦、望、晦、朔确定月的周期,阳历依据从地表观测到的太阳的变化确定年的周期。中国人经过许多代人的知识积累而在汉代完备起来的二十四节气就是一个科学的阳历年的周期。例如,春节、中秋节等与月的圆缺联系在一起,夏至(端阳节)、冬至等与太阳在回归线上的来往周期联系在一起。综合太阳和月亮与人和自然的关系来确定节日的时间,能够更好地体现人与天(自然)的关系。中国人对月亮和月光的细腻感受发展为很独到的文化创造,由此积累的文化对人类文明是一个巨大的贡献。中国人民重视阴阳平衡、天人和一、顺其自然的哲学思想,欣赏柔美、重团圆的美学和伦理观念,都蕴涵在中国独特的节日体系之中。日本在明治维新之后很顺利地就把传统的节日习俗从中式日历挪到西式日历上了,而中国在辛亥革命之后也一直在努力这么做,可就是达不到目的。这在过去一直被相信是中国文化的一个问题,可是,在人民在改革开放的社会条件下自由选择传承基本的节日习俗之后,我们再来看这段历史,恰恰看到了中国文化的一个优势,今天的时代氛围也已经彰显了这个节日体系的文化价值。

参考书目

常人春:《老北京的风俗》,北京燕山出版社1990年版。

陈久金、卢莲蓉:《中国节庆及其起源》,上海科技教育出版社1989年版。

萧放:《〈荆楚岁时记〉研究》,北京师范大学出版社2000年版。

思考题

1. 就近世一个主要节日的习俗而言,当前该传统节日的习俗有哪些变化?
2. 探析春节对于全球华人具有什么意义?
3. 你对七夕节在当代被作为中国的情人节看待有什么评论?

第六章

人生礼俗

人们通常说,日子有春夏秋冬,人生有生老病死。人在一生的生理状态和能够承担的社会责任要发生很大的、多次的变化,可是人过日子是连续的,一天与一天很难感觉明确的差别。于是,日子恒常的连续性与人生必然的巨变放在社会之中会发生很大的矛盾,个人在心理上可能不知从何时开始接受新身份,他人难以预期这个人是否已经进入新角色。这是人类普遍的问题。各个社会都设计了自己的文化来调整这个关系,让日子积累的量变转化为阶段性的质变,并设计阶段性的转折点举办社会参与的仪式,既表示结束一个阶段,也是对一个新阶段的身份的命名,如通过冠礼宣告成年,通过婚礼让少女成为新妇。

民俗学把人生跨越阶段的仪式纳入"过渡礼仪"(rites of passage)来研究。"过渡礼仪",又译为"通过仪式",是由法国民俗学家范根内普在1909年出版的专著中提出并论证的。他的全名是 Charles-Arnold Kurr van Gennep,通称为阿诺德·范·根内普(Arnold van Gennep, 1873—1957),又译为"汪继乃波"、"范·杰乃普"、"范·哲乃普"。他的著作的全名是《过渡礼仪:门与门槛、好客、收养、怀孕与分娩、诞生、童年、青春期、成人、接受神职、加冕、订婚与结婚、丧葬、岁时等礼仪系统之研究》①，通常称为《过渡礼仪》或《通过仪式》。我们以前把通过仪式等同于人生过渡仪式，是窄化了范根内普概念的使用范围。正如张举文在中文版前言中所提醒的，范根内普从广泛的民族志、民俗志资料中概括的包括"分隔—边缘—聚合"三阶段的过渡礼仪既针对人生的阶段性转变，也针对岁时节庆的进程，还包括空间的跨越。它们都需要用特定的仪式标明并公告一个阶段或状态的终点和下一个阶段或状态的起点。伴随着仪式的，往往是特定的社会交往活动和相应的观念、信仰，这些积淀起来就是特定社会的文化程式，特定群体的民俗。

中国文化对于人生阶段的设计也是注重诞生、成年、结婚、死亡等环节的，中国民俗学把它们称为"人生仪式"、"人生礼仪"、"人生礼俗"、"生命仪礼"等。人生礼俗是指家庭和社会为个人通过一生的重要阶段而设置的礼仪和习俗，汉族主要有诞生礼俗、成年礼俗、婚姻礼俗、丧葬礼俗。人生礼俗包括礼仪和习俗这两个层次，前者通常是国家明文规定的制度，如成年礼俗中的冠礼、婚姻礼俗中的所谓六礼；后者是民间传承的，包括国家礼制之外而民间广为流传的通过人生重要阶段的各种风俗习惯。民间通行的不可能是纯粹的"礼"或"俗"，老百姓总是融合礼制和习俗而行，有时是简化了礼制，有时是用习俗充实了礼制，无论如何都是国家礼制以民间方式在民间流行。因此，我们采用了"人生礼俗"的概念，而不是"人生礼仪"或"人生习俗"的概念。

第一节 诞生和生日礼俗

中国人对生命的热爱，表现在重视子嗣和虔敬地为尊长庆寿这两个方面。中国人的诞生礼俗不限于孕育和诞生本身，它向前延伸为求子的习俗，向后派生出生日习俗，其中尤为重要的是庆寿习俗。因此，本节分为求子和孕期习俗、诞生礼俗、生日习俗等三个部分来叙述。

一、求子和孕期习俗

多子多福是中国人传统的心理，求子的心愿包含在长辈平日为子孙后代的

---

① Les Rites de Passage: Étude systématique des rites de la porte et du seuil, de l'hospitalité, de l'adoption, de la grossesse et de l'accouchement, de la naissance, de l'enfance, de la puberté, de l'initiation, de l'ordination, du couronnement, des fiançailles et du mariage, des funérailles, de saisons, etc. Paris: Librairie Critique. Émile Nourry, 1909. 这些详细的信息由张举文博士提供，他参照法文本和英译本译成的中文本《过渡礼仪》由商务印书馆 2009 年出版。

第六章 人生礼俗

幸福积德行善的行为之中，而求子的仪式行为从结婚的时候就开始了。过去新媳妇坐轿出嫁，要有一个小男孩坐在轿中陪同新娘到男家，这叫"压轿"，有象征早生儿子的意思。新婚铺床也是一个求子的时机。一般要请儿女双全的妇女铺床，届时要边铺边唱吉言，如"一把栗子一把枣，小的跟着大的跑"；或"铺床铺床，儿孙满堂，先生贵子，后生女郎，富贵双全，永远吉祥"等等。

如果新媳妇没有在预期生育，那么媳妇、公婆或娘家要履行祈子风俗。民间的乞子风俗五花八门，大致可分五种来记述：其一，妇女个人平日向生育神求子，简单的方式是妇女自己去送子娘娘或观音娘娘的庙或神像前许愿，祈求必须烧香或向庙中布施。送子娘娘塑像是个慈眉善目的妇女，双手抱着白胖胖的婴儿，周围还有360多个童子，含每天向人间送子之意。妇女进献香火之后，用红线拴系自己满意的童子，是谓"拴童子"。若果然得子，一定要去还愿。

其二，向某个象征物投掷钱物，若投中，兆有生育；或者摸某个象征物，如门钉，以兆生子。各地都有一些"打儿洞"、"打儿窝"之类，大多是人们难以靠近的石窝、树洞等，人们在几米甚至十几米外向洞内投掷石头或银圆、铜圆，相信打中了即可生子。一些寺观僧道利用寺庙内或附近的物体，用传说造成信仰，引人以钱投掷。

其三，妇女结成会社求子。这种会社称为"乞子会"或"娘娘会"，其宗旨就是帮助妇女敬神烧香，乞儿乞女。若是到娘娘庙乞子，会中成员都偕同前往，通宵不眠，以示心诚，俗称坐夜。祭祀所用香火、瓜果供奉的开支是会中妇女自愿捐献的钱的利息。

其四，偷某种象征物（如元宵的灯、中秋的瓜、庙里的泥娃娃）送到求子的妇女家。这种习俗称为"送子"，邻居、亲友、娘家人都可以做。有的则是自己家的人去做。例如中秋之夜，人们盗得某种瓜，热热闹闹送到求子人家，邻里上前祝贺，如同这家真的添丁进口了似的，主人以糖水、糖果招待大家。陕西偷送南瓜，说是南瓜与"男娃"音近；武汉周围农村偷送葫芦，兆生子，想生一个女孩才送南瓜，说南瓜与"兰花"音近，故以南瓜象征女孩。用"送灯"表示"送丁"是南方普遍的习俗，例如：四川人在正月十五闹过元宵后，把立在庙前杆上的"天灯"取下，送与无子之家；有的则偷偷爬上牌坊，窃灯祈子。这些习俗也见于北方，并适应着北方的环境，如：山西吕梁、柳林等地，人们在正月里去多子多孙的人家"偷"灯，"偷"面狗，"偷"一种叫做"枣洞洞"的面食；到了八月十五，则去人家

"偷"核桃和枣①。另一种利用谐音象征的求子习俗是求子妇女自己在拜庙时摸门钉,此俗也广泛见于南北各地。

其五,庙会求子。求子是许多庙会附带的活动,同时又是一些庙会(如人祖庙会和各种娘娘庙会)的主要活动。庙会求子活动背后的"逻辑"主要是模拟巫术和接触巫术,有些在日期和方式上还残存着春季野合的古风。庙会求子在近世盛行于各地,是地区性的有规模、有制度保障的重要活动项目。

四川有"娘娘会"抢童子、送童子的习俗。农历三月初三俗传是送子娘娘的生日,川民要为之办娘娘会,演戏酬神。会首用木头雕成几个四五寸长的童子,拜神后,从高处依次抛掷人群中,下面的人你争我夺,谓"抢童子"。抢得童子的人,即于晚间鼓乐前导,由一男孩抱着木童骑着彩马,或将木童置于彩亭中抬着,送至无子女的亲友或有钱人家,以寓此家定生聪慧之子。届时主人盛宴酬客,有的甚至比真正得子还热闹,并且大给赏钱,有的竟花费上百金。②

河南淮阳的人祖庙会的主题是妇女祈求生育。人祖庙供奉伏羲、女娲,人祖庙会以二月二开始,持续达一个月。人祖庙会上有泥娃娃出售,它们被用来象征伏羲、女娲捏的泥人,也象征人们所求的子女。泥娃娃被供在殿内的香案上,求子的人背对香案用手去摸,摸到手后就用红头绳拴在娃娃的腰间,谓之"拴娃娃"。有的把娃娃在人祖奶奶身上挂一挂。人们认为这样才能在人祖的保护下生儿育女。事后把泥娃娃带回家,如同从人祖那里领回了小孩。在人祖陵显仁殿的台基石东北角有一个圆洞,俗称"子孙窑"。到人祖庙朝香的人都要用手摸一下,认为这样会生育子女。③

陕西岐山县周公庙会的会期是农历三月初十至十五,香客以女性为多。妇女们来到庙中,在姜嫄殿前燃着香表,供奉祭品,肃跪祠坛下默诵祈嗣之愿,然后讨得童鞋一只,泥塑童子一个,以寓得子。此外,人们还得买一只泥塑彩虎,用以守护祈得之子。她们回家后,将讨得的童鞋置于土地祠前,泥童则置于炕席之后或无人发现处。按照风俗,祈子的人在到家前,不许跟任何人说话,不然乞到手的孩子就跟别人跑了。过去,周公庙会还变相地保持着春季野合的古风。类似"野合"性质的祈子庙会还有岐山与扶风交界处的西观山祈子会、凤翔

---

① 见萧放:《荆山楚水的民俗与旅游》,旅游教育出版社1992年版,第19页;王世雄、黄卫平:《黄土风情录》,陕西人民教育出版社1991年版,第121页;孙旭军等编著:《四川民俗大观》,四川人民出版社1989年版,第163页;温幸、薛麦喜主编:《山西民俗》,山西人民出版社1991年版,第5页。

② 见孙旭军等编著:《四川民俗大观》,四川人民出版社1989年版,第163页。

③ 参见邵文杰总纂、刘永立主编:《河南省志》第十卷《民俗志》,河南人民出版社1995年版,第265页。

县的灵山祈子会、宝鸡钓鱼台庙会、临潼骊山娘娘庙会等。①

怀孕在民间通称"有喜"、"有身子",因为怀孕初期经常呕吐,不同地区又俗称"害喜"、"嫌饭"、"害伢子"、"害毛娃子";孕妇又被称为"四眼人"、"重身子"。人们对孕妇的兴趣着眼于对胎儿的关心,并由此形成一些俗信。因为流产、难产、婴儿畸形等悲剧曾经长期威胁着人们的再生产,所以各地民间形成了一系列以健康、正常的生育为目的的习俗和禁忌,其中各地对孕妇的饮食、服饰、起居和行为举止的特殊规定尤其严格。

民间关心胎儿的重要表现是对胎儿性别的推测:其中包含的"逻辑"有"男左女右"、"酸儿辣女"、"男动女静"等俗信。其一,民间认为,孕妇起步或过门槛时,先抬左脚者生男,先抬右脚者生女;孕妇听到别人在背后喊她,从左侧回头预示生男,从右侧回头预示生女;胎儿偏左腹部是男孩,偏右腹部是女孩,如此等等。其二,民间相信,孕妇爱吃酸的就生男孩,爱吃辣的就生女孩。一些地方、一些家庭为了生男孩,促使孕妇偏食酸味食品。其三,民间推测,孕妇若正常运动是怀了男孩,若懒动、贪睡就是怀了女孩;胎儿多动、速动是男孩,胎儿少动、缓动是女孩。此外,民间还认为,孕妇的肤色和形象变丑证明怀了男孩,变得漂亮证明怀了女孩,所谓"女儿打扮娘"。传统家庭观念偏爱男孩,关于胎儿性别的俗信在各地的表现就特别丰富。

孕妇的饮食有诸般讲究,其中的道理与中医的滋补理论是相通的,即动物的器官与人的相应器官有感应的关系,那么,人吃什么动物器官就滋生人的什么器官,从积极的方面说是吃什么补什么(如吃肝补肝,吃鞭壮阳),从消极的方面说是怕什么就忌什么。民间的一些忌口的习俗明显地根源于感应巫术、接触巫术的观念。民间认为孕妇吃苹果、桂圆、煮鸡蛋可以促使孩子健康、漂亮,因为它们的形与色俱佳。孕妇的饮食禁忌很多,如不吃兔肉,否则生下来的婴儿会唇裂(三瓣嘴);不吃螃蟹,否则婴儿会长多余的指头;不吃麻雀的肉和蛋,否则孩子脸上会长雀斑;不吃鸽子的肉和蛋,否则孩子将是"对子眼"(俗称白鸽眼);不吃母鸡的软蛋,否则会早产;诸如此类。

由于俗信和形体的影响,孕妇的服饰总是有些特殊之处,并且由此派生一些特殊的说法。怀孕四个月后孕妇形体变化突出,所以有"瞒四不瞒五"的说法,服饰也要有相应的变化。河南近世的孕妇此时多穿大腰裤、宽布衫,人称"爷爷裤子,奶奶布衫"。在江苏海州,孕妇无论寒暑都不能敞裤脚,都要把裤脚

---

① 见郑玉林:《略论周公庙庙会文化活动的发展趋势及宗教性》,刘宏岐、王满全:《周公庙祈子会"野合"现象之透视》,载高占祥主编《论庙会文化》,文化艺术出版社1992年版。

扎紧,防止裤脚进风。据说裤脚管进风,将来生的孩子容易得"七朝风"(脐带风),造成很高的死亡率。

孕妇的起居有一定之规,重要的如夏夜不露宿,居室要安定。各地的孕妇都忌讳夏夜露天乘凉,更不能露天睡觉,无论天气多么热。在江苏海州,任何季节只要天晚出了星星,孕妇要避免在户外活动。据说星星出齐的时候,坏星也出来了,而坏星照了胎,生出的孩子就会有怪异。各地都很重视孕妇居室的安定,例如在广州,如果有人怀孕,直至分娩前,家里不准在孕妇房间里外随便钉墙、放东西或挪动家具,其中,床是绝对不能移动的。俗信以为,妇女怀孕后便有了"胎神",它游动在孕妇房间内外,若犯禁忌,轻则伤害婴儿灵气,重则导致夭折。胎神方位印在老式历书里,不同节候处于不同地方,如立春在房之东,惊蛰在户(单扇),清明在门(双扇),立夏在灶,芒种在母身,立冬在户及厨,大雪在炉及灶,小寒在母身,每年的变化都载入皇历。胎神所在之处,不准钉钉、缝衣、动刀剪、修建、动土、上梁、商店开张等,均须回避。①

孕妇的行为举止有许多禁忌,各地的有关禁忌可谓五花八门,其中的"道理"大致有三种:其一,谐音禁忌:如孕妇不能坐在囤粮食的摺子上,因为"摺子"谐音"折子"。其二,比拟禁忌:如孕妇忌看傀儡戏,否则会生无骨孩子;如孕妇不能坐在绳子上,否则生孩子时肠子会盘绕在婴儿身上;又如孕妇不能横跨水牛绳子,否则孕妇将像水牛一样怀胎十二个月。其三,冲犯禁忌:如孕妇不得在亲友婚礼时进入洞房,不能在人家娶亲时做伴娘或为其缝制新装、新被褥等,因有孕和新婚均为喜,民间以为两喜相冲当不吉。

除了上述各种宜与忌的讲究,孕妇及其婆母还有礼拜生育保护神的信仰行为。中国各地有许多生育保护神,如"观音菩萨"、"泰山老母"、"三官老爷"和多种多样的娘娘。家里人有喜,婆婆在每月初一、十五要带媳妇到供奉生育保护神的寺庙或殿堂烧香磕头,祈求神佛保佑胎儿正常发育,届时顺利生产。有的人家直接在家里设神位叩拜。为了一个健康的孩子(尤其是男孩),一家人在相当长的一段时间里在精神上要有巨大的付出。

二、诞生礼俗

诞生礼俗大致可以划定在从接生到满月的阶段,这一期间的仪式活动可以

---

① 参见刘兆元:《海州民俗志》,江苏文艺出版社1991年版,第2—3页;邵文杰总纂、刘永立主编:《河南省志》第十卷《民俗志》,河南人民出版社1995年版,第267页;叶炳昌:《中国名城汉俗大观——广州篇》,中国友谊出版公司1993年版,第79—80页。

分为准备产房、坐草、报喜、开奶、洗三、坐月子、满月等七个方面来叙述。

（一）准备产房

旧时产妇的卧室通常就是产房，只是门窗要关严，有的地方预先用火在房内烤一烤。民间普遍避免在外生孩子，如果家里有红白喜事等不得已的原因，也可以临时借房间作为产房，但是要履行一些特殊的手续，并且一般不能借娘家的房间生孩子。据山东、江苏、山西、河南等地的文献[①]介绍，孕妇在娘家生孩子，认为母子身体都不会好，孩子不会成人，娘家要受一辈子穷；又说不在娘家生孩子是怕娘家以女婴换掉所生的男孩。在山东临清，万一在娘家生了，丈夫要把自己的当院用牛耕一遍才能破除不祥。俗谓"借娶不借生"、"借死不借生"，即房子可以借给人家娶媳妇或送终，但不能借给人家生孩子。按旧时风水来说，每家房子都有自己的"房气"或"运气"（财气、官运），人在房子里去世，一生未用尽的运气会留在房子里；而孩子在房子里出生，会占用房子里的运气。在江苏海州，碰到至亲好友不得已非借用房子生孩子不可，民间的一项通融方法是赶在孩子出生前象征性地办理买卖房子的手续，表明是在自家出生，与本来的房主无关。在河南，这种情况要付给娘家房租钱。

（二）坐草

分娩俗称"坐草"，因为孕妇临产时家里要在炕上铺谷草或粟秆，另外再准备一捆草让孕妇靠卧其上。在那种社会条件下，禾草易取易弃，经济、方便。这种风俗是古制，本来流行于各地，近世大多改用棉褥，遂称"坐褥"，但山西、山东的一些地区一直保持着"坐草"的习俗。山西浮山等地讲究把从结婚时用过的枕头里取出的麦秸铺到炕上。这些麦秸中曾放置过"面蛇"、"面兔"，民间认为，铺上它可保婴儿平安。按照这种方法，婴儿生在草上，所以分娩又称为"落草"。分娩在一些地方又称为"临盆"、"坐盆"，因为近世许多地方是在房内放一个大盆，让产妇坐在盆上，由妯娌或其他妇女抱腰，由接生婆操作。

生产的过程既充满了殷殷之情，又充满了紧张和恐惧，所以又贯穿着求神求吉祥的仪式。接近预产期，娘家送鸡蛋、糯米、红糖、糕点等礼物探望孕妇，谓之"催生"。届时，丈夫或婆婆到寺庙或在家里设香案叩拜催生娘娘、送生娘娘，求娘娘保佑生产顺利。接生或由村中有经验的老妇负责，或请产婆（又称收生婆、接生婆、稳婆等）负责，她们都必须是丈夫在世、儿女双全的人。产婆（或者

[①] 参见山曼等：《山东民俗》，山东友谊书社1988年版，第158页；刘兆元：《海州民俗志》，江苏文艺出版社1991年版，第3页；温幸、薛麦喜主编：《山西民俗》，山西人民出版社1991年版，第7页；邵文杰总纂、刘永立主编：《河南省志》第十卷《民俗志》，河南人民出版社1995年版，第271页。

还要带孕妇)要给本宅灶王爷烧香,要拜催生娘娘,有的要烧催生符。一些地方的孕妇分娩时,婆婆和孕妇都扎红腰带,一来驱邪,二来象征吉祥。如果出现难产,家里要另外举行敬神驱邪的仪式。在广州,此时婆母要请巫师为产妇解六甲,要用鸡蛋拜祀,当天化元宝、冥镪,以求神明保护孕妇,使婴儿快些降生;婴儿出世后要用斋盆(鸡蛋、粉丝、油豆腐等素菜)祀神及祖先。有的专门要为娘娘烧纸,有的向神许愿:若孩子顺利落地,或唱大戏,或重修金身,等等。最后安顿产妇和婴儿时也要在床前烧纸。分娩用过的草纸沾着血,不能乱扔,有的地方要在房内当场烧掉。

胎盘俗称"胎衣"、"衣胞"或"胞衣",有特殊的处理方法和意蕴。有的扔到流水里,如江汉平原,传说能促使产妇的奶像流水一样多。更多的是埋在地下。有的埋在枸树下,据说能够催奶,因为枸树的汁像奶。许多地方埋男孩的胞衣和女孩的胞衣有不同的选择,男孩胞衣埋在屋内,或在门槛下,或在父母床前,或在磨盘下,被解释为孩子长大了能够在床前孝敬父母,出远门了也会念家想家;女孩胞衣埋在门外,如栏圈里或粪池边,解释为女孩出嫁后在婆家安居乐业,不会离婚回家。客家人由祖母把胞衣秘密埋藏在祖屋地界内,客家华侨对家乡怀着深厚的感情,把故乡称为"胞衣地"。胞衣地一直是凝聚他们乡情的符号。

(三)报喜

婴儿诞生后,女婿要去岳父家"报喜",一般在分娩的当天、次日或第三天。去时所带的礼物也是通讯符号,生男生女一看便知。如果是带煮熟的红鸡蛋,生男孩送单数,生女孩则送双数;有的地方提鸡报喜,生男孩提公鸡,生女孩提母鸡;有的地方带一壶酒,生男孩拴上红绳,生女孩拴红绸。在得知女儿安全分娩的消息后,娘家要馈送各种食物。北方送小米,南方送糯米,此外还有鸡蛋以及各地农家的营养食品。例如,晋南闻喜等地送烙饼,一般讲究女儿多大岁数,就送多少个烙饼;浮山等地送"饽馍馍",还要特意烙一个"面合子",专给亲家母吃,取的是婆媳合得来。

(四)开奶

在产妇的奶水未出之时,好多地方都讲究让婴儿先吃别人的奶,谓之"开奶":若是男孩,要吃生女孩妇女的奶;若是女孩,则吃生男孩妇女的奶。据说有助于男孩女孩花着生,使家里人丁兴旺。在吃奶之前,有的地方还要让婴儿"尝五味",舐食醋、盐、黄连、糖等,预示孩子一生尝尽酸、甜、苦、辣、咸各种滋味,最后能苦尽甜来,获得幸福。民间"下奶"的常见食物是鸡蛋、母鸡、猪蹄膀、鲫鱼、黄花、醪糟等,它们能够促使产妇早出奶,多出奶。在产妇的奶水刚出之时,晋南等地讲究先挤一点奶和面做个小小的"面馂拦",用红布缝裹好挂在产妇身上,意思是把奶都拦圈住了。这个"面馂拦"一直要带到"百天"才能去掉。①

(五) 洗三

三是一个吉数,又说婴儿到第三天才睁眼睛,所以中国人有洗三的习俗。洗三是指在婴儿诞生的第三天为其洗澡。因为亲友在这天来送贺礼,主家设宴款待,所以这天的仪式又称为"做三朝"、"三朝酒"、"汤饼会"。旧时婴儿在头七天的死亡率很高,过了这一阶段就比较安全,所以一些地方流行在第九天或十二天宴客,于是有"做九朝"之说,有的地方把第三天称为"小三朝",把后面正式宴客的日子称为"大三朝"。山西忻州、河曲等地则把第十二天的庆祝活动称为"做小满月"。

"洗三"的水用艾草、菖蒲、布荆叶、槐枝、花椒等中草药煎沸,浴盆中要放入一个鸡蛋及铜钱(后改为硬币)、金银饰物。等水温适宜之后,祖母或接生婆等人将婴儿抱到澡盆中洗沐,或者只是用毛巾轻轻给婴儿全身抹遍。一边洗,一边还要念诵"长命百岁"之类的祝词。洗完后,将鸡蛋在婴儿额角、头顶处滚一遍,然后从脊背滚至臀部,谓之"滚屁股蛋",以求不生疮疖。最后给婴儿戴上饰物,包裹起来。婴儿澡盆中的鸡蛋,通常送给祈子的妇女,传说吃下之后可生男孩。有的地方还要用葱轻轻打三下,取葱和"聪"谐音,以示祝福。民间认为"洗三"能给婴儿去"风",并驱恶避邪。

"做三朝"是小孩出生后的第一道庆贺礼仪。亲友们送来鸡蛋、红糖、挂面、衣物、鞋帽等,产妇娘家送来的小儿衣帽鞋袜、摇篮以及各种营养食品,如糯米、油面、鸡、鸡蛋等,称为"送祝米"。讲排场的人家所送祝米均以抬盒抬去,主家则在门口放鞭炮迎接,并赏给抬盒人红包喜钱。吃三朝酒的客人多半是妇女。

孩子出生后的三朝或九朝要鸣族、告祖和谢祖。浙江人在三朝举行"烧三日"仪式。因为俗信认为子孙后代出世,是死去的祖宗在阴间买来的,所以小孩出生后要给祖宗送供品、烧纸钱,否则他们在阴间就没钱花了,甚至还不出借款而吃官司。② 客家人此时要"报新丁",即将新生男孩的大名竖写在红纸上:"新丁取名×××,×年×月×日。"一式两份,一份贴祠堂,一份贴家中正厅,以便让祖宗及同族人知晓。新生女孩则无此礼节。晋中一带的人家此时要在产婴处进行供献祭祀,家人要邀请同族长辈和孩子的外祖家来吃油炸糕和豆面条。

---

① 参见温幸、薛麦喜主编:《山西民俗》,山西人民出版社1991年版,第7页。
② 参见陈允金:《浙江义乌山区生养习俗与禁忌》,载上海民间文艺家协会编《中国民间文化》第7集,1992年。

此外,还有敬神活动,特别是谢"送子娘娘"。在山西各地,祭献的物品中除了面桃、面石榴外,还要用一整张红纸给"送子娘娘"剪许多双鞋,以慰问她往来奔波给人们送子的辛劳。同时还要糊一个针线包和针线笸箩,以便于"送子娘娘"缝连补绽。这些纸糊的鞋子、针线包和针线笸箩,在去娘娘庙祭献时都要烧掉,唯独留下一把纸糊的锁子,意思是把婴儿锁住。①

（六）坐月子

"坐月子"期间,产妇在饮食上有许多讲究。北方人认为小米养人,要求产妇喝一个月"清得照见人影"的稀米汤。有条件的家庭尽量让产妇吃各种下奶的滋补食品,穷人家供产妇吃的鸡蛋也很有限。南方客家人的产妇吃得比较好,家里在月子期间勉力供应"姜酒鸡"（自酿糯米陈酒与炸姜和鸡慢炖而成）,使产妇很快恢复身体,乳汁充足。各地都要求产妇吃淡,只放极少的盐。在一些地方,产妇忌食辛辣调料,怕的是把奶水"逼回去"。

月子期间,各地都有"忌门"的习俗。据说,忌生人是为了防止生人冲克,忌孕妇是为了防止带走产妇的奶水。进产房忌带铜器、铁器等金属器件,是因为它们会带来刀箭之灾,使婴儿早夭。自家亲人也忌讳晚归,晚归会带进野鬼;见过陌生人,回家后要以清水洗脸方可入产房。因此各地都有在产房门上挂门标的习俗,以示外人知晓。有的用红布条交叉成十字,中间缝一"嘉庆通宝"铜钱;有的在窗台上放一炭块,生男竖放,生女横放;有的把稻草秆插在门上,生男二,生女一;有的在门口贴"喜贴",生男孩贴用红纸剪成的两个葫芦,生女孩则贴二寸见方的红纸。形形色色的"门标",既可以提示外人避免进入产房,又可以作为一种符咒和象征,在民间信仰中又被赋予驱邪避恶、防止婴儿生病夭折的功用。

（七）满月

婴儿满月之日要举办"满月酒"。届时,外婆和亲友纷纷携礼品前来祝福,看望小孩,主人大办酒席招待。来祝贺的亲友要携带各种礼物,除食物外,大抵为小儿衣服、鞋、帽,贵重一些的有银饰品,如银锁、银项圈、银镯子一类。陕西做满月还有个特殊风俗叫"挂红",即在这一天内谁都可以给爷爷、婆婆脸上抹红或涂黑,宾主、老少均可任意开玩笑闹福喜。做满月还必须吃红蛋,酒席上要有红肉,卧室要挂红门帘,取意"满堂红"。山西一些地方做满月时,姑姑、姨姨要给孩子做狮虎帽、狮虎鞋、蒸面老虎、面狮子。民间迷信认为狮虎能驱辟邪恶,穿戴上狮虎鞋帽,吃上面狮虎,就能使孩子逢凶化吉,遇难呈祥。

---

① 见温幸、薛麦喜主编:《山西民俗》,山西人民出版社1991年版,第8页。

满月这天,产妇和婴儿在早上离开产房,一些地方称为"出臊窝"。在陕西,"出臊窝"时小两口早起出门,在路上碰见的第一个人,就是"福喜",便要把孩子寄认给这个人,是男的认作干爹,是女的认作干娘,这就叫撞干亲①。婴儿满月要剃胎发,剃头之后,剃头匠双手各拿一枚红鸡蛋在婴儿头上滚动,叫"滚头",一边滚一边祝福。这些满月的仪式完成后,产妇就可以和婴儿一起被接回娘家小住,一些地方称为"出窝"。这一程式标志产妇告别产房,从生产期间转为正常期间。

三、生日礼俗

生日庆贺仪式是对诞辰的纪念。在近世民间,不同年龄的生日仪式立意不同,主办人不同。生日年年有,但是,庆贺活动只选定在周岁、十岁、女三十岁、男四十岁、六十岁及以后的每一个十年(整生)。周岁和十岁由父祖为孩子主办,庆贺孩子克服了婴幼儿的危险(十岁可能是过"童关"的标志),并祝愿孩子健康成长。妇女三十岁由夫家主办,由娘家主贺,其背景是妇女在婆家十多年,已经通过生育奠定了地位,其庆贺仪式代表着对这一地位的承认。男子四十岁已经是祖父,亲友为他举行的庆贺仪式标志着他进入受尊敬的辈分。儿、媳、女、婿为老人做六十岁和以后的整生(通称做寿),对后辈来说是为老人祝寿,对老人来说是儿孙满堂,向家族和社会有交代的标志。做周岁、做寿是各地通行的,庆贺十岁、女三十岁、男四十岁的习俗只流行于部分地区。

孩子周岁时要办"周岁酒",称为"做周岁"。前来祝贺的亲戚是为孩子免除三灾六病,祝愿孩子健康成长。亲戚在这天所送的"百宝衣"、"虎头鞋"和"老虎枕头"、花馍、银锁、项圈等都围绕着这个主题。有的姑、姨或外婆要用从街坊邻里各家讨来的一块块布角拼成五颜六色的"百宝衣"送给幼儿以保平安。有的为孩子做"虎头鞋",这种虎头鞋用黄布缝成,鞋头绣虎头,虎头额顶绣一"王"字。民间以虎为百兽之王,认为孩子穿上虎头鞋,就可以壮胆、辟邪,长命百岁。有的给孩子制作其他象形衣帽,一般男孩衣帽用麒麟、老虎、狮子等兽形,女孩衣帽用鱼蚍、莲花八宝等花形,取繁衍兴盛、易养好活之意。这些衣帽鞋子一直要穿到三四岁。有的地方流行送花馍,上面的兽形和花形同样是驱邪求吉祥的用意。有的在这天给孩子套上银锁、项圈,贫穷人家只能代之以线做成的锁。

周岁时有一项预测小孩志向和心性的仪式,称为"抓周"。先为小孩沐浴,

---

① 见王世雄、黄卫平:《黄土风情录》,陕西人民教育出版社1991年版,第125页。

着新衣。然后陈列各种玩具和生活用具,诸如文房四宝、道释经卷、珍宝玩物、升斗戥子、彩缎花朵、秤尺刀剪,又如鞭子、食物等。这些物品皆各有喻义。最后将小孩置于其中,任其抓取,从他(她)抓取的物品,预测其将来的志向和前途。先抓书,预示长大为文;先抓鞭子,预示将来务农;先抓食物,预示一生好吃懒做;如此等等。

在中国,南北朝时期开始出现做生日的习俗,而"唐人作生日之风渐盛",上流社会在生日开筵请客、演戏赋诗、赠物祝寿成为风习。至明清时期,做生日尤其是为老人做寿极其盛行。在做寿风气盛行的氛围中,为官吏做寿也大行于世,甚至一些贪官污吏乘机搜刮钱财。据说"长吏生日,献物称寿,其风始于两宋",明清时更甚。①

民间老人做寿,由儿女出面请亲友赴宴。没有自己出面给自己做寿的。如果老两口都在,不论他们是否同庚,为其中一人做寿实际是为两人做寿,送礼也就应送双份。出嫁的女儿的贺礼最重,大多要肩挑盒抬,有的还要用仪仗送来;其他亲朋好友也各有表示。贺礼主要有寿匾、寿幛、寿联、寿面以及衣料、酒、糕点、桃、烛等。女儿往往要亲手为父母做寿鞋。

庆寿之家设寿堂,用金纸或绸布剪一个大"寿"字贴在正堂上;挂上"福如东海,寿比南山"字样的寿幛;梁柱之上贴有对联和贺词,诸如"寿域宏开松显劲,春堂众庆鹤含欢","萱草凌霜翠,灵芝悒露香"(女用),"星辉南极"(男用)、"瑶池桃熟"(女用)、"椿萱并茂"(祝男女双寿用)等等。

寿诞前一晚,寿者与家人团聚在堂屋中,红烛高烧,食寿面(挂面)。挂面面条长,以其喻长寿,是谓"寿面"。当晚儿女行"暖寿"礼,即由寿老的女儿、女婿设宴庆贺,全家在寿堂行礼。如有来宾,行礼时由寿星子女排列一旁代为答礼。寿日这天,在摆上茶点以后,寿者整肃衣冠,敬拜祖先,再接受子女等晚辈揖拜,随后大摆酒席酬谢客人,富贵之家还会请来戏班在家中唱戏祝贺。一些人家还有"上匾"之举,即在寿日这天,由10余人将黑底金字的寿匾抬入,鼓乐交作,鞭炮齐鸣,安之于中堂正梁上,寿者子孙及众亲友向之揖拜。宴后客人返回,主家要因地制宜送些食物,以作回礼。

此外,许多地方有在本命年"扎红"的习俗。无论大人、小孩,凡在本人属相年内,特别是生日那天"扎红",小孩一般讲究穿红背心、红裤衩,大人多扎红腰带或穿红色内衣裤,以此祛除邪恶,祈求吉利。

---

① 见瞿宣颖:《中国社会史丛钞》(下),上海书店1985年影印本,第744、740页。

第二节 成年礼俗

中国上古社会标准的成年仪式是男冠女笄,即男孩成年行冠礼,女孩成年行笄礼。这种标准的成年仪式主要通行于上层社会,是关于孩童时代结束(时点)的标志,并不涉及孩童时代这一过程(时段)。近世民间的成年礼俗与上古的标准仪式大不相同。虽然部分沿袭了上古仪式的因素,但在总体上已经对上古仪式进行了创造性的变通。与上古社会的仪式相比,近世民间的成年礼俗有两个突出的特点:其一,近世民间的成年礼俗没有一个标准的模式,它所呈现的丰富的变异是与中国的地方文化的多样性相应的。其二,近世民间的成年礼俗不仅是为孩童时代的结束(时点)设计的,而且关注孩童时代的整个成长过程(时段)。例如,在一些地方,舅舅每年要给外甥送灯,直到为外甥举行标志成年的完灯仪式;有的地方,人们给孩童佩戴饰物(如长命锁),等到举行成年仪式时才取下饰物;在另一些地方,家长让孩童记名"出家",在长大成人的时候再举行"还俗"仪式;如此等等。

从成长过程到成年,各地的文化设计既体现着类似的架构,又都具有自己的特色。这种文化设计存在于各地,并且体现着类似的架构,与官方制度是对应的,因此在一定意义上被视为一种普遍的礼制;同时,这种文化设计表现出丰富的地方特色,可谓因地成俗,超出了标准化、制度化的礼,因此在另一种意义上被视为习俗。正是为了涵盖礼与俗这两个方面,我们采用了"成年礼俗"的概念。又因为近世民间的成年礼俗是孩童时代的成长过程与结束的统一,兼顾成长的过程与成长的完成,所以我们从"成长的习俗"和"成年仪式"两个方面来分述成年礼俗。

一、成长的习俗

成长的习俗以保障孩子健康成长为主旨,呈现出丰富多彩的内容,不同地区有不同的偏好,不同人家有不同的取舍,其中比较常见的习俗有取小名、戴饰物、拜干亲、记名出家、送灯等五种。

(一) 取小名

在近世民间,男子通行双名制,即成年前用小名,成年时启用大名。小名又称奶名、乳名,小名的这种阶段性使一般人家在为婴儿取小名时趋向一个思路:好养。又因为民间认为人名越贱越好养,大多为孩子的小名选用文化上卑贱的事物,所以小名又通称贱名。女子的小名通常也是阶段性的,一般只限于在娘家使用。女子在婆家或者被称以姓氏,或者被呼以族内的亲属称谓。

民间取小名有自己的指导思想。男子的小名大多具有贱、土、俗、丑等卑贱的属性,主要的原则是怎样好养就怎样取名。例如,民间有"丑孩鬼不要"的观念,于是许多孩子的小名用石头、碾子、柱子、铁蛋(都有结实的属性),用狗、鸡屎、粪草、癞子(都与脏相连,受人嫌弃);民间有"女孩命大"的观念,于是许多男孩的小名用丫头、丑丫、妮子、留妮等。许多人家给长子取了这类小名后,又生下几个儿子,兄弟们分别被称作大柱、二柱……大狗、二狗……大丫、二丫……

民间取小名有一些约定俗成的程序。例一,"碰(闯、撞)姓得名":在河南郑州周围,做父亲的在孩子出生后的第一个早晨出门,首先碰见谁,就请谁给孩子取名。该人说什么,孩子的小名就是什么。碰姓起名最好是撞见姓刘(谐"留")的、姓程(谐"成")的,撞见姓王(谐"亡")的就不吉利[①]。例二,从"卡"、"扣"、"锁"的仪式得名:在江苏海州,孩子出生后用铁锅罩一下,俗称"卡",孩子的小名就叫"锅卡"、"卡住"、"铁成"、"铁蛋"等;孩子出生后,人们把红头绳的一端扣在其脖子上,把另一端系在床腿上,孩子的小名因此叫"扣儿"、"扣成"、"扣住"等;孩子出生后,人们把锁在他的脖子上挂一下,这些孩子就被呼为"长锁"、"锁成"、"锁住"等。[②]

(二) 戴饰物

民间为孩童保生,在服饰上多有用心,除了在童鞋、围嘴上用虎形饰物驱邪之外,最普遍的习俗是给孩子戴项圈和锁,到为孩子举办成年仪式时才取掉。佩带项圈和锁的基本用意是把孩子的生命圈住、套住、锁住,不让鬼神引走或夺走。

项圈多为银质,因为民间重男轻女,一般人家都为男孩置办。项圈在一些地方称为"狗圈",据说是因为项圈如狗脖子上的套环。民间认为狗命贱,小儿戴上"狗圈"可以获得狗一样的生命力,不会被偷生娘娘弄走。

小孩保生的锁通称为"长命锁",有银锁、铜锁、铁锁、线锁之分。人们把长命锁戴在孩子脖子上,表示根基永固,吉祥长命。古典的长命锁多为银制,一般正面镌刻着"长命富贵"、"长命百岁"等字样;背面镌刻着麒麟图案,也有镌刻"龙"、"虎"、"寿"等字样的。有的孩子所戴的铜锁是乞百家铜钱打成的;有的

[①] 见邵文杰总纂、刘永立主编:《河南省志》第十卷《民俗志》,河南人民出版社1995年版,第278页。

[②] 见刘兆元:《海州民俗志》,江苏文艺出版社1991年版,第6页。

铁锁是用破旧棺木上废弃的铁钉打成的,据说这样做成的锁对驱恶辟邪有特效。金属锁通常都是戴到十二岁时除去。用红线或五色线结成辫挽成锁状即为线锁,或者只戴一次,一年加个结,十二岁时除去;或者每年在孩子的生日、春节换一个线锁,直到孩子十二岁。

（三）拜干亲

民间认为个人的寿命、前程植根于血缘。在有些人家,如果父母与子女的命相不合,或者血缘的福荫被认为不足以庇护子女,人们就通过拜干亲的拟血缘关系获得另外的福荫。拜干亲在各地有多种说法,如寄宝、认义、寄拜干爷、认保保、拜保爷、认干爹（爸）、认干娘（妈）等,大致可以分为拜人与拜神或神物两类。

近世各地都流行拜干亲的习俗,其中体弱多病的孩子或者独生子拜干亲的尤其普遍。普通的寄拜程序是:小儿由父母带领,携带礼品到受拜之家,先让小儿以子孙礼祭拜其祖先,然后以父母礼向干爹干妈行礼。干爹干妈则赠以衣服等礼品,并为他取名,作为自己家中的子弟。在一些地方,干爹干妈回赠的东西必有碗筷,有钱人家送银碗银筷,普通人家送木碗,瓷碗决不能用,因为怕小孩失手打碎而不吉。小孩用干爹干妈给的碗筷吃饭,意为是他家的孩子,吃他家的饭,并借他家的福分健康成长[①]。以后逢年过节,本家都按例给干爹干妈送节礼、年礼。寄拜的对象一般为命相好的夫妻、多子女的夫妻或在地方上有势力、有威望的人家。此外,有些地方还时兴认残疾人为干爹干妈,取其已经代人受难,可保孩子平安健康;有的认为乞丐命最大,八字最硬,便把子女寄拜在乞丐名下。还有的在一定的时候按一定的程序撞见谁就把孩子寄拜给谁,如把孩子寄拜给满月出门首先遇见的人,又如把孩子寄拜给在路上、庙前、桥头等到的第一个人。在一些地方,民间认为小孩在十五六岁前有阎王关、五鬼关、白虎关、天狗关、雷公关、百日关、落井关、水火关、短命关等关煞。为了度过关煞,父母带上小孩来到算命先生选定的地段（如桥头）,备上酒菜、香烛和竹制弓箭等候。当看到第一个人时,即上前拦着,说明小孩犯有"关煞",请示射箭去关煞。随后向来人敬酒菜,小孩行跪拜礼,该人给小孩子取名,并赠送钱物,礼毕各自分手,也有的以后认作亲戚来往。

有的人家把孩子寄拜给神或神物,如神鬼及某些动植物乃至无生命物（如拜大树为干爷,拜岩石为干爹）。江苏吴县人为小孩拜认神佛为寄父时,父母进庙烧香,将一装有小孩年庚的红布袋（俗名过寄袋）悬于神佛橱上;寺僧为小孩

[①] 见郭立诚:《中国生育礼俗考》,文史出版社1979年版,第172—184页。

取名,譬如神佛姓金,即名金生、金寿等。此后每年年终,寺僧要给小孩送年夜饭,三年始毕;父母则常率小孩至庙拈香,呼神如寄爷①。笔者1994年在广东梅县看到,小孩被寄拜给关公庙,就称为"关保"等名;被寄拜给娘娘庙,就称为"娘保"等名。

（四）记名出家

明清以来,各地流行让孩子在神或僧道前"记名"（或曰"寄名"）为弟子,但不剃度出家。在华北,这种寄名僧称为跳墙和尚。民间认为既然是神或僧道的弟子,自然会得到他们的保佑,长命平安。其方法大致是家里人将小孩带到庙中焚香祷告,求和尚为之起僧名,僧衣则穿与不穿均可。此后便算名义上出家。等长到十二岁时,再择吉日举行还俗仪式。有的人家给小孩取一个法名,将法名写在纸上和婴儿的一些头发一道装在小布袋里,送佛寺寄存,表示这小孩是佛门弟子了。等到小孩成人之后,再请人做法事把布袋取回来,表示他已还俗了。

（五）送灯

一些地方,做舅舅的有每年正月给外甥送灯以祝愿孩子顺利长大成人的习俗。在陕西,从正月初五到正月十二日是传统的娘舅给外甥送灯的日子,从孩子出生一直送到年满十二岁。送灯的第二年和以后各年,均称作添灯或添烛火。送灯讲究连续性,在十二年中不能有空缺,若空缺叫"空灯",这会对舅家不利,因为只有舅家断后无人才不给送灯。外甥长到十二岁,要举行"完灯"的成年仪式。②

成长的习俗还有很多,我们在此简述若干例子。有的地方小孩子过两岁以后的生日叫爬门槛,父母要给煮鸡蛋、长面条吃,以祈孩子平平安安爬过一道道门槛,长大成人。有些地方为防止男孩特别是独子夭折,每次理发时都要特意在脑袋后头留一撮头发,称为"百岁毛"或"后扯辫",孩子才容易被扯住。民间认为,小孩乳牙脱落,上牙要投在房顶上,下牙要投在地下,再生的牙才会齐整稳固;讨百家布给孩子做百家衣,讨百家米给孩子做百家饭,可以为子女免灾消祸。最后一类习俗可能是前述寄养托福的变通形式。

二、成年仪式

中国古代的成年仪式是男冠女笄。据《仪礼·士冠礼》记载,较为完备的冠

---

① 胡朴安:《中华全国风俗志》下篇卷三,第72—73页。
② 王世雄、黄卫平:《黄土风情录》,陕西人民教育出版社1991年版,第131页。

礼有一套复杂的程序,其要点是:先期择吉日,择嘉宾(冠礼的主持人);事前遍告亲戚,布置场所和用品;当日众亲戚前来参礼,主持人给当事人三次加冠,初加缁布冠,二加皮弁,三加爵弁,再为他取字;冠者拜见尊长和众人。文献对先秦笄礼的记叙比较简略,《仪礼·士昏礼》中提到了仪式的三个要点:用簪子盘起头发,用酒行礼,取字。朱子《家礼》设计的笄礼的要点是:女子许嫁,有母亲主办笄礼,届时在厅堂布置妥当,由选定的主持人为女子加笄、取字,最后笄者祭拜祠堂,礼拜尊长。

男冠女笄的年龄在士阶层是男子二十岁时、女子十五岁前后许嫁时。《礼记·曲礼上》说:"人生十年曰幼,学;二十曰弱,冠。""女子许嫁,笄而字",大约在什么年龄呢?《礼记·内则》说,女子"十有五岁而笄"。历代不同阶层的子女行成年礼的年龄是不同的。先秦国君的冠礼可以在十五岁以前,《左传·襄公九年》记曰:"国君十五而生子,冠而生,礼也。"有研究说明,先秦至汉代,人君之冠较早的在十二岁,较迟的在二十二岁[①]。孔颖达疏解释《礼记》"二十弱冠"时说,唐代庶人及士之子二十弱冠,卿大夫十五以上则冠,天子、诸侯和天子之子十二而冠。

古典的冠礼并不流行于近世,实际上此前早就衰落了。南京《首都志》(南京正中书局,民国二十四年版)概略地说:"南朝重冠,王侯士庶莫不兢兢于三加之典。唐始废冠礼。宋元亦无行之者。明兴,定皇太子、皇子、品官至庶人之冠礼,然留都宦庶力能行之者其少,多沿俗草率行礼而已。清代以后,此礼遂废。"冠礼的历史兴衰大抵如此,近世只是在极少数地方仍有遗存,如广东《饶平县志》(光绪九年增刻本)记曰:"饶俗,其始冠亦卜日召宾,择具庆子弟为冠者栉发,又推德望著者为之字,冠者皆拜谢之。其有先施贺礼者,遍拜谢之。虽曰从俗,亦不失古意也。女子许嫁,笄而字,仪如男子。"这里基本上保持着冠礼和笄礼的架构。不过,这种情形在近世毕竟是罕见的。近世各省的县志大多不见冠礼,少数县志提到冠礼,通常都说"冠礼久废"。

冠礼和笄礼在整体上衰落了,但是它们的一些要素,如冠礼的取字和笄礼的上头,被整合到民间婚姻礼俗中去了。冠礼的取字是赋予告别孩童的男子以新的社会符号的仪式,它与近世的婚姻礼俗合流自有其内在的逻辑。结婚是成年的标志,在许多地方被代称为"做大人";按照古礼,先行冠礼,再行婚礼,所以各地通行在婚礼前的准备期为新郎取字的习俗。福建《长乐县志》(民国六年修纂)记曰:"男子无论年之大小,必于授室日榜其堂曰,'某(其父字)儿男某加

---

① 见陈戍国:《秦汉礼制研究》,湖南教育出版社1993年版,第237页。

冠,表字曰某某'。"笔者在湖北看到的习俗是:在结婚正日子前一天,新郎的大名书于红纸,贴在堂屋一侧。给新郎取大名时应有祝福的吉语,如"龙门命字,雅号流传,美盈楚国,芳溢中原"。顽皮的孩童转换为肩负责任的男子汉,新的符号对于这一转换至关重要。笄礼本是在女子到了许嫁的年龄举行的,民间把其中的上头改发的仪式挪到上花轿前进行。上头是把少女转变为妇女的社会形象。

　　古典的冠礼衰落了,并不等于成年仪式消亡了。在近世民间,成年仪式一直以其他形式的习俗盛行,其中重要的有开锁、还愿、还俗、完灯、理发等,正是它们取代了冠礼作为成年仪式的地位,这些习俗一般在孩子十二岁时举行。十二岁曾经是天子诸侯加冠的年龄,加上民间流行早婚,十二在古代文化里是一个整数(地支一轮,三十六、七十二都是它的倍数),所以为民间所偏好。

　　(一) 开锁

　　戴锁长大的孩子在十二岁时举行除锁仪式,以示成人。仪式通常由所拜干亲主持。在山西忻州河曲一带,孩子在十二岁生日那天把 11 年来攒下的 22 条红线锁一齐挂在脖子上,然后再在脖子上挂一把旧式铜锁,由干爹、干妈象征性地用铜钥匙打开。[①] 安徽寿春人认干爷要认八人,八人共同醵金为干儿或干女制锁加其颈上,曰锁关;十二岁后复由八人为之除去,曰开关。[②]

　　(二) 还愿

　　在孩子成长时期曾许愿求神佛保佑的人家在孩子十二岁时要举行感谢神佛庇护终于成人的还愿仪式。还愿在孩子的十二岁生日进行,这一天家里往往要张灯结彩,欢宴亲友,同时备办丰盛的祭品,带领孩子前往许愿的神庙(如娘娘庙、关公庙或后土庙)祭祀献供。有钱人家甚至还要唱几天戏。

　　(三) 还俗

　　曾经让孩子记名出家的人家在孩子长到十二岁时,择吉日举行还俗仪式。民间认为,将小孩寄名神佛、寺庙,自然能得到神佛佑护赐福,可使小孩容易成活。在华北,这种寄名僧称为跳墙和尚。等孩子长到十二岁时,家里择吉日举行还俗仪式,俗称跳墙。届时父母率小孩向庙神焚香祷祝;小孩用毛帚、簸箕扫香案及地下,并由剃头匠为之留发,然后立于一条板凳之上,两手各执老铜钱四枚;旁观之人喊声"赶和尚",小孩便将钱向后撒去,跳下板凳,头也不回地一直

[①] 温幸、薛麦喜主编:《山西民俗》,山西人民出版社 1991 年版,第 11 页。
[②] 胡朴安:《中华全国风俗志》下篇卷五,第 34—35 页。

跑至家中。此后,他换名改装,不再为寄名僧。①

(四)完灯

舅舅在外甥十二岁时为他送最后一次灯,并举行仪式标志成年。完灯时舅舅要送"玻璃灯"一盏(后以手电筒代替),给外甥照前程,还要送老虎面花馍、学习用品等,其他亲戚也要送礼品如衣帽鞋物。孩子的父母要备糖果招待来祝贺完灯的亲戚,然后摆"十全席",请来宾赴宴,共贺"完灯"。若孩子生下后打银项圈、锁等套脖子上辟邪的,到"完灯"时除去。求神许愿过的,到完灯时要敬神谢神。②

(五)理发

为了让小男孩好养,一些人家把小孩脑袋后边留下一撮头发不剃,俗称"百岁毛"之类。一撮毛越长越长,干脆就梳成一根小辫子。直到孩子满十二岁时才剪掉,成为大人的样子。

第三节 婚姻礼俗

婚姻礼仪是个人合法进入社会再生产的程序,作为一项重要的通过仪式,婚姻以及婚姻礼仪是普遍存在的,但是,婚姻礼仪的内容及其形式上的繁简却表现出鲜明的民族差异。在前现代时期,中国人称婚姻为"终身大事",可以说婚姻在平民百姓生活中的重要性是排在第一位的。传统的中国社会以家庭为基本单位,而家庭纵向的传宗接代和横向的扩大势力都是依赖婚姻而实现的,因此,婚姻是中国人纵横交错的社会网络的连接点,历来备受重视。《礼记·昏义》对此早就有明确的论断:"昏礼者,将合二姓之好,上以事宗庙而下以继后世也,故君子重之。"中国人重视婚姻,并在千百年的时间里发展出了丰富的婚姻礼仪和习俗。

中国古典的婚姻礼仪是所谓"六礼",即纳采、问名、纳吉、纳征、请期、亲迎。我们综合《仪礼·士昏礼》和《礼记·昏义》及其注疏的解释,对"六礼"的基本内容略作说明。纳采是"采择之礼",男家有意,请媒妁代为转达;女家同意后,收纳男家送来议婚的雁。问名是男家打听女子之名和生辰的程序,仍以雁为礼。问名是为了纳吉的需要。纳吉是用占卜的方法确定这门婚姻是否吉祥并把结果通知女家的程序。纳征是交纳聘礼定婚的程序,《礼记·昏义》疏:"纳征

---

① 见胡朴安:《中华全国风俗志》下篇卷一,第82页。
② 王世雄、黄卫平:《黄土风情录》,陕西人民教育出版社1991年版,第131页。

者,纳聘财也。征,成也,先纳聘财而后婚成。"请期是男家卜得娶亲吉日后请求女家同意的程序。亲迎是新郎亲自去女家迎娶新娘的程序。新郎秉承父命去女家,主人迎于门外;新郎一拜登堂,再拜于庙奠雁;然后送新娘登车,自己先到自家门口迎进新娘,夫妻共吃一种食物,同饮一个酒杯。"六礼"之后,另有成妇礼,即次日清晨拜见公公婆婆。

汉唐婚姻礼制沿用"六礼"的说法,但实际上与"六礼"有相当大的距离。宋代婚姻礼制发生了明显的变化,北宋《政和五礼新仪》将"六礼"合并为四礼,《宋史·礼志》中载"并问名于纳采,并请期于纳成";南宋朱熹《家礼》进一步把"六礼"简化为三礼,"自议婚而下,首曰纳采,问名附焉;次曰纳币,请期附焉;次曰亲迎"。朱熹《家礼》在后世产生了广泛的影响。明代规定品官之家按"六礼"而行,民间按《家礼》而行;到嘉靖年间,士庶普遍依从《家礼》。

民间的婚姻仪式包含着官方礼制的影响,也呈现出丰富多样的民间习俗,所以我们称之为"婚姻礼俗"。对于近世民间的婚姻礼俗,我们将分为定婚礼俗、结婚礼俗、回门习俗等三个方面来介绍。

一、定婚礼俗

婚前都有一个复杂的沟通过程,现代的沟通过程是男女当事人的恋爱,而传统的沟通过程是男女两家以媒人为中介的议婚、订婚程序。

古典的礼制规定男三十而娶,女二十而嫁,可是民间历来有早婚的习俗。近世民间普遍以十二岁为成年,也有的以十五六岁为成年,民间的成年也就是谈婚论嫁的时机。近世民间以六至十二岁订婚的多,以十五岁左右(十二岁至十八岁)结婚的多,以女大于男的多。30年代河北定县调查显示,男子的结婚年龄普通是十三岁至十五岁,有早至十岁左右者,有迟至三十岁者。富家多早婚,贫家多晚婚。女子的结婚年龄普遍都比男子高,十五岁至十八岁的最多,有早至十三岁的,少有超过二十岁的。家里贫寒的,有五六岁就送出做童养媳的。世交之家还有指腹订婚的:两个都怀孩子的人家约定,若是一男一女,就结为亲家;若都是男孩,就结成兄弟;若都是女孩,就结成姊妹。大多数人家妻子比丈夫年长,妻子大三四岁是很平常的,也有大到七八岁的。也有一些地方流行男大女小,不喜欢妻子比丈夫岁数大。[①]

传统婚姻绝对不能缺少媒人,所谓"无媒不成婚"。人们又把标准的婚姻归

[①] 见李景汉:《定县社会概况调查》,中华平民教育促进会1933年,第379页;刘兆元:《海州民俗志》,江苏文艺出版社1991年版,第26页。下引海州的例子不另加注。

纳为"明媒正娶"。即使是两家指腹为婚,后来也得有形式上的媒人。媒人有擅长此道的媒婆和热心的邻里亲友之分,前者是一些腿勤嘴巧的妇女,她们消息灵通,主动串东家走西家为人牵线搭桥,事成之后可得丰厚的谢礼;后者是那些在两家都说得上话的人或地方上有面子的人,属于一时充任,或者出于主动,或者受人所托。媒人在两家之间介绍情况,传递消息,仲裁并平息争议(如经常发生的关于礼物、彩礼的争议),还要肩负担保的责任。因此,做媒人又称"保媒",男女两家在媒婆之外要另请一两位亲友或地方上有面子的人做正式媒人,俗称"大媒人"。

议婚大致要经过提亲、合婚、相亲等程序。议婚初始,一般是由男方家长委托媒人或托靠亲友、邻里前往女方家中传达结亲的意愿,俗称"提亲"。

如果女家有意结亲,男家便再次托人或由媒人到女家取来写有女方名字和出生日期的庚帖,以便请阴阳先生"掐八字",审看男女双方的命相是否相合,谓之"合婚"。广东顺德人的做法是:先"把年庚"(俗称问时辰八字),即女家用红纸写上女出生年、月、日、时辰,托媒人送往男家。男家即将红纸放在祖先神台前,三至五天内家里若无异常,便将女庚与男庚交算命先生推算"八字"(指出生的年、月、日、时辰的干支)是否相配,随后将男庚托媒人交与女家,再推算一次,如彼此相合,再相亲、订婚。① 民间一般认为,男女生肖犯"对冲"的不宜婚配。各地的推论方法不尽相同,冲与克的组合也就因地而异。至于两人的八字用五行来计算的相生或相克,因为比较复杂,非要求助专业性的算命先生不可。

在具备订婚条件的情况下,男女两家还要"相亲",又叫"相门户"、"看屋里",即男女两家约定时间见面。"相亲"有考察家境和看人两项内容。较早是由媒人带女方家长到男家相看,核实媒人的介绍是否可靠。男家免不了要装潢一下门面,有的要借一些东西来摆一摆。后来包办婚姻大打折扣,父母不能不考虑男女双方当事人的意见,"相亲"主要是男女双方当事人由媒人安排见面,互相窥视对方的形貌举止(所谓"对相")。于是,有的相亲安排在家里见面,有的则安排在公众场合(如庙会、社火、亲友家办婚事)见面。

正式的订婚要写婚约,俗称"传柬子"、"传帖子"、"传大启"、"换大帖",又称"许亲"、"定亲"等。柬或帖在近现代通常是折成六折的专用印刷品,上面印有喜庆图案,双方把婚约写在上面,通过媒人传给对方作为凭证。传递婚柬分两次,第一次叫"起柬",男方去柬向女家求婚,女家回柬同意;第二次叫"礼柬"

---

① 见庞秀声:《广东顺德的婚姻习俗》,载《民俗研究》1993年第1期,第27页。

或"大帖"、"大启"、"龙凤帖"（男方的帖子印有龙,女方的帖子印有凤）等,是正式的婚约。

两家传柬订婚要择吉日,分别邀请亲友参加,并设筵款待,称为吃"定亲饭"。传柬订婚的程序大致是:男家备酒席请来媒人和所有客人,酒席之后,媒人和当事人带着帖子去女家,通常还有人帮忙挑着或抬着礼盒。女家一场酒席之后写好回帖,由媒人传给男家。男家吃酒席的客人都要送礼,女家所有的客人则可以得到一份男家送来的礼物（湖北称为吃"则式",一份主要包括一斤多肉、一包糖或一斤酒以及一些果饼）。男家在这天除了送给女家客人的礼物,还要送给女方的父母、祖父母一份厚礼,送给女方衣料和金银首饰（戒指、耳环、手镯等物）,礼品的样数、件数一定要逢双。有的讲究礼物要凑足十件,表示"十全十美"。女家要给回礼,许多地方有回送男方文房四宝的习俗,如晋中一些地方回送文房四宝、扇子、荷包、裤带,其中裤带尤不可少,据说是隐喻"从今以后我把你拴住了",或者"我将为你侍奉巾栉,脱衣解带",所以,传柬订婚又称为"下茶"、"过大礼"。

二、结婚礼俗

结婚礼俗的复杂程序既是一系列实际的行动步骤,又是一组组象征符号的演示,其中贯穿的主旨是对美满婚姻的期盼。结婚礼俗的步骤大致可以划分为送日子、催妆与送嫁妆、布置新房与铺床、吃喜酒（坐"十弟兄"和"十姐妹"）、迎亲、拜天地、入洞房、坐正席、闹新房、成妇礼（认大小、敬公婆、拜祖）等十个方面,它们所包含的美满婚姻的内涵主要是夫妻恩爱,白头偕老;婆媳和睦;早生多生孩子,其中儿子大有出息（以中状元为代表）;一家生活富裕。此外,一些地方的女子在出嫁前有"哭嫁"的习俗。

（一）送日子

确定结婚的日子有一套手续,通常由男家选一吉日请媒人去女家讨取女方的生辰帖子（"开年庚"）,如果女家同意近期办婚事,就开出生辰帖子。男家据以请"算命先生"择定某月某日行礼大吉,某时上轿大吉,上下轿门、上头等宜向某方大吉,并算出迎亲、送亲之人在属相上的忌讳。吉日良辰一般选两个,一个在上半月,一个在下半月,以便女家选择一个,避开女方的月经期。吉祥的时间确定之后,男家用红纸书写,称"日辰吉章",又称"时书"、"喜书"、"婚书",送往女家。送日子的同时,还要送去双方事先商定的聘礼。婚书的内容可以举山东的例子:

1. 行嫁利月:兹择于本年×月×日,全吉。
2. 娶送男女客人,忌×相,大吉。
3. 上下车轿,面向×方迎喜神,大吉。
4. 安庐坐帐,宜用×屋×间。
5. 冠戴:面向×方迎贵神,大吉。坐帐:面向×方迎福神,大吉。
6. 路逢井、石、庙宇,用花红遮之,大吉。

天地氤氲,咸恒庆会,金玉满堂,长命富贵。①

(二) 催妆与送嫁妆

临近婚期,有的就在迎亲的前一天,各地都有催妆的习俗。"催妆"一般解释为催嫁妆。男家要向女家送催妆礼,或称"下催妆"、"下催妆衣"(山东)、"来回礼"(江苏)、"届礼"(湖北)等。有些礼物象征与女方的交换,如男方要送面粉和肉给女家,面粉叫"离娘面",肉叫"离娘肉"。礼物的一部分通常要退回男家,也被赋予了特殊的含义。在河北定县,迎娶的头一天,男家用白面蒸大包子24个,全猪半个,食盒子1个,里头盛面条、大米、干粉、咸盐等礼物一同用大车送到女家,谓之"催妆"。媒人也随着前去。礼物送到女家后,女家把猪留下一半,另一半带回男家;其他礼物都一一收下②。在江苏海州,催妆礼之中必有这四件:两包糕、一只公鸡、一对鲤鱼、一块肉。女家把糕和肉留下,俗说"冷肉换热肉";把公鸡和鲤鱼退回,俗说"公鸡两头跑,来年生小小","鲤鱼再回头,生儿跳龙门"。鲤鱼将陈设在新房内,嘴插绒花,寓意"荣华富贵,吉庆有余"③。婚礼中用鲤鱼或鲫鱼的地方很多,一些地方没有鱼或一些人家买不起鱼,就用一对木雕的鱼代替。

女家收了催妆礼,便要往男家送嫁妆。嫁妆有的由女家送去,有的由男家来接,或用车拉,或由人抬。送嫁妆的时间或在催妆的次日,或在婚期的先一天,也有的随新娘一起过门。不管怎样,女家都要派子弟押送,并有媒人陪送。在陕西婚俗中,有一个娘家弟弟随嫁妆一起送到婆家的习俗,叫作"押箱弟"。陪嫁时,这个押箱弟不能缺,而且必须有娘家这边找个聪明伶俐的孩子充当。这一风俗不只在于把嫁妆押送到而已,而且表示新娘过门也把新娘家族中生儿育女、家族兴旺的家风和能力带到夫家了。④

---

① 见山曼等:《山东民俗》,山东友谊书社1988年版,第183页。
② 见李景汉:《定县社会概况调查》,中华平民教育促进会1933年,第379页。
③ 见刘兆元:《海州民俗志》,江苏文艺出版社1991年版,第40页。
④ 王世雄、黄卫平:《黄土风情录》,陕西人民教育出版社1991年版,第142页。

陪嫁有多种档次,最差的如一箱一柜乃至一个包袱而已,好的拥有一个家庭所需要的一切基本器物,家常动产自不用说,甚至田产、侍婢都一应俱全。嫁妆的范围通常是厅房家具(桌椅箱柜之类)、日常生活用品(衣服、梳妆用具等)、床上用品(被褥等)、便溺洁具(马桶、脸盆等)、手工艺品(送给婆家每一个人的绣花鞋、荷包、兜肚等)。嫁妆都要贴上大红喜字或扎上红布。各地搭配嫁妆的细节包含着丰富的民俗。一般都有一对灯,俗称"长命灯"。有的讲究在枕头里装上筷子、核桃,鞋里放上麸子(谐"福")和盐(谐"缘"),被子四角缝上枣和花生。有的把马桶称为"金桶"、"子孙桶",外包红布,内装一把筷子、一些枣子、栗子、花生(必须是生的)。客家人一定要随嫁妆送去一只母鸡,俗称"子婆鸡"或"带路鸡"。最理想的是在新婚那天母鸡即开始下蛋。这一风俗的寓意是祝愿新婚夫妇如同这个"带路鸡",早生贵子。"子婆鸡"是不能杀的,任其自然死亡。

(三) 布置新房与铺床

新房要粉刷或裱糊一新,贴上许多吉祥图案的剪纸,如五福全寿(五个蝙蝠绕"寿"字)、蝴蝶戏牡丹、金鱼闹荷花、榴开百子、喜鹊闹梅、事事如意(一枝四柿)等。室内除了安置婚床,还要放一张桌子,准备供长寿灯、长寿烛,俗称"长寿(命)桌"。新房要挂一幅绣有吉祥图案的新门帘。

布置新房的重点是铺床。铺床一般在嫁妆送到后进行,也就是由所谓"全福人"("全面人")铺床叠被。有的地方必须是父母妻子儿女齐全的大伯或叔公,有的地方必须是父母双全、子女众多、丈夫尚在的妇女;有的由女家送嫁妆的人和男家的人一起动手,有的只是男家选的人动手。男方铺稻草;北方大多先铺高粱秸再铺豆秸、黄草或麦穰;用炕的人家则是扫炕。铺床、扫炕、叠被时都伴有吉祥话和象征仪式。山东人铺床时一问一答唱喜歌:"床上铺的是什么?""是豆秸,养活儿来做秀才。""床上铺的是什么?""是麦穰,一代一个状元郎。"在河北定县,主持人一边扫炕,一边说道:"这边扫,那边扫,姑娘小子满炕跑。"她放被褥的时候,又说道:"这边推,那边推,小子姑娘一大堆。"在江苏海州,主持人要在被子的四角和枕头的两头放入栗子、枣子、花生、桂圆各2枚,寓意早(枣)立(栗)子,男女花着生,儿子中状元。同时要放鞭炮,说喜话:"八个栗,八个枣,八个小小满床跑。四个去当官,四个去赶考。赶考中状元,当官坐花轿。"各地铺好床后,要在床上撒些莲子、花生、红枣、糖果等,让一些男女小孩

(一般要请兄弟姐妹多的小孩,避免叫单丁、独女)在床上抢吃,嬉闹玩耍。①

婚床铺好后不能空着。有的要由新郎的父亲或哥哥(新娘的公爹或大伯子)先住一宿,俗说"公爹压新房,儿女一大帮"。有的要由四个男童陪新郎睡,俗谓"压床",如果有小孩撒尿在床上,则是当年生贵子的好兆头。

(四)吃喜酒

在迎亲的正日子之前,男女两家的亲戚都要送礼贺喜,来吃喜酒。男家先要祭祖或"上喜坟"。有祠堂或祖公厅的人家在神主牌前设案摆供,有的人家要上坟摆供,点烛焚香烧红包袱(红纸包冥钱),磕头禀告祖宗,家中后代某人结婚,请先人喝喜酒,用喜钱,并请求保佑新郎新娘百事顺遂,早生贵子。在正日子前一天,男家张灯结彩,两扇大门分别贴"鸿"、"禧"两个大字或双喜,大门、厅堂、新房贴喜联。厅堂一侧的墙上用大红纸张贴新郎的"取字"。前来贺喜的亲友或者送喜帐(布料),或者送干礼(钱)。喜帐上有红纸的题款,例如,抬头写"××大人令郎花烛之喜",帐心写"天作之合"、"鸾凤和鸣"或"龙凤呈祥",落款写"××贺"。当天的酒席由新郎坐上首,所以有的地方称为"新郎酒"。又因为席间要有九位同辈男子陪新郎,所以有的地方称为"坐十弟兄"。

女家在出嫁前一天办酒席,也是女家在婚礼期间最隆重的酒席。亲友都来贺喜,送衣服、布料、妇女用品,称为"添(填、压)箱"或"添花粉"。有的给钱,称为"压柜钱"。有的在这天给女儿"上头"和"开脸",以此表示少女时代的结束。"上头",即改变头发式样,把辫子盘成发髻。"开脸"又叫"开面",即用细丝线绞去姑娘脸上的汗毛,并修细眉毛,剪齐鬓角。都要请一个"全福人"动手。女儿成为受重视的中心,被安顿在筵席的首位。因为需要九位同辈的女性陪席,所以宴席被称为"坐十姐妹"。

(五)迎亲

结婚俗称"完婚"、"成亲"、"做大人",男家称为"娶媳妇"、"儿子小登科",女家称为"嫁闺女"、"闺女出阁"等。迎娶新娘的方式有多种:一种是迎亲,由新郎亲自到女家迎娶新娘;一种是等亲,由新郎的兄弟或叔侄前往迎娶,而新郎在家坐候;还有一种是送亲,由女家把新娘送来。有的是直接从女家到男家,有的是先从女家到男家附近暂借的房子里等候,保证能够在良辰拜堂。其中,新郎直接迎亲比较常见、正规,我们就以之为例来叙述。

---

① 山曼等:《山东民俗》,山东友谊书社1988年版,第186页;刘兆元:《海州民俗志》,江苏文艺出版社1991年版,第39页;叶炳昌:《中国名城汉俗大观——广州篇》,中国友谊出版公司1993年版,第84页。

迎娶多用轿或轿车，也有坐船、骑驴、骑马、步行的。讲究的迎亲队伍使用各种仪仗，从前到后，有炮手、开道锣、开道旗、"肃静"和"回避"朱牌、宫灯金瓜、斧钺、朝天镫、龙虎旗、团扇、日罩……吹打鼓乐等。在浙江绍兴，轿前仪仗古今错杂，乐队、对锣、炮手外，有黄伞、宫扇、厅炉（炉沿置柴，系着红绳，由新娘家拿红绳系腰的炭交换），以及头灯（灯壳书男家的堂名和姓氏）、龙凤灯、宫灯、子孙灯、红纱灯、裤脚灯等，有的还把上代做过官的衔牌全数列入仪仗[①]。仪仗队伍少则二三十人，多的上百人。花轿一般为两乘，新郎、新娘一人一乘。有的地方称新郎轿为"官轿"，只称新娘轿为"花轿"。有的只有花轿，新郎骑马。去的时候，新娘之轿例不空行，有的放花糕、喜馍作为镇物；有的由一个小男孩坐着压轿，称为"压轿喜倌"、"压轿童子"等，轿内还要放一只大公鸡。在河北定县，两个彩轿之中，一个是红轿，一个是绿轿。新郎乘红轿到女家迎接新娘，回来时新郎换坐绿轿，新娘坐红轿。

新郎、新娘是中心，其装束在近世的典型式样是：新郎头戴宽边黑色礼帽，身穿马褂长袍，后来改为制服。新娘头戴凤冠，身穿蟒袍，腰扶玉带，宛似戏台上皇后娘娘的形象。后来改为红棉袄。在娶亲队伍中，陪伴新郎的人有娴熟礼仪的娶亲太太，有伴郎之类的男子。陪送新娘的有伴娘之类的妇女，有压箱或陪轿的小男孩，有舅、叔、兄、弟等送亲。

当迎亲队伍要到女家时，鞭炮齐鸣，唢呐声声，锣鼓震天。许多地方有拦门的习俗，新郎、伴郎和迎亲妇女必须以十分的耐性经过女家一群女亲戚的百般刁难，才能进门。花轿抬进女家，半截放进堂屋。有的地方新郎要送来双鹅或双鸭，要向女家祖先灵牌行礼。新娘参拜祖宗神位，拜辞父母，戴凤冠霞帔，红绸盖顶，由亲兄弟或舅舅背上轿去；或者坐在椅子上由家里人抬到轿前，再由迎亲妇女搀扶上轿。有的此时向门外泼一瓢水，俗语"嫁出去的女儿，泼出去的水"与此有关。一些地方要在新娘侄辈中选一名十二岁以下的儿童同坐花轿，俗称"坠轿"。一些地方为免新娘晕轿，要由父、兄先试坐。花轿抬起来走向男家，媒人要走在前面，花轿居中。有的地方，如果嫁妆随行，衣柜要抬在其他嫁妆之前，以示"早生贵子"。在河北定县，由两人骑马走在新娘轿前，叫作"顶马"；新娘的轿后系上一把铜壶，里边盛满水，轿一边走着，水一边滴着，叫作"长流水"，取男女两家亲戚往来不断的意思。新娘中途不能下轿。在过河、下坡歇息时，抬花轿和妆奁的还向送亲客讨喜钱。有些地方，花轿在中途则不能落地，

[①] 见观鱼：《回忆鲁迅房族和社会环境35年间（1902—1936）的演变》，人民文学出版社1959年版，第180页。

由轿夫轮换抬。

迎娶路线一般讲究走大回环,回时不走来时路。迎娶队伍要随带红毡或红布,除了供新娘上下轿踩踏外,路经寺庙、井台、石碾、石磨时,还要用来遮掩轿窗和新娘,意在防止鬼祟邪怪相扰。浙江绍兴的花轿队伍过桥必放铳,转弯必鸣锣,行走必奏乐①。路上行人、轿马见花轿走来,都主动让路,官轿迎面相遇,也得让路。听到前面另一家娶亲队伍的吹打声,两家都要想法绕开,万一两个嫁娶队伍遇到一起了,双方要互换东西,如"针线"(即新娘的女红),据说是为消灾。

当花轿抬到男家,鞭炮、锣鼓震天响。轿门向着喜神方向停下。此时各地有不同的驱邪仪式。有的让小孩拿火把绕轿三圈,谓之"燎轿"。有的由公公将一个筛子扣在轿顶上,谓之"天罗地网",以为这样可以收尽一切妖邪。四川人行"加车马"仪式:据说新娘出嫁,死了的祖宗也要来送。这时由厨师撒米、杀鸡来送走一切神灵。这种仪式在陕西称为"斩煞",念的又是一套词:"天地开张,四斤四两,×家的女子,配×家的儿郎。好男生五个,好女生一双(民间以五男二女为理想)……"②

新娘未出轿前,有的要由婆婆或伴娘为她搽点粉,名为"添胭粉"。随后新郎手捧古书,和接亲的人一起到轿前迎接新娘。新娘头上蒙红盖头,又叫"遮头红",手捧内盛米、谷等物的"宝壶",或者怀抱柳斗、桃枝、历书、秤或辐条、铜镜、铜锁、箭等镇物,被人扶出。此时各地都有向新娘身上、脚前抛撒五谷等物的习俗,分别称为"撒谷豆"、"撒草料"、"撒喜果"、"打五鬼"、"摔新人"、"撒盖头"、"撒喜钱"等。北方撒的东西有谷草秆、麸皮、瓜子、花生、核桃、栗子、铜钱等物,男方撒的东西有红枣、桂圆、瓜果等物。撒的人唱一句撒一把,河南人唱的是"一撒金,二撒银,三撒富贵满家门,四撒明年生贵人";湖北人唱的是"一撒独占鳌头,二撒和合二仙,三撒三元及第,四撒四季发财,五撒五子登科,六撒六和同春,七撒麒麟送子,八撒八仙过海,九撒九九长寿,十撒百年到头"③。一群小孩争抢落地的瓜果、铜钱。

新娘下轿,脚不能沾地。人们习惯在她脚前铺席子、红毡或麻袋。一般只

---

① 见观鱼:《回忆鲁迅房族和社会环境35年间(1902—1936)的演变》,人民文学出版社1959年版,第180页。

② 见孙旭军等编著:《四川民俗大观》,四川人民出版社1989年版,第182页;王世雄、黄卫平:《黄土风情录》,陕西人民教育出版社1991年版,第150页。

③ 见邵文杰总纂、刘永立主编:《河南省志》第十卷《民俗志》,河南人民出版社1995年版,第299页;冯桂林:《中国名城汉俗大观——武汉篇》,中国友谊出版公司1993年版,第78页。

用两只麻袋,一只走过,再移至前面,如此反复,这叫"传袋"(代),象征着新娘子进夫家后传宗接代。有的以红绫一条,让新郎、新娘各执一端,男前女后踩着红毡相随入门,俗称"牵红"。新娘脚不沾土的原则从新娘离家就开始了。民间认为"土能生万物,地可产黄金",新娘带走了土会带走娘家种庄稼的运气。女儿出嫁时,要在炕上换新鞋;有的地方是以红毡或红布铺地,女儿脱去脚上的旧鞋,进了轿再换新鞋。不管怎样出门,反正是脚不沾地。

许多地方还有让新娘在进门前跨马鞍、跨火盆的习俗。跨马鞍有求平安之意,跨火盆有驱邪、兆生活红火之意。

(六)拜天地(拜堂)

新娘下轿进门后,接着就要"拜天地",又称"拜堂"。拜天地的地方,有的在厅堂的洞房门前,有的在院子中。厅堂或院中都要设供桌,在厅堂的大多供天地君亲师的牌位、天地纸,有的在供桌后方摆祖宗神幔或牌位。在院中的因为面对天地,所以不必供天地牌位,在天地桌上设米斗。山东人的天地桌上放升、斗各一个,装满高粱,蒙上红纸,斗中插一杆秤,升内烧一束香,前面再竖一面铜镜。新郎、新娘就位后,由两位男宾唱导,行三跪九叩礼,参拜天地、祖宗和父母。然后女东男西,行夫妻对拜礼。河南人的米斗中插一柏枝,枝上缀铜钱,谓之"摇钱树";斗旁置一秤、一镜、一灯或一烛、织布机杼。

拜天地的对象,各地有所不同,有的是三拜,有的是四拜:"一拜天地"是各地一样的;有的"二拜祖宗",有的"二拜高堂";第三大多是"夫妻对拜",也有的因为"二拜祖宗"和"三拜父母",第四才是"夫妻对拜"。新郎、新娘所占的位置若以东西南北论,大多讲究女东男西;若以左右论,有的讲究男左女右,有的讲究男右女左。有的每一拜都是磕三个头,有的拜祖宗要磕四个头。夫妻对拜是作揖或鞠躬。拜天地从头到尾都是在司仪的引导下伴随着欢快、活泼的民间乐曲进行的。①

(七)入洞房

拜天地后,新郎一手拿"长命富贵灯",一手与新娘共携红绸缎,双双进入洞房。有的是孩童持灯前导。洞房门口贴喜联,窗户贴大红双喜字,屋内点大红花烛,通宵不灭,俗称"长命灯"。许多地方在洞房里摆着斗,斗内装有五谷、铜镜等镇物,用于照妖避邪。在一些地方,新郎入洞房后要手持弓箭向四面虚射,称为"撵白虎"。有的则把弓箭悬挂在墙上。民间认为,洞房易受邪魔侵扰,如

---

① 参见山曼等:《山东民俗》,山东友谊书社 1988 年版,第 195 页;邵文杰总纂、刘永立主编:《河南省志》第十卷《民俗志》,河南人民出版社 1995 年版,第 300 页。

果不禳解、镇压,就会于新郎、新娘不利。

民间流行的入洞房前后的习俗,主要是新郎、新娘开始面对面以夫妻相处的仪式,其中重要的有挑盖头、喝交杯酒、撒帐与坐帐等。

按照传统婚姻,挑盖头是新郎、新娘首次正式见面的仪式。挑盖头的时间大多是在入洞房以后,也有的是挑了盖头就入洞房。挑盖头都是由新郎动手,有的用陪嫁来的两双红筷挑,有的用供桌上的秤杆挑。用秤杆挑是因为秤杆上的吉星。旧秤一斤十六两,用排列十六颗星来表示,它们是南斗六星,北斗七星,再加福禄寿三星。

交杯酒,有的在洞房内喝,有的到厅堂内喝。交杯酒是古典的"合卺"的民间变体。"合卺"是分瓢而饮,近世民间的"合卺酒"俗称"交杯酒"、"交心酒"、"合欢酒"、"合婚酒"等。有的把两个酒杯用红线拴在一起让新郎、新娘同饮,有的让他们各饮半杯,交换酒杯饮完另外半杯。

坐帐大多是入洞房后在床沿或炕上进行,也有的在院中用席或秫秸箔搭成围帐使用。坐帐前有撒帐仪式。据说撒帐源于汉武帝和李夫人,是以花果象征多子。近世民间要由全福人撒帐,一边撒五谷果实,一边念撒帐词,如"一把栗子一把枣,小的跟着大的跑";又如"脚踏吉祥云,手端白玉盆,五谷撒空中,天上降甘霖,一撒金,二撒银,三撒聚宝盆,四撒四季吉庆,五撒五谷丰登……"撒帐以后,新郎新娘就男左女右并肩朝喜神方向坐下。有的要将新郎的右衣襟压于新娘左衣襟上,表示已同房同床。有的坐帐以后即开始上头、结发仪式。在坐帐的地方,新郎、新娘背靠背坐在斗上,由一位全福妇女用一双齿木梳把新娘的头发搭在新郎的头上梳理,俗称"并头"。上头时要唱上头歌祝福,最后给新娘把头发绾起盘在头上。有的要脱去新娘脚上的鞋,为她另换一双,所谓"换新鞋,就新范",意思是新娘以后行事要按男家规矩,受婆家约束。

在这一阶段,各地都有一些图吉祥、兆喜庆的小仪式。有的地方婆婆让新娘尝半生的食物(如饺子)。当新娘吃的时候,婆婆语出双关地问:"生吗?"羞答答的新娘便答一声:"生。"在陕西洛川县,新娘上炕后有"揭四碟"的仪式:托盘里放四个盖了碗的碟子,分别盛着钱币、食盐(谐音"缘")、麦麸(谐音"福")和油炸食品,由接新娘的妇女端来让新娘揭。揭开的是钱币,预兆新娘能勤俭持家,为家庭招财进宝;是食盐则说明新郎、新娘有缘;是麦麸则预兆添福添财;是油炸食品则预兆新娘是一个贪吃的婆姨。①

---

① 见丘桓兴:《中国民俗采英录》,湖南文艺出版社1987年版,第29页。

(八) 坐正席

婚礼的主要仪式举行之后,男家大摆酒席宴请宾客吃"喜酒",一般人家都是十几桌,条件好的人家甚至有上百桌。婚宴一般在家中举行,市镇及其近郊地区多请酒家饭馆厨师上门"到烩"。坐席时,随新娘来的送亲和新郎的"舅子辈"要坐尊位。宴饮之间,男家要感谢众亲友远道来贺喜并赠送厚礼。比较晚近的习俗还要由父母领新郎新娘到各席与客人一一介绍,并给客人敬酒。有的还要在席间举行男女两家开始作为亲属交往的仪式。例如在河北定县,先由女家送亲客人请男家长亲一同到天地神位前边,满了酒盅(叫作"满喜盅")敬天地神三盅,再满了酒盅,敬长亲三盅,最后对施一礼,并说"恭祝亲家大喜之日"。施礼道喜以后,众客人都照样给新郎的长辈"满喜盅"敬酒,图个热闹。[1]

婚礼正席的菜谱很讲究,通常是本地菜谱中最高档的席面,具有浓厚的地方特色。例如广州的婚宴席面有红枣莲子汤,取早生贵子之意;有甜汤甜糕,取新婚甜蜜之意;此外还有生菜(财)、发菜(财)、炒五丁等;如系初婚,宴席中必有"烧乳猪"这道菜。在许多地方,举办婚丧大事的主家还有一个必不可少的习俗,就是请当地有名的叫花子头赴宴[2]。将叫花子头领到酒席后,就在主家门前檐下摆开菜肴,美餐一顿,其他的乞丐待叫花子头吃完后,收拾残羹剩饭。有的主家还把婚宴剩下的"菜脚"交给叫花子头,由其"施舍"给众乞丐。有的地方,叫花子头知道谁家有喜事,就带一点小礼物和众乞丐来贺喜,主家一定要客气地款待。

(九) 闹新房

婚后三天,宾客、乡邻、亲友不分辈分高低,男女老幼都可以汇聚新房参与逗闹新郎、新娘,谓之"闹新房",文献中也称"谑亲"、"戏妇"、"暖房"。杨慎《丹铅续录》曾引《抱朴子·疾谬篇》云:"世俗有戏妇之法,于稠众之中,亲属之前,问以丑言,责以慢对,其为鄙渎不可忍论。"唐段成式《酉阳杂俎》前集卷一载:"当代婚礼……娶妇,夫妇并拜或共结镜纽。又娶妇之家,弄新妇。"在近世安徽寿春,"自吉期至三日后,来宾时赴新房看新娘,谐言百出,谑语横生,谓之闹房。主人不但无言,且愈闹愈喜也"[3]。民间有一些俗信支持闹新房的习俗历代盛行不衰。俗语说"不闹不发,越闹越发","新婚三日无大小"。俗信认为,闹新房不仅能增添新婚的喜庆气氛,还能驱邪避恶,保佑新郎、新娘婚后生活兴

---

[1] 见李景汉:《定县社会概况调查》,中华平民教育促进会1933年,第381页。
[2] 见叶炳昌:《中国名城汉俗大观——广州篇》,中国友谊出版公司1993年版,第86页。
[3] 见胡朴安:《中华全国风俗志》下编卷五,上海大达图书供应社1936年第2版,第35页。

旺发达。对大众来说,闹新房就像正常伦理被悬置的节日一样;对新郎、新娘来说,闹新房有性启蒙的作用。

闹新房的三天晚上还有"听房"的习俗。好事的年轻人藏在床下或门外、窗下听新房内的动静,然后把听来的话在闹房时当众取笑要乐,以增添喜庆成分。与此俗相呼应,各地有新婚之夜新娘、新郎必须说话,否则生下孩子是哑巴的俗信。这些习俗促使刚认识的新郎、新娘有语言交流的意识。

(十) 成妇礼

传统婚姻不仅使一位少女成为一个男子的妻子,还要使她成为一个家庭的媳妇,一个家族、一个村落的成员。如果说入洞房、闹新房的一些习俗着眼于使她进入妻子的角色,其后的认大小、下厨等习俗则立足于使她以新的角色进入新的社会关系网络。

认大小的仪式大多在婚礼的次晨,也有婚礼后接着就进行的。在广东顺德,认大小的仪式称为"谒祖",亦称"拜堂",即"新妇"叩见翁姑之礼:在大厅平摆两个座椅,请男方父母上坐,新婚夫妇双双跪拜,然后按长辈的大小请茶跪拜。跪拜通常是三跪九叩。拜堂时,长辈给"利是"(礼金)。平辈行相见礼,晚辈拜见新婚夫妇,新娘还礼,给"利是"。山西各地是在婚后第二天或第三天的早晨由新娘拜谒公婆和家族中的长辈,家族中的平辈和晚辈也要来见新娘,俗称"分大小"或"见大小",其意义是确认新娘在男方家族中的地位。有的还要引导新娘拜见街坊邻里,称为"拜巷"、"串村子"。有的要挨家象征性地吃一点东西,名为"吃过街饭"①。许多地方,新娘要给每人一份见面礼,有的给每人一双鞋,俗称"遍家鞋"。出礼金也有规矩,祖辈最多,父辈次之;亲戚中则以舅舅为尊。其他人的礼金以他们为参照递减,倘有僭越,那是对长辈和至亲者的失敬。

新婚第三天,一些地方还时兴新娘亲自下厨的习俗,俗称"过三朝",有的称为"做三朝粑"。唐代诗人王建《新嫁娘词》中的一首就是写这一习俗的:"三日入厨下,洗手做羹汤,未谙姑食性,先遣小姑尝。"第三天清晨,新媳妇系上她陪嫁来的绣花围裙,下厨房做早点或早饭,以显自己的手艺。做好后首先送给公公婆婆,俗称"进汤"、"倒茶"等。公公婆婆通常要给红包。在陕南,新媳妇进汤后还要打扫房间,这是她在婆家第一次执扫帚,所以叫"启帚"。有的小姑小

---

① 见庞秀声:《广东顺德的婚姻习俗》,载《民俗研究》1993年第1期;温幸、薛麦喜主编:《山西民俗》,山西人民出版社1991年版,第18页。

叔故意藏起扫帚簸箕,新嫂嫂找他们要时就会给红包。①

三、回门习俗

新娘婚后第一次回娘家,俗称"回门"、"回亲"等。回门也标志着男子开始以女婿的身份进入女家。回门习俗是传统婚姻的家族联合功能在女家得以确认的一项仪式,也是给新娘缓和初为人妻、初为人媳的紧张的一次机会,女家往往也借此机会考验新女婿。回门再到男家,一对少男少女转化为夫妻和社会正式成员的仪式就全部结束了。回门是婚姻礼俗的最后步骤,回门之后,男女两家就转入正常的姻亲关系来往。

回门的日子各地不一,以结婚第三天的为多,也有在结婚的第二天,也有在第六、七、九、十或第十二天的。各地关于回门的俗称不胜枚举,大都是一个动词后加时间,动词有回、出、住、邀、对、要等,俗称不外是"回七"、"出七"、"出十二"、"住十"、"邀十"、"对九"、"要九",以此类推。例如有的地方用"要九",指结婚第九天回门,有的还指在娘家也住九天("对九"、"对月"等明确是这种意思),突出了让新娘放松一下的用意。新娘初到婆家,生活多不习惯,操作也不熟练。由于流行早婚,新娘长这么大一般还没离开过家和娘亲,一下子以一种新的身份在一个陌生的环境生活,也不免思亲。

回门通常由娘家人来接,也有由婆家送的,然后由丈夫接回婆家。如果当天去当天回或次日回,则丈夫同去同回。如果新娘在娘家住很多天(如住对九、住对月),丈夫或者同住,或者先回来,到时间再去接或由娘家人送回来。有的讲究新娘回门"爹接娘送,一辈子不生病"。

回门有到女家谢婚、谢亲及会亲的内容。在20世纪二三十年代的河北定县,男家在第三天用轿车或太平车两辆送新郎新妇到亲家去。女家预备酒席招待,饭后由女家一男人引新女婿到女家长亲面前,让新女婿一一拜见。在山西,有的女家婚后第三天派车马迎请新婚夫妇回门,新女婿在女家除拜见女方父母外,还要拜见女方亲友,一直住够九天才回来,称为"合堂";有的去时女婿必须带上礼物,称为"谢婚"。在广东顺德,新婚夫妇在第三天回门时,由男家备办礼物,诸如牲畜、烧肉、色酒、生果等,到女家要拜祖先,然后一起斟茶敬奉父母尊

---

① 见王世雄、黄卫平:《黄上风情录》,陕西人民教育出版社1991年版,第156页。

长,并行三跪九叩大礼①。这是新女婿第一次正式到岳父家做客,席间新女婿要坐首席。这通常就是女婿一生中在岳父家受到的最隆重的招待,因为女婿在岳父家的宴席上一般排在很低的位置。

新女婿随妻子回门,在女家会遇到一些考验。考验的内容各地有别,但是它们大多可以视为进入一个新家庭的通过仪式。例如陕南人要让新女婿啃骨头。席间,岳母端上一块大骨头,连肉带筋的,放到新女婿面前。他这时要把骨头的肉全部啃完,若推让不吃,则会让人笑话将来不是敢办大事的;若啃不干净,也会惹人笑话,说他将来办事不干净利索。此外,还有吃辣饺子的习俗。女家端来一碗饺子给新郎,新郎照例要先让给新娘,但新娘一吃,见饺子馅包的是辣子面,知道是耍女婿的,便又推给新郎。女婿这时就要实心实意地把辣饺子全部吃掉。他若是怕辣不吃,新娘不悦,娘家人也都不高兴,因为这是娘家考验新女婿将来能否与女儿同甘共苦的一种仪式。有的丈母娘会出来解围,说一句"耍一耍就算了",便换上一碗刚出锅的好饺子。让新女婿吃包着辣椒、花椒、盐的饺子或包子的习俗在许多地方流行,有的地方新娘的姐妹和兄弟还把烟灰、黑漆往新女婿脸上抹。新女婿在被嬉闹的过程中不能发怒,即使手足无措,极尴尬,也还得满脸堆笑,听凭发落②。如果顺利通过了这些仪式,新女婿就会在喜剧气氛之中被这个家庭所接受。

第四节 丧葬礼俗

一种成熟的文化必定是善待死亡的文化,中国文化在这方面独有所长。无可避免的死亡是人生不可抗拒的否定,因而是最深刻的人生问题,是最沉重的悲苦意识的渊薮;对社会来说,成员的死亡打破了既定的组织关系,带动一系列角色和地位的重组,表现出或隐含着某种社会危机。但是,经过丧葬礼俗的包装,老百姓惧怕它却又能在老年坦然地迎向它,丧事最后甚至可以转变为喜事来办。可见,汉人丧葬礼俗确实包含着一些奇妙的设计。这一设计的表现形式可以概括为"隆丧厚葬,香火永继"。隆丧厚葬是汉人社会丧葬礼俗的主流,上至君王,下至百姓,大都不遗余力地大操大办。不厌其烦的各种仪式都在掩盖

---

① 李景汉:《定县社会概况调查》,中华平民教育促进会1933年,第381页;温幸、薛麦喜主编:《山西民俗》,山西人民出版社1991年版,第18页;庞秀声:《广东顺德的婚姻习俗》,载《民俗研究》1993年第1期。

② 参见王世雄、黄卫平:《黄土风情录》,陕西人民教育出版社1991年版,第160页;温幸、薛麦喜主编:《山西民俗》,山西人民出版社1991年版,第19页。

生命的终结这一自然事实，丧葬过程中"事死如事生"的原则，神主牌位和香火祭祀的设立，都是把死亡虚构成生命形式转换的一种文化景象。

丧葬仪式历来受到统治阶级和思想权威的重视，其程序被安排得越来越细致、周密，并不断与当时的社会意识和物质条件进行协调。丧葬仪式的程序在战国时期已经形成基本架构，《仪礼》、《礼记》的记载是历朝历代的范本。汉唐沿袭周礼，丧葬仪式的程序与《仪礼》、《礼记》所记大致相同[①]。关于宋代的丧葬仪式，朝廷颁布的《政和礼》、司马光根据《仪礼》并参照当时的习俗撰写的《司马氏书仪》以及朱熹以《书仪》为基础编成的《家礼》都与《仪礼》、《礼记》一脉相传，直到明清也没有大的变化。对比《仪礼》和朱熹《家礼》的记载，可知千百年里士大夫阶层的丧葬仪式的基本程序。

《仪礼》记载的士人丧礼的程序是：始死，复（招魂、复魄）、楔齿（把齿楔开，以便饭含）、缀足（缚腿使其平直）、奠帷堂、报丧；尸在室、受吊、为铭（在白旗上写死者身份，置灵堂前）、沐浴、饭含（放食物在死者口中）、小敛（换衣）、大敛（放进棺材钉盖）、殡（停棺）、大敛奠、成服（穿丧服）、朝夕哭奠；占卜坟地、准备棺椁和从葬物品、卜葬日；柩车发行、入墓、祭后土、回灵；安葬回来，行初虞、再虞、三虞的安魂仪式；卒哭，将死者的灵魂附入祖庙；服丧，小祥（十三个月的周年祭奠）、大祥（死后二十五月即两周年祭奠）、死后二十七月祭奠、三年除服。

朱熹《家礼》所记的丧葬程序是：初终，复（立丧主等），易服，治棺，讣告，沐浴，袭（换衣），奠，饭含，置灵座，设魂帛，立铭旌，小敛，大敛，成服，祭奠，吊奠赙，择地择日开茔域并祠后土，穿圹造墓，造明器，朝祖，亲宾致奠赙，陈器，祖奠，遣奠，发柩，在途，及墓，下棺，祠后土，题木主，成坟，反哭，虞祭，卒哭，木主附祖庙，小祥，大祥，除服。

近世民间的丧葬礼俗在程序上参照了士大夫阶层的仪式，但仪式的内容却是一套一套的民间习俗，与书面礼制多有不同。我们把民间的丧葬礼俗分为停丧（葬前）、下葬、服丧（葬后）三个阶段来叙述，分别称为治丧礼俗、下葬礼俗、服丧礼俗。

民间丧葬礼俗包含着旧时人们一系列根本的思想观念：其一是古老的灵魂观念，即认为人的肉体和灵魂能合能分，并且灵魂是不死的。这种观念是整个丧葬礼俗的思想基础。其二是鬼怪观念，即认为灵有善恶，灵能行善也能作恶，所以世界上存在妖魔鬼怪，人必须采用一些手段加以提防。其三是儒家的孝道，即认为人必须对父母生养死葬，延续香火，事死如事生甚至重于事生。其四

---

① 参见杨树达：《汉代婚丧礼俗考》，商务印书馆1933年版。

第六章 人生礼俗

是源于佛教的来世观念、地狱观念或阴间观念。其五是道士宣扬的风水和福荫观念。这些来源复杂、夹杂种种迷信的观念构成民间信仰,支配着曾长期存在的丧葬礼俗。

一、治丧礼俗

治丧礼俗包括从准备后事到出殡之间的各项仪式,其中的要点是停丧、报丧、吊丧等,其中的细目则难以尽述,勉强可以归纳为九个方面:准备后事,初终停丧,含殓,报庙发丧,成服,孝堂守灵,祭吊,送魂闭殓,治丧事务。由于各地风俗不尽相同,调查资料繁简不一,其间各项仪式的排列和有无在各地民间是有差别的,因此,下面的叙述应该视为一种知识性的介绍,而不能等同于事实性的描写。

(一) 准备后事

有条件的人家在父母进入老年后,就要适时为之准备"后事",即预备寿衣、孝布、寿材、造墓、储备粮食等。寿衣又称老衣,是人死后穿的衣服,一般用棉布制成,不可用皮毛,怕来生为兽为畜;也不用缎料,因为缎谐音"断",对子孙不利。做寿衣在数量上一定要是单数,不能为双。双数是阳间人的吉数,而单数是阴间吉数。孝布用得很多,或者由农家自己历年纺织积累,或者预先购置。粮食也吃得很多,穷家小户没有多年的积攒就供不起丧事通常的大吃大喝。一些富豪之家模仿古代帝王预先造墓,美其名曰"固生基":请阴阳先生看好墓地,用石料砌为墓穴(俗称"先基")备用。寿材,又称寿木,即棺材,以木质坚硬的柏、樟为上等,油松、楸、槐等次之,以柳木为最一般。一些无力用柏木做棺材的人家,至少也要在棺头挡板中镶嵌一条柏木。做寿木是喜事,民间有"贺木"的习俗。"贺木"在棺材将要做成的这一天,其喜庆不亚于乡间盖房上梁。这天亲友们都来祝贺,据说这样可给老人增寿。以后寿木每年最好油漆一次。

(二) 初终停丧

"初终停丧"是指临终前后的民间习俗,有设置铺板、净身换寿衣、避神、设灵桌供倒头饭和指路灯、置丧盆烧倒头纸、备打狗棍和打狗饼、挂门幡等项目。

人在将死或刚死的时候,家里要搁好铺板,垫上被子,把人从床上或炕上移下来。有俗信认为,床上的蚊帐即是罗网,人不能死在里面,所以在人快要断气时,将其抬到椅子上坐着,脚踩米升子,以便升天。同时,把屋顶的瓦揭开一孔,若是草房也要戳个洞,以便灵魂于此飞升,俗称"出煞"。人放在铺板上讲究"男正女侧",即男人仰卧,女人侧卧;并且要将死者头向外、脚朝里停放。

净身换寿衣的仪式,在一些地方是绝气之前完成的,在一些地方是刚绝气就进行的,因为死者身体僵硬后,替换衣服更为困难。净身是指用湿手巾把死者的身体擦抹一遍,男性还要请"待诏"(理发匠)剃头,女性净身由女儿或媳妇动手,并为其梳头。然后穿早已备好的寿衣。寿衣要穿单数,无论冬夏都是棉衣。男子普遍都是大帽,外套,官靴。女子不戴帽子,只用一块黄布,箍在顶上,下身束起一件裙子。停尸时在死者身上盖一块布(多用白布),脸上盖白布或红布或钱纸,陕西关中地区则用葱姜蛋饼盖在死者口鼻上,以掩盖秽气外出。一些地方要用青线捆住死者的脚。

家里死了人要避神,简单的仪式是用草纸贴在神龛的"天地君亲师"牌位上,左右门神也各贴一张,让诸位神灵避秽气。

死者安置在铺板上,头前或脚后要设灵桌,供上果品、香炉、一碗"倒头饭";点上油灯或蜡烛,俗称"引魂灯"、"指路灯"、"路灯"、"长明灯"。俗信认为,阴曹地府黑暗无光,点上路灯,可给亡魂照亮路道。这盏灯一直要点到出殡为止。一些地方还将"路灯"带到坟地,在坟坑头挖长方形小洞作灯龛,将灯放入,然后再慢慢下棺。

死者被安放停当后,家里要烧倒头纸(又称"倒身纸"、"下炕纸"、"奠魂纸"等),即为死者烧纸钱,意为供死者在黄泉路上用作盘缠。有的讲究在死者的头下、袖筒里放纸钱。死者脚头要置一个瓦罐作孝盆,不时地焚烧纸钱。纸灰要存至出殡,和棺木一起入土。

据说死人的魂灵赴阴曹时必经恶狗村,各地都要为死者准备打狗的武器(如打狗棍、打狗棒、打狗鞭)和食品(如打狗饼、喂狗饼),放在死者的手里。

丧家的门口要挂门幡,糊(或挂)孝门纸。在河北定县,丧家按照死者的岁数预备白纸的张数,重叠起来,剪成三联,捆在棍上,把末尾的那条下垂,挂在街门一旁,死男挂在街门左边,死女挂在右边,叫作"门幡"或"岁数纸"。因为用的是钱纸,有的地方称之为"望山钱"。山西人称为"缟门纸"或"孝门纸"。在祁县一带,丧家要在街门上糊白纸,如死者已进入古稀之年,街门满糊以白纸;如不足60岁,或夫妇有一方健在,只能糊半边街门,一般是男左女右;死者如系小辈,双亲尚在,则只能在门额贴一张白纸。[1]

(三)含殓

民间的"含殓"相当于古礼的饭含和大殓,子女都要在场,是谓"亲视含殓"。"含"礼的时间或在绝气前后,或在入棺的时候。"含"的东西有金玉和食

---

[1] 参见温幸、薛麦喜主编:《山西民俗》,山西人民出版社1991年版,第21页;李景汉:《定县社会概况调查》,中华平民教育促进会1933年,第384页。

物两类。有的放入玉石一类物品和谷物、茶叶,有的直接把饭放在死者口中,名为"饭含"。民间认为死者口中含钱、含饭入殓,这样到阴间才不会挨饿。在20世纪二三十年代的河北定县,家人用一个小银铃系上一条线,把银铃放在死人嘴里,把线露在嘴外。贫寒人家没有银铃,都用古铜钱替代。

"殓"礼是指"大殓",又叫"入棺"、"入木"、"落材",有死后当天入殓的,有三天、七天或更长时间入殓的,取决于家庭条件或阴阳先生的推算。入殓用的棺材为长方形,前高后低,前宽后窄。棺木外涂油漆,有黑、紫、红、黄几种颜色。有的地方对不到50岁的死者用"红棺",涂以朱漆;对50岁以上的用"金棺",涂金黄色。棺木外面一般有彩绘图案,如百寿图、四季图、二十四孝图或"万字不断头"。棺木前头正面绘云纹莲台,小头绘香鼎、燃香等。有的棺木前头正面还写有"福如东海"、"音容宛在"等吉祥语句。棺木内涂以松香或用黄表裱糊,取的是"黄金入柜"、"遗泽子孙"之意。棺木内还要贴上用金银纸剪成的太阳、月亮、北斗图案,有的另附一块凿有七个孔的衬板,叫做"七星隔板",表示死者"驾鹤仙去"。有的在棺底垫一层用麻纸包的草木灰包、旧衣服、棉花,有的在棺底放锯木屑、碎银、珠宝、陈艾、铜钱(称为"垫背钱");有的在棺底铺以石灰、五色绸和线、五谷,再放上七枚铜钱、七张纸钱、七块生铁(辟邪),不管放什么物品,谷草都是少不了的,并且也称为"坐草",寓"落地而生,坐草而归"之意。然后铺上褥子。

入殓时,要由死者的儿子抱尸入棺,孝子动手时要说话,如"爹(或娘)动动吧"。死者捆脚的线要解掉。先前给死者束身或蒙身的布要分给儿孙,名为"留后代";或者只是撕下一条,叫作"撕富"。死者头部要枕一种特制的凹型空心枕,上绘日月、山川、花卉图案,枕中实以线香、五谷等。家中晚辈将胸前事先放好的一团棉花放于死者头下,意使死者享有骨肉之情的温暖。然后用石灰包将死者头、身塞紧。通常以死者年龄论石灰包数。死者生前喜爱的个人物品也都随棺入葬。最后在尸体上盖以红被。"含殓"停当后,要把死者生前用过的药罐在棺材上砸碎,表示今后家中再不会用药罐熬药。

(四)报庙发丧

"报庙发丧"是向阴间的官员和人世的亲友通告死讯。死人移到铺板以后,家人都暂不哭泣,默默无声。孝子到土地庙、城隍庙或五道庙去,焚香点纸,向阴间传递死讯,叫作"报庙",或曰"压魂"。然后立刻回家,一路大哭。

人死后由丧主发丧,父死先报族,母死先报舅。一般由死者家属戴孝到亲戚家,一见长辈便叩头,报告死讯。也有的是发丧帖或讣告,有一定的格式,如父死则书:"不孝男×××罪孽深重,弗自殒灭,祸延显考×公讳××老大人于

×年×月×日×时在本宅寿终正寝,距生于×年×月×日×时,享年××岁,不孝等随侍在侧,亲视含殓,恸于×月×日尊礼成服,×月×日开奠,×月×日扶柩安葬×处。叨在世寅戚族友谊,哀此讣闻。孤子×××泣血稽颡。"父亡母在称"孤子",母亡父在称"哀子",父母双亡则称"孤哀子"。有的人家是人死后即发"哀启",报告死讯,待葬日择定后,另发讣告。有的还要发"行状",叙死者生平、德行。

(五) 成服

人一死,家里就要把准备的布匹拿出来赶制孝衣、孝帽等孝服,等到停丧的各种仪式完毕之后或人卒三日之后,或在殓后或在殓前,举行"成服"仪式。简单的成服是参加丧事的人随来随发,正式的由礼生司仪。如在广州的成服仪式上①,要"叩首、二叩首、三叩首","初上香、亚上香、三上香","初奠酒、亚奠酒、三奠酒";礼生用唱词协调大家:"结发加冠于首,加服于身,加经于腰,穿履于足,执杖于手,有服者各服其服。"书面上孝服分斩衰、齐衰、大功、小功、缌麻等"五服",但民间多有简化。戴全孝的身穿白布孝衣,头包白布帕,鞋上蒙白布。"正孝子"(死者的儿子或长孙)的孝帕长二三米,头上缠一部分,后面拖一大幅,长齐脚后跟,还要戴一顶用竹条粘纸的"麻冠",孝衣外穿粗麻布背心,有的还在背上写"哀哀吾父,生儿劬劳",前书"欲报之德,昊天罔极"等字样;腰上则系一根麻编的绳带,是谓"披麻戴孝"。其他亲属大多佩带一小块孝布。

在成服之前,要制好孝杖。父死用竹杖,因父之节在外,与竹类同;母死用桐杖,因桐之节内存,像母之节操。孝杖上圆下方,本根在下,上圆以像天,下方以像地;长度与胸齐,象征孝子哀痛从心而生。孝子扶杖要用右手,拜时则两手据杖而跪。

(六) 孝堂守灵

停棺并供灵牌、画像的地方设在厅堂或临时在外面搭的棚里,布置时悬挂幔帐或竹帘,后面停棺,前面为堂,称为"孝堂"或"灵堂"。棺尾摆灯,谓之"长明灯"、"引路灯"。灵堂前挂黑绸挽幛,若死者为男则幛书"跨鹤西归",死者为女则幛书"驾返瑶池"。灵堂中摆有供桌,陈列牌位、遗像和祭器、祭品,两侧摆放各式纸扎和陪葬品,诸如童男童女、金银二斗、金银二山、摇钱树、聚宝盆、引路菩萨、打道鬼、方相……以及挽联、挽幛、花圈等。死者的子孙披麻戴孝,手拄哭丧棍,跪在灵堂供桌西侧的谷草或草垫上,俗称"跪灵"或"坐草守灵"。守灵人天天供饭,叫茶(即给死者供茶水)。这段时间死者仍像生前一样享受一日三

---

① 见叶炳昌:《中国名城汉俗大观——广州篇》,中国友谊出版公司1993年版,第90页。

餐,清晨盥洗用品也要一如日常安排。每次供奉时,家人必痛哭尽哀。女眷早晚要哭丧,有客来吊唁,还要陪着哭,其中有真哭也有假哭。讲究的哭就是唱,各地都有一定的套路和调门。

守灵等待出殡的期间有闹丧的习俗。闹丧就是请戏班、乐工、锣鼓班子来家演唱,或在屋外唱大戏,或在屋内唱孝歌、跳丧鼓。简单的方式是请乡亲来打牌赌博。在一些地区唱孝歌是坐唱的,在一些地区则是绕着灵柩走唱,唱的形式也各有不同,一般都由鼓师(首席歌手)、锣手主唱,其他群众随时可以加入其中参唱,每唱完一段,就间奏一段锣鼓打击乐,也有一定的曲谱。鄂西北和陕南的闹丧是很有名的。孝歌内容主要是劝善行孝和说唱死者生平事迹、为人等,也有的用民间传说、历史故事活跃气氛。闹丧一般通宵达旦,延续数日,直到出殡。

(七)祭吊

亲友闻讯,携仪幛、挽联、纸钱、香烛等前来吊唁,不论辈分大小,统统按照"死者为大"的规矩,上香跪拜。吊客上香,在司仪的引导下,行叩首礼,礼毕,孝子叩首回谢。有行四叩首礼的,有行三叩首礼的,普通都说"神三鬼四",所以行四叩首礼的居多。

为超度亡魂,近世民间流行请僧道念经,做道场,时间三、五、七天不等,甚至更长。据说后人给死者多念经,便可减轻死者罪孽,富贵之家往往不惜钱财,大做道场。念经期间,整天鼓乐喧天,哭泣不停。送葬前一天要举行堂祭,所有亲友均应到场。主人请若干道士做道场,甚为隆重。有的地方在这天夜里有讨寿饭的习俗。死者若为七十岁以上的古稀老人,则家中要用糯米和绿豆多做寿饭,以供人讨食。据说吃寿饭使人长寿,讨寿饭的越多对丧家越好。

(八)送魂闭殓

治丧的最后步骤是把亡魂送走,并封闭棺材,准备出丧。民间认为,在停丧期间,亡魂在附近的庙里,因此,出殡前要"叫庙"接魂,再送魂,还要举行为魂引路的仪式,然后才闭殓。

"叫庙"又称"叫夜"。家里有人亡故后,或三夜、或五夜、或七夜不等,家人要去城隍庙哭叫,呼唤亲人回来;有的在出殡前夜,由家人和亲友抱着牌位,打着引魂幡、提着灯笼,吹打着鼓乐到附近寺庙庵观或其遗址招魂。然后大呼死者,一路哭回家。

"送魂"又称"送行"。家人在半夜带着纸马素车、香炉锡箔和纸人,由死者的子女哭送,到出殡必经的十字路口烧化。这种送行仪式俗称"送魂"、"烧上路纸"。有的把写有死者姓名的牌位插到纸马上点火烧掉,表示死者骑马离去。

开路仪式据说是为了使亡魂入阴曹地府不迷失方向,不受刁难而举行的,又称"引路"。或由乡间阴阳先生主持,讲究的去庙观中请和尚或道士主持。

闭殓又称"盖棺"、"合棺"、"闭棺",即把棺盖用榫卯合严,或用铁钉钉死。开路之后即可闭殓。一些地方则在出殡时才闭殓。闭殓前揭去蒙面的布、纸或饼。闭殓时亲人围在四周,与死者遗体告别。闭殓后生者再不能与死者相见,悲从中来,不禁号啕大哭,一些亲人更是呼天号地,捶胸顿脚,扑在棺材上不让人闭殓,引得在场人为之垂泪。在山西,钉棺时全家回避不动哭声,只有死者的儿子须立在棺旁口喊"躲钉"。

(九)治丧事务

家里遇着丧事,主人是仪式的中心人物,如主持不了事务,一定要安排好管事人和办事人,请的通常也就是房族或乡亲中能干和可信的人。他们指派人搭席棚,赁家具,预备酒、肉、菜、粮食,叫厨子作酒席,招待亲戚朋友,准备孝服,用纸糊宅院、库柜、骡马、车轿、牌楼、箱子,箱子里放进死人生前所喜欢吃的各种食物,供死人到阴曹地府享用,安排人造墓,组织人出殡,等等。此外还得请鼓乐,请僧道。

各地都有互助的习俗,如组织化的老人会,用具互借和邻里分担奔丧亲友的食宿等。北方有一种"管炕"的习俗,即本家、邻里或亲友帮助丧家招待宾客的住宿和饮食。管炕有"干、湿"两种方式,"湿炕"负责客人连住带吃;"干炕"只管住,不管吃。

二、安葬礼俗

葬是对尸体的处理,其类别多式多样,例如:论频次有一次葬、二次葬,论方法有土葬、火葬,论时间有停丧下葬、先厝后葬,等等。二次葬(如东南一些地方的洗骨再葬、因为风水原因的迁葬)、火葬(如宗教或科学原因而采用的例子)、先厝后葬(如因为择吉日、寻宝地、死者高堂在世而暂时不能下葬的例子)等类别在汉人社会并不广泛。近世民间的丧葬通常是一次葬、土葬、停丧下葬,贯穿着"入土为安"的原则。因此,我们用"安葬"概括这方面的礼俗,大致把它们分为打墓、出殡、路祭、点主、下葬等五个步骤来介绍。

(一)打墓

生前从容准备的坟墓总是比较讲究,应该名副其实地称为"造墓";人死后开穴打墓,俗称"打墓"、"打井"。丧家通常请阴阳先生看风水指定墓的位置,定点后要撒五谷,在所定穴位上用银针开"十"字,名为"开土"或"破土"。"开土"之后,便由众人挖土打墓。合葬者,只需在旧坟旁边另开一穴。死者如入祖坟地,其墓穴在上辈脚下依次类排,直到坟地无法再开穴后,家里再请阴阳先生看风水,另选新的坟地。

一些地方有墓穴居室化的习俗,即由孝子们到墓穴举行仪式,象征墓穴可以由人居住。孝子要去查看墓穴准备情况,有的必须亲自打扫一遍,称为"扫墓";有的由吹鼓手引导,并沿路置"路灯"(用面捏成,中间注油,加棉花捻子,置时点亮),称为"引灵"。山西各地在出殡头天有"暖窑"、"暖房"之说,孝子们有的要带着香烛、纸钱和酒食到墓穴中去祭奠;有的要在墓穴的四角点火,表示把炕烧热了;有的要在墓穴中用木炭火煎食油饼(称之为"暖房")。[①]

(二) 出殡

出殡,俗称"归山",即将灵柩送往墓穴。出殡的日期往往要根据吉日、准备情况、时令、至亲到否等因素来选定。时间有长有短,一般最短的为三日,依次为五、七、九日……长者可达百余日,均须单数。关键是由阴阳先生择吉日,定坟"空",即确定坟地上什么时候能进得去。正常情况应在清晨出殡,不让棺材见太阳就落土。穷苦人家在当天或次日就草草弄出去掩埋,讲不了那么多礼节。

出殡前吹鼓手、锣鼓班子大闹起来,像是演奏序曲,亲友和乡邻都放下其他的事聚拢来。有钱的人家,此时安排僧道念经,8人至16人(双数)不等。僧人道士们穿着法衣,戴着帽子,手里拿着乐器。有的吹笙,有的吹笛,有的吹管子,有的打云锣,从外面走来,到灵前后由一位"领众"对灵默诵真经,在灵前上香,发疏超度。如此往返数次,超度数次。

接着是"出灵"的仪式。众亲友举行公奠,孝子跪拜致礼。然后,死者的长子身背棺木大头,在众人的协助下把棺木移出灵棚,俗称"出灵"。棺木被抬到院子里或禾场上的大轿上,用大杠横在轿里,准备由人抬走。大轿又称棺罩,呈长形轿体,男性死者用龙头龙尾,女性用凤头凤尾,周围饰以红、蓝、黄的帷幔,上绘各种吉祥如意的图案。考虑到重量和排场,加上讲究棺木出门后要一路不歇肩(路祭除外)送到坟地,这一套东西安排8人、16人、24人或32人来抬,俗称8杠、16杠、24杠、32杠。

在抬起棺木之前,各地都有一定的仪式,如"绕灵"、"摔献"。此时还要打碎死者生前用过的药罐,有的还在棺木后头打碎死者生前用过的一个饭碗,然后升棺起灵,俗称"绕灵大起丧"。

出殡正式开始,棺木抬出院门时要头在前,出了门后要脚在前,一直抬到坟

[①] 温幸、薛麦喜主编:《山西民俗》,山西人民出版社1991年版,第25页。

地。俗信认为,死者躺在棺木中,像人站着一样,出门头向前是面向家,等于回首瞻顾家园;出门以后是面背家,等于再不往后看,直奔西天乐土。

出殡队伍最前面有开路的,有的地方用火把,有的地方沿途插"路旗"(用五色纸或白纸糊成的小三角旗),指引死者亡魂。再就是抛撒纸钱,俗称"买路钱",用以买通沿路鬼魂。队伍里除了棺木和孝子们(拿着哭丧棒)及其亲友,还有仪仗、各种纸扎、乐班、引魂幡。它们的前后顺序各地不一,扛引魂幡的人选也因地而异,或由长子,或由长孙,或由外甥。我们试以陕西和武汉的例子作为南北的代表。

在陕西,棺木前是孝幛、挽联、纸扎(金山银山、箱柜床铺、大型车马等);灵柩后是孝子、司仪、乐工、送葬亲友等。一路上,孝男孝女放声大哭,唢呐锣鼓喧天。加棺罩的灵柩前系几条长白布,孝男用手牵住,叫作"扯牵"(有的称"拉纤"),表示挽棺;孝女则在灵前行进。①

在武汉,走在出殡队伍最前面的是长孙,扛着引魂幡,其后为一名撒纸钱的人,接着是高把灯笼,随后是白布扎成的"铭旌",上书"德征尚寿"四个大字,第二行小字为"×公××之神位"。落款为书写者的衔爵和姓名,以增荣耀。紧跟铭旌之后的是"衣冠亭"、纸糊篾扎的灵屋。屋分上下两层楼台,上书"八仙桌上添新客,九老台前访故人"、"日落西山常见面,水流东海不回头"之类的对联。接着是一大块布料,上书"奠"字,并写有死者姓名、身份,以及后辈儿孙名字。亲友所送的挽联、祭幛、花圈,均有人高擎并依次相随,鱼贯而行。②

人多场面大的送葬还要做"拉丧",即用两条几十米的绳子将灵柩及送葬人框于其间。队伍路经桥梁庙宇,要点烛烧香。南方各地大多还要在各个仪式的重要环节大放鞭炮。在一些地方,队伍远离村庄后,送葬的亲朋止步,由孝子"谢孝"。然后除去棺罩,停下仪仗,只有家里人与至亲携纸扎及祭品随棺前往坟地。

(三) 路祭

送殡过程的一个重要排场是路祭,即在送葬队伍途经的人多处或大路口摆供祭灵。路祭有由丧家讲究隆重的排场而自备的,有由亲友、邻里出于情义筹办的。人们预先在路边摆设香案,供放纸钱、酒食、果品、茶。讲究的供有成席的酒菜。队伍来到时,灵柩停下,鼓乐也要停下来演奏。供祭的人对灵叩拜,孝子要匍匐叩谢。亲戚、友邻设祭的,孝子要据供品给予赏钱。

---

① 王世雄、黄卫平:《黄土风情录》,陕西人民教育出版社1991年版,第172页。
② 冯桂林:《中国名城汉俗大观——武汉篇》,中国友谊出版公司1993年版,第86页。

（四）点主

为死者转化成正式的牌位所举行的仪式称为"点主"，又称为"题主"，全称为"穿神点主赐孝字"。丧事期间制作的牌位叫灵位牌子，这是临时性的，到时候要烧掉或埋掉，时间在周年或除服以后。因此，需要另外制作"神主牌"供在祠堂或家中神龛。在近世民间，神主牌通用栗木制成，灵位牌子通用桑木制成，因为"桑"和"丧"同音。孝期一过，桑木牌位便要处理掉，另用栗木神主牌祭祀。神主牌为可对折合拢的两块木牌，长一尺二寸（一年之月数），宽三十分（一月之日数），在正面写死者名讳，旁边写主祀者姓名，如"故显考×公讳××老大人之神主"，旁边题写"×子×××供奉"，夹层里则写死者生平。书写时"神"字右边一竖不写，"主"字上面一点不书，其后请另外的名人任"点主官"来完成，俗称"点主"。这个仪式是葬礼最为隆重的部分之一，因而在葬礼前孝男孝女就备厚礼去跪请当地的社会贤达、显宦或地方上德高望重的老人做点主官。

近世民间点主的仪式常见的是在下葬时进行。丧家在墓地设供桌置神主牌，把点主官请来，由司仪安排各个步骤。这项仪式一般只限于正常死亡的中、老年人，幼丧及凶死者不举行。点主是丧事中的喜事，既是光耀门庭的机会，也肯定了孝子的孝道。事后丧家都要重谢点主官。

有的点主仪式是在治丧阶段进行的，其中有的和布置灵堂时制作牌位一起举行，有的随后作为一项专门仪式举行。在浙江绍兴，题主必由品学兼优和具有科甲资格的人士担当，在清代多请"府学老师"（府范围的教育机构的学官）充任，称之"大宾"，又尊之为"文曲星君"。主家必须先期具束邀请，事后以礼相谢，民国时期的谢礼行情是现洋四元，清代的府学老师以此为每年的大宗收入。行礼时，还要另外邀请具秀才资格的四人为"襄礼"。①

（五）下葬

下葬是指把棺木放入墓穴并掩土成坟，其间有一系列仪式。墓穴有井坑式的，就是一个长方形的竖穴，棺木放下去就成了；有院落式的，长方形竖穴纵向的一头再向内掏一个内室，棺木放下竖穴后推入内室。后一种墓穴需要用石板或谷草封住内室，然后填土。通常先由儿孙们象征性地向墓坑填一点土，再由帮忙的人动手。家人则要呼喊死者"躲土"。坟包垒成后，将哭丧棒、引魂幡插在坟前，同时焚烧挽联、花圈、纸扎。有的还要竖石立碑，有的则在以后的清明节立碑。

---

① 观鱼：《回忆鲁迅房族和社会环境 35 年间（1902—1936）的演变》，人民文学出版社 1959 年版，第 217—218 页。

棺木下葬前由道士做法事，安置镇物，如用柏枝和纸钱烧灰垫底，再将雄黄酒洒入；垫"五星镇石"，放桃弓、柳箭、桑枝、棉花、五谷等。有的由家人往墓内扔"富贵钱"、"富贵馍"等食物。长明灯、烧过的路引灰和倒头纸灰也都包来随棺埋葬。纸扎的"童男童女"的头或脚被扭向后，置于棺木一侧。棺木入墓后，阴阳先生要摆下罗盘仪定方位，左挪右移，直到他认为可以为止。俗信认为，这些仪式必须慎重，因为它们既影响死者是否安息，也影响子孙后代是衰还是发。

三、服丧礼俗

作为通过仪式，丧葬礼俗的"转换"功能非常鲜明：治丧礼俗和安葬礼俗侧重于人向灵的转换、尸体向牌位的转换，而服丧礼俗侧重于家庭从非常状态向常态的转换。这里所谓的服丧礼俗包括安葬之后的各种礼仪活动，它们构成了家庭从非常状态向常态转换的各个环节或步骤，其重要因素有安神谢土、复三（复山）、做七、"回煞"仪式、百日祭、周年祭、脱孝等。

（一）安神谢土

俗信以为丧葬会惊动"家神土地"，故死者入土后，家人要请道士做一场法事以"安神谢土"。道士用谷草沾水到各屋挥洒，后面跟一人挥舞铡刀，并在各屋门楣贴符。家里要专门祭拜土地神位。停丧期间曾把各个神位遮挡住，此时可以把贴在家神和门神上的草纸等除去，表示秽气已尽，一切复原。

（二）复三（复山）

从安葬之日计算的第三日，孝子和一些亲属到坟地去看一看，给坟墓加土，撒上石灰，焚化香烛纸钱以及纸扎（如纸马、纸轿、白鹤等），谓之"复山（三）"，北方又称为"圆坟"。从日期来说用"三"，从坟地来说则用"山"。

（三）做七

从人死后算起，每七天必祭奠一次，称为"做七"或"过七"。有的地方从烧纸钱着眼，又称为"烧七"。一七又称"头七"，三七又称"散七"，七七又称"满七"、"断七"或"尽七"。七七之中，一七、三七、五七、七七比较重要，有比较多是亲友参加仪式。在一些地方，一七和五七的费用由出嫁女儿筹办，俗称"包七"。我们试以广州和山西为例看做七的大致活动。

在广州，头七时丧主要将神主牌奉入灵屋，俗称"入灵"。此后，每逢一个七日，丧主都要为死者烧香化财帛。至第七个七日，将灵屋焚去，此谓"化灵"。意为亡人之魂至此最后游离人间，升上天堂。[①]

[①] 见叶炳昌：《中国名城汉俗大观——广州篇》，中国友谊出版公司1993年版，第91页。

在山西,做一七,丧家设灵座,供牌位,接受吊唁。做三七,死者的子女要拿着香火,到三岔路口呼唤死者,或上坟焚香接引亡灵回家。做五七,民间认为这一天死者亡灵回家"省亲",丧家除举行祭奠外,还要延请僧道诵经,亲友均来吊唁。祁县一带,用面蒸供品,男亡多蒸一份"莲花",女亡多蒸一份"如意",并按亡者岁数扎纸花、剪纸旗,另外再糊一口"升"(百日祭时再糊一个"斗")。纸旗以谷草秆穿扎,沿路一直从家门口插到坟地。做七七,丧家举行隆重祭奠,亲友都来烧纸,或到坟前祭拜。①

(四)"回煞"仪式

"回煞"又名"回殃",俗信以为人死后其魂魄犹存,在七七四十九天内,死者的阴魂要回家一次,具体时间道上可以推算出来。届时,把香烛酒食摆好,在地上铺一层炭灰和草木灰,用以检验死者回来的足迹,并每隔一尺贴纸钱一张。据说,亡魂见此便会进屋。其时,一家老小远远躲开,待规定的时间过完,先将一串爆竹丢进屋去,爆完方可回家。

(五)百日祭、周年祭、脱孝

人死后(或安葬)100天后,即举行"百日祭",仍是上坟烧纸钱和纸扎,摆供品。到这天,穿重孝服的要改穿常孝服,一般人多除去孝服。周年和百日的祭祀方法类似,都是以"烧"为特色,所以民间又称"烧百日"、"烧周年"。满三周年时,死者的亲友毕至,各带供品、纸扎,也是上坟烧纸祭奠。此后死者的子女即可脱去孝服,改换平常衣着,所以三周年又叫"脱服"或"除孝",南方有的地方称这次为"圆坟"。丧葬礼俗至此正式结束,以后按常规祭祀。

参考书目

阿诺尔德·范根内普:《过渡礼仪》,张举文译,商务印书馆2009年版。

观鱼:《回忆鲁迅房族和社会环境35年间(1902—1936)的演变》,人民文学出版社1959年版。

郭于华:《死的困扰与生的执著》,中国人民大学出版社1992年版。

思考题

1. 当代的哪些仪式发挥着传统成年礼的作用?
2. 参观一场婚礼,你能够看到哪些传统的要素?
3. 儒、释、道怎样参与到传统的丧葬仪式之中?

---

① 温幸、薛麦喜主编:《山西民俗》,山西人民出版社1991年版,第28页。

第七章

游 艺 民 俗

游艺民俗是指民间的游戏(如翻花、闯麻城、捉迷藏)、竞技(如摔跤、围棋、象棋)、社火杂艺(如踩高跷、跑旱船、舞龙灯)等娱乐方式及其表现习俗。中国丰富多彩的游艺民俗根植于中华民族传统的生产方式、生活方式与社会结构的土壤之中,是中国民俗大花园里的一丛奇葩。中国的老百姓在长期的生活实践中,创造出与他们的生产与休闲的方式相适合、符合他们身体状况和审美情趣的游戏、娱乐方式,世代相传,凸显着鲜明的农业社会的特征。人们在游戏娱乐过程中,体验着精神的愉悦、身体的放松,既锻炼了身体、发展了技巧、训练了智慧,又加强了彼此的合作,增进了互相的了解和感情。游艺民俗弘扬了人类高尚的竞争与合作精神,是人类自我能力的生动肯定和褒扬。

荷兰文化史学家赫伊津哈(Johan Huizinga,1872—1945)在"理性的人"、"制造的人"等思考人的本质的严肃路径之外提出"游戏的人",并对游戏作为文化现象、作为社会建构机制给予了经典的阐述。就游戏与文化的联结而言,"从文化最早的起点一直延展到我们目前生活其中的文明阶段,游戏伴随着文化又渗透着文化"。就游戏与社会的联结而言,游戏成其为游戏,要求参与者个人的自主、自由与参与者之间的平等,这就造成了一个超越一切社会差异的游戏世界,一种"我们"意识或共同体意识;不管游戏能够带来什么或者不能带来什么,它都带来愉悦,这愉悦在本质上是与人为伴才发生的,所以游戏让个人因为对于愉悦的渴求而具有对于他人的需要①。游戏以及类似的艺术活动通常被划入工作之外的余暇活动、正经事情之外的小打小闹,但是赫伊津哈的理论使我们有机会把它们看作一个共同体的社会建构的基础和文化丰富性的指标。

在传统上,中国的游艺能够很灵验地把普通人的生存之地升华为"游戏世界"。例如,在一般人家,炕头是睡觉的地方,后院是种菜的地方,禾场是处理粮食的地方,但是对于孩子来说,它们也是抓子儿的地方、捉蛐蛐的地方、捉迷藏的地方、闯麻城的地方,也就是他们通过自己的游艺活动而得到无可替代的愉悦的空间。即使是像鲁迅这样的对于生长之地充满矛盾态度的人对于一个由儿童游戏所创设的愉悦空间的体验也是毫无保留地肯定的。又例如,闹秧歌、看社火、玩龙灯、赛龙舟这些每年如期而至的游艺活动把城乡的场院、街道、河流渲染成另一种天地,人们在参与中体验到自己所处的地方是一个文化的共同体。中国人从小是靠游艺活动养成"家园"、"故乡"和"地方"的体验和认同的。

中国的游艺对于中国的社会团结和文化传承都很重要,可惜自近代以来国人并没有广泛认识到其中的利害关系,在逐渐建立的现代价值谱系里并没有放对位置。传统的游艺被满负荷的"抓革命,促生产"挤掉了时间,被高楼大厦的居住设计挤掉了空间,先是被革命精神后又被时尚的娱乐贬低了价值。直到近年开展的非物质文化遗产的保护逐步把一些游艺项目(如一些地方的芯子、舞狮、龙灯、社火)列入国家的保护名录,中国才重新开始尝试在国家层次摆正传统游艺在文化生活上的位置。

中国各地的游艺民俗很丰富,有一些广泛流行的项目,也有大量地方性的项目,即使是那些广泛流行的项目,各地的人玩起来也是各有特色的。游艺民俗也很难分类,有以人为表演主体的,有训练动物表演的(如斗鸡、斗蟋蟀);有赛力的(如拔河),有赛巧的(如抓子儿),有赛智的(如下棋);有个人游艺项目(如踢毽子),有集体游艺项目(如赛龙舟);有对抗性、竞争性游艺(如摔跤),有合作的同乐游艺(如拍手、翻花);有少年儿童游艺,有成人游艺;有室内游艺,有禾场野外游艺,如此等等。迄今每一种分类原则都既不能穷尽对象,也不能排除大量交叉项目。我们在此暂时有些武断地把游艺民俗分为少年儿童游戏、成人游戏和社火杂艺三大类来叙述。

---

① 约翰·赫伊津哈:《游戏的人:关于文化的游戏成分的研究》,多人译,中国美术学院出版社1996年版,第4—14页。

第一节 少年儿童游戏

游戏是少年儿童的天性,少年儿童是游艺民俗的主体。中国民间有着丰富的少年儿童游戏方式,它们伴随着少年儿童的发育成长,为少年儿童们所喜爱,并最终成为他们生命最美好的阶段的宝贵记忆。少年儿童游戏项目有很强的地方独创性,我们只能择要介绍。我们把对象分为禾场野外游戏和室内游戏两部分。

一、禾场野外游戏

禾场和野外是少年儿童离开家长的监视,可以"撒野"的场所。禾场野外游戏的项目也特别多,我们在此介绍的游戏有捉迷藏、踢毽子、跳绳、抽陀螺、抖空竹、打弹弓、老鹰抓小鸡、闯麻城、掩雀、捕蝉、捉蜻蜓。

(一) 捉迷藏

捉迷藏又叫藏猫儿、藏模糊、藏蒙哥儿、蒙老瞎等,是少年儿童最普遍的游戏。这项简单的游戏却与历史上两个著名人物唐玄宗和杨贵妃有关。元伊世珍《琅嬛记》卷中引《致虚阁杂俎》记载:"玄宗与玉真恒于皎月之下,以绵帕裹目,在方丈之间,互相捉戏。玉真捉上每易,而玉真轻捷,上每失之,满宫之人抚掌大笑……谓之捉迷藏。"

捉迷藏最常见的一种玩法是:选出一名捉人者,被蒙上双眼,其余人分散躲藏起来,捉人者问:"藏好了吧?"众人回答:"好了!"捉者便摘掉蒙眼布,找寻藏者。被寻到者,改做捉者。与此玩法稍有不同的一个玩法是:大家指定一棵树或一块石头当"家",藏者被发现后,若在被抓住前赶回"家"(以摸到树或石头为准),即可免除做捉者。捉者得重新寻找藏者。山东曹县的儿童玩这个游戏时,捉者一边寻找,一边还唱着童谣:"当兵嘞,藏迷嘞,你不出来俺走嘞。"

另有一种很有情趣的玩法是:用布蒙好捉者的双眼,然后大家挑逗他。捉者便出其不意地抓人,如三次都抓不到人,则把其蒙眼布改做绑腿布,把捉者的手和腿捆绑在一起,让他在划定的圆圈内蹦跳着抓人(事先讲好数目)。若还不能捉到人,则又把其眼睛蒙上,两人架起他乱晃,使其晕眩,并唱道:"送啊送,送瞎子了,送到河边摸鸭子了。"然后再让捉者走到圈内,众人便问他:"要风、要雨、要干跺脚?"要风,众人则吹其脸;要雨,则啐其面;要干跺脚,大家则善意地

第七章　游艺民俗

捶打他一顿,一般来说,捉者都要"干跺脚"。这样,游戏再重新开始。①

(二) 踢毽子

又叫作"踢箭"、"攒花"。汉代砖雕中已出现踢毽者的形象,这说明至少在两千多年前此项游戏即已问世。踢毽之戏在宋代极为流行,宋周密《武林旧事》卷六"小经济"中有这一项。既然集市上有专卖毽子的,那么可以说当时已经流行踢毽之俗。

清代李声振《百戏竹枝词》中有《踢毽儿》一首咏曰:

青泉万选雉朝飞,闲蹴鸾靴趁短衣。
忘却玉弓相笑倦,攒花日夕未曾归。

诗前小序云:"缚雉毛钱眼上,数人更番踢之,名曰'攒花',幼女之戏也。踢时则脱裙裳以为便。"以上谈到制毽之法,都说用鸡毛为羽,以铜钱为托,把鸡毛缚固于钱眼之中。这是最普遍的制毽方法。

明清时,踢毽子游戏得以大发展。清人阮葵生《茶余客话》卷一八记当时北京踢毽云:"京师杂技,千态万状,以踢毽为最,三四人同踢,高下远近,旋转承接,不差铢黍。其中套数家门,凡百十种。"其目如里外帘、拖枪、耸膝、突肚、佛顶珠、剪刀拐等,总其大略,不外盘、拐、磕、足蹦四大类。"盘"用双脚替换踢,"拐"以脚外侧踢,"磕"用膝,"蹦"则在足尖上见功夫。

清代在广州,每年的正月十五有踢毽子会,人们不分尊卑都来参加,一试身手。热闹的踢毽子活动,使元宵佳节锦上添花。宝岛台湾踢毽子活动也十分流行。台湾溪口乡,无论男女老幼,都爱踢毽子,踢法也多:有文踢,称"小武",一脚直立,一脚踢,这是最简单的踢法;有武踢,称"太武",踢时,双脚离地,空中踢;还有定点踢,即将毽子平稳地停于肩、背、头、脚、肚、脖等部位。②

(三) 跳绳

跳绳,古称"跳白索"。今天的跳绳游戏大致可分为两类:跳小绳和跳大绳。小绳多为自摇自跳,大绳为两人或四人摇,多人跳。

跳小绳时,双手各执绳的一端,双脚跃起,以绳抢过头顶从脚下掠过,如此循复往返。单人跳可以跳出许多花样,如飞绳、编花、带人、连摇等。跳大绳,一般由两人相对而立,将绳抡起,跳者趁绳抡至最高点时,跑至绳下,绳从脚下而过。跳者一人多人皆可。跳大绳可以多人跳八字,也可以绳中翻跟头。

---

① 参见陶冶:《捉迷藏》,载《民俗研究》总第 30 期,1994 年,第 78 页。
② 见陶冶:《踢毽子》,载《民俗研究》总第 25 期,1993 年,第 78 页。

跳白索，一作"跳百索"，明人沈榜《宛署杂记》卷一七《民风》记载非常详细："十六日，儿以一绳长丈许，两儿对牵，飞摆不定，令难凝视，似乎百牵，其实一也。群儿乘其动时，轮跳其上，以能过者为胜。否则为索所绊，听掌绳者绳击为罚。"沈榜记载的是明代中叶的事。明末崇祯年间刘侗、于奕正著《帝京景物略》时，也作了跳百索的记载，至于诗、词、曲咏此戏者，更是举不胜举。

清代儿童跳白索，还配以歌谣：

> 太平鼓，声冬冬，
> 白光如轮舞索童。
> 一童舞索一童唱，
> 一童跳入光轮中。①

不但要唱歌，还要配以太平鼓声。同样的玩法在《帝京景物略》录明人谭贞默《灯市》诗中也有表现，其诗句如"铙鼓殷阗赛跳绳"。可见跳绳时配以太平鼓是一种习俗。

（四）抽陀螺

抽陀螺是一项传统的游戏，又叫鞭陀螺、打猴、打皮猴、打懒婆等。玩此游戏者多为男孩。

陀螺有着悠久的历史，按日本《浮世绘大百科事典》载，其传入日本的时间至晚是在北宋末年，也就是说，陀螺之戏在此之前便在中国民间广泛存在了。明末人刘侗写过一首咏赞抽陀螺的诗歌，名为《杨柳活》：

> 杨柳活，杨柳多，
> 小孩小女闲不过，
> 丝线结鞭鞭陀螺。
> 鞭陀螺，陀螺起。
> 陀罗起，鞭不已。
> 鞭不已，陀螺死。

诗歌生动地描绘了春风乍起之季，杨柳初黄之时，群儿三五，边抽陀螺边歌唱的快乐情景。

民间流行的陀螺种类繁多。制作陀螺的材料，以木头最为常见，或使用砖、石、竹等。最简单的陀螺只需将木头旋成圆柱体，上圆下尖就行；比较复杂的，

---

① 诗为清代道光间人彭蕴章所作，见《松风阁诗钞》所收《幽州土风吟·太平鼓》。

是把圆柱体内挖空,外面留一长方孔,使内部形成一个腔体,用鞭抽拉,使其旋转,可以发出"嗡嗡"的声响,这种能叫的陀螺叫"鸣声陀螺"。

玩陀螺时,要准备一根鞭子,一手拿陀螺,一手持鞭,将陀螺捻转在地上,立即用鞭子抽打底部尖端,使陀螺在地上不停地旋转。还有一种玩法:一手拿陀螺,一手拿鞭,先将鞭绳缠在陀螺的上端,在将陀螺放在地上的同时,用力拉绳子,陀螺便旋转起来了。

陀螺可以一个人自抽自乐,也可以几个人比赛。比赛的方法主要有两种:一种是将陀螺加足鞭以后,看谁的陀螺先停下来,先停的算输;另一种比赛方法叫"撞架",各自将陀螺鞭得飞快,然后向对方的陀螺撞去,谁的陀螺被撞倒,谁输。

东北人把陀螺叫"冰猴儿",那儿的习俗不在春季鞭陀螺,而在冬季,在冰上嬉戏,陀螺一经抽打,旋转灵活得如猴儿一般,故人们称之为"冰猴儿"。[①]

凡是优秀的玩具,都蕴涵着一个看似简单实则深刻的原理。据说陀螺的稳定旋转,曾给原子反应堆的发明者恩里科·费米以极大的影响。

(五)抖空竹

抖空竹是主要流行于北方的传统游戏,又叫抖空钟、抖空筝、抖壶卢、抖嗡子等。传统的空竹,包括两种:在地上旋转的和在空中抖动的。明代刘侗、于奕正《帝京景物略·春场》记载:

> 空钟者,刳木中空,旁口,荡以沥青,卓地如仰钟,而柄其上之平,别一绳绕其柄,别一竹尺,有孔度其绳,而抵格空钟,绳勒右却,竹勒左却。一勒,空钟轰而疾转,大者声钟,小亦蛞蜣飞声,一钟声歇时乃已,制径寸至八九寸,其放之,一人至三人。

这类"空钟",以前北京俗称"抽绳转",天津人叫它"闷葫芦",有的地方则叫"地铃"。

我们今天所谓的空竹,不再包括在地上玩耍的"抽绳转",专指抖在空中,嗡嗡作响的那一种了。空竹有大有小,以多少"响"加以区别,响数从六、八到十二、二十四不等。一个"响"也就是一个音孔,"响"越多,声音越大,价钱也越贵。空竹多少响,都以红纸黑字标出。空竹有单筒、双筒两种,双筒好学,单筒的操作起来较难,不易掌握好平衡。

空竹之戏,清代非常受欢迎。无名氏著的《燕京杂记》记述当时北京空竹的

[①] 见麻国钧:《中华传统游戏大全》,农村读物出版社1990年版,第539页。

制法、玩法说:"京师儿童有抖空竹之戏,截竹为二,短筒中作小干,连而不断,实其两头,窍其中间,以绳绕其小干,引两端而撒抖之,声如洪钟,甚为可听。"

抖空竹技法多样,令人叹为观止。舞式主要有"鹞子翻身"、"飞燕入云"、"响鸽铃"、"攀十字架"、"扔高"、"张飞骗马"、"猴爬竿"等。单说"扔高"一技,有的能将空竹抛向空中达数丈高,待其下落再以抖线承接,准确无误。

从前北京以及北方许多城市一到春节庙会,都有专门的空竹摊子,经营各种空竹,颇受人们的喜爱。

（六）打弹弓

打弹弓是男童们喜爱的一项游戏。弹弓的制作,截取"丫"形树枝或用硬铁条折成"丫"形,两角顶端系以皮条,皮条中部截断,再系以薄皮制作的小兜。搓泥为丸,置小兜之中,或打鸟或射铜钱,以为嬉戏。

儿童以打弹弓为戏的文字记述,大约以西汉韩婴《韩诗外传》为最早了,该书卷十曰:"黄雀方欲食螳螂,不知童子挟弹丸在下,迎而欲弹之。"宋代周密《武林旧事》卷六《诸色伎艺人》条中记载市井中专打弹弓者,如杨宝、蛮王等十人。清代北京街头有专卖弹弓的小贩,儿童们花上几个铜钱就可以买到一个。王隐菊等人编著的《旧北京三百六十行》一书记述说:"卖弹弓、卖袖箭的小贩,多赶庙会或到厂甸摆摊出售。弹弓系用竹子制作的,其弦的中间附有圆形小槽,是丝编成的,弹槽内安上泥丸,对准枝头小鸟把弹丸射出去。"

（七）老鹰抓小鸡

又叫黄鼠狼吃鸡。多人参加,由一人扮老鹰,一人扮母鸡,其余皆扮小鸡。"小鸡"依次拉住"母鸡"的后衣襟,"母鸡"张开双臂保护"小鸡","小鸡"则紧随其后。"老鹰"窜入"鸡群",左赶右追,瞅机会企图抓到"小鸡"。若抓到一只"小鸡",则角色置换,原充"老鹰"者改扮"小鸡","小鸡"则做"老鹰",若抓不到,则依旧扮"老鹰",继续抓"小鸡"。

河北定县儿童玩的"鹰捕小鸟"游戏与此属于同类:在院中或空地聚集十四人,从中选出五人;一人做鹰,四人做小鸟,其余九人,分成三伙,每伙三人,都携手作圈,直立不动,作为小鸟的窝。三个窝只准各住一个小鸟,剩下的一只就在窝外。做鹰的只准在外边,无论如何不许进入鸟窝。游戏开始,鹰就奋勇直前捕捉在外边的小鸟。小鸟奔跑,不使老鹰捕获。到不得已的时候,被追的小鸟,可以随意跑进那个窝去避难。这时那窝里原住的小鸟,就得赶快飞出。鹰看见后飞出的小鸟,再去追捕,小鸟再跑。就这样,直到鹰追上小鸟,再重新开始分工。①

（八）闯麻城

这种游戏多为男童参加。一群小孩分成人数相等的两队,然后相对站成横排,各排用手拉成人墙,由一方先齐声喊叫:"天上雾沉沉,地下闯麻城,麻城闯不开,河那边的哪个敢过来?"对方回应,接着一人出阵,用力冲向对方人墙,冲破了人墙,就可以为本队赢回一人来;冲不破,就被对方留住。最后,一方人少到不能构成人墙,游戏就结束了。这种竞技游戏,要求善于把握时机,选择好突破口,否则难以取胜。②

（九）掩雀

古时儿童捉雀,有所谓"捕雀"、"罗雀"、"弹雀"等。捕雀用筛子,罗雀用网,弹雀用弹弓。"掩"意为乘其不备而谋取之,因此,凡此种种,可统称为掩雀。

《诗经》中有反映掩雀的诗歌,《小雅·鸳鸯》开篇即咏唱道:"鸳鸯于飞,毕之罗之。""毕"是一种带柄的网,用以打猎、捕鸟。"罗"也是捕鸟用的网。汉代王充在《论衡》中说到当时的儿童以"掩雀"为戏。

掩雀用的网,大体上有两种:一为"抬网",一为"粘网"。前者网分两片,相对张于野外。将每片网用竿支起一角,两竿上系以细长绳,人拉绳隐藏起来,网下撒些许谷粒。待鸟飞落啄谷粒时,拉绳,竿倒,网落,则鸟被扣于网底。粘网更加简单。可张于山野,也可张于庭院,网眼大小以鸟头可钻过为度;用网绳将网拉平,系于两树之间,留人守护;另一些人去哄鸟。鸟儿撞到网上,便被缚住,行动不得。

此外,还可以用筛子、用筐来扣雀。大雪封山时,鸟无食可吃,飞来飞去觅食,小孩子抓住这个时机,扫出一块雪地,把筛子或竹筐用一根小棒支起,筛或筐下地面上撒些谷粒,小棒上系以长绳,远远地躲藏起来。待鸟飞来啄食时,拉动长绳,小鸟便被扣在筛子竹筐中了。

（十）捕蝉

夏秋之交的捕蝉是令每个孩子都感兴奋的游戏。蝉,又名"知了"、"仙虫"等,北京方言叫"季鸟儿",也叫"知了儿"。儿童捕蝉笼养之戏,在汉代已有记述。王充《论衡·自纪》曰:"建武三年,充生。为小儿与侪伦游戏,不好狎侮。侪伦好掩雀、捕蝉、戏钱、林熙,充独不肯。"王充回忆自己的童年,别的孩子好掩捕鸟雀,捉拿知了,摊钱、爬树,而他却不干这些事。

---

① 李景汉:《定县社会概况调查》,中华平民教育促进会1933年版,第331页。
② 萧放:《荆山楚水的民俗与旅游》,旅游教育出版社1992年版,第64页。

自唐代起,捕蝉又有了新名,叫"青林乐"。宋陶榖《清异录·虫·青林音乐》记曰:"唐世,京城游手,夏日采蝉货之。唱曰:'只卖青林音乐。'妇妾小儿争买,以笼悬窗户间,亦有验其声长短为胜负者,谓之'仙虫社'。"

清初李斗著《扬州画舫录》一书,专记扬州风俗故事,卷一一《虹桥录》云:"堤上多蝉,早秋噪起,不闻人语。长竿粘落,贮以竹筐,沿堤货之,以供儿童嬉戏,谓之'青林乐'。"

直到现在,北方的儿童仍是"长竿粘落,贮以竹筐",叫"粘季鸟儿"。取长竹竿,竿头涂上自行配制的"粘粘胶",徘徊于树下,仔细寻觅,悄悄地粘下栖息于树枝上的知了。夏天粘知了,对于儿童来说实在是一件其乐无穷的快事。

(十一)捉蜻蜓

每当初秋之时,孩子们兴冲冲地手拿顶端挂有纱布兜的长竿,沿街奔跑,捕捉蜻蜓。古代俗信说阴历的五月五埋蜻蜓头于西向的窗户之下,三月之后,能变化为青真珠。这当然更能引起孩子们的好奇心。

明末刘侗、于奕正《帝京景物略》卷三《胡家村》记载当时的儿童"圈竹结彩线网"以捉蜻蜓,近世儿童有的用纱布制网,以铁线做圈;农村儿童更有一种简便的办法,将秫秸顶端劈开,再以一小短秫秸横撑在劈开处,成三角叉,再把蜘蛛网粘上,一个小小的粘网就制成了。

二、室内游戏

相对来说,室内游戏都比较文雅,不吵不闹就能玩。兹介绍特别常见的几个项目,如抓子儿、翻花、捉中指、拍手(打麦)、吹雨水泡。

(一)抓子儿

抓子儿是妇女、儿童喜玩的室内游戏。刘侗、于奕正《帝京景物略》记载了抓子儿游戏,《春场》一节说道:"是月也(按:正月间),女妇间,手五丸,且掷且拾且承,曰'抓子儿'。丸用象木银砾为之,竞以轻捷。"

玩法大体上有用纱袋与不用纱袋两种。每人准备一堆杏核,叫"出子儿"。出子儿时,大家同声唱念:"出,出,一大把,不出一个就出俩。"念毕张开手掌,谁出子多谁先抓。假若用小纱袋,其玩法为:把大家所出的子儿归拢在一起,撒在炕上(很少在地上玩),讲好"抓三"还是"抓二",若抓三,则只能抓那些自然形成的以三只杏核为一组的,抓毕为止。抓法是这样的:先将小纱袋抛向空中,伺其未落,将该抓的子儿抓在手中,再接住纱袋。抓到子儿归己。不慎碰了它子或没有接住纱袋,都为"坏子儿"。"坏子儿"则被剥夺了继续抓子儿的权利。不用小纱布袋的玩法是:仍是出子儿多的先抓。先将子儿全部兜在掌心,然后抛起,翻过手掌,以掌背承接下落的子儿;再抛起,迅速翻过手掌,以掌心承子儿,要求掌背上所有的子儿必须全部接在掌心,承得之子儿全部归自己;跳出手心者,叫"炸子儿",出现"炸子儿",则前功尽弃。

山东各地普遍盛行抓子儿游戏,玩时伴之以歌,边唱边玩,节奏分明。我们来看一则流行于枣庄山亭区的儿童抓子歌:"第一年,不得闲,插双花鞋过新年。俺的二,二嫂子,红绫布的夹袄子。俺的三,三弯弯,骑着毛驴叫丫鬟。俺的四,四里子,红绫小鞋割底子。俺的五,黄瓜苦,黄瓜叶子插豆腐。俺的六,六小舅,西瓜地里买猪肉。俺的七,七咪咪,干娘抱着干兄弟。俺的八,八妈妈,秫秸地里拧喇叭。俺的九,九妞妞,拉扯红孩带兜兜。俺的十,老表侄,不喝棉油下包子。"孩子们边玩边唱,唱到几便抓几个子儿,非常有情趣。

(二)翻花

翻花游戏尤为女孩们所喜爱,其名称各地不同,有的地方叫翻花、翻单单、翻股,有的地方叫挑线、抄花等。翻花历史悠久,清代蒲松龄的《聊斋志异》就有这方面的描写。封云亭与梅女因长夜难遣,聊以交线之戏。此处所谓"交线"就是翻花,二人"促膝戟指,翻变良久","愈出愈幻,不穷于术。封笑曰:'此闺房之绝技也'"。

翻花使用的工具很简便,只需一米左右线绳一根,打结,呈环状。可一人玩,可二人玩。借助双手,通过勾线翻动,可挑翻成各种图案,如动物、植物及各种生活用品等。动静结合,惟妙惟肖,妙趣横生。最流行的翻花图案有以下几种:一人挑翻的有乌龟、蚊子、松紧带、金鱼、桥、喇叭、秋千、降落伞、太阳落山。二人挑翻的有双十字、花手绢、面条、牛槽、酒盅、媳妇开门等。

翻花有助于培养少年儿童的想象力,使手指关节灵活,促进大脑的发育。

(三)捉中指

这是一种老幼咸宜的游戏。由两个人玩,一人先将右手的五个手指并拢,不让对方看见,而以左手握紧右手,使左手在大拇指和食指之中形成一个"圆窝",五个手指,半隐半露于圆窝中,让对方猜中指并捉住它。

中指可以有不同的藏法,如错位法、隐蔽法、突出法、换指法等等。换指是说将右手的中指撤出,以左手某指替代,以迷惑对方。此游戏以不让对方捉到中指为目的,但是,无论哪种方法,必须保证五个手指同时在圆窝中出现。

(四)拍手(打麦)

"噼噼啪,噼噼啪,大家来打麦。麦子好,麦子多,白面做馍馍。"这是京郊儿童,两两相对,做拍手游戏时吟诵的童谣。这种游戏,古称为"打麦",今称"拍手"。

唐代儿童打麦游戏也是边拍手边唱歌谣："打麦,麦打,三三三,舞了也。"(《新唐书·五行志》)宋人高承《事物纪原》卷九《博弈嬉戏》也记道："今俗儿童有打麦,鼓掌作打麦声,后必三拍之。"打麦游戏是儿童们模仿农村用连枷打麦时的"劈劈啪啪"的声音,而在节奏上稍作处理,以击掌为节,并效其声,口里唱的也是"打麦,麦打"之类的内容。

今天流行的拍手游戏,其方法、歌谣已不限于"打麦"一种,可以打出许多花点儿来。两个人先讲好点儿,以及某点儿用掌心,某点儿用掌背。拍时不能错乱,乱则输。至于儿歌,各地不同。吉林省吉林市的儿童拍手歌是这样的："你拍一,我拍一,黄鸟儿落在树当西。你拍二,我拍二,喜鹊落在树当间儿。你拍三,我拍三,三三见九九连环。你拍四,我拍四,四个小孩写大字。你拍五,我拍五,五个小孩打老虎。你拍六,我拍六,六碗包子六碗肉。你拍七,我拍七,七个小孩儿攥野鸡。你拍八,我拍八,八个小孩儿吹喇叭。你拍九,我拍九,九条胳膊九只手。你拍十,我拍十,庄稼佬,倒骑驴,你骑着,我赶着,你丢了,我捡着,你哭了,我给你,你骂我,我捶你。"说着"我捶你",双方各打对方一拳,跑开。

（五）吹雨水泡

所谓吹雨水泡,就是今天儿童们玩的"吹肥皂泡",以前用雨水配成,叫"雨水泡"。清同治、光绪年间（1862—1908年）由北京民间艺人绘制的《北京民间风俗百图》第七十三图标曰"雨水泡",图之左侧有文字曰："此中国雨水泡之图也。此物必须连阴天用雨水着紫碱、松香调和,盛在碗内,用竹披作圈,点水往空撩去成泡,借日光照之,化五彩颜色,名曰'雨水泡'。"

今天不用雨水,自然名字也变了。此游戏的制作及玩法极其简单,把少许肥皂溶解于水,用一竹管沾肥皂水吹,大小不等的肥皂泡就接二连三地飞向空中,在日光的照射下现出五颜六色,非常好看。

第二节　成人游戏

成人游戏虽不像少年儿童游戏那样天真风趣,但它自有自己的雄健和智巧的风格。成人游戏展示力量、比赛智慧,人们在玩乐中体验到极大的愉悦和放松。更为重要的是,游戏促进了人们之间感情的沟通、关系的密切,对正常的社会运行有着积极良好的维护功能,在中国过去这种缺乏社交条件的自然乡土社会中,发挥着相当的社会作用。

第七章 游艺民俗

一、力量型游戏

成人较量力气的游戏有摔跤、拔河、龙舟竞渡等。因为龙舟竞渡已经在端午节习俗里说过,兹不赘述。

(一) 摔跤

古称角觚、角力、角抵、手搏、相搏、争交、掼交等。摔跤历史极为悠久,原始社会,出于狩猎和战争的需要,摔跤争斗恐怕就已成为一种技艺。周代的"讲武"习俗中,已包括摔跤,当时叫"角力"。《礼记·月令》讲孟冬之月"天子乃命将帅讲武,习射御、角力"。秦代宫廷沿袭周代讲武之制,每在宫中陈角抵。二世胡亥在宫中观看角抵,秦宫的角抵已和俳优的其他伎艺表演并列一处,说明当时的角抵已逐步娱乐化。

汉代摔跤之风盛行,《汉书》张衡的《西京赋》等古籍都有记载。《手搏六篇》的问世,更是当时朝野摔跤之风极盛的标志。汉代的摔跤成为当时雕砖、画像石、壁画、帛画等工艺品都选取的形象。

女子摔跤在唐代出现,到了宋代,曾经在宫中举办过女子相扑,这种女子相扑袒露上身,有伤风化,司马光奏上一本,从此宫中禁绝女子相扑,但民间却禁而不止。南宋时,在临安城的瓦子里,尚有女子摔跤,称为"女飑"。

宋代男子摔跤,远盛于女子摔跤,摔跤人还组织了行会,孟元老《东京梦华录》、周密《武林旧事》等宋人笔记皆有记述。元代继承宋代风俗,每年三月二十八在东岳庙会举行摔跤比赛。明代的戏曲演员,在戏剧中广泛地应用摔跤,一部《目连救母》要选择善相扑跌打者数十人参加演出,规模相当宏大。

满族人素有摔跤之风气,他们入主中原以后,把他们的摔跤之戏与中原摔跤游戏相结合,将摔跤风气推向一个新的高峰。当时,朝野上下,宫廷内外,摔跤成风。朝廷有专门的职业摔跤手,称为"布库",老百姓叫白了,称为"扑户",朝廷专门管理布库及相关事宜的机构,称为"善扑营"。布库们按技艺高下分为一二三等,按等级领取朝廷的钱粮。他们的任务就是研究摔法,练习摔跤,准备每年十二月二十三在养心殿为皇帝及众臣进行摔跤比赛、表演。

民间业余摔跤叫"私交",目的是玩,也有以教人摔跤和在专门场合进行摔跤表演为谋生手段的。清代北京的交场遍布全城,东四、西四、月坛、天桥、地坛等地都有"交窝子",摔跤之风,蔚为壮观。

(二) 拔河

拔河之名,始于唐代,唐以前叫"钩强"、"牵钩"、"施钩"。它的起源,据说和军事训练有关。《隋书·地理志下》载:襄汉"二郡又有牵钩之戏,云从讲武所出,楚将伐吴,以为教战,流迁不改,习以相传"。南朝宗懔的《荆楚岁时记》记述荆楚习俗,也说有"施钩之戏"。

古代的拔河游戏有季节性,南北朝时荆楚一带在寒食节,唐代则在清明节、元宵节,康熙年间编辑的《古今图书集成》列拔河于"上元部",也是在元宵节。

今天我们所熟悉的拔河,是用一根粗大的长绳,竞赛的双方各牵一边对拉,退者胜,进者败。古时的拔河既有这种形式,又有另外一种形式。唐代封演《封氏闻见记》曰:"今民则以大麻絚,长四五十丈,两头分系小索数百条,挂于前。分两朋,两钩齐挽。当大组之中,立大旗为界。震鼓叫噪,使相牵引。"不但绳长,且非一条,在大绳之上,又于每边分挂数百条小绳。那么,两边一共可达千人。拔河开始,鼓声震天动地,助威声响彻云霄。这种民间大型的游戏,场面之壮观,可想而知!

二、技巧型游戏

技巧型游戏需要肢体灵活,主要表现自己的巧劲。此类游戏,我们以秋千和风筝为代表。

(一) 荡秋千

荡秋千游戏的起源已不好确证,传说荡秋千本是"山戎"之戏,自齐威公北伐"山戎",此戏才传入内地。秋千游戏的文字记述,在唐、五代以后渐渐增多起来,它不但在民间广为流传,又是宫中常见的游戏。荡秋千如其他古代游戏一样,有着明显的季节性。清明前后,是荡秋千季节。清明荡秋千风俗至迟在一千五百年前已形成,南朝宗懔《荆楚岁时记》讲到荆楚寒食节俗时说:"打球、秋千、施钩之戏。"唐代宫廷、元代大内及明、清内廷无不于清明时打秋千。元人熊梦祥《析津志》云:"清明寒食,宫廷于是节最为富丽。起立彩索、秋千架,自有戏蹴秋千之服,金绣衣襦、香囊结带、双双对蹴。"直到今天,山东博兴县尚有"雪里灯盏,雨里秋千"的谚语。

民间打秋千的游戏更为普遍,让我们具体看一下陕西省独特的秋千风俗。"处处隔墙闻笑声,家家院落试秋千",说的是陕南秋千的风俗。洋县、城固和秦岭一带,打秋千则在年三十晚上、大年初一进行。小伙子们先准备好了粗壮的山杨木、楸木,支起了秋千架。秋千分两种,一种叫"龙门秋",和关中、陕北一样;一种叫"轮秋",状似跷跷板,两头坐人,中间有轴可转动。初一早上,鞭炮一响,吃过了年饭的姑娘小伙便来抢秋千了。老人孩子们则在一旁观看、助威。姑娘们玩的是龙门秋,坐在秋千板上,荡上跃下,宛如一叶小舟出没在风波中。小伙们爱玩轮秋,几个愣小伙憋足劲把轮秋扳转,轮秋像陀螺一样飞旋,坐在轮秋上的小伙也跟着旋转,头晕、腿软,一切都在旋转,但抓轮秋的双手绝不敢放松,否则,人便会被甩出去。轮秋停后,玩秋千的小伙便忍不住哇哇大吐起来,这风俗当地叫"吐在轮秋下,比谁富贵家",是秋千之戏的一项内容,把吐看成显富、露富、比富的方式。说是大年初一当众吐出富,显显家境,让老天、土地都看见,是当众谢恩的意思,可以祈愿老天、土地保佑自己在新的一年中仍长命富贵。所以山里人在这一天家家挑最好的吃,又人人抢着耍秋千,以寄托自己的心愿。①

(二) 放风筝

风筝这一名称较为晚出,最早的风筝以木制成,名曰"木鸢"。木鸢的发明者据说是鲁般。《淮南子·齐俗训》云:"鲁般墨子,以木为鸢而飞之。"大约在西汉时期,木鸢的制作材料由木头变为竹、纸等物。以竹为骨架,糊以纸、绢等,名称也相应地改为"纸鸢"、"风鸢"、"纸鹞"、"风鹞"。

唐代重游乐,上行下效,故游戏之风在唐代甚为普遍。大约就在这时候,在原来的纸鸢上增加一些花样,把竹制的、苇制的小笛、小哨放在上面,经风一吹,发出悦耳的声响,因易名纸鸢为"风筝"。唐代的高骈有《风筝》诗云:"夜静弦声响碧空,宫商信任往来风;依稀似曲才堪听,又被移将别调中。"

宋代城市里,已有专营风筝的"小经纪"人。明清之际是风筝的大发展时期,题材一下子扩大了许多,清初褚人获《坚瓠集·广集》卷四说:"近又作女子形,粉面黑鬓,红衣白裙,入于云霄,袅娜莫状,县丝鞭于上,辄悦耳之音。"清代乾隆末年成书的《扬州画舫录》卷十一记述当时扬州风筝,就更加丰富了,有云:"风筝盛于清明,其声在弓,其力在尾;大者方丈,尾长有至二三丈者。式多长方,呼为'板门';余以螃蟹、蜈蚣、蝴蝶、蜻蜓、'福'字、'寿'字为多。次之陈妙常、僧尼会、老驼少、楚霸王及欢天喜地、天下太平属,巧极人工。晚或系灯于尾,多至连三连五。"

南方的扬州如此,专以好嬉游乐的北京情况如何呢?恫叟等人编著的《春明采风志》有这么一段记述:"风筝摊:即纸鸢也。常行沙燕,一尺以至丈二,折竹结架,作燕飞式,纸糊,绘青蓝色,中安提线三根。大者背着风琴,或太平锣鼓……顺风放起,昼系纸条,夜系红灯……三尺以上,花样各别:哪吒、刘海、哼哈二圣、两人闹戏、蜈蚣、鲇鱼、蝴蝶、蜻蜓、三阳开泰、七鹊登枝之类。其最奇者,雕与鹰式,一根提线,翱翔空中,遥睹之,逼真也。"这里,我们可以看到,唐宋时的竹笛、苇笛等风筝发鸣装置,在清代已发展到把"风筝"、"太平锣鼓"送上

---

① 参见王世雄、黄卫平:《黄土风情录》,陕西人民教育出版社1991年版,第211页。

高空。风琴比较简单些,是以竹绷为弓形,再将以蚕丝编成的绦子绷在竹弓上,装置于风筝上,遇风则响。名曰"背琴"。背锣鼓比较复杂,其原理和春节时小孩们玩风车一样,有一竹扎的架子,架上置小锣、小鼓;另有一轴,轴端有风斗,风吹则风斗旋转,带头拨片再拨动小槌,打得锣鼓"呛咚"作响。

古人放风筝和其他游戏一样有季节性。《帝京岁时纪胜·三月》曰:"清明扫墓,倾城男女,纷出四郊,担酌挈盒,轮毂相望。各携纸鸢线轴。祭扫毕,即于坟前施放较胜。"

三、竞斗型游戏

民间有一类游戏,都称为"斗",如斗蟋蟀、斗鸡、斗蚁、斗草,或找小动物以斗,或训练动物以斗,或以其他东西相斗,都是要决胜负的,甚至还特别流行用这种游戏形式赌博。

(一) 斗蟋蟀

蟋蟀又叫"趣织"、"促织"、"秋虫"、"蛐蛐"等。传说蟋蟀感秋气而生,是谓秋虫。

斗蟋蟀大约始于唐代,到了宋代,尤其是南宋,斗蟋蟀风行朝野。据宋周密《武林旧事》记载,南宋临安城里,有专门售卖"促织儿"、"促织盆"的"小经纪"。明清两代,斗蟋蟀之风达到顶峰,明万历年间蒋一葵《长安客话》记载道:"京师人至七八月,家家皆养促织。余至郊野,见健夫小儿群聚草间,侧耳往来,面貌兀兀,若有所失者。至于溷厕汗垣之中,一闻其声,涌身疾趋,如馋猫见鼠。瓦盆泥罐,遍市井皆是,不论老幼男女,皆引斗以为乐。"

清代及民国初年,斗蟋蟀之风遍及全国。北京的城内城外,南京的炳灵宫、仪凤茶馆、双和茶园,上海的城隍庙等处,都开斗场。开场时,门悬红彩,车马咸集。南京的习俗以海报告知开斗时日,遍贴大街小巷,上书:某某地秋虫开斗。旁注时间、地点。养秋虫者,奔走相告。

开斗前,先登记编号、交少许钱,谓之"交彩",然后称秋虫的重量,以重量分组,并用纸条标明:第××号几厘几,封于罐口。开斗时,监场的高呼:"××号登场。"于是按事先编好的组,两只一对,放入斗罐中。罐中有栅将秋虫分开,入罐时各据一方。监场的人高呼:"开栅!"于是栅被提起,两方主人各以草引逗秋虫,使之兴起,然后便开始"咬口"。有时两虫势均力敌,斗几十回合不分胜负,有时力量悬殊,一战告捷。胜者得赏,谓之"赏花红"。

捉蟋蟀有专门的工具和一定的方法,时间一般在七、八月间,工具为竹筒、过笼、铜丝罩。方法为循蟋蟀叫声,徐步前进,蟋蟀察觉人至,必逃入石穴等暗处,这时可以用尖草引逗,若仍不出来,用筒水浇灌,这时蟋蟀必一跃而出。[①]

(二) 斗鸡

把两只雄鸡放入场中,使之互相啄斗,是谓"斗鸡"。古人斗鸡多在春暖花开或寒食、清明之时。较早的斗鸡文字记载有春秋时代的《春秋左传·鲁昭公二十五年》,它提到"鸡斗",当然,游戏本身肯定早于文字记载。尔后《战国策·齐策》记曰:"临淄甚富而实,其民无不吹竽、鼓瑟、击筑、弹琴、斗鸡、走犬、六博、踏鞠者。"

西汉以后,斗鸡的文字记述、诗词歌咏,不绝于书。曹植、梁简文帝、刘孝威、宗懔、后周的王褒,都有斗鸡的诗文或杂记。

如果说,这时的斗鸡还主要流行于宫廷、贵族府第,而唐代的斗鸡游戏已遍行天下了。唐人陈鸿《东城老父传》对朝野上下的斗鸡游戏有过形象描述,其曰:"玄宗在藩邸时,乐民间清明节斗鸡戏,及即位,治鸡坊于两宫间。索长安雄鸡,金毫、铁距、高冠、昂尾千数,养于鸡坊。选六军小儿五百人,使驯抚教饲。"皇帝好斗鸡,刺激了王公大臣、黎民百姓。都中男女,以斗鸡为事者,不可数计,风靡长安,波及全国。有人竟以斗鸡得宠,食朝廷俸禄。陈鸿笔下的东城老父贾昌就是其一,时人编为歌谣感叹道:"生儿不用识文字,斗鸡走马胜读书。"唐代疯狂的斗鸡游戏,还通过遣唐的日本留学生、僧人带去日本,并在日本风行起来。斗鸡游戏在宋、元、明、清各朝都不曾止歇。

古时斗鸡有场,场中设旗,斗时摇旗击鼓如两军对垒。为保护自己、伤害对方,鸡也被武装起来,从春秋时代起,就使用"介鸡"、"金距"。所谓"介鸡",有两种说法:一种是说把芥子捣为细粉,播撒于鸡翼上。芥粉味辣,争斗时,鸡翼鼓动,芥粉飞扬出去,对方的鸡因迷痛而无心恋战;另一说法为:古时"介"、"甲"通用,"介"为铠甲。鸡头是啄咬的重要部位,戴小铠甲,保护鸡头。两种做法,可能古代都实行过。"金距"是一种外加的武器,是嫌鸡趾不够尖硬而用金属制成的假趾,套在鸡趾上,以利于战。这些方法,历代相沿,未曾有变。

无论中国还是外国,斗鸡都曾广泛用于赌博,很多人因此倾家荡产,造成社会风气的糜烂,中外都有禁止斗鸡的记载。我国的斗鸡赌博游戏,在新中国成立后曾一度消失。

(三) 斗蚁

是让蚂蚁互斗,旁观以取乐。斗蚁之戏始于宋代,盛于明、清。宋孟元老《东京梦华录》记北宋都城汴梁故事,第五卷《京瓦伎艺》条云:"崇、观以来,在

[①] 参见麻国钧:《中华传统游戏大全》,农村读物出版社1990年版,第13—18页。

京瓦肆伎艺……刘百禽弄虫蚁。"

玩虫斗蚁,民间极为流行,明人蒋一葵《长安客话》卷二《皇都杂记》专门记述斗蚁的方法,其曰:"剪去头上双须,彼此斗咬,致死不休。问之,则曰:'蚁以须为眼,凡行动之时,先以须左右审视,然后疾趋。一抉其须,即不能行。既愤不见,因一死斗。'试之良然。"

这种蚂蚁,首尾粗大,腰部纤细,颜色乌黑,山间草丛大树之下是其出没之地。儿童常玩此游戏。巴掌大的一块地方,成了蚂蚁厮杀搏斗的战场,煞是令人感叹。

（四）斗草

斗百草,实际上也包括花。斗时,比赛数量和品种的多寡。斗草词令,以对花草名为主,既要采得多,又要熟悉百草的名称。斗时要求对仗,比如"狗耳草"对"鸡冠花"。也有斗花草质量者,看谁采集的花草好,以少见、名贵、吉祥者为上。再就是斗草的韧性,把两草茎对拉,断者为负。

"男人不斗草"是就一般意义而言的,意思是说不像妇女儿童那样普遍。南宋的张均斋为自己设计的全年"赏心乐事"中,四月孟夏要到"芳草亭斗草"。山东邹县男子也有斗草习俗,胡朴安的《中华全国风俗志》下篇卷二《山东》说:"念八日,祀东岳,女子为秋千,男子斗百草。"

四、棋类游戏

在围棋、象棋之外,中国各地民间都有一些土俗的、简便的棋,如旋螺城、丢方、庙棋、金木水火土五行棋等,乡亲们随地坐下,在地面画上棋盘,拣几个石子就下开了。兹以华北和华中的"夹吃挑担"和"鸡毛蒜皮"为代表。①

"夹吃挑担":这是两人走棋的游戏,谁使两人的三个子间隔连成一线,谁就得分。先在地上画一个棋盘,拣若干"棋子"放在手边,通常每人先用五个子上阵,走到甲的两子夹着乙的一子的时候,就叫"夹吃"。那被夹的子就被甲吃起,换成自己的子再走。如果乙的两子在两头,甲的一子恰巧走到中间,这就叫作"挑担",甲也将两头的乙子吃起换成自己的子。这样走着,看谁的子先被换完,谁就算输。

"鸡毛蒜皮":由两个人下,先在地上画一个棋盘,每人各用四子,放在盘上成四角形。走动时如距自己的子四步的地方,有对方一子,就依"鸡毛蒜皮"四字诀,将自己的子一连移动四步,口念一字,走动一步,走到四步,正当对方之

---

① 见李景汉:《定县社会概况调查》,中华平民教育促进会1933年,第334页。

子,就把对方的子吃掉。若在四步的地方没有对方的子可吃的时候,每次只准走动一步。子被吃完者为输。这是夏季的游戏,多流行于华北农村。

第三节 社火杂艺

节日和庙会期间,为了酬谢神灵对世人生活的照拂,祈盼未来生活的平安和美好,同时也是为了表达这种特殊时刻的喜悦、兴奋心情,我国各地普遍存在的"社火"组织都要组织文艺活动。

社火是民间自发的,以相同志趣和爱好为结合条件的非营利性群众自娱组织。"社火"的成员,平日从事自己的职业劳动,遇到节日、庙会或其他必要的场合,大家便组织起来进行表演。"社火"最初谓之"社伙",意谓合起来一起做社事,宋代时仍称为社伙,因火有红火、兴旺之意,后来渐变称为"社火"。其活动内容非常丰富,以舞龙灯、耍狮子、跑竹马、走高跷、跑旱船、打霸王鞭、打太平鼓、扭秧歌……为内容组织的各种灯会。

一、杂艺类游戏

民间表演艺术非常驳杂,很难概括,只能暂时勉强以"杂艺"称之。我们选择骑竹马、踩高跷、跑旱船、舞霸王鞭、跳狮子舞、击太平鼓、扭秧歌、台阁、耍(舞)龙灯等游戏作一简要的介绍。

(一) 骑竹马

竹马之戏至少在汉代就十分流行。《后汉书·郭伋传》记载:郭伋在并州为官时政绩很好,于民素有恩德,后来,他"至行郡,到河西美稷,有童儿数百,各骑竹马,道次迎拜"。

唐代竹马游戏极为普遍,经常作为富有情趣的生活画面进入文学作品之中。李白脍炙人口的《长干行》写道:"妾发初复额,折花门前剧。郎骑竹马来,绕床弄青梅。同居长千里,两小无嫌猜……"把男女儿童天真烂漫的嬉戏情景描绘得活灵活现。"青梅竹马"这个成语从此也便流传开来,成为人们儿时便两小无猜的代名词。

竹马简单易玩,极合儿童天真烂漫的想象。以竹、木、秫秸做马皆可,孩童把"马"骑于胯下,手持刀、剑、棍、棒之类,威风凛凛,极其可爱。此游戏广为男童喜爱。宋、金、元历代文学作品中也时时见到骑竹马的内容。如宋苏轼《元日过丹阳明日立春》诗:"竹马弄时宁信老,土牛明日莫辞春。"金元好问《寄女严》诗:"竹马儿时迎阿姨,五更教漏木兰篇。"

从唐宋时代起,竹马渐趋复杂化,出现了以竹或以纸等扎为马头形的竹马,并成为闹社火的重要游戏。南宋周密《武林旧事》卷二《舞队》有"男女竹马"一项,说明当时已将竹马列入"舞队",节庆时由男女共跳。明清之际,在南方许多地区,广泛流行着"竹马灯",这是一种民间歌舞,每逢年节,农民便组成竹马灯队,吹吹打打,边行边舞。山东省昌邑县宋庄乡西小章村现在还保留着传统的竹马歌舞队,这个队伍由村中马姓家族世代传承下来,已有四五百年的历史。这是个大型的竹马歌舞队,包括"马队"、"叉队"、"刀队"、"扎枪队"等,共百余号人,浩浩荡荡。①

竹马的复杂化,更表现在一种独立剧种的形成上。约在清康熙年间,福建南部章浦县形成了一种独立剧种——竹马戏。

(二)踩高跷

古称"双木续足之戏"。高跷又有"长跷"、"踏跷"、"踹跷"等多种称谓。南北朝时,高跷已相当流行。现在,踩高跷仍是民间社火的重要节目之一。

高跷在陕西的乡间叫"柳林棍"、"柳木腿",它是用柳木做成的。跷上支木托,表演者站在木托上,或者表演者直接把腿和木托绑在一起。表演时踩高跷的人都装扮成各种戏剧人物,随着锣鼓的节奏,行走在社火队伍中,或跳、或慢跑、或列队而行,如履平地,旋转自如,给人以凌空飘动的感觉。高跷高的有三尺、五尺、八尺之高,二三尺的高跷,可以做许多表演,如跃起、飞跨、劈叉等戏剧动作,间杂有跳凳、过桌、过"桥"等惊险动作。通常都以滑稽的风格表演。高达丈余的高跷则重在人物造型,服饰化装都要突出社火脸谱艺术的特点。这些人物都是乡民们所熟知的,如取材于《水浒》、《三国演义》、《西游记》故事的人物。可走圆场、龙摆尾步、插十字花步等,重在走动,间或有念唱说白的,其台词皆是群众熟悉且能体现人物性格的。

陕西社火高跷表演较出色的节目是"扑蝶"。前面有两个"女孩"(大多为男扮女装),踩着高跷,手持两根薄薄的富有弹性的竹篾,篾梢上系两只振翼的"蝴蝶"。轻轻一弹一甩,"蝴蝶"便盈盈飞来飞去,后面的小伙(或扮为仕女)手执圆扇,跟着扑蝶。往往是将要把蝴蝶抓到手时,牵引蝴蝶的"姑娘"却又把竹篾挥去了。他们的表演既惊险又充满了生活情趣,给社火活动增添了许多欢乐。②

---

① 见麻国钧:《中华传统游戏大全》,农村读物出版社1990年版,第559页。
② 参见王世雄、黄卫平:《黄土风情录》,陕西人民教育出版社1991年版,第196页。

（三）跑旱船

又叫耍旱船、耍水船、采莲船，是汉族地区节庆、庙会期间惯常的表演项目，通行南北。

无论唐宋还是明清，从乡间到宫廷都曾表演过规模壮观的采莲船。清代富察敦崇在他撰写的记载当时风土人情的著作《燕京岁时记》中专门列述了"跑旱船"条："跑旱船者，乃村童扮成女子，手驾布船唱俚曲，竞学游船采莲者……"这和今天的跑旱船是一样的。

跑旱船一般在农历正月进行，跑旱船是春节期间的文娱活动中必不可少的节目之一。在陕北，船是用彩布扎的，人物一般有两个：一个是扳船的老艄公或小艄公，都扮成丑角；一个是坐船的姑娘，大都是男扮女装。演出时不仅有各种舞蹈动作，模仿划船、采莲，还有唱，穿插说白、数快板等。形式自由，内容风趣。

跑旱船有唱有舞，就有各种专在跑船时唱的曲子，这在陕南有花鼓子、陕北有水船曲。按着曲子现编词，边唱边舞，有对唱、领唱、合唱等。场面活泼、热闹，深受群众喜爱。

（四）霸王鞭

又叫打花棍，是社火中常见的舞蹈形式。古传说神农尝百草，借助于叫"赭鞭"的一根神鞭。他用赭鞭鞭打百花，便可确知草药的药性。周、秦、汉各朝的驱邪祈福的礼俗活动，或者巫医作法时都有持神鞭的形象出现，其实他们手中挥舞的此类神器，只不过是棍棒一类的玩意儿加以装饰而已。

秦末，四方揭竿而起反对秦朝的统治，最后西楚霸王项羽与刘邦争夺天下。传说霸王使鞭，有万夫不当之勇，故霸王鞭就成了威武、勇猛的代称。民间把巫者手中驱邪的棍棒也称为霸王鞭了。

霸王鞭为一长约1米的竹棍或木棍，两头各穿几枚铜钱，舞动竹棍、木棍时，铜钱会发出沙沙的声响；有的不缚铜钱，而缠彩条。这种舞蹈形式有多人群打、个人单打等，以竹鞭造型、动作和节奏变化为主要特点，保持了古人祈福、驱傩的一些动作。

陕北社火中有一种火棍舞，是"霸王鞭"的一种变异。鞭上并不缚铜钱、彩条，而是在棍的两端绑着蘸油的棉花、麻团或香把子。表演在晚上，演员身着红衣，在黑夜中挥舞火棍，只见忽而点点星火，忽而圈圈光环，显得热烈、神秘、欢快。主要动作有托圈、抛空、前后双摆、两手互倒等。壮观的群舞，伴着欢快的唢呐、喧天的锣鼓，场面异常壮观。

（五）狮子舞

又叫"狮舞"、"狮灯"、"舞狮"、"耍狮子"，盛行于汉族地区。相传，汉章帝时，西域的大月氏国进贡了一头金毛雄狮子，并称，汉朝若有人驯服此兽，便继续进贡，否则便断绝关系。章帝选派多人均未能驯服这头狮子。一次，雄狮狂性大发，被一宫人乱棒打死。为躲避治罪，宫人剥下狮皮，由他和他的兄弟装扮成狮子，由他逗引起舞。这不但骗过了大月氏国的使臣，也使章帝信以为真。此事传出后，人们认为耍狮子为国争了光，便纷纷仿此表演狮子舞，自此狮舞得以流传。

唐代散乐的杂戏中有"九头狮子"、"五方狮子"等狮舞。狮子舞一般由两人合作扮一头大狮子（或称为太狮），一人扮作小狮子（又称为少狮），另一人扮壮士，持彩球逗引。表演上分"文狮"、"武狮"两种。文狮主要刻画出狮子温顺的神态，如搔痒、舔毛、打滚、抖毛等动作；武狮表现狮子的勇猛性格，如跳跃、跌扑、登高、腾转、踩球等动作。

狮子舞还因地区不同，呈现出不同的风格。四川的"狮灯"，有"破阵"的内容，它是杂技、游戏、戏曲、书法等多种艺术的综合表演。广东岭南的"醒狮"，又有穿街走巷、挨户"采青"之特殊风俗。

（六）太平鼓

亦称"腊鼓"，流行于北京、河北等北方地区。唐时已有，本为乐舞，后用为腊鼓，宋代称为"打断"。民间改名太平鼓，在新年花会、社火中表演，以祈太平，故称之太平鼓。

太平鼓以铁做框，有桃形、扇形、圆形不同形式，绷裱高丽纸或羊皮，直径尺余，柄部有数铁环。演出形式是演者手持太平鼓，边走边敲边演，随转随打，随打随摇，有传统的舞步和队形。分为拉抽屉、穿胡同、单蝴蝶、双蝴蝶等几十种打法。北京太平鼓演出有十二人、十六人、二十人不等，皆为女童或乡妇。伴有歌唱，曲名太平年。陕西的羯鼓、东北的单鼓，均与它有渊源关系。

（七）扭秧歌

流行于北方各地。系新年社火、花会中一种民间艺术表演形式。

秧歌在南方原是农民插秧时的一种歌唱活动。《广东新语》卷一二记曰："农者每春时，妇子以数千计，往田插秧，一老挝大鼓，鼓声一通，群歌竞作，弥日不绝，是曰秧歌。"在北方则为农闲或新年时一种游艺性化装表演。重舞不重唱。王锡龄《陕南巡视日录》云："田间农民有系彩于首，扮戏装者歌唱舞蹈。金鼓喧闹，为秧歌助兴，俗名大秧歌本此。"

北京会花中秧歌有走跷和跑跷两种。东北秧歌亦有高跷与"地蹦子"之分。在舞的进行中，时有渔樵问答、小二哥打岔、傻柱子插科打诨、客大爷调情、小老妈开恩等穿插表演。新式秧歌，只有彩服，不扮角色，动作以扭跳为主，无唱无逗。

(八) 台阁

台阁，又写作"抬搁"，又称为"芯子"、"高台社火"、"脑搁"、"铁枝"、"飘色"，流行于全国南北许多省份，如陕西、山西、河北、东北，又如广东、福建。它是中国一种历史悠久的装扮型广场游艺表演形式。较早的古代文献中多用"台阁"之名，"台"是指承载装置的平台，"阁"是指装置看起来像是层层楼阁[①]。南宋周密《武林旧事》(卷三)写道，"以木床铁擎为仙佛鬼怪之类，驾空飞动，谓之'台阁'"。

它的形式是用铁棍搭成骨架，支撑二至三层或更高的舞台，上有楼台亭阁，造型山水，一如舞台背景；舞台上多是由小孩着戏装，画脸谱扮演各种戏剧人物角色，最常扮演折子戏和传统戏曲小段如《断桥》、《秦香莲告状》、《牛郎织女相会》和人们比较喜庆的神话传说的人物。有的演员多达十几人，构成一本戏的角色。小孩扮演人物的芯子可以由大人背着，搭在桌子上的芯子或由人抬，牛拉，车推，现在也有放在卡车上的。芯子高者可达一丈余，装扮的戏剧人物被抬着或用车拉着在高空中行进，几里地外都能看见。芯子出现时，一般都伴着喧天的锣鼓、轰鸣的鞭炮，加之作为社火的一部分每在元宵期间表演，由四处的彩灯陪衬，热闹非凡。

此类表演既以布景和扮相吸引观众，也有的以高、难、险动作取胜。延安地区、秦岭山区还曾经流行"过梁秋芯子"。它是在车上架一个类似秋千的架子，架子中间有一个横杠，横杠上穿一个梯子。梯子两头各有一年轻小伙或姑娘，扮成古装人物表演动作。他(她)俩始终保持平衡，有时一边前行，一边上下转圈子，圈子为三百六十度，看起来十分惊险，趣味盎然[②]。

(九) 耍(舞)龙灯

龙灯流行于各地城乡，本来也不限于元宵节才活动。舞龙的记载最早见于西汉董仲舒的《春秋繁露》，被用于求雨。汉代画像石上已刻有戏龙的娱乐场面，汉代百戏中的"鱼龙繁衍"，东汉张衡《西京赋》所说的"黄龙八丈，出水遨游于庭"，可能都与后代的耍龙灯有关联。舞龙与龙抬头有关。春季苍龙星座在东方露出头来，似乎由此造成了万象更新的春天。于是有迎春舞龙的季节仪式。[③] 我在青海民和看到，人们只是二月二龙抬头才舞龙。舞龙与元宵期间灯

---

① 车文明:《台阁:一种古老而广泛的广场表演艺术》，载《文化遗产》2008年第2期，第16—17页。
② 王世雄、黄卫平:《黄土风情录》，陕西人民教育出版社1991年版，第198页。
③ 参见陈久金、卢莲蓉:《中国节庆及其起源》，上海科技教育出版社1989年版，第53页。

节的迎春活动结合,特别是与灯艺结合,龙灯就演化出来了。传统上,元宵节舞龙都有祈求风调雨顺的主题,此外,文献中也有在需要的时候专门舞龙求雨的记载,例如在陕西三原县,人们耍筒子龙,一是在大旱年,二是在每年的元宵节期间①。

龙形象的构成是龙头(鹿角、马面、麒麟须、大嘴、凸眼珠)、蟒身、鱼尾。龙是要一个团队在夜色里合作才舞动的,它的设计与制作有多种思路。龙灯的身子有九节、十一节的,采用十二节(闰年十三节)的说法是象征每月一节;还有一种板凳龙,是看龙灯所代表的村社有多少人家,每家都有自己的一节。龙灯的身子大多用多节竹笼制成,在每节竹笼外用透明纸糊上,笼里装置蜡烛,夜间舞动时点燃蜡烛,由于各节纸灯之间并不相连,所以舞动时严密配合才能相依成形。而外围罩布的龙灯各节则是连接的。长沙周围乡村的龙灯组织大多是一庙王所管辖的范围,龙以纸或布糊头尾,中间分成十余节,每节做成一个把柄,罩以画有龙鳞的布,龙的头尾及中间共十余柄,一人一柄,另一人持红珠作为指挥,龙灯命名为"某某庙王神龙"(每庙必有一龙)②。定县的龙灯也是用竹笼和纸糊成的,可是不用把柄,表演的时候,由耍龙灯的人将头探入龙身,露下身在地上行走,靠手臂的举托和身姿的变化来带动龙舞③。至于火龙,多见于闽广地区,火龙以蕉树为龙头、尾及身,遍插线香,点燃之后,舞动起来,通身是火。

元宵节期间的舞龙大都集中在正月十四、十五和十六。但是请龙与送龙的仪式可能要安排在这个时间的前后。经过一些神圣化或神秘化的仪式之后,龙才能舞起来。在山东蒙阴,龙灯起身叫"起龙"。起龙后先到龙王庙祭龙王爷,主事者烧香叩头,会通过念颂祈求龙王爷使今年风调雨顺。祭庙后,龙眼被用红布包起来,与外界隔离,因为这时龙还没有得水,还不是真龙。然后队伍打起锣鼓去一个山泉(附近无山泉可到河中)去取水,也就是象征性地让龙喝一口水,随后把蒙龙眼的红布揭去,于是得水成真龙了,就开始飞舞了④。武汉的一些地方是直接在龙灯前摆香案请龙、送龙:参加龙灯会的人们在农历正月十三日对着龙灯摆香案,由会首燃烛、拈香、升表、敬龙王,谓之升光;接着试灯,翌日游灯,正月十五日是高潮。正月十八日晨,人们再次敬神,称为送灯⑤。

---

① 巫允明:《古代图腾舞蹈"鱼龙繁衍"的再现——陕西三原县"筒子龙"介绍》,载《舞蹈艺术》第十四辑,文化艺术出版社1986年12月。
② 见坚固:《长沙乡中的旧历新年》,载《民俗周刊》第53、54合期。
③ 李景汉编:《定县社会概况调查》,中国人民大学出版社,第375页。
④ 隋希武:《舞龙灯》,载《民俗研究》总第四期,1987年。
⑤ 见冯桂林:《中国名城汉俗大观——武汉篇》,中国友谊出版公司1993年版,第55页。

第七章　游艺民俗

在耍龙的整个队伍中，以"龙珠"最难，它是全龙的导师，龙珠必须对各种路数了然于胸，否则阵脚必乱。其次是龙头，它是全身之首领，全身随其动而动；龙头重量又大，动辄三五十斤，通常由数人轮换操之。再次是龙尾，全龙飞舞，其力归结于尾；操尾者，毫无主动权，既须因势利导，又要跳跃，方见活泼①。河北定县却是用蜘蛛代替龙珠，学者在20世纪早期看到的景象是：行走的时候，摇头摆尾，忽起忽落，在抬头张口时好像喷云吐雾，曲身伸爪好像作势追逐，有时像翻江闹海，有时像飞舞天空。龙灯前边有人举着一个纸糊蜘蛛，诱龙进退舞动，称为"龙戏蜘蛛"。在龙舞跳的时候，锣鼓齐奏，一方面使看热闹的人发生兴趣，一方面龙的舞跳也有节奏②。除了在公共场所，龙灯队常常是挨家表演的。其情形是：以旌旗十或八枝为前驱，随之以号筒及锣鼓，每至一户，户主燃爆竹、香烛迎接，由持珠者引龙至厅前旷地，大舞特舞！舞时锣鼓、号筒大作，主家燃爆竹以和之。③

二、戏曲表演习俗

社火游艺民俗，除了包括以上社火团体所自发组织的群众参与的观赏性的文娱活动外，还包括节日和庙会期间职业半职业性戏曲表演团体进行演出时所表现的民俗事象。这些民俗事象反映了中国人关于艺术表现的种种独特的观念，对演员职业的认识和社会评价，是探讨中国人关于艺术的起源、功能作用、目的等的极具价值的材料。兹以山西、广东的戏曲表演及其相关的各种民俗观念、禁忌、行为加以说明。④

（一）礼神演出

礼神演出，是所有地方戏曲的重要演出活动。有的剧种甚至是专为祀神而存在的，只是在后来的发展中才有了娱人的作用。

晋东南的对子戏专在迎神赛社时演出，无固定班社和专职演员，由若干民间乐队临时组织起来演唱。这种乐队，平时十多人为一班，为民间红白喜事服务。迎神赛社时，每台需要集中数班乐队，约五十人。演出时每个乐队担任一个行当。以长子县为例，鲍店村的乐队专演花脸，壁村乐队专演生角。为了配备行当，还跨县请把式。迎神赛社，一年一次，各村轮流主办。赛场设在寺院，

---

① 王世雄、黄卫平：《黄土风情录》，陕西人民教育出版社1991年版，第481页。
② 李景汉编：《定县社会概况调查》，中国人民大学出版社，第375页。
③ 坚固：《长沙乡中的旧历新年》，载《民俗周刊》第53、54合期。
④ 参见温幸、薛麦喜主编：《山西民俗》，山西人民出版社1991年版，第441—452页；刘志文主编：《广东民俗大观》下卷，广东旅游出版社1993年版，第91—101页。

寺院内的戏台坐南向北,面对坐北向南的神殿,寺院大门外东西两边也各有一座戏台。大赛时,唯对子戏可在寺院内面对神殿演出,其他剧种必须在对子戏演罢或开演后才能演出。对子戏逢赛场敬神时,以台下"供盏"(向神献的各种素食品,为一种敬神的仪式)为主,演戏为辅。大赛期间,除早、午、晚一天演三次外,其余都是"供盏"活动。

西北的赛戏,本身就是一种祀神活动,起源于民间的迎神赛社。赛班人数不多,小班二十人左右,大班不过三十人,因系家庭班社,其旦角一向由女演员担任,剧本内容多取材于历史故事和佛道故事。祀神驱鬼的表演名为"迎喜神"和"斩旱魃"。"迎喜神"以每岁立春为"开赛"之日。这天,赛班扮福、禄、寿、喜诸神,由引荐者为先导,全班结队进入演出地点。群众则扶老携幼,分列两边,夹道迎接,邻里相呼"迎喜神",取喜庆之意。这是"赛会"的开始。接着由赛戏演出,然后其他剧种接演。"斩旱魃"俗称"捉旱怪",为每岁盛夏某日报赛祈雨时,由赛班演出。净扮旱魃赵万牛,头戴鲜羊肚,赤身穿小红短裤,束红腰带,手端一碗鲜羊血,在鼓声中登场,然后风、调、雨、顺四大天王(扮相遵寺庙泥塑),各执大铡刀追上,旱魃跳下赛台夺路而逃,天神紧追不舍,观众就地取砂石、土块之类抛打旱魃,旱魃则用羊血喷洒观众,逃出赛场,顺街而过,经店铺摊贩,可任取小商货、小食品,商贾也乐于奉给,以图消灾化吉。绕街一周后返回赛台,旱魃被擒,暂时散场。午后,继上午之"捉魃"接演"调鬼"。开场时,引荐者举一把系以红绸彩带的竹扫把挥舞上场,小丑扮"扫帚鬼"上,旱魃随之,头戴面具的诸鬼神(如二郎神、韦驮、牛头、马面之类)从台上走至街衢空地表演,旱魃被擒,游街示众,演出结束。赛戏的敬神活动,属于傩戏。

(二)行业习俗

在民间小戏产生、成长的过程中,戏曲艺人具有既受欢迎,又受轻视的特殊身份,他们求生存,求发展,形成了一系列维护职业的文化习俗。

其一,对神的崇拜和敬畏。戏曲艺人大多以唐明皇为"祖师爷",也称之为"梨园神",但也有一些剧种崇拜另外的神,如山西皮影戏的祖师爷被认为是五代的唐庄宗李存勖,俗称"小唐王"(因为李存勖为皇帝时多宠信伶人,自己亦常粉墨梳妆和伶人一起演戏为乐)。广东粤剧戏班崇拜华光大帝。北方又流行在两个皇帝之间建立关系:一般古老的剧种、剧团和皮影、木偶戏班供"老郎"(唐明皇),而新剧种、新剧团多供"太子"。假若在乡村社事、古会、庙会上,供老郎的木偶班和唱大戏供"太子"的大戏班遇在一起,唱对台戏或为同一事助兴演出,大戏班的领班要抱上"太子"像去敬拜"老郎"像。

晋南地区的戏班均设有"正神"与"副神",均为身长两尺的木制傀儡。"正

第七章　游艺民俗

神"头戴王帽,身穿王蟒。"副神"又名"喜神",身穿一般男装。它们除用于祭祀外,还作为道具用。"正神"一般用于皇帝、皇后临殿。每月初一、十五,艺人们对"正神"、"副神"各祭祀一次。跪拜毕,班主与掌班分坐桌旁,对半月内误场或发生事故的人员予以批评,名曰"祀神理事"。

戏班每在首场演出前,要对演出所在寺庙里的神进行"安神加官"。登台前,全体演员穿戴整齐,列队入庙,在献殿前肃整如仪,然后再登台,俗称"拜溜"。"拜溜"后举行"安神加官",程序是:由一演员戴白色假脸,身着丞相官服,手持三轴布制条幅,依次展开,上写"当朝一品"、"福禄寿三星"、"指日高升",再根据本庙所祀之神,口呼"加官",如给财神爷加官、给关老爷加官、给火神爷加官等。"安神加官"结束,开始正式演出。如遇有县官看戏,也需行加官仪式。程序同上。如果遇到戏台坐北向南,就是违反了神规(按常例为神殿面南,戏台面北),这时戏班就将腰刀一把、红髯一个挂在戏台中央,以示驱邪,直到三日戏终为止,否则于戏班不祥。

如遇到新台落成的首台演出,还要举行"破台"仪式。由二净扮作红脸,口戴红髯,一手握三股叉,一手撸公鸡脸子,出场后用嘴咬断鸡脖,将鸡血洒到台上,以此除妖驱邪。民间随之形成一种习俗,认为花脸、二花脸或三花脸有化凶为吉的神功。乡民为了使孩子们平安健壮,顺利成长,每逢戏班演出时,常常抱上孩子,让这三个行当的演员,将孩子化装成小花脸,以求吉利。

其二,对世人的尊重和帮助。旧时唱戏,首为祀神,次则敬绅,否则戏班寸步难行。戏班每到一地,掌班先带领小旦到当地缙绅家拜客,口称"戏主"。如果遇到流氓猖獗之地,还要恳求缙绅同意,在三尺红布上写"某某某(缙绅的名字)戏班",挂在台前,方可免遭无赖的骚扰。

每逢春节社火时,艺人们化好装后,先去庙堂祭神,然后走街串巷,边舞边走,挨门挨户祝福。每到一家,咏诵一些吉利话,如"男人种地女织布,和和气气闹家务,指望今年收成好,儿孙满堂全家福",讨个皆大欢喜。

过去的戏班以义气为重,特别是与江河渡口结有生死之缘。传说古代戏班渡河时,忽然洪水滔滔,船漏欲沉,艺人们急忙用"字板"(一种乐器)加以堵塞,救了全船人的性命。从此,戏班与船工结下了生死之交,凡是戏班与戏箱过河,船工都不收钱。戏班每年六月十五要在渡口义演三天,娱乐河神、酬谢船户。渡口在添置新船时,也必须在船底挖一个"字板"大小的缝口,然后把类似字板的木板镶嵌,以示纪念。戏班的"字板"也因其立过大功而被视为神圣,不许闲杂人等乱摸乱碰,否则于戏班不祥。

其三,严格遵守演戏的习俗。戏班走村串乡演戏,形成了一系列为观众认可的舞台习俗,兹举数例:(1)首台和最后一台,忌演互相残杀、妻离子散、家破人亡之悲剧,宜以吉庆团圆、生子中元、加官晋爵等戏终场。(2)选择剧目,忌讳亵渎地方姓氏,如在吕姓地方演出,忌演《激吕布》;在蔡姓地方演出,忌演《斩蔡阳》。(3)某个演员(特别是主要演员)如临场因病不能登台演出时,除了用小黑板写明事因放在台口公布周知以外,患病的演员还要依照所演的角色化装、穿戴齐全,由其徒弟或同伴背着他出场,绕台一周,以示实况。(4)观众对表演认真和技艺精湛的演员有喝彩加奖赏的俗例。理事人预先备好红包,一个个连接起来,悬于台前,喝多少彩,演员就剪多少个,个人得的归个人,数人得的合理分配,适当照顾"后场"人员。

参考书目

约翰·赫伊津哈:《游戏的人:关于文化的游戏成分的研究》,多人译,中国美术学院出版社1996年版。

麻国钧:《中华传统游戏大全》,农村读物出版社1990年版。

思考题

1. 影响传统游戏衰落的主要因素是什么?
2. 如何在现代社会生活中传承传统游戏?
3. 你能列举多少种龙灯?

第八章

民俗观念

民俗观念是指民间长期流传并广为人知的世界观、信仰和信念、价值标准、社会经验和历史知识等构成的精神世界。生活在广袤的中华大地上的中华民族,由于生产、生活条件相似,由于千百年里各地人口不断流动混合,由于各地拥有同一种书面文献(汉文典籍)所传承的历史文化传统,由于各地民众都程度不同地受儒、释、道的意识形态的影响,因此各地民间拥有大量相同的民俗观念。另一方面,民众的思想观念又表现出丰富的地方差异,各地都有自己的地方性知识,即使是一些普遍性的民间知识也呈现出充分的地方特色。中国人多地广,包含着经济地理和文化地理上的多样性,表现在民俗观念上的地方性是很鲜明的,一位神、一座庙可能形成一个信仰圈(小范围的如各地的庙会,大范围的如东南沿海的妈祖信仰,华北的碧霞元君信仰),一种口味、一类生态环境可能形成一个饮食文化圈(如菜系、地方风味食品),一组传说可能形成一个传说圈(如两广的刘三姐传说,东北的人参传说),不一而足。总的来说,中国各地的民俗观念是普遍的民族文化与地方性文化的综合体。

在前述各章对民俗事项的描述中都涉及民俗观念,例如在人生礼俗和传统节日活动中,我们都能够感受到中国人的核心价值观的传承。实际上,在今天的现实生活中集中见证中国人的核心价值的机会就是人生礼俗(尤其是丧葬仪式)和传统节日活动。其中比较充分展现的观念涉及人与自然的关系(包括人对待天的态度)、人与历史和传统(传承)的关系(包括对待祖宗、先人的态度)、人与他人的关系(生命的来源与去向、同喜同乐的心态、福满乾坤的普遍主义愿望)。节日活动涉及大量看起来比较抽象、虚幻的仪式,但是这些仪式培育了中国人自强不息的积极人生态度。一个过节的中国人,懂得应节祈福(如春节),他就内在地具有希望、企盼,并懂得如何表达自己的希望;祈福之后,他在随后的节日仪式中获得警惕、防范的意识(如端午节),保持慎重的心态待人处事。当他最后如愿的时候,节日活动给他的感恩之心和报答之念以时机和表达形式,于是他再祈福,进入下一周期;如果他未如愿,他也有机会顺应年节,自然进入下一周期,重新祈福,仍以希望继续自己的人生。庙会的周期也以专门的形式发挥着年节周期的作用。由此我们可以看见,民俗仪式没有生产粮食和钢铁,但是它们生产着希望并维持着希望,它们让个人体验着并传递着社会的价值观念。

中国在古代就不是单一宗教体系的社会,在近世又以西方为师,使得一个共同体的官方与民间、媒体与口碑、公开场合与小范围在价值观念上大多呈现极大的差异乃至对立。面对这些差异,学术的与政治的精英在公共领域树立了一套价值尺度(以科学、理性、进步与迷信、愚昧、落后的跨度来衡量),也通过学校教育构造了一套现代的话语。普通人的生活价值在公共领域和学校语言里被表达为负面价值,他们就在自己的场所用民间语言来表达。中国社会的基本价值经过一百多年的反复折腾,现在已经发生了很大的变化。但是,它们仍然是我们的社会大众的精神世界的内容。当前的非物质文化遗产保护工作正尝试以正面的形象在公共领域呈现民间的传承,甚至让一些民间信仰(如妈祖庙会、北京妙峰山碧霞元君庙会)成为国家承认的公共文化[①],尽管这种承认的表达还是采用了一些修辞技巧。不管各个方面最终做何评价,对民俗观念的描述性呈现总是中国社会科学的一项基本工作。

如前所述,民众的生产活动、生活过程、组织行为、节庆和人生礼俗都有某种信仰在背后作支撑,都有某种知识在事前作指导。除了体现在行为中的各种信仰、知识,民众的思想观念还有两种直观的存在形态便于我们叙述,其一是物化(偶像、活动)形态的民间信仰,其二是语言形态的民间智慧。

第一节 民间信仰

民间信仰从空间上可以分为天廷、冥界(阴间)、人世,从活动主体可以分为神灵、鬼魂、人。这三种空间是明确区隔的,而这三种主体是交互影响的,有时是相互转化的。人死,或以为是灵魂升天了,一般认为灵魂要入阴间。人在世

[①] 参见高丙中:《作为公共文化的非物质文化遗产》,载《文艺研究》2008年第2期。

第八章 民俗观念

上首先要与神灵和鬼魂搞好关系,其常规手段是祭祀(简化为摆供品,烧纸钱)。对祖先而言,是供养他们在阴间的花费;对神灵和其他的鬼魂而言,是讨好,是贿赂。人在世的一切麻烦,首先是与神灵和鬼魂的关系出了问题,在常规手段不起作用的情况下,人们就采用各种巫术。

民众的麻烦一向很多,到近世尤其多。生老病死,天灾人祸,人们实际上不能解决,只有从信仰层面调节。因此,近世民间信仰尤烈。又因为各地有不同的地方历史文化传统,加上民间固有的交流弱点,信仰的媒介和表达符号难以整合统一,所以各地民间的信仰五花八门,异说纷呈,只有一部分内容是比较广泛的。民间信仰的庞杂性限制了调查研究的广泛性和深度,对民间信仰的全面叙述现在只是学术界刚开始要做的大课题。

我们现在只能对近世民间信仰作一肤浅的描述。描述将分三部分:民间庙宇、民间诸神、民间祈禳。我们可以从民间庙宇分布的例子概览民间信仰的面和规模,从民间主要的神灵看民间信仰的大致内容,从民间祈禳观察民间信仰所凭借的手段。

一、民间庙宇

近世一般民众,尤其是妇女,流行偶像崇拜,通常各村都有庙宇,数村必有一个较大的庙宇,一方起码有一个中型庙宇。关于民间庙宇的一些基本情况,虽然没有全国性的普查,但是二三十年代的一些区域性调查可以为我们提供当时民间庙宇分布的大致印象。

据1927年的不完全统计,金华8个县共有429所神庙,其中主神供奉土地、地保的共计60多所,供奉关公的共计56所,供奉胡公的共计55所,供奉观音的共计45所。主神的名目杂多,十之六七附从财神、土地。神庙的名称有300多种,主神的名目有200多种。[①]

20世纪20年代末,李景汉主持在河北定县进行全面的社会调查,其中关于庙宇的调查为我们保留了近世民间信仰的宝贵资料[②]。据1930年对各村概况的普查,全县存在的庙宇统计为879座,其中城关计22座;453村计857座,平均每村接近2座。城内大庙为城隍庙、瘟神庙、大道观、八蜡庙、兴国寺、财神庙、关岳庙、三义庙、文庙等。453村的庙宇如表一所示(表内庙宇名称按照村人习惯的称呼),其中最多之庙宇为五道庙,计157座,关帝庙次之,计123座,

---

① 曹松叶:《金华——部分神庙一个简单的统计》,载《民俗》第86、89合期,第57—79页。
② 李景汉:《定县社会概况调查》,中华平民教育促进会1933年,第417—436页。

再次为老母庙、南海大士庙、三官庙、奶奶庙、真武庙、龙王庙、玉皇庙、马王庙、虫王庙、药王庙、观音庙、三义庙等。

表一 河北定县 453 村各种寺庙及其数量(1930 年)

寺庙类别	数量	寺庙类别	数量	寺庙类别	数量
五道庙	157	太公庙	5	五将庙	1
关帝庙	123	河神庙	5	大王庙	1
老母庙	102	孔子庙	5	瘟神庙	1
南海大士庙	80	岳王庙	4	白塔寺	1
三官庙	48	全神庙	4	阎王庙	1
奶奶庙	45	三皇庙	4	韩祖庙	1
真武庙	41	城隍庙	3	显兴寺	1
龙王庙	32	仙姑庙	3	四杰庙	1
玉皇庙	22	七神庙	3	慈云寺	1
马王庙	21	天仙圣母庙	2	佛祖寺	1
虫王庙	20	清真寺	2	苍山院	1
药王庙	14	关岳庙	2	五灵庙	1
观音庙	13	佛寺	2	三清观	1
三义庙	13	佛爷寺	2	禹王庙	1
大寺	13	狐仙庙	2	天台寺	1
龙母庙	12	北斗庙	1	苍姑庙	1
菩萨庙	9	九神庙	1	报恩寺	1
土地庙	7	弥勒庵	1	高阁庙	1
二郎庙	7	天齐庙	1	木塔寺	1
老君庙	6	天地庙	1	总合	857

民间庙宇兴盛于明清,在清末民初以来的现代化浪潮冲击下,总趋势是逐渐减少,但一边不断被拆毁,另一方面又在重建,并形成一次次的回潮。定县东亭乡 62 村的庙宇的一段历史很有代表性。清末民初是大毁庙宇的时期,按 1928 年的统计,在已毁的 331 座庙宇中,324 座是 1900 年以来被毁的,其中 259 座毁于 1912 年至 1928 年的民国时期,特别是 1914 年县长发动破除迷信,200 座庙宇的神像被清除出去,留下的大多数寺庙成为学堂。但是,在 1930 年前后的数年里,因天灾人祸不断发生,民众求助于鬼神的念头又虔诚起来,新庙宇也随之而修盖起来。民间庙宇在此后的命运仍然是屡拆屡建,屡建屡拆。这种连续的历史剧一直演到当下。

东亭乡 62 村各种庙宇在 1928 年的保留数以及此前的毁坏数见表二。据

第八章 民俗观念

李景汉介绍，若把原有庙宇数量与家数比较，有的村庄每数家即合一座庙宇，有的每一二十家即合一座庙宇，有的三四十家合一座庙宇，总平均数为每24家合一座庙宇。

表二 河北定县东亭乡62村原有及现有庙宇及其数量（1928年）

庙宇名称	原有	现有	庙宇名称	原有	现有	庙宇名称	原有	现有
五道庙	68	17	瘟神庙	2	…	齐天大圣庙	1	1
老母庙	54	19	永宁寺	2	…	罗汉庙	1	1
关帝庙	40	10	崇宁寺	2	…	佛爷庙	1	1
真武庙	37	11	佛光寺	2	…	凤凰寺	1	…
三官庙	32	9	河神庙	2	1	净业寺	1	…
奶奶庙	22	5	李靖庙	1	1	弥勒寺	1	…
玉皇庙	22	1	苍姑庙	1	…	洪门寺	1	…
龙王庙	21	4	老张庙	1	…	兴元寺	1	…
药王庙	18	5	天仙灵母庙	1	…	福长寺	1	…
马王庙	17	3	财神庙	1	1	白马寺	1	…
大寺	12	…	北岳庙	1	…	龙泉寺	1	…
虫王庙	9	1	韩祖庙	1	1	开明寺	1	…
观音庙	7	2	三清庙	1	1	安乐寺	1	…
二郎庙	6	1	八蜡庙	1	…	小寺	1	…
三义庙	5	…	五神庙	1	…	天真寺	1	…
土地庙	4	1	周公庙	1	1	兴福寺	1	…
太公庙	4	…	龙母庙	1	…	大佛寺	1	…
五龙圣母庙	3	…	老君庙	1	…	坐佛寺	1	…
三皇庙	3	1	刘秀庙	1	…	地藏庵	1	…
七神庙	3	…	文庙	1	1	尼姑庵	1	…
五圣老母庙	2	1	城隍庙	1	1	总合	435	104

民间庙宇的规模一般都比较小，在62村原有庙宇中，1间房屋的有303座，2间房屋的有12座，3间房屋的有79座，房屋最多的是30间，计2座。庙内神像有塑像与画像之别，62村原有庙宇中有塑像的计396座。一座庙宇内所供奉的神像除了一位主神外，大多另有一些附神。62村原有塑像的396座庙宇中的偶像统计见表三。偶像总数为2157个，平均每个庙宇5.4个，而一庙三神的占多数。

表三　河北定县东亭乡 62 村庙宇偶像统计

偶像数	庙宇数	%	偶像数	庙宇数	%
1	54	13.6	5—14	119	30.1
2	1	0.3	15—54	21	5.2
3	199	50.2	116	1	0.3
4	1	0.3	合计	396	100

从主神来看,62 村民众修建各种庙宇的原因各有侧重。大致说来,435 座庙中为祈福免祸而修建的有 113 座,包括老母、观音、七神、五神、三皇、三清、城隍、罗汉、土地、五圣老母等庙及各寺庵;为招魂追悼而修建的有 68 座五道庙;为祈求降雨而修建的有玉皇、龙王、五龙圣母、老张等 56 座庙;为镇邪驱祟修建的有真武、二郎、齐天大圣、太公等 48 座庙;为祈嗣而修建的有 23 座奶奶庙;为祈免疾病而修建的有 18 座药王庙;为祈免瘟疫而修建的有 2 座瘟神庙;为求财而修建的有 1 座财神庙。此外则为普遍的崇敬,包括关帝、三官、三义、老君、文庙、周公、刘秀、韩祖、北岳、李靖、苍姑等 85 座庙。

但是,民间信仰的神庙通常是多功能的:一方面,民众树立的大神总是一专多能,如关公、观音、玉皇、北方的碧霞元君、沿海的妈祖等;另一方面,民间庙宇大多是一庙数神,民众习惯在主神之外不断地增加另外的神作配角,结果,无论求什么都可以在同一个神庙进行。

一庙数神是中国近世民间庙宇的常见模式,定县调查的资料充分说明了这一点。我们再以广东东莞的城隍庙,具体看一看中型庙宇的多神配置情况。1938 年秋,顾颉刚、容肇祖、容媛等人对广东东莞城隍庙进行考查,撰文[①]介绍了城隍庙中神位的设置,其中列有:城隍以及城隍奶奶、十二位奶娘、城隍少爷、城隍小姐、十殿阎王共 10 位,东岳,猪雀大王,牛王大将,长寿夫人,鸡谷夫人,金花夫人,媒公、媒婆,无常爷,追魂童子,青驱夫人,九天玄女,磨地夫人,华岳夫人,退病大王,包公丞相,转运将军,阎罗天子,十二天尊,北帝,劝善太师,救苦天尊,地藏王,六祖禅师,齐天大圣,华光大帝,玄坛元帅,财帛星君,当年太岁,车公大将,急脚先锋,洪山救主,三痘相公。诸神共计 70 多位,覆盖了民间生老病死一切所求。

二、民间诸神

中国民间信仰的神灵并无广泛确认的体系,神灵的地位和神灵之间的关系

---

① 顾颉刚:《东莞城隍庙图》和容媛:《东莞城隍庙图说》,载《民俗》第 41、42 合期。

第八章　民俗观念

因地而异,有很大的随意性和灵活性。各种神灵在性质上大致有神、神仙、人鬼、菩萨、妖魔等五类。神包括自然神和社会神,前者如日神、月神、风神、雨师等,是原始初民对不可理解的自然现象所作的一种人格化幻想的产物;后者如黄帝、夸父等,是人类发展早期对氏族或部落做出过较大贡献的人,死后被人们奉为神。神仙是通过修炼而达到长生不死的人,如八仙等。人鬼是人死后在另一世界(冥界)的存在形态。菩萨,是佛教的形象,如观音、弥勒佛等。妖魔又称妖怪、精怪,是除人以外的其他有生物和无生物通过修炼后而达到的一种生命形态,通常能幻化为人形,如狐狸精(狐仙)、蛇精、龟精等。

民间信仰的神灵有无数的名目,其中在近世影响特别大的有玉皇、观音、关公、阎王、城隍、土地、沿海的妈祖、北方的碧霞元君等。其他众多的神灵在另外的章节曾经提及一些,如财神、灶神、门神、龙王、福禄寿喜诸神、天地等,在此则略而不述。

(一) 玉皇大帝

中国民间崇拜的神灵极其庞杂,神灵之间并无严密的体系,民众心目中也没有一个严格意义上的至尊之神,只是在非常有限的意义上可以说玉皇大帝是万神之主。玉皇大帝说起来是统领众神之神,但在民间信仰的实际格局里,它并不处于中心地位,倒是颇有一点名不副实。尽管如此,玉皇大帝在民间信仰中还是有一定的影响的。

对于玉皇大帝在民间的影响,陈建宪有一段中肯的综述:玉皇大帝信仰已深深融入中国老百姓的日常生活之中,老百姓一般记得正月初九是玉皇大帝的生日,他们举行丰富多彩的庆祝活动,祈求玉皇大帝赐福于新的一年。他们在日常生活中不管碰到什么大事,例如求雨、建房、婚丧嫁娶等等,也常常祈求玉皇大帝的保佑。许多山川风物,都附会在玉皇大帝及其妻子王母娘娘、女儿七仙女身上;无数优美的民间传说,传述着玉皇大帝及其手下如太白金星、四海龙王、城隍土地等神灵的故事,表达了民众的喜怒哀乐之情。在明清以来广泛流行的通俗文学中,玉皇大帝作为天上万神殿的核心,成为一个不可或缺的文化背景。[①]

"玉皇"、"玉帝"在魏晋南北朝时期有其名,在唐宋时期成为统治天地人间的至上神。在魏晋南北朝时期,由于道教徒对于玉皇大帝的崇拜,"玉"被广泛用于形容天上或仙界之物,神界被称为"玉京玉清",神宫是"琼楼玉宇",并开始有"玉皇"或"玉帝"的普通名词。到南朝道士陶弘景撰《真灵位业图》,出现

[①] 见陈建宪:《玉皇大帝信仰》,学苑出版社1994年版,第2页。

了"玉皇道君"和"高上玉皇"的专有名词,它们被列入道教主神元始天尊属下的神。从唐代文献来看,"玉皇"或"玉帝"已是天上群仙之帝。韦应物《学仙》有诗句:"昔有道士求神仙,灵真下试心确然,千钧巨石一发愿,卧之石下十三年。存道亡身一试过,奏之玉皇乃升天。"时至大中祥符七年(1014年),宋真宗为玉皇大帝设像,供奉圣号匣;第二年正月朔日,又正式封玉皇大帝的圣号为"太上开天执符御历含真体道玉皇大天帝"。从此,玉皇大帝正式登上了万神之主的宝座。①

民间流传比较广泛的玉皇大帝风俗是正月初九的"玉皇大帝圣诞"。近世民间的民俗活动主要有家庭祭祀和地区庙会。这一天,民间禁屠宰,忌讳把不洁之物(如大小便、妇女下衣等)拿到室外,以免亵渎天上的玉帝。在台湾、福建等地,玉皇大帝又被称作"天公",在正月初九凌晨,家家户户在正厅设供桌祭祀。届时,各家大小整肃衣冠,行三跪九叩的大礼,然后烧金箔,放爆竹。各家爆竹声声,连成一片,颇为热闹。

对玉皇大帝的信仰在山东极为流行。全省各地有许多玉皇阁、玉皇庙,在这些庙宇中供奉着以泥胎塑成的人间帝王模样的玉皇大帝神像。民间相信玉皇主管人们的福禄寿夭,因此玉皇庙香火甚盛。在泰山极顶的玉皇庙,至今还有许多许愿挂袍的香客。过去,每逢正月初九玉皇生日,还要举行庙会,盛况空前。山东昌邑县及其周围流行"玉皇演驾"的大型民俗活动。昌邑县白家营传说是玉皇的姥娘家,这一带特别崇信玉皇,丰收之年为了向玉皇大帝还愿,从正月初一到十四常有"玉皇演驾"仪式,逢天旱祈得下雨的年份还要连续演驾三年,向玉皇报恩。②

(二)观音

如果勉强要在中国民间信仰中认定一个最有人缘的神灵,那就是观音。观音原称"观世音",译自梵文 Avalokiteśvara(阿婆卢吉低舍婆罗),亦译"光世音"、"观自在"、"观世自在",尊号为"大慈大悲救苦救难观世音菩萨",后来为避唐太宗李世民的讳,略去"世"字,简称"观音"、"大悲",又俗称"观世音菩萨"、"南海大士"、"白衣大士"、"观音娘娘"、"观音圣母"、"观音妈"等。

在佛教里,观世音菩萨的属性是慈悲助人,其特点有三:其一,救助一切陷于痛苦困厄之人。其二,观音能急人之所急,济人之所难,随时解救人的一切困厄。其三,观音抢险救厄不为己、不为利、不图报。观音本来一般以男性形象出

---

① 参见陈建宪:《玉皇大帝信仰》,学苑出版社1994年版,第12—18页。
② 山曼等:《山东民俗》,山东友谊书社1988年版,第348—349页。

现：敦煌莫高窟第 276 窟隋代壁画上的观音方脸阔鼻,下有髭须;《华严经》说观音是个"勇猛丈夫";《悲华经》说观音是转轮圣王的王子;《观世音得大势至授记经》说观音是威德王之子。

观音能变化形体,可男可女,但在中国民众心目中,观音主要是一位美丽善良、救苦扶难的女神,民间习惯的称呼是"观音娘娘"、"观音圣母"、"观音妈"。比较早的女性形象有山西平顺大云院保存的五代壁画上的观音,眼大眉修,鼻直唇薄,身着圆领阔衣;头梳高髻,上插凤钗,周围以花朵装饰。

民间所熟悉的观音传说故事大多是女神故事。北宋天竺普明禅师编集的《香山宝卷》观音原是妙音公主,又有故事说是妙善公主,总之是女性。又据《古今图书集成·神异典》卷七九三一《法华持验》载,在唐代,观音化为美艳的卖鱼女子,嫁给马郎,宣扬佛法,感化一方。宋元以后,《鱼观音宝卷》在民间广为传播,故事梗概是:金沙滩的住户为恶多端,上帝欲灭绝之,观音不忍,乃下凡来超度他们。观音变成一妙龄女子来到村里卖鱼,轰动全村。马二郎为村中首恶,他为观音的美貌所打动,欲娶之为妻。她说凡欲娶她的人必须熟念《莲经》,吃素行善,否则违背了她的誓言,就要受到惩罚。马二郎及村中恶少深受感动,决心放下屠刀,立地成佛,于是观音便与马二郎结了婚,不久即腹痛而亡,全村人都受到感化,因而成了善地。① 民间剪纸、泥塑以此类故事为本刻画的鱼篮观音,梳普通发髻,头插簪子,着民妇装,手提竹篮,篮子里盛一尾鲤鱼。此类村姑少妇形象广为民众所熟知。

观音左有善财童子,右有龙女相伴辅佐,在民间信仰中是一位全知全能的神,尤其受到求子妇女的崇拜。观音为人排难解厄,治病救溺,保一方风调雨顺,为妇女送子保胎等等,可谓无所不能。最盛大的观音崇拜应该是浙江普陀山每年三次的观音法会,分别在农历二月十九日观音的诞生日、六月十九日观音的成道日、九月十九日观音的涅槃日举行。各地信众长途跋涉而来,规模很大。民妇习惯到各地观音庙通过"偷观音鞋"、"拴娃娃"等活动求子。各地有吃"观音素"("观音斋")的习俗,有的是从二月初一到二月十九日观音的生日期间吃素,有的是每月逢九吃素,因为观音的三大纪念日都有"九"之数。

(三) 关帝

在中国民间诸神中,关帝的影响是数一数二的,大概有时会略逊于民众对于观音的信仰。关帝在民间全称为"关圣帝君",俗称"关帝爷"、"关公"、"关老爷"。关帝的雅称尚有"伏魔大帝"、"协天大帝"、"盖天古佛"等;因其籍贯是山

---

① 见邢莉:《观音信仰》,学苑出版社 1994 年版,第 52—58 页。

西,所以也叫"山西夫子"。关帝庙也叫关王庙、老爷庙、关庙、武庙。

关帝的原型是三国时的历史人物关羽,据陈寿《三国志》记载,关羽字"云长",河东解州(山西运城)人,是蜀国的大将。他的故事一直在民间流传,到罗贯中撰写《三国演义》而定型为忠、义的化身。关羽的主要故事为:东汉末年,亡命涿郡,适逢刘备起事,与张飞往投,刘关张三人"桃园三结义";关羽曾被曹操擒获,不为曹操的百般笼络所动,仍心在刘备,千里往投;为报曹操恩义,于万众之中取颜良首级,曹操封他"汉寿亭侯",后来又在华容道放曹操一条生路;在刘备军中战功卓著(诸如水淹七军),威震华夏;后被孙权所杀。据说,关羽死后,头葬河南洛阳,身葬湖北当阳玉泉山。各种故事所突出的是关羽有忠心、有勇力、重义气。

关羽的神话故事在唐宋时期是显灵为朝廷助战,如俞樾《茶香室丛钞》卷十五录《北梦琐言》记关公在唐咸通乱离后率鬼兵入城,《三教源流搜神大全》卷三记关羽为宋真宗立下战功,被封为"武安王";宋徽宗时又加封尊号为"崇宁至道真君"。明清帝王都崇奉关公,立有隆重的国家祭典。明万历年间,皇帝敕封关羽"三界伏魔大帝神威远震天尊关圣帝君";到清顺治皇帝,封敕已达26字:"忠义神武灵祐仁勇威显护国保民精诚绥靖翊赞宣德关圣大帝"。明清时期关庙遍地。明人刘侗、于奕正《帝京景物略》记曰:"关庙自古今,遍华夷。"清人潘荣陆《帝京岁时纪胜·关圣庙》记曰:"关圣庙遍天下,而京师尤盛。"

关羽的忠刚义烈,不仅适合统治者的口味,而且符合民众的心理。关公在统治者那里可以为臣民们树立起效忠王朝的样板,因而成为与"文圣"孔子并列的"武圣",是战神,是诛叛罚逆的先锋,是忠义之神。在民间,关羽更是万能之神,司福禄、佑科举、治病消灾、驱邪避恶、招财进宝、庇佑商贾,可以说是无所不能。社会上的三教九流除了对关羽通常的信奉之外,还有许多行业奉之为行业保护神,这种行业有20多个,如描金业、皮箱业、皮革业、烟业、香烛业、绸缎商、成衣业、厨业、盐业、酱园业、豆腐业、屠宰业、肉铺业、糕点业、干果业、银钱业、典当业,军人、武师、教育业,命相家等。关羽的义为江湖帮派提供了维系宗派的精神纽带,成为它们的精神系统的支柱。

各地对关帝的祭祀,以纪念关帝诞辰和"单刀赴会之期"的庙会最隆重。相传农历五月十三日是关帝"单刀赴会之期",所以称"单刀会";又是"关公磨刀日",这一天忌动刀砧,并且俗信有雨,称作"磨刀雨",所以这一天也叫"雨节"。关于关帝的诞辰,一说是五月十三日,一说是六月二十四日。各地关帝庙周围的民众在这两个时期举办庙会,尤以五月十三日为盛。庙会内容主要是公祭和演戏酬神,外加商贸活动。清富察敦崇《燕京岁时记》"十里河"条云:"十里河

第八章　民俗观念

关帝庙在广渠门外。每至五月,自十一日起,开庙三日,梨园献戏,岁以为常";"祭关帝"条又曰:"六月二十四日致祭关帝,岁以为常。鞭炮之多,与新年无异。盖帝之御灾捍患有德于民者深也。"胡朴安《中华全国风俗志》下篇卷三(江苏)"六合县之岁时"云:"(五月)十三日乃关帝诞辰,官民祭享,演戏建醮,龙舟游舫如(五月)五日。"又如在河北定县,据说阴历六月二十四是关老爷的生日,乡民多去叩头烧香。五月十三日是关公单刀赴会的日子,所以乡民有给他搭台唱戏的习俗。各地演戏酬神,所演多是关公戏,如《单刀会》等。

(四)冥界和阎王

冥界的最高"领导"是玉皇大帝。在中国民间宗教信仰的"神灵"体系中,玉皇大帝是神界的主宰,天宫和冥府都属他管辖,不过,与天宫的联系更加密切。冥界则由阎王统一专管。在阎王之下,各地的死人灵魂又由一级级的城隍、土地主管。

中国的冥界在较早的时候称"幽都"、"黄泉"。战国时期屈原的《招魂》已有描绘,诗曰"魂兮归来,君无下此幽都些"。王逸注曰:"幽都,地下后土所治也。地下幽冥,故称幽都。"说明当时楚地有冥界观念,并流行相应的招魂习俗。《左传·隐公元年》引郑庄公誓词曰:"不及黄泉,无相见也。""黄泉"一词也出现于战国时期。古代曾有"幽都"、"黄泉"都在昆仑山的说法。东汉以后,泰山又成了中国的冥界。东汉墓中出土的镇墓券中经常有"生人属长安,死属太(泰)山"的记载。《后汉书·乌桓传》云:"中国人死者魂归岱(泰)山。"因此,东岳大帝的特点也是管鬼。

在道教系统中,冥界另有体系,如传为葛洪所著的《枕中书》记载:"鲍靓为地下主者,带潜山真人。蔡郁垒为东方鬼帝,治桃止山。张衡、杨云为北方鬼帝,治罗丰山。杜子仁为南方鬼帝,治罗浮山。周乞、嵇康为中央鬼帝,治抱犊山。赵文和、赵真人为西方鬼帝,治潘冢山。"东、南、西、中央鬼帝在民间影响皆不大,唯有北方鬼帝治所罗丰山衍传为四川丰都县平都山后,名声远播,丰都成为鬼都。

佛教传入中国后,"地狱"观念与中国原有的冥界观念相结合,使冥界体系化,把各种不同的鬼王、冥府罗列在一起,出现了"地府十王"之说。

阎王,亦称阎罗王、阎波罗王、阎罗等,是冥界之主。阎王是印度古神之一,随着佛教一起传入。"阎王"的梵文为 yamaraja,意为"地狱的统治者"或"幽冥界之王"。由于六朝以后佛教盛行,民间对阎王的信仰逐渐普遍,甚至超出了中国原来的冥主东岳大帝。到唐末,出现了十殿阎王的说法。这十个阎王是:泰广王、楚江王、宋帝王、伍官王、阎罗王、卞城王、泰山王、都市王、平等王、转轮王,分管地府十殿。但在民间观念中十殿阎王并不细分,而笼统称为阎王。阎王向无专庙,或寄身于东岳庙,或寄身于丰都大帝庙,或寄身于城隍庙。

（五）城隍

城隍神原为自然神,即水墉,后来附会为由人鬼担任,职能也从城池保护神发展为冥神。清代赵翼《陔余丛考》卷三十五"城隍神"云:"城隍之祀盖始于六朝也,至唐则渐遍。"《唐文粹》有李阳冰《缙云县城隍记》,谓城隍神祀典全无,唯吴越有之,至唐初尚未列入祀典。《张曲江集》有祭洪州城隍神文,杜甫诗有"十年过父老,几日赛城隍"之句,《杜牧集》有祭城隍祈雨文,则唐中叶各州郡皆有城隍。也是自唐代始,城隍神格提高了。除了保护城池外,还负责当地的冥籍和水旱吉凶,成了一地阴间的最高神。宋代开始把城隍信仰列入国家祭典,明代更规定了统一的祭祀时间、祭祀仪式、祭祀祝文。明代以来,城隍庙遍及各地城镇。城隍是人鬼被任命的冥官,因此,一地有一地的城隍。死后为城隍的人,生前都为该地做出过相当的贡献,或者是有所作为的地方官。城隍是人鬼,人们还给他(们)配有城隍夫人(庙内有很华丽的卧室)、城隍少爷、城隍小姐,都在庙中立有塑像。

城隍庙的冥界官吏系统分为城隍的上司和下属两部分。城隍的上司有三位:玉皇大帝是最高上司,阎王是系统上司,东岳大帝是顶头(直接)上司。玉皇大帝和东岳大帝因有专庙祭供,所以通常在城隍庙中无塑像。许多城隍庙中都有十殿阎王塑像。

城隍除统辖本地乡村各土地庙、五道庙之外,在城隍庙直接差使的下属主要有判官、黑白无常、牛头马面等。(1)判官主要有四个:掌刑判官、掌善簿判官、掌恶簿判官、掌生死簿判官,其中掌生死簿判官权力最大。(2)无常是冥界专司勾摄生魂的"勾魂鬼",分为黑无常、白无常两种。黑无常穿一身黑长衫,戴一顶黑高帽,手执一把黑扇子,帽子上写"见吾死哉"四个字。白无常身穿白长衫,头戴白高帽,手执白扇,高帽上写"见吾生财"四个字。黑白无常一高一矮、一黑一白、一胖一瘦,经常搭档出行。(3)牛头马面是冥界的狱卒,执行勾人魂魄和行刑的任务。在民间鬼话中,牛头、马面有时爱占小便宜,甚至敲诈钱财;有时又对受冤的人有同情心,并给予帮助。

城隍是地方保护神、冥籍管理神,也是道德监督神。城隍庙的设计颇能彰显神的监督功能。我们以浙江省武义县城隍庙大殿的布置为例。中央大殿祀城隍爷,悬"赏善罚恶"、"到此分明"等横匾,柱联有:(1)"为善必昌。为善不昌,祖宗必有遗殃,殃尽则昌","为恶必亡。为恶不亡,祖宗必有遗祥,详尽而亡"。(2)"善有善报,恶有恶报,若还不报,时候未到","你说你对,他说他对,

第八章 民俗观念

究竟谁对,我有记载"。(3) "万恶淫为首","百善孝为先"等。殿中还悬有约两米长的大算盘。左有手执功过簿的判官,右有手拿铜锤的小鬼。两廊有十殿阎王,中间有人间善恶故事,如武松杀嫂、秦桧卖国、《十五贯》、《包公审乌盆》等戏剧人物;其下是地狱惩恶景况。最后一殿是轮转王,鬼卒把人分为两路:一路是好人,由金童玉女扶上仙轿,进入投生上层;一路是坏人,身披猪牛羊狗皮,被鬼卒驱赶进投生下层。通过转轮,上层分三等;下层是动物,还分四等。①

为了祈求城隍保护全境平安,本年风调雨顺,不受自然灾害和妖魔鬼怪的侵害,全国各地普遍在清明、七月半、十月朔演示规模盛大的城隍出巡("三巡会")。城隍信仰其他活动则各地差异甚大,例如,因城隍和城隍庙的等级不同,城隍和城隍夫人的生日就不同,相应的神诞会的时间和规模也不相同。

(六) 土地神

土地神,兼为土谷神,又被视为冥间地保。《孝经纬·援神契》:"社者,五土之总神。土地广博不可遍敬,故封土为社而祀之,以报功也。"《说文》:"社,地主也。"土地生五谷,社和稷本来就是二而一的,《礼记·郊特牲》孔颖达疏就说:"稷是社之细别";殷人只有社而无稷,到周代才有社稷并列②。老百姓习惯把社和稷合二为一,称之土谷神。有些地方虽然不用土谷神这个称呼,但视社神为土谷神。社神又被视为地域保护神或本地阴间的地保,民国20年辽宁《义县志》"土地"载,"土地,俗称土地老或土地爷,谓乃冥间之地保,实即社神,街头村尾多立庙祀之。其庙殊小而简陋,朔望、年节,附近居民多焚香往祀"。它实际上是城隍手下的乡村长官,负责阴差,收容羁押新丧的鬼魂。据说新丧的鬼魂先到它那里报到,暂住三天再启程西行。因此,人们在家属咽气后先去"报庙"或称"照庙",并且一天三次去送浆水,烧香烧纸,请求土地和鬼卒关照死者。一条俗语对此作了形象的概括:"土地土地,住在石头屋里。不看笑的,光看哭的。"

人们供奉、祭拜的土地神曾以多种形象存在。据陈梦家对甲骨文的考证,封土为丘大概是最早的土地神符号。《淮南子·齐俗训》说:"有虞氏之祀,其社用土。"上古三代曾以树或石象征社神。据《白虎通·社稷》引《尚书》说,"太社唯松,东社唯柏,南社唯梓,西社唯栗,北社唯槐",不同方位的社用不同的树作标志。近世的土地神是人形偶像,通常是一位穿袍戴乌帽的白发老翁,旁边配一位老妇,谓之土地公和土地婆、田公和田婆等。土地神本为女性,所谓天公地

---

① 引自郑土有、王贤淼:《中国城隍信仰》,上海三联书店1994年版,第139页。
② 陈梦家:《殷虚卜辞综述》,中华书局1988年版,第583页。

母。地母,即后土,是最初的社神。丁山认为,后土是自初民社会所祭的地母神演变而来,因为第一,土地能生五谷,犹如妇女能生子女;第二,五谷由野生培植为人工生产是妇女的贡献,所以土地被称为地母、后土①。在男性主宰的社会,社神被视为男子,后来还给配上了女眷。

土地神的住所有祠,有庙,有石头屋,有旧水缸,还有露天野外的一个角落,各地悬殊。胡朴安《中华全国风俗志》下篇卷三"江苏阜宁"对此有一个很好的概括:"阜宁人对于土地之供奉颇为郑重。大村庄均筹集公款,起造土地祠宇。小村庄无钱力起造祠宇者,则用粗瓦缸一只,将缸之近口处敲成长方洞门,覆之于地,将土地牌位供之于内,权当土地之祠宇,而其所敲之缺处,则祠门也。谚云:'土地老爷本姓张,有钱住瓦屋,没钱顶破缸。'即此之谓也。"乡村的土地庙一般都因陋就简,有的以石头筑成,不过一二尺高,有的地方竟在小土地庙的门上贴这种对联:"石室无光月当灯,荒野无人风扫地。"不过,较正式的庙联是这样的:"名列五行末,位居三才中"、"正直为神,视民有赫;平安赐福,惠我无疆"等。

近世普遍以二月二日作为春社,祭祀土地神,祈求本年有好收成,此谓之春祈。等到秋后再以丰盛的酒肉报答神的庇佑,谓之秋报。春社的活动和事物都被加上"社"的标志,袁景澜《吴郡岁华纪胜》说:"二月二日为土神诞日,城中庙宇,各有专祠,牲乐以酬。乡村土谷神祠,农民亦家具壶浆以祝,神主俗称田公、田婆,古称社公、社母。社公不食宿水,故社日必有雨,曰社公雨。醵钱作会,曰社戏。叠鼓祈年,曰社鼓。饮酒治聋,曰社酒。以肉杂调和馈饭,曰社饭……田事将兴,特祀社以祈农祥。"胡朴安《中华全国风俗志》下篇卷三"江苏六合县社日"云:"自城市以及乡村,各醵金,具酒醴鸡豚,以祀土神。祀毕,群享祭余,乡邻欢聚,名为社会。"与宗族不同,结"社"的范围是邻里,规模有大有小,多的百户一社,少的二十户一社。每年的社会有会首,总是挨户轮流担任。

(七) 妈祖

妈祖是源于福建的称呼,在闽南方言中,"妈"是对女性年长者或德高望重女性的尊称。妈祖在山东、辽东则称海神娘娘,台湾又称"天上圣母"。②

妈祖与关公一样,是由人鬼被尊奉为神的。传说妈祖在世时姓林名默,祖籍福建省莆田县湄州屿,生于宋建隆元年(960年)三月二十三日,逝于宋雍熙四年(987年)九月九日。林默自幼聪明,后来从巫,为民占卜吉凶,驱灾治病,

---

① 见丁山:《中国古代宗教与神话考》,龙门联合书局1961年版,第147—148页。
② 见李露露:《妈祖信仰》,学苑出版社1994年版。

第八章 民俗观念

成为当地的名巫。林默谢世后,被民众奉为地方保护神,历代统治者也封其为"夫人"、"天妃"、"天后"等。妈祖在宋代只是小地区的海神,明清以来,已经升格为中国沿海各地信奉的万能之神:人们不仅相信妈祖能够保佑航海安全,而且相信妈祖能够主宰风调雨顺、生儿育女、战争胜负、灾病吉凶。

妈祖是整个沿海地区的信仰,但渔民的信仰尤盛。渔民造船,要造一船模供在妈祖庙内,以求神灵保佑航行平安。凡是出海的海船,必在船上供奉妈祖,作为航行海上的保护神。如果海浪恶起,渔船危险,船工就抱着妈祖像呼叫,许愿求妈祖保佑。黄海渔民中有的生还无望,希望绝处逢生,就发"花子愿":如妈祖保佑生还,来世甘当牛马,不投人胎。

祭祀妈祖有两种形式:一种是固定的祭祀,即在妈祖三月二十三日诞辰和九月九日逝世日两天,有隆重的庙会祭祀;一种是不固定的祭祀,即求安全行船、求子、求雨等的祭祀活动。定期的妈祖庙祭祀由朝廷官吏主持,民众都去烧香、上供、祈拜、掷卦问卜、许愿、"添油香"等,并有各种民间文娱活动。庙会期间还有分身妈祖回娘家的习俗。闽台各地妈祖庙要到湄州进香谒祖,香客打着旗,抬着神像担着香奁,浩浩荡荡去朝湄州祖庙。在远离湄州屿的地区,人们则把妈祖神像送到当地福建会馆去(如天津天后宫就把妈祖送到天津闽粤会馆)住几天。

(八)碧霞元君

碧霞元君是北方民众信奉的一位女神,全称为"天仙圣母碧霞元君"、"东岳泰山天仙玉女碧霞元君",俗称"泰山娘娘"、"泰山老奶奶"等。其职掌很广,人们为了五谷丰登、发财、立业、旅行安全、喜结良缘、诉讼取胜、治病免灾,都会向她祈求。

碧霞元君的来历有多种说法。一说她的前身是玉女,为汉代所塑。到五代的时候,大殿倾圮,玉女掉入池中。传说宋真宗封禅泰山后,在池中得一石人,命人建祠奉祀,号为圣帝之女,封为"天仙如玉碧霞元君"。一说她是黄帝的七女之一。一说她本来是黄帝手下的女神童,因刻苦学法、礼拜王母,又得仙人指点而得道成仙。一说她是东岳大帝的女儿,他们父女都住在泰山上,因此碧霞元君也叫"泰山娘娘"。一说她是华山玉女。一说她原是汉代凡女玉叶。元君是道教对女仙的尊称,但民间并不是把她作为道教的神来信奉的。

碧霞元君的职掌多,香火也盛。专祀这位女神的宫殿见于北方各地,旧时北京著名的就有七处之多,以远郊的妙峰山为其香火重地;泰山之巅的碧霞元君祠是铁瓦殿,据说是总祠,平时香火比岱顶的玉皇大帝庙还盛;各地的祠宇应算行宫。她在北方庙宇中的地位可能仅排在关公和观音之后。对碧霞元君的奉祀以妇女为多,她们更重视其主生育的职能。碧霞元君的生日一说是三月十五日,一说是四月十八日。碧霞元君的庙会祭祀在泰山是三月十五日,各地信众结成香社,奔赴山顶朝拜;在其他许多地方是四月十八日或五月十八日。清人潘荣陛《帝京岁时纪胜·天仙庙》记载北京的碧霞元君信仰活动说:"京师香会之盛,惟碧霞元君为最。庙祀极多,而著名者七……每岁之四月朔至十八日,为元君诞辰。男女奔趋,香会络绎,素称最盛。惟南顶于五月朔始开庙,至十八日。都人献戏进供,悬灯赛愿,朝拜恐后。"

三、民间祈禳

民间祈禳是指民众习惯采用的实际只是从心理上缓解各种麻烦、困难乃至灾难的手段,这些手段主要建立在信仰之上,而不是技术性的。除了念佛、吃斋、设醮、做道场等佛教和道教的精神手段之外,民间祈禳的手段可谓五花八门,常见的就有念咒、画符、送瘟船、下神、镇邪等。

(一)念咒

语言是交流的媒介,俗信认为一些神秘的文本具有巫术性的媒介作用,人们念诵这些文本可以达到心愿,缓解自己遇到的困难问题。最普遍的莫过于念"南无阿弥陀佛"一句祷告,人们几乎遇到各种事都会念它,人们相信反复念诵可以消灾免祸。"小儿夜哭禳词"也是各地通行的,词曰"小儿夜哭,请君念读。如若不哭,谢君万福";又曰"天皇皇,地皇皇,我家有个夜哭郎。过路君子念一遍,一夜睡到大天光"。俗信认为小儿夜哭是"魂不守舍",其父母须在路口街道广贴禳词,由众人之口消除不祥,以求一家安宁。

各地各行各业的禳词、咒语很多。例如,做噩梦后书禳词贴在向阳处,词曰"夜梦不详,书于东墙。太阳一照,化为吉昌"。又如,野外作业靠运气得到收获的人尤其重视咒语,川北猎户的"箍山咒"和渔户的"箍水咒"颇有代表性,以神的名义和灵魂转世的逻辑博取较好的收获,前者为"天灵开,地灵开,玄元老祖下天台,灵山聚集百种兽,猎得群兽换人胎";后者为"天灵灵,地灵灵,敬告水中神龙君。泗水赶尽鲢鳜鲤,祭奠九天仙与神"①。东北挖参人找到人参,要大喝"棒槌",把人参定住。

(二)画符

符的名目很多,如斗口符、护法符、诸天符、喇嘛符、镇宅符、镇魂符、托生符、安胎符等等。僧、道、巫皆画符于寺庙宫观前出卖,民间术士也有擅长此道

---

① 孙旭军等编著:《四川民俗大观》,四川人民出版社1989年版,第347—348页。

第八章　民俗观念

的。金鑫、殷毅对江苏南通民间符咒的详细调查为我们提供了民间术士用符的生动例子①。民间术士对符咒的传承有比较严格的规矩,一般只在临终前才单独传授,以亲近的男性受承居多。施符的时间一般选在太阳初升和傍晚太阳快落之时,所用的法器主要是水、墨、毛笔、香等。以"符"镇病多在室内,一般有两种方法:一是画好符,然后焚烧成灰,充水让病人口服,称之"符水";二是将画好的"符"让患者藏(或贴)在某个固定的位置,以驱鬼镇邪。

画符所用纸、笔、砚、墨、水,都是极普通的,但这些东西由术士施术后就被赋予了特殊功力。兹举施术咒语的三个例子:其一,"敕纸神咒"曰:"玉帝敕吾纸,书符打邪鬼,敢有不服者,押赴丰都城。急急如律令。"其二,"敕水神咒"曰:"此水不是平凡水,北方壬癸水一点,砚中云雨须臾至,病者吞之百鬼消,邪鬼吞之如粉碎。急急如律令。"其三,"敕砚神咒"曰:"玉帝有敕一神砚,四方金木水火土,雷雨风电咒神砚,轻磨霹雳电光闪。急急如律令。"符的威力来自于玉帝的绝对权威,术士们传承的"敕符一宗"对此有一种系统的表述:"神符炉中香烟喷,正奏玉皇上天门。奏得玉皇行敕令,四边官将显威灵。奉请何人来书符,神师祖师领其弟子来书符。天上书符天也陷,地下书符地也崩,野田书符草也死,海内书符海也旱,神庙书符庙也倒,对人书符人长生,对鬼书符鬼消藏,对神书符神遭难。书起神符到东方,东方百鬼走忙忙;书起神符到南方,南方百鬼无处藏;书起神符到西方,西方弥陀被现身;书起神符到北方,北方真武大将军;书起神符到中央,中央百鬼走得慌。书下神符一道道,治病祛邪显神妙。"

民间流传的手抄本有数百种"符",从收"兜耳风"(医名腮腺炎)的方法可见一斑。术士取来笔墨,口念神咒使笔墨具有巫力,再让患者连哈三口气,接着术士在患处画上敕令符,一边从外向里不断地用毛笔画圈(据说是要把病源从外向里圈在里面),一边念咒语,连念七遍,要面向太阳。这样的巫术活动要进行好几天,直到消肿时为止。每次临了,要在朝南的墙上写"消"字。其咒语曰:

　　黑黑扬扬,日出东方。
　　仙人取水,玉女焚香。
　　能收张和尚肿毒,早收早好,
　　晚收晚好,一收就好。
　　天地盘古大霸王,四百八十大金刚,

---

① 金鑫、殷毅:《江苏南通民间符咒治病祛邪调查》,载《中国民间文化》第十二集,学林出版社1993年版。

>　　五霸龙王,大喝一声,
>　　天地惊动,收疮疮好,
>　　收到临了,叫它壁上讨脓血。
>　　吾奉太上老君急急如律令。

（三）送瘟船

抬神巡境以收瘟除疫的活动曾通行各地,其中一种习俗是把瘟疫鬼怪收入船中送走,此俗在近世流行于江南各地,俗称"送瘟船",又称为"送瘟神"、"送船"、"送瘟"、"扫荡"等。据黄强的研究,送瘟船的习俗主要有着两大类型:一是以地域社会为单位的集团性"送瘟船"祭祀活动,一般以一个村寨或一个城镇为主,地域中的各家各户共同举行;一是以一户家庭为单位的个别性"送瘟船"仪礼,由主家招请巫师道士来家驱瘟逐疫。①

送瘟船的习俗在方志中有大量的记载。广东《肇庆府志》(清道光十三年修)记曰:"十一二月举法事,曰禳灾,又曰保境,作纸船送江上。"湖北《云梦县志》(清道光二十年修)记民间端午送瘟船过程说:"四城以五彩绫绢作龙舟迎赛,设层楼飞阁,于其脊中塑忠臣屈原、孝女曹娥及瘟神、水神各像,旁列水手十余,装束整齐,金鼓箫板,旗帜导龙而游,曰迎船……数日后,以茶米楮币实舱中,如前仪,导送河干焚之,曰送船。"

送瘟船的过程首先是"迎船",即迎接神灵的来临;然后人供奉牺牲、抬神巡游境内各处;最后送船,请求这些神灵收尽恶鬼瘟邪,由船带走。另一种做法是由术士收瘟,再由船带走。四川《重修彭山县志》(民国三十三年修)记载,民间"于二三月间召术士,筮日设坛清醮。醮之日禁屠宰,户皆于门为所禳神位,术士夜出巡视,则户各于所位前燃香烛,谓之'清街醮'。毕,则为纸船,以人舁之,导以钟鼓行于市。术士持帚、扇、剑、牌。帚有令,扇有符,逐户以扇灭其火,取其所禳之神而仆之,持剑书符,以牌拍其门,咒而以帚扫出投于船,毕则焚之江,谓之'扫荡'"。通过"沿门逐疫"的巡境、扫荡,躲藏在村寨、城镇、田野各个角落的一切恶鬼瘟疫都被收入到"船"之中送走,给人们留下一个平安清净的世界。

送瘟船活动对"船"的处理采取用火焚烧或用河流漂走的方式,有的地方对这两种方式都解释为漂流,据说用火烧是让船上天河了。台湾《澎湖厅志》(清

---

① 黄强:《中国江南民间"送瘟神"祭祀活动研究》,载《中国民间文化》第十二集,学林出版社1993年版。

光绪十八年修)记曰:"(船)造毕,或择日付之一炬,谓之'游天河';或派数人,驾船游海上,谓之'游地河',皆维神所命焉。"总之是远离举行仪式的社区。

广州人家的"起犯"算得上是一种家庭范围的送瘟船。传说阴间的鬼常在阳间行走,如果人撞着了鬼,或侮弄了鬼,便会受鬼的惩罚,俗称"犯"。人得"犯"之后,便会生病,这时,家人就要给"犯"者禳解,这一禳解仪式当地谓之"起犯"。正式的起犯须请喃巫佬(巫师)进行,谓之"拜下坛"。届时,被请的喃巫佬带上起犯必备物品如纸人、纸马、纸船等到当事人家中作法。纸人又称"代人",纸马、纸船据说是纸人的代步工具。作法之后,喃巫佬把代人、纸船、纸马拿至门外焚化,然后收好主家封的"利市"(红包),带上"拜下坛"所用之物(通常有鸡蛋、猪肉、青钱等),满载而归。[①]

(四)下神

民众请巫婆神汉通过仪式请来神灵或大仙解决疑难、病患,俗称"下神"、"跳神"等。此俗在南北都曾广泛流行,北方的属于萨满系统,南方的属于巫师系统。我们举一则北方农民请神婆下神治病的例子,举一则南方民间请神驱鬼怪消除病根的例子。这种治病的方法曾经长期为民众所接受。

在河北,农民得了邪病或重病的时候,家人就请一个顶大仙的妇人治疗。家里人在夜间先把预备出来的屋子遮得严严密密,并且始终都不点灯;炕桌上供些熟鸡蛋和烧酒。等这妇人来到之后,先要烧香请仙,把香烧完,她便坐在炕沿的桌旁,给大仙留着炕里正座。忽然有点声响,就说大仙来了,家人忙着叩头,请大仙饮酒,吃鸡蛋。然后由顶仙的妇人请问大仙,"这人得的是什么病",于是就听大仙似说似唱地答道"这个人得的是××病"。这样反复一问一答,所有得病的原因、治疗的方法和几种简单的药品都给说清。那声音的细弱,好像女子。有时大仙还用一只毛烘烘的小手,替病人按摩。[②]

南方有"一头鼓来一头锣,两头总有一头着"的谚语,意思是说,人若得了病,既要请医吃药,也要请师公(巫)作法事赶鬼。赶鬼的方法之一是"审夜堂",即请城隍晚上开堂审鬼,目的是治病。届时,病家请来几名男巫,其中一名当"迷魂"(即请城隍附体),其余的念经。城隍附体后,被迷的男巫就自称是城隍,坐堂开审。起初劝告"鬼"将病人的魂魄放回,并代病者说好话。如"鬼"答应了,则许下花船、金银纸、路票等;如"鬼"不答应,"城隍"就进行种种恐吓,再

[①] 叶炳昌:《中国名城汉俗大观——广州篇》,中国友谊出版公司1993年版,第105页。
[②] 李景汉:《定县社会概况调查》,中华平民教育促进会1933年版,第398页。

不然就以手势把"鬼"斩了。①

(五) 镇邪

民间用于镇邪的东西很多②,大致可以分为三类:实物、具体的拟物图像、抽象的文字符号。即使是实物,大多也是因为被赋予了某种象征意义才具有镇邪作用的。

民间用于镇邪的实物有:(1) 金属制品。俗信以为金、银、铜、铁、锡及其制品(如成人首饰和儿童戴锁等习俗)都有一定的禳灾辟邪作用。其中,铜镜的作用尤其突出。民间相信铜器有辟邪的能力,用铜制作镜子又增加一层照妖现原形和反射的作用,因此铜镜常被安置在宅院中。(2) 火。在民间信仰中,鬼祟是害怕火焰的,所以火是常见的镇物。(3) 锣鼓。民间以为敲锣打鼓的声响,能够吓退邪魔恶鬼,因而常在预感到即将有灾难降临时日夜敲击锣鼓,以驱疫疠。日食、月食时,各地常有此举。(4) 爆竹。民间在祭祀、傩仪、庆贺、丧葬(南方)等场合大放爆竹(鞭炮),以为可以驱逐邪恶,免灾祛祸。(5) 芝麻秸。河南、山东等地,除夕日则用芝麻秸散布庭中,俗称"撒祟",据信可以禳除不祥。(6) 桃树枝、柳树枝。红白喜事、过年过节、有病有灾时,民间常插桃枝、柳枝于门首,以驱辟邪鬼。一些人家干脆在门内栽一棵夹竹桃,与插桃枝是一个意思。柳枝被认为有特殊的生命力,与观音也扯得上关系,柳叶在民间故事里可以转化为利剑,所以柳枝的驱邪能力也是很大的。(7) 菖蒲、艾草。俗语说"艾旗招百福,蒲剑斩千邪"。除了端午节时各家各户都在门檐上插菖蒲、艾草,它们还常有其他的用途。(8) 皇帝用物。老百姓自己怕的,类推为妖魔鬼怪也怕,加上帝王是真命天子的信仰,民众以为帝王也有镇邪驱魔的本领,甚至以为皇帝的用具都可以用作驱邪物。如戏班遇到丧葬灵车从舞台周围经过时,都要把王帽、蟒袍、圣旨、尚方宝剑等物摆放在舞台上。(9) 红色实物。民间以为,房屋上插的小红旗、病人头上缠的红布条、小孩子穿的红衣、红裤、戴的红帽、红兜兜,以及朱砂、朱印、朱笔等等,凡与红色有关的物件都可以充当驱邪物、镇邪物。(10) 寿者用物。俗信以为,高龄者寿终正寝,其身上覆盖过的尸布、亲属佩戴过的孝布以及丧葬时所用的幡布都有辟邪的功用,人们用来给孩子做衣服,可保健康长寿,不遇灾病。(11) 雷击木。民间以为被雷电击倒的大树具有震慑作用,这是借雷公的威力吓唬鬼怪,使它们避之唯恐不及,所以东北民间常用线绳穿起一块雷击木,戴在小孩手腕上或者挂在脖颈上,孩子便容易养活。

---

① 郑土有、王贤淼:《中国城隍信仰》,上海三联书店1994年版,第177页。
② 任骋:《中国民间禁忌》,作家出版社1991年版,第551—567页。

第八章　民俗观念

（12）塔。受佛教影响，民间相信塔有震慑邪鬼的功用，遇到恶疫流行、洪水泛滥、连年灾荒等祸患，有建塔的习惯。此外，葫芦、蒜、针等日常用品都被用于驱鬼镇邪。

民间用于镇邪的拟物图像有吉兽、凶兽、灵兽图像等，诸如麒麟、凤凰、狮子、老虎的画像、塑像都被用作镇物，民间常常把它们贴在墙上、门上或用来制作成童衣、童帽、童鞋上的装饰品。以狮子为例，传说狮能镇山，更能镇宅，雕个"镇山狮"、"镇宅狮"就能庇佑祖产家宅，豪门富户多所采用。陕北普通人家则习惯在炕头摆小巧玲珑的炕头石狮，其作用主要是"保镇娃娃"。此外，一般人家孩子生下后过百日，另用石狮拴起来，白天拴在腰间，晚上拴在脚腕，以保平安。①

民间用于镇邪的文字符号有：（1）"姜太公在此，百无禁忌"或"姜太公在此，诸神退位"的条幅。姜子牙在民间的传说颇多，及至《封神演义》出来，被说成是封神之神。因为各路神仙皆由他所封，所以他就成为神上之神。"姜太公在此"，各路神仙、鬼怪自然要退避三舍。民间盖新房上梁、迎亲布置车轿大多用此条幅。它在各地还有不同的变体，如台湾民间有的书写"黄飞虎在此"或"普庵（佛）在此，百无禁忌"。（2）《周易》及太极八卦图。俗信以为《周易》及一些经书、卦书有驱邪禳灾的能力，一些人出门时习惯随身携带一册，而居家时在窗口悬置一册。各地民间都有在店房门头、屋房梁上绘制太极八卦图的习俗。（3）符咒。符咒是道家方士驱鬼役神的法术手段，在民间影响甚广，许多人家用以镇宅、保身。例如，人们过江时有佩一朱书"禹"字的习惯。人们相信，大禹是治水的能手，可以驱逐水中的凶神恶鬼，佩带"禹"符能避开水患。

第二节　民间智慧

如果说民间信仰是一种准宗教观念，那么，民间智慧则是世俗生活的经验积累，共同构成了普通人的观念与思想的精神世界。在近世民间，文字和文献的使用不普遍，但是，民众的脑子里不是一片空白，而是充斥着大量的口语作品，正是这些作品拓展了他们的精神空间，交流着他们的社会经验，传递着他们的价值观念和生存技巧。这些作品既是知识的，也是审美的，但是，我们在此只是从"民间智慧"的角度对它们进行选择性的、概略性的叙述。

民间智慧体现在民间的各种语言结构里，我们只选择了传说、幻想故事、机

---

① 王世雄、黄卫平：《黄土风情录》，陕西人民教育出版社1991年版，第249页。

智故事、谚语等四种体裁。它们都有浓厚的意识形态属性,表现了民众鲜明的思想倾向,同时,它们也各有特点。传说代表着民众的历史感,代表着他们的精神世界的深度。幻想故事充分表现了民众想象的活跃和精神世界的广阔。机智故事充满了民间诙谐,积聚的是人与人斗智的文本,反映着民众思维的巨大灵活性。谚语传述的是前人的知识,它们充满了歧异,这种多义性和多样性为民众自由征引、在伦理上左右逢源留下了余地。

从传说、幻想故事、机智故事和谚语四种体裁进入民众的智慧,没有谁能够相信民众"四肢发达,头脑简单"。民间的思想是灵活的,有很大的自由空间,所以不难理解,民众曾经习惯用"书呆子"嘲笑读书人认死理。

一、传说

传说是民间的口述历史,是民众以语言为媒介对历史和现存事物进行筛选而形成的有意义的文本,它们通常是民众对大家所关心的人物、事件和当地事物的来龙去脉的叙述,因而是一种追溯历史、解释源流的知识。在文字不普及的时代,民众主要通过传说把自己当下的三维天地建构成为四维的即有历史感的生活世界。国家大舞台上发生的故事主要经过传说的筛选以及小戏的演出进入民间。

传说在流行范围内说起来很真实,很亲切,既是因为传说是关于专名(特定的人、事物)的叙事[①],也是因为传说是地方知识。无论哪一个地区的传说,当地人们都把它看成是家乡的东西。他们在讲述时,常常是一面指称本地的某个历史人物,指点着家乡一个名胜建筑,或者是一口井、一个泉、一种特产、一个村名,一面讲述着有关的故事。这种地方知识是意识形态化的,包含着人们的地方观念、思想倾向、审美趣味——与其说传说是历史叙述和科学解释,不如说是包含这些内容的意识形态文本。传说往往造成家乡中心的意识,流露出对家乡的热爱。传说有其现实的和历史的根源,但传说更是一种艺术创造。传说是用想象的手段,把历史、传说人物与地方古迹、风物、特产等联系在一起。

中国各地传说的内容极其丰富,大致可以划分为三大类,十六小类。[②] 其一,人物传说。(1)帝王将相与各级官吏,如历史上的明君、昏君、清官贤臣、贪官污吏、将领、县吏等,其中传说比较多的如诸葛亮、曹操、岳飞、杨家将、刘伯

---

① 邹明华:《专名与传说的真实性问题》,载《文学评论》2003年第6期。
② 关于传说的另一种科学分类,参见程蔷:《中国民间传说》,浙江教育出版社1989年版,第15—22页。

第八章 民俗观念

温、包公、狄仁杰、严嵩、刘墉、朱元璋、乾隆等;(2)农民起义领袖,如刘邦、黄巢、宋江、李自成、张献忠等;(3)科学技术人物,主要是工艺技术的发明家、杰出的医药学家、行业祖师、能工巧匠等,如鲁班、黄道婆、杜康、蔡伦、孙思邈、华佗、李时珍等;(4)文人雅士,主要是历代著名文学家、艺术家、文人才子,如屈原、李白、王羲之、吴道子、郑板桥、纪晓岚等;(5)各路神仙,主要是他们成为神仙的经历和显灵现身与人打交道的故事,尤以八仙、关帝、观音、佛祖、碧霞元君、妈祖、邱处机、龙王、二郎神、当地的城隍土地等的故事为多;(6)普通人物,主要是那些民众相信确有其人的人物,如孟姜女、梁山伯与祝英台、白蛇与许仙、牛郎与织女、穆桂英、花木兰、董永、刘三姐、柳毅等。

其二,历史事件传说。(1)上层社会的事件,如尧舜禅让、雍正取皇位、土木之变、垂帘听政、吴三桂入关、范阳之乱、乾隆下江南、王莽赶刘秀、燕王扫北、朱元璋坐南京,还有昭君出塞、文成公主进藏等;(2)农民起义事件,如大泽乡起义、长白山起义、梁山泊起义、米脂起兵、赤眉、黄巾、红巾军、太平军聚义等;(3)抵抗外国侵略的历史事件,如三元里抗英斗争、金山卫抗倭、戚继光抗倭、义和团杀洋毛子等;(4)当地打官司、斗官府的事件,各地都有一些在本地官与民之间主持公道、伸张正义的故事。主要是散在各地的封建官吏间进行的反压迫斗争。历史事件传说与人物传说有交叉,但以叙述历史事件为主。

其三,地方传说。(1)名山胜景,主要涉及各地名胜、园林建筑,有代表性的如庐山、七星岩、武夷山、白鹿洞、虎丘山、西湖、秦皇岛、姜女庙、颐和园、香山、赵州桥、六和塔、神女峰、日月潭等;(2)地方风物,主要是解释当地的风物遗迹的成因,如马刨泉、金鸡石、石包鱼、望夫崖、仙人峡、老人峰、鸡鸣枕、剪刀架、笔架山、黑龙潭、丈人松等的同一传说在许多地方都能听到;(3)动植物,如关于桃花鱼、鸽子树、绿叶竹、含羞草、马齿苋、单穗麦、萤火虫、苦哇鸟等草木虫鱼花鸟的大量传说;(4)土特产,主要涉及各地出产的富有特点的物品、农副产品、食品佳肴,如宣化葡萄、福建荔枝、湘妃竹、猴头、东北人参和乌拉草、龙井茶、大红袍、武夷水仙,以及陕西羊肉泡馍、山东煎饼、辽宁老边饺子、南方米线、江苏过桥面、常熟叫花鸡、东坡肉、西湖醋鱼、月盛斋酱牛肉、北京烤鸭、麻婆豆腐、宫保肉丁、黄桥烧饼、宁波汤圆、沛县狗肉等;(5)手工艺品,如苏绣、湘绣、苗绣、杨柳青年画、蔚县剪纸、福建大阿福、潍坊和北京的风筝、景德镇龙瓷、徽笔、端砚、宣纸、湖笔等;(6)风俗节日,有关各地民俗、岁时节日内容的传说,如寒食节、中秋节月饼、端午节及粽子、灯节等的故事。

民间传说的作品数量是无限的,但不同作品的情节多有相同或相近的地方,如果对情节进行归纳,则可以概括出很有限的情节类型①。我们在此选择一些有代表性的类型加以介绍。

(一) 皇帝口封型

一地方的迹象或事物之所以出现或存在,是由于某皇帝亲口封下的。例如:刘秀被王莽追到太行山中,又渴又饿,靠称为"马齿苋"的野菜活了命。他感激说:"马齿苋,你救了我的命,以后你水淹不烂,见土就长,太阳也晒不死你。"马齿苋确实具有这种特性。

(二) 开洞取宝型

某地或某山有宝物,术者(或"南蛮"、洋人)发现后,买下开山钥匙(如百日熟的黄瓜)去开山开洞,因某种原因未能取出。例如:京西八宝山,藏八件宝,山下老夫妇种一架瓜,一位南方先生预付款买瓜,约定瓜熟时必来。入冬,老夫妇怕瓜冻,提前摘下。南方先生拿瓜开石门,金牛、金马、金鸡、金磨、金豆子呈于眼前,正待伸手取拿,石门闭,宝仍存于内,因称八宝山。

(三) 惩龙型

某地有龙作怪,某能人治龙,龙被治,问条件,答应其条件,但却永不实现,由此留下地名或景物。例如:幽州有孽龙作怪,刘伯温、姚广孝治龙,以锁链锁住龙王,锁在井里,修桥一座以镇海眼。老龙问何时能出世,答曰"等桥旧了即可出世"。因桥叫"北新桥",永远不旧,龙无望。

(四) 遇仙型(或乞人考验型)

酒食铺来一乞人,吃酒饭多次不付钱,最后一次留下剩酒饭,店家以此成名获富。多种名酒名小吃都有这种传说。

(五) 仙人争地型

某山风光好,二仙人相争,一仙人谓其先来,另一仙人说他早已到,查看事实,后来者将物证巧放前来者押物之下,因得好山。例如:潭柘寺风光美丽,华严禅师至,用佛毯铺于山顶,将山占下。碧霞元君又至,将绣鞋悄悄压于佛毯之下,与华严禅师辩理。华严以所铺佛毯为证,碧霞元君以绣鞋说明是她先占。潭柘寺遂为碧霞元君的香火之地。

(六) 二龙相斗型

某地有龙潭,二龙相斗,一龙得胜,据潭而居。例如:黑龙潭有一黑龙,一白龙,而黑龙对百姓善良。二龙约好某日入潭相斗,在村人帮助下,黑龙战胜白龙,永居黑龙潭。

---

① 参见张紫晨:《中国古代传说》,吉林文史出版社1985年版,第18—29页。

第八章　民俗观念

(七) 兄妹比赛型

某工程修建中,兄妹比赛打赌,以鸡叫为限,妹学鸡叫,兄输,工程留下未完之残形。例如:鲁班要一夜修三桥,其妹与之打赌。鲁班走后,修成两座:卢沟桥、赵州桥。第三座修成尚未翻过桥身,妹学鸡叫,鲁班停工,鸡鸣驿桥至今无桥翅。

(八) 论功不平型

几种植物(或动物)因论功不平,形成不同的形态。例如:桑树以桑葚救了刘秀的命,刘秀封功,把奖赏错挂在椿树上了。椿树无功受封,从此带上了臭气,而桑树却气坏了肚皮,树身长出大包。

(九) 献身制器型

冶铸大钟(或烧制瓷器),始终不成,工匠之女跳于火中,成就了一件著名的器物。例如:北京钟楼大钟,奉皇命修建,领工人多次冶铸,不成。工期到,其女跳于铁水中,丢下一只鞋,因此钟铸成后,声音为——"鞋、鞋、鞋。"又如干将、莫邪牺牲自身铸剑的传说。

(十) 英雄留迹型

某地有特殊印迹,原来是英雄所留。例如:京西关沟巨石上有女人足迹,原来是穆桂英于此站立、点将。

(十一) 指事状物型

某种中草药,因在某地或某环境中生长,从而得名。如蛇床子长于毒蛇所卧之处,车前子是于大车前发现的一种药物。

(十二) 人名称物型

某物因与某名人有关,便与人名联在一起,如东坡肉与苏东坡有关。

(十三) 人变动物型

某鸟或鱼或昆虫,原来是人所变。例如:南方有蝴蝶,一黑一红,比翼双飞,为祝英台投梁山伯坟地后变成。又如韩凭夫妇、杜宇化鸟的传说。

(十四) 听话传错型

某人或动物,把天帝的命令传错,受到惩罚。例如:天帝命狗向人间传话,每天吃一顿饭。狗到人间,错传为一天吃三顿饭,结果狗受罚,不准吃饭,只好吃屎。

(十五) 起誓报应型

某人或动物,做了坏事,不承认,发誓如有此事必遭报应,结果誓言兑现。

(十六) 天女怜孝型

某人至孝,天女下嫁。例如:董永卖身葬父,孝感天女,所以下凡,助他还债。

（十七）示意隐身型

某工程难以完成，逾工期即杀头，一老人出现，以哑谜或谐语、实物指点，遂即隐身而去。例如：故宫建角楼，要九梁十八柱七十二条脊。工人几经失败。一老头来卖蝈蝈笼子，工匠从笼子上得到启示，建成。事后找不到老头，传为鲁班。

（十八）因故变形型

某动物因为自身愤怒或他人致使而改变形体特征。例如：龙睛金鱼，原为普通鲫鱼，乾隆皇帝欲食其目，金鱼去龙廷辩理，一气之下，眼睛往外凸，尾巴张大，遂成为龙睛金鱼。

（十九）仙人留迹型

某地有石洞、石凳、石桌，原来是仙人憩息所留。

（二十）望夫化石型

某地有女，每日登山望其远去之夫，日久化石。

中国最著名的四大传说故事是关于梁山伯祝英台、牛郎织女、孟姜女、白娘子，都有悠久的历史和家喻户晓的群众基础[1]。我们试以孟姜女的传说为例。据顾颉刚的研究说明，这个故事的源头是《左传》对齐庄公的将领杞梁战死，杞梁妻不受郊吊的记载；《孟子》的记载变为杞梁妻善哭；汉魏六朝时期的许多记载又说她向城而哭，城为之崩。到唐代，这个故事的情节就定型了，如唐代诗僧贯休的《杞梁妻》说："秦之无道兮四海枯，筑长城兮遮北胡。筑人筑土一万里，杞梁贞妇啼呜呜。上无父兮中无夫，下无子兮孤复孤。一号城崩塞色苦，再号杞梁骨出土。疲魂饥魄相逐归，陌上少年莫相非！"后来，杞梁讹变为喜良，杞梁妻转换为孟姜女。在明清时期，各地民间为孟姜女广立庙宇，她的传说可谓妇孺皆知。故事此时的主要情节是：范喜良被抓去修长城，惨死后埋在城下；孟姜女为他送寒衣，哭倒长城，露出大堆白骨，她滴血认骨，负骨归葬。有的传说还有一段：秦始皇看中了她的美貌，等他满足了她的三个要求（秦始皇在山海关或别的地方为喜良造坟、修庙、披麻戴孝），她却自杀了[2]。孟姜女故事在全国各地有大量的异文，仅顾颉刚就收集了数百万字的资料。

---

[1] 参见贺学君：《中国四大传说》，浙江教育出版社1989年版。
[2] 参见顾颉刚编著：《孟姜女故事研究集》，上海古籍出版社1984年版。

二、幻想故事

民间幻想故事(童话)从一个方面反映了民众的精神空间和价值观念。从幻想故事来看,民众的世界绝对不是单调、平板、直观的。民众通过幻想故事把世俗生活向天上、地下无限延伸,平民百姓与神魔、拟人的动物和神奇的宝物之间的故事把他们平淡的生活构造得五彩缤纷,无比生动。民众在幻想故事里把实际上坎坷多变、灾祸连绵的生活安排得合情合理,其中的逻辑就是对生活的伦理化,"善有善报,恶有恶报"是幻想故事的永恒主题。民众用智慧创造的故事文本是从精神上对平凡生活的扩展,从而赋予生活以秩序和意义,因此最终改造了生活的平凡。

中国幻想故事之中除了渔夫村妇、老翁少女之类的平民百姓作为主角,还活跃着形形色色的神魔以及拟人的动物和宝物。这里的幻想世界虽是以人的活动、人的命运为中心,但有了神通广大的神仙妖魔参加,就展现出万般奇迹,显示出无穷的艺术魅力。

其一,神魔大致可以分为三类。第一类直接参与人间生活,如天鹅仙女、龙王公主、田螺姑娘、牡丹仙女、狐狸媳妇、鹿姑娘、蛇郎、青蛙少年等。他们同情人类的疾苦,敬佩主人公的品质才能,主动把爱情献给民间英雄或者勤劳善良而遭遇不幸的青年男女,并帮助他们战胜邪恶和他们一道过着人间的家庭生活。第二类处于人世之外却在关键时刻帮助好人,如狮王、狐仙、蛇王、树仙、孔雀姑娘等动植物精灵,如观音菩萨、如来佛、玉皇大帝、太白星君、真主以及山神、龙王、地母等同人们的宗教信仰有关联的神。他们平时远离人间,关键时刻出来主持正义,帮助人们解答疑难,摆脱危难,惩罚邪恶。第三类是与人为敌的势力,如山妖、水怪、蛇精、虎王、凶恶的龙王、天神等。它们经常出来抢夺妇女,吞食人畜,兴妖作怪,严重地威胁人类的生存与幸福。主人公须通过艰苦的斗争方能战胜它们。

其二,拟人的动物多种多样,常常以自然界的山石草木、虫鱼鸟兽等作主人公,其中尤以动物的形象出现得最为普遍。人们用丰富的想象将它们拟人化,编织进美丽动人的故事。有的故事完全是以动物世界来象征人类社会生活,一个故事里的所有角色都由飞禽走兽来扮演。

其三,宝物可以分为三类。第一类是万能宝物,即如意宝、宝葫芦、宝珠、神笔等,它们可以随主人的心意,变出金银珠宝、房屋食物、衣裳家具,带给人们丰裕的生活,也可以惩罚恶人。第二类是神奇的自然物体,如能治百病的泉水、起死回生的仙草,能使盲人重见光明的夜明珠、屙金尿银的毛驴等。第三类是具有魔力的用具,如挑千斤柴不觉得累的宝扁担、能劈开宝山的斧头、粮食取之不竭的石臼、自动出盐的宝磨、赶山填海的神鞭、跨山越海的宝靴、凌空飞行的飞毯等。用具是日常的,但功能是神奇的。①

幻想故事按情节可以概括为若干类型,钟敬文、爱伯哈特、丁乃通、刘守华等人对此作过建设性的探讨。我们在这里主要介绍钟敬文和刘守华所归纳的类型。②

(一)动物报恩型

其一,蜈蚣报恩型:一书生养一蜈蚣,带着一起上京考试,途中遇到人面蛇呼名,知必死无疑。夜中,蜈蚣与蛇斗,同归于尽,主人得救。其二,猫狗报恩型:一人养了一只猫和一只狗,他以某种缘故,得一宝物,后为人窃去。猫狗或自动,或因被骂,凭机巧为主人偷回宝物。其三,燕子报恩型:一人救了受伤的小鸟。小鸟报以他物,因得巨资。另一坏人存心模仿,结果失败。

(二)救人救动物而得妻型

小伙子救了掉进河里的老汉,老汉送给他一只纸做的宝船,告诉他在洪水到来时乘坐宝船躲过灾难,并叮嘱他说什么都可以救,就是不要救人。他后来在水中救了大蛇、蚂蚁和蜜蜂。另有一人呼救,他把那个人也救了起来。可是那人反过来诬陷他。三种动物出来报恩,大蛇衔来一棵仙草擦好了他的伤,并告诉他可以用这棵仙草治好公主的病,他因而有机会同公主成亲;蚂蚁和蜜蜂又帮他解决了皇上考验他的两道难题。蚂蚁帮他把掺和在一起的芝麻、谷糠分开,蜜蜂指示他从五十四顶同样的花轿里认出了公主。他成了皇帝的女婿,那个忘恩负义的人遭到了应得的惩罚。

(三)水鬼与渔夫结交型

一渔夫得水鬼之助,生活顺利。一日,水鬼向他告别,说有替身代它,它将转生为人。渔翁破坏了它的计划,或水鬼自己未实行计划,仍做水鬼。不久,水鬼升任土地或城隍。

(四)云中落绣鞋型

樵夫在山中砍柴,以斧头伤了挟走公主或皇姑的妖怪。樵夫与他的弟弟到山中寻觅公主或皇姑,弟弟把她带归,而遗弃哥哥于妖洞之中。哥哥得到异类的助力,脱离妖洞,经过许多磨难,终于与公主或皇姑结婚。

---

① 参见刘守华:《中国民间童话概说》,四川民族出版社 1985 年版,第 145—170 页。

② 参见钟敬文:《中国民谭型式》,载《开展》月刊第 10、11 期合刊,1931 年;刘守华:《中国民间童话概说》,四川民族出版社 1985 年版,第 38—83 页。

第八章 民俗观念

（五）求如愿型

一人救了龙王的太子或女儿，龙王要报答，使手下邀之进水府。那人靠龙王手下（或王子、王女）的密嘱，向龙王索要某物，因此获得美妻或巨大的财富。

（六）偷听话型

有两弟兄（或两朋友），兄出于恶心赶走其弟。弟在庙里或树上，偷听得禽兽的说话。他照话做去，得了许多酬报。兄知道后模仿他，却被禽兽所吃，或受一场大苦。

（七）狗耕田型

两兄弟分家，弟得一狗（或初只得一小动物，后来才辗转换得狗）。弟以狗耕田，得到意外的财利。兄借用，却遭失败，打死狗。弟葬狗，长出树或竹，弟又靠它获财利。兄效法或借用其物，结局悲惨。

（八）蛇郎型

一男子有几个女儿，一天，他出门去，为蛇精所困，许以一女嫁之。父逼问诸女，惟幼女答应嫁蛇。幼女嫁蛇得幸福，姊姊杀之，而代以己身。妹妹魂化为鸟，咒骂其姊，被杀；又变形为树或竹，再遭姊姊砍伐。最后妹妹所变之物使姊姊受伤或致死。

（九）享三女儿福型

富翁有三个女儿，他素爱老大老二。一天，他问她们享谁的福，老大老二说享父亲的福，幼女却说享她自己的福。幼女嫁一穷汉，因某种机缘，穷汉家发了财，父亲却沦落讨饭来到她家。幼女的话终于实现。

（十）孝子得妻型

一人因孝行得到一位有超自然法力的妻子。某官见其骤富，故意出难题刁难。他一一办到，该官无可奈何，并且吃亏。

（十一）彭祖型

彭祖长生不死，其妻之魂告发于阎王。阎王命各种鬼役去拘捕他的灵魂，皆上当而归。阎王愤怒地自己前往，结局仍是吃亏。

（十二）十个怪兄弟型

有夫妇年老无子，后来一次产了十个，各有奇怪的形象，或殊异的能力。十兄弟各有自己的绰号，如千里眼、顺风耳、赛半仙、钥匙通、大力士、长脚杆、铁骨头、钢脑袋、大眼睛、大嘴巴、软骨头、冷清清、大刮风、雷公十、五马分尸等。这些称呼代表了他们各自的特殊本领。大哥犯罪，弟弟们依次顶替，均得不死。一类故事讲：皇帝怕他们造反，要派兵来捉拿他们，"千里眼"、"顺风耳"早就探听到了消息；皇帝捉住一人要砍头，"钢脑袋"去顶；皇帝要把他们烧死，"冷清清"去顶;皇帝要绞死他们,"软骨头"去顶;皇帝要用水淹,"长脚杆"去顶;皇帝把他们关在牢里,"钥匙通"用手一摸,铁锁就开了,可以自由出进;皇帝想用酒把他们灌醉,大嘴巴一口把几缸酒都喝光了。总之无法制服这十兄弟。

(十三)龙蛋型

一孝子在山中拾得一蛋,放蛋于米中,米吃不竭。母亲卖或施米于人,蛋随以去。儿子追到后放入口中,吞下去化为龙。一种故事讲:一个以打柴、割草为生养活老母的小孩在青草地里拣到了一颗宝珠,放在米里米涨,放在钱里钱涨,从此自家不再愁吃愁穿。凶横霸道的员外诬赖他偷了他家的祖传宝珠,带着一伙狗腿子前来抢珠。他不交珠,一口将它吞了下去,结果变成蛟龙,把员外和狗腿子全卷下水去淹死了。

(十四)石臼生粮型

有个老婆子孤苦伶仃,一年四季忙,可还是愁吃愁穿。山神知道了,便说:"这个老婆子太辛苦啦!我要让她过好生活!"从这时起,岩顶上的两个石臼里就天天盛满了东西。老婆子再不愁吃愁穿了。可是不久她心眼变了,把两个石臼子凿得大大的,石臼子从此却什么也没有了。

(十五)贪心误时(人为财死)型

一人被鸟带往太阳之国,获得许多金宝。另一人学其事,因贪心装宝物,耽误了时间,结果被太阳晒死。

(十六)皮匠驸马型

一公主或贵家女儿,悬怪字招亲。皮匠因误会得以通过种种考验,过上了幸运的生活。

(十七)卖鱼人遇仙型

卖鱼人因某种机缘听得神仙经过的消息。届时,他当路等候,获宝珠。他以珠放水中洗腐臭的鱼,全部变得鲜活,因获大利。

(十八)牛郎型

两兄弟分家,弟得一头牛。弟受牛指点,得在河中洗澡的仙女为妻。数年后,仙女找到被牛郎藏匿的羽衣,回到天上。牛郎追之,被王母用天河隔绝。其基本情节即遍及全世界的羽衣仙女或天鹅处女型故事。晋代干宝所撰《搜神记》第一四卷《毛衣女》是本类故事在世界上最早的记录:"豫章新喻县男子,见田中有六七女,皆衣毛女。不知是鸟。匍匐往,得其一女所解毛衣,取藏之。即往就诸鸟。诸鸟各飞去,一鸟独不得去,男子取以为妇,生三女。其母后使女问父,知衣在积稻下,得衣,衣而飞去。后复以迎三女,女亦得飞去。"

第八章 民俗观念

（十九）螺女型

一人在水滨得一螺（或其他小动物），其人不在家时螺中走出少女，代操种种家务。他非常奇怪。一天，其人窥见螺女正在室中工作，乘其不备，搂抱之，因成夫妇。后来螺女得到被藏匿的螺壳，遂离去。

（二十）老虎外婆型

一妇人有两女儿（或一女一儿），一天，母亲外出，有老虎（狼或野人，或其他猛兽）幻形为她们的外婆来到家里。夜里老虎吃小妹，声为其姊姊所闻。姊姊逃去，老虎寻觅（或追赶），反被弄死。一篇《老秋胡》的故事讲：一个有尾有毛，类似老虎、豺狼的吃人妖怪"老秋胡"，找到锄地的妇女拉家常，把她家三个孩子的名字都探听清楚了，然后吃了她，又装成孩子的舅奶去吃这几个小孩。老秋胡带小弟睡，把他吃了。叫"升儿"的老大问它吃什么，它说是吃压咳嗽的小京果。升儿吵着也要吃，老秋胡给她一个小脚趾。升儿才认清它是一个吃人的妖怪，便同妹妹一块儿装作要尿尿，逃了出来，躲藏在院子里的树上。老秋胡赶了出来，升儿说树上枣甜，骗它坐到提篮里提它上树。升儿把它拎在半空中，猛地一撒手，跌死了它。

（二十一）求活佛型

一人要解决某种困难问题，去西天求活佛。道上遇见一些人与动物；他（它）们各以自己不能明白的问题，请他代求活佛解答。他到西天（或半路上），见了活佛，他（它）们所托问的事情，各得到了圆满解答。因问完了规定的问题的个数，他自己的问题却没有机会提出来。最后，他自己的问题因他们的问题的解决而获解决。

（二十二）蛤蟆儿子型

一对夫妇长年无子，向神祈祷说，请赐一子，哪怕像蛤蟆也是好的。不久得子，果然是一蛤蟆。儿子年龄大了，看上一位好女子，女家故出难题，儿子一一解答，终于成婚。结婚之夜，儿子脱弃其皮，变成美少年。另一变体则讲：儿子长大，遇到国有兵事，他请缨上阵，破敌后，如约娶公主，新婚之夜蜕皮变成美少年。国王闻其皮可以自由穿脱，因窃取而穿，变成蛤蟆。儿子最后得以登上王位。

（二十三）鹿吓虎型

虎不识鹿，见而异之。鹿知其傻，吓以大话，虎大骇而逃。虎见猴，告以所遇。猴不信，与虎俱往。鹿又以大话吓虎，虎落荒而逃，猴吃大亏。

（二十四）百鸟衣型

一人得一美女为妻。他依恋妻子，不去干活。妻子让他带她的画像去干活。画像被风吹去,为一强人见到,并按画像强迫她为妻。妻别时,嘱丈夫日后以百鸟衣去强人家附近叫卖。强人中计,而夫妻破镜重圆,并得富贵。

（二十五）吹箫型

一人平日只爱吹箫（或笛），别无所事。箫声感动了龙王,龙王邀他入龙宫。出水府时,龙王送他一宝物。他以宝物致富。邻居或兄嫂借用宝物,因不解用法而失败。

（二十六）三句好话型

一人因忠厚得到仙人的三句好话。他一一照好话去做,终于脱离了各种灾祸。

三、机智故事

机智故事又称机智人物故事,是一种有正面主人公的笑话,以阿凡提故事、徐文长故事最有影响。诚如研究此类故事的权威学者祁连休所说:"这类故事主人公都机捷多谋,诙谐善噱,常常以机智的手段播弄、惩罚邪恶势力,替老百姓排忧解难,在社会生活中发挥作用,在人民群众里面产生影响,颇受人们喜爱。"[①]

机智故事是民间智慧的集中体现。在这类故事里,各种解疑答难的思路往往既令人拍案叫绝,又使人捧腹大笑;各种与人斗智的花样层出不穷,明明是花招,却能让对方无可挑剔。本来都是日常平凡的事物和行为,但是,一旦被组合在此类故事里,一下子就异彩纷呈。机智故事里包含的是世俗的智慧和笑话,其中也不乏诡诈、狡黠和恶作剧。不管怎么说,它们表现的思维的灵活性和诙谐性情从一个方面反映了民间精神状态的丰富性。

机智故事近世在汉族地区广为流行,各地都有自己的代表人物,已经调查出来的人物有近五百位,可以分为农夫型、农妇村姑型、雇工型、长工型、工匠型、船工型、渔民型、矿工型、仆役型、游民型、官宦型、文人型、才媛型、小吏型、讼师型。从大量作品的情节来看,可以归纳出有限的基本类型。下面我们从祁连休、冯志华所概括的类型中选介有代表性的40个类型。[②]

有些机智故事的情节不仅在中国各地流传,而且在许多国家都有流传。例如,"计惩色鬼型"在湖北就有徐苟三的故事《计惩伍阎王》、卢四运的故事《卖

---

① 见祁连休:《中国机智人物大观·前言》,河北教育出版社1991年版。

② 参见祁连休、冯志华:《中外机智人物故事大鉴》,知识出版社1993年版,第4—6、24—62、503—512页。

第八章 民俗观念

黄桶》、庞振坤的故事《先生推磨》；此类型故事在世界上流传，相当于"AT"分类法的1730型故事。

（一）扯谎架型

县官（或侯爷、财主、富商）强要一位有名的机智人物当场骗他一次。机智人物表示无法行骗，因为自己的扯谎架（或计囊袋、瞎话匣子、谎话本等）没带在身边。对方当即派人（或让机智人物自己）去取，才发现受了诓骗。

（二）菜香钱声型

饭店掌柜（或厨师、商人）见一穷汉在店外吃饼（或馍），就说他闻走了店里的饭菜香味儿，逼他付钱。穷汉一筹莫展，某机智人物前来解围。机智人物让饭店掌柜听手里的钱声，以此抵消了闻过的饭菜香味儿。掌柜气得无话可讲。

（三）计惩色鬼型

一个（或两个）好色的财主（或官员、僧侣、神父、屠夫等）以讨债为由，上门调戏某人的妻子。夫妻暗中设计，约讨债人次日幽会。讨债人前来赴约，正要得手时，丈夫突然回家，讨债人慌忙藏进大木桶（或柜子、箱子）中。智者宣称需钱还债，将木桶滚去出售，一路上滚得讨债人浑身是伤。有的作品讲讨债人躲到磨房装成毛驴推了半天磨，好不容易才找到机会溜走，回去后竟大病一场。有的作品则讲两个色鬼夜间先后赶到事前约定的幽会地点，相互折腾，苦不堪言。

（四）分庄稼型

某人租财主的地（或与妖魔、鬼怪）合种庄稼，讲明以收获物当地租，双方各要一部分。第一年财主要上面的，他则选种芋头（或红薯、土豆等）。第二年财主要下面的，他便选种水稻（或麦子等）。第三年财主要两头的，他便种苞谷（或甘蔗等）。明代浮白斋主人（冯梦龙）辑《笑林》中的《合种田》属于此类故事，民间又有许多异文。

（五）公鸡蛋型

皇帝（或国王、县官、财主）为了刁难某人，让他进贡公鸡蛋（或让公牛下崽等）。到限期时，他谎称其父分娩，难以按时送上。对方骂道："世上哪有男人生孩子的事！"他顺势反驳，对方哑口无言。

（六）以物换物型

某人去店中购物，拿到甲物后又以甲物换乙物，随即离店。店主向他索款，他说乙物是用甲物换的。店主指出他未曾付甲物之款，他则说我并没拿甲物，为何要付款？

（七）看门戏主型

东家（或店主等）举家外出看戏（或逛街、听书、观灯等），行前叮嘱在他家的帮工（或学徒）把门看好。帮工旋即背着门板尾随而去。东家见了十分气恼，智者赶忙辩驳说他牢记东家吩咐，从未离开过门一步。

（八）服"毒"寻死型

主人（或师长）嗜酒如命，出门时告诉看家的人，房里的酒有毒，千万碰不得。他等主人走后将酒喝光，并且吃了橱中的美味食品（或者将主人心爱的器物打碎），然后倒下呼呼大睡。主人回来见状大惊，智者谎称美味食品被盗（或不慎打碎器物），痛不欲生，只好服下"毒"酒自杀。

（九）预付高价型

某人去澡堂洗澡（或去理发店剃头），备受怠慢，临走时却给了许多钱。他再次去洗澡（或剃头）时，受到了热情接待，临走时却只给了一点钱。他说这是付的上次的钱，而这次的钱上次已给过了。清代独逸窝退士辑《笑笑录》卷六引《寄蜗残赘》中的《倍与之钱》属于此类故事。

（十）巧搓灰绳型

某人在百姓中颇有声望，国王（或皇帝、县官、财主）很不服气，故意加以刁难，让他搓出一条灰绳。智者先搓出一条草绳，然后点火烧掉，于是成为一条灰绳，终未被对方难倒。

（十一）咬耳朵授计型

父子相争，儿子失手打落老子两颗门牙。老子去县衙告状，儿子赶忙去哀求当地一位聪明人帮忙。聪明人三伏天穿上皮袍（或棉袄），烤着火为其授计，并将他的耳朵（或手指）咬下一块。到公堂上，儿子控告其父调戏儿媳，并说其父是咬他的耳朵时把门牙弄掉的，因此化险为夷。不久父子二人言归于好，便一道去县衙指控聪明人包揽词讼。审讯时聪明人让那个儿子当场讲出他在何时何地为其出谋划策。那人讲出当时的情形，县官听了以为是一派胡言乱语，立即将父子二人逐出公堂。此类型故事明清时有多则文字记载，如明冯梦龙编纂《智囊》卷二七中的《啮耳讼师》、清俞蛟撰《梦广杂著》卷四中的《讼师啮耳》、清采蘅撰《虫鸣漫录》卷一中的《讼师授计》、清丁治棠撰《仁隐斋涉笔》卷七中的《咬耳授计》。

（十二）被子官司型

某人在旅店（或航船、茶馆）中遇到一个奸店主（或讼棍、劣绅、强盗、恶少、恶僧等），悄悄在对方的被子（或袍子、衣衫等）上做了暗记。次日他故意将该物抱走，物主便拉他去打官司。在公堂上，由于他讲出暗记，使对方挨了板子。出

第八章 民俗观念

衙门后他将东西退还对方,劝其老实做人。

(十三)骗下马(诱出户)型

某财主(或王爷、县官、亲友等)要某机智人物当场将自己哄骗下马(或下轿、下楼、下堤、出门、坐下等)。智者说:"我怎敢哄你下马呢?假如你下马来,我倒有办法让你上去。"对方下马要看他如何把自己骗上去。智者笑道:"这不是把你骗下马了吗?"此类型故事明代已见诸文字记载,如浮白斋主人(冯梦龙)撰《雅谑》中的《诱出户》、江盈科撰《雪涛谐史》中的《骗下楼》。

(十四)两头哭型

两人一起下河捕鱼,一人乘机将其衣物送到他家报丧,让其家人拆门板去河边抬尸。他扛着门板又抢先回到河边,对另一人说他家失火,只抢救出一块门板。那人也哭着往家跑,等夫妻哭着在半道上相遇,方知受骗上当。

(十五)比熟人型

两人比赛谁的名气大,一起到街上走了一趟。所到之处不断有人同其中一人打招呼,而对方却一直受到冷落。原来那人把打招呼的话语写成条子挂在胸前或贴在背后,路人念条上的字就好像在跟他打招呼。

(十六)"传家宝"型

某人卧病在床,无人照管。他放出话说有个一世用不完的"传家宝",侄儿(或媳、外甥等)听说,开始殷勤照料。他临终时说,他床下有个破箩筐(或竹刷帚),拆下来剔牙只怕一世还用不完哩。此类型故事流传各地,明清时的文字记载有明潘游龙撰《笑禅录》中的《世世用不尽的物件》、清石成金撰《笑得好》二集中的《剔灯棒》。

(十七)吃粪解毒型

衙役下乡收差税(或财主、富商外出收租、催债),某人将其接至家中,假意出门采办酒菜,迟迟不归。其人饥肠辘辘,偷食桌上的点心(或包子、粽子、饼子等)。他回家谎称点心内放有耗子药(或砒霜)。其人不得不听从摆布,喝下粪水解"毒"。有的作品写的是村民互相愚弄。清代的文字记载有许仲元《三异笔谈》卷三中的《灌粪》、丁治棠《仕隐斋涉笔》卷七中的《粪水解毒》。

(十八)受罚背磨型

差人(或仆役、管家)奉县官(或财主)命送信给某人,粗暴失礼。他看过县官(或财主)的书信后,说是来借石磨,当即让其背去。差人背磨回去,才知受了捉弄。清代的文字记载有陈其元《庸闲斋笔记》卷四的《负粗石》等。

(十九)戏弄蛋贩型

某人为了惩治奸猾的蛋贩,或者捉弄卖蛋的乡下人,讲好价钱后让对方用双手围着石磙(或提着衣角)点数。等鸡蛋(或鸭蛋、松花蛋)越码越高,对方难以动弹时,他借口取钱(或筐子、篮子)而离去。对方支撑不住(或遇恶犬来咬),松手将蛋摔得稀烂。清代的文字记载有许仲元《三异笔谈》卷三的《市蛋遇犬》、丁治棠《仕隐斋涉笔》卷七的《买蛋》等。

(二十)零买缸型

某人有一次遇上一个乱抬价格(欺负老实人)的缸(或瓮)贩,故意装傻按斤议价,并以高价与他成交。贩子费力把缸送到数里之遥,他从家里提出一把铁锤要他敲下一小块称称值多少钱,贩子才知受了捉弄。

(二十一)漆变银型

某人为了惩罚财主(或替穷兄弟夺回被克扣的工钱,或付还高利贷者的重利,或教训乱收摆渡费的船老板……),将三两漆(或一两漆、四两漆、三两酒、八两酒)存放在那人家中。他到县衙说那人吞了他三两八钱银子。那人申诉说他只收了三两漆。县官认为三两八与三两七(漆)相差无几,便断那人还三两七钱银子。

(二十二)三不会型

某人去财主家帮工,事先讲明不做三件事,如高脚低脚(舂米)不去、拉拉扯扯(锯物)不去、阴暗角里(担尿)不去;或不给山剃头(砍柴)、不去背大海(背水)、不割千千万万的腰(收庄稼)。财主误以为不碍事,于是签订了合同,后来才发觉上当。

(二十三)狗爹妈型

一名妇女与某人打赌,让他先后用两个字将她逗笑和惹哭(或惹生气)。他见一条狗跑过来,便喊了一声:"爹!"妇女大笑,然后回过头对着妇女喊"妈!"气得她大哭(或破口大骂)。

(二十四)半文钱打官司型

县官问某人有无胆量跟他打官司?他说,跟你打官司不难,可我身无半文,如何上路?县官把一文铜钱剁成两半,给了他半块。他拿上这半块到府里告县官刀劈皇上圣号,使县官丢了乌纱帽。

(二十五)巧语籴粮型

某人到财主家(或米行)籴米(或谷子、大麦),对方故意抬价刁难,不肯粜米。他便讲起故事:蚤与虱为分蛋发生争吵,臭虫出来调解,让它们把蛋孵出来见分晓,跳(粜)的是跳蚤的儿,不跳(粜)的是虱子的儿。

(二十六)除夕求神型

某人除夕之夜(或大年初一凌晨)上街听见药店老板某甲、棺材店老板某乙

第八章 民俗观念

在家中求神保佑自己在新的一年中发大财,一个希望人家多多生病,一个希望人家多多死人。他跑到甲店说乙家请甲前去治病,又跑到乙店说甲家死了人,甲将亲自上门挑棺木。当甲赶到乙店时,甲乙两人竟大吵大闹一场,搅得新年十分晦气。

(二十七)写寿屏型

某人应邀与友人之母写寿屏,他写出头一扇"八旬老母不是人",举座皆惊;接着写第二扇"九天仙女下凡尘",见者连连称妙;再写"三个儿子都是贼",举座又惊;最后写"偷得蟠桃献母亲",众人无不叹服。

(二十八)天高三尺型

某县官(州官)搜刮民脂民膏,当其升迁(或做寿)时,某人送他一个匾额(或条幅),上书"天高三尺"。此官以为智者赞美他高过青天,洋洋自得。后来才知道是在骂他刮掉三尺地皮。

(二十九)报荒减粮型

大灾之年,县官认为夏收三成,秋收四成(或麦收三成、棉收二成、稻收二成),共有七成收,不该减收钱粮。某人说他活了一百多岁从未见过这等怪事。县官骂他妄称长者,他说:"照老爷的算法,把我祖孙三代的年龄加在一起,岂不是一百多岁吗?"县官自知理短,只好下令减粮。

(三十)"天子地"型

官吏(或财主)听说某处有块风水宝地,便想占为自家墓地。某人为阻止占地,宣扬该处系"天子地"。官吏害怕定谋反罪,打消了占地的念头。

(三十一)巧打官型

某人与人打赌,或替人出气,给县官(或皇帝、国王、财主)一记耳光,并立即把事先夹带在手掌中的一只死蚊子拿给对方看,说明自己在为对方打蚊子。

(三十二)赚开门型

某人与同伴夜晚住店(或进城)时,店主(或守门人)不给他们开门。他谎称几人挤在扁担上睡觉,不一会鼾声大作。对方好奇,开门看望,他们乘机进去。

(三十三)小孩无腰型

一聪明的小孩在人家帮工,累得直喊腰酸,主人却说小娃无腰。小孩把镰刀别在腰上却故意到处寻找,主人说镰刀在他腰上,他立即反问:"你不是说我没有腰吗?"

(三十四)喝粥见鬼型

长工(或匠人、船工)端着清水粥大叫大哭,说是在粥里照见到鬼魂,很不吉利,弄得老板(或老板娘)非常尴尬,只好请他们吃白米饭。

(三十五) 三餐一顿型

帮工遇到的主人极悭吝,每顿吃不饱。他吃罢早饭,以节省跑路工夫为由,让主人提前开午饭,仍觉不饱,又提出索性把晚饭也吃了。他一吃完就去睡觉。主人责问他,他说晚饭都吃了,咋不该睡觉呢?

(三十六) 假捉虱型

财主天不亮便催长工们下地干活,聪明的长工说捉罢虱子便去。财主大骂:"天还没亮你怎么捉虱子!"他忙说:"天还没亮你喊我们起来做什么?"

(三十七) 菩萨打工型

财主要某人为他请几个不会吃饭的帮工。他从庙里背了几个菩萨放到田埂上。财主发现后大加训斥,他反驳道:"老爷,你不是要请不会吃饭的帮工吗?"

(三十八) 锯酒壶型

吝啬的财主(或船主)请帮工喝酒,只装半壶(或半盅、半碗)。聪明的帮工向财主借锯子。财主问干啥?他说:"这酒只装了半壶,留下上半截有何用处?"

(三十九) 火龙袍型

隆冬之夜,主人将帮工(或翁将婿)关在柴屋(或磨坊)挨冻。帮工举石块(或石臼、石磨)御寒。次晨主人见他浑身大汗,至为惊讶。他谎称自己穿的单衣是祖传的宝物——火龙袍。主人用皮袍将它换过来(或用高价将它买下)。主人穿着这件单衣去赴宴,冻得够呛或冻死在路上。

(四十) 还魂棒型

一人上门找某人(有的讲两人为翁婿关系),见他正在跟妻子吵架,一怒之下竟用木棒将妻子打"死"了。来人要拉他去见官,谁知他拿木棒敲妻子几下,妻子又活了。来人用许多银子买下这根"还魂棒",拿回家试着把老婆打死后,却敲不活了。

另有坐猪笼与游龙宫型:财主多次被某人(有的讲两人为翁婿关系)捉弄,于是派人将他放在猪笼(或口袋)内抬去投河。抬的人半路休息,路过的驼背管家(或烂眼、患痨病的奸商、富人)听说他在猪笼内治好驼背(或眼疾、痨病),就替换了他。他从猪笼逃出后不久,赶着一群羊去见财主,谎称自己被投进河后受到龙王的盛情款待,并得到龙王送的一群羊。财主便去"游龙宫",落水丧命。

四、谚语

谚语曾被文人称为"鄙谚"、"野语"、"俚言"、"俗语",又被褒称为"智慧的

第八章 民俗观念

花朵"。"谚",传言也。谚语是民间一代一代广为传承的知识性语句。举凡生产常识、生活经验、人世阅历、伦理道德,尽在其中。谚语短小精悍,朗朗上口。

这种在长期生产斗争和生活实践中总结出来的格言式谚语,既有精华,也有糟粕。譬如,天气谚语、风土谚语、生产谚语等是人们对自然现象、山水风物、生产规律的长期观察的智慧结晶,不仅符合科学道理,而且富于哲理,是中华民族宝贵的"民俗"遗产;世态谚语、人生谚语等,则既有对中华民族长期形成的优良道德品质、为人之道及人生价值的富有积极意义的概括,也有对他人提出道德要求、对自我行为正当化或道德解脱的处世"信条"。这些谚语,带着明显的时代和阶级的烙印。

谚语浩如烟海,我们在此只能分类举例介绍。① 谚语按内容可以大致分为天气谚语、风土谚语、生产谚语、世态谚语、人生谚语等五大类。

(一)天气谚语

天气谚语有很强的科学性,在前现代社会基本上就是民间的气象学和天气预报的参考资料。其中的一些条目完全是地方性的。

季节气候的规律:"未吃端午粽,寒衣不可送;吃了端午粽,还要冻三冻"(北方)、"冬至月头,买被卖牛(冬长冬冷);冬至月尾,买牛卖被(冬短冬暖)"、"两春夹一冬(遇上一个农历年两个立春),无被暖烘烘"。

对晴雨的推测:(1)以天象测晴雨。"日没胭脂红,无雨必有风"、"太阳颜色黄,明日大风狂"、"日晕三更雨,月晕午时风"、"月亮长毛,大水冲成潮"、"(云似)黑猪过河,大雨滂沱"、"早上朵朵云,下午晒死人"、"天上鲤鱼斑,明朝晒谷不用翻"、"早上浓雾一天晴"、"久晴大雾必阴,久雨大雾必晴"、"东虹日头西虹雨"、"虹高日头低,大水流满溪;虹低日头高,大河无水挑"、"早刮东风不下雨,涝刮东风不晴天"、"先下牛毛没大雨,后下牛毛不晴天"。(2)以物象测晴雨。"燕子趴地蛇过道,蚂蚁搬家山戴帽,水缸出汗蛤蟆叫,瓢泼大雨就要到"、"蜻蜓千百绕低空,不过三日雨蒙蒙"、"灶烟往下埋,不久雨就来"、"河里泛青苔,必有大雨来"。

对远期气候的推测:"发尽桃花水(清明前后多雨),必是旱黄梅(芒种前后黄梅雨少)"(苏南)、"立夏东风摇,麦子水中捞"(华北)、"三九不穿靴(天不

---

① 所引谚语参见:河北《新河县志》(民国十八年修);梁容若:《山东谚语集》,山东民众教育馆1932年版;朱雨尊:《民间谚语全集》,普益书局1933年版;张佛:《农谚》,上海商务印书馆1934年版;李乐平、祁乃成:《河北农谚集解》,河北人民出版社1957年版;武占坤、马国凡:《谚语》,内蒙古人民出版社1980年版;中国民间文艺出版社编辑部:《中国谚语总汇·汉族卷·俗谚》,中国民间文艺出版社1983年版。

冷),三伏踏破车(水车)"(长江流域)、"重阳(九月九)无雨看十三,十三无雨一冬干"、"头九二九下了雪,头伏二伏雨不缺"。

(二) 风土谚语

风土谚语传述各地山水、风俗、物产的突出特色。

讲山水的如:"桂林山水甲天下"、"五岳归来不看山"。讲风俗的如:"东北三大怪,窗户纸糊在外,姑娘叼根大烟袋,养个孩子吊起来"、"南甜北咸,东(如山东)辣西(如山西)酸"。讲物产的如:"上有天堂,下有苏杭"、"湖广熟,天下足"、"棒打獐子瓢舀鱼,野鸡飞到饭锅里"(东北)、"关东有三宝,人参貂皮乌拉草"。

(三) 生产谚语

生产要素涉及自然条件(如天气)、生产资料(最重要的如土地、种子、肥料)、劳动(如强调勤劳是重劳动的量,强调精耕细作是重劳动的质)、产业组合(都重视多种经营,但不同地区的有效组合不同),各地都有成套成套的经验积淀在谚语里,并通过谚语代代相传。

关于自然条件:(1) 节候和雨水与庄稼生长的关系,如:"正月怕暖,二月怕冷,三月怕霜,四月怕风"、"春雨贵如油"、"秋旱如刀剐"、"春雨没牛蹄,夫妻两分离"。(2) 节候和雨水与收获的关系,如:"一年连三大(月份大),神鬼都害怕;一年连三小,生瓜梨枣吃不了"、"麦子不怕神与鬼,只怕四月初八夜里雨"。(3) 人与天的关系。有的谚语说决定在天,如:"庄稼人靠天吃饭"、"种在人,收在天"。有的谚语说决定在人,如"不能靠天吃饭,全靠两手动弹"。

关于生产资料:(1) 土地的重要性和效益,如:"有儿不过继,有钱不典地"、"有田就是仙"、"养快牛,不如种近地"、"近家无瘦地,遥田不富人"。(2) 种子的重要性和可靠性,如:"宁饿死老娘,不要吃了种粮"、"要孩亲生,要谷自种"。(3) 施好肥,如:"庄稼不用问,全仗工夫粪"、"好庄稼在粪里,好婆娘在命里"、"粪坑是个聚宝盆"。

关于劳动:(1) 强调勤劳、惜时是重视劳动量,如:"人勤地不懒"、"大富由命,小富由勤"、"穷人无本,工夫是钱"、"若要穷,睏到日头红"、"早起三光,晚起三慌"。(2) 强调精耕细作是重视劳动的质,如:"庄稼无他巧,勤耕兼锄草"、"一铧挨一铧,家里没有啥?"

关于致富的产业组合:(1) 男耕女织,如:"在外种田,在家养蚕,快乐享福,就在眼前"、"男采桑女养蚕,四十五天就见钱"、"要得富,学织布,三年一过老财主"、"纺车就是摇钱树,天天摇着自然富"。(2) 发展经济作物和家庭副业,如:"一亩菜园十亩田,十亩菜园赚大钱"、"要发家,须种棉花和芝麻"、"桃三杏四梨八年,枣树当年赚大钱"、"栽桑点桐,子孙不穷"、"要得富,多养猪"、"喂母猪,栽桐树,十年就要穷变富"。

(四) 世态谚语

描摹世态:(1)人的多样性和人以群分,如:"一样米养百样人"、"一娘生九子,连娘十条心"、"鱼找鱼,虾找虾,乌龟专找癞蛤蟆"。(2)不同的人有不同的毛病,如:"庄稼人倒灶了,常睡;买卖人倒灶了,常醉"、"穷不离卦摊,富不离药单"、"奸淫连命案,赌博出贼情"。(3)财富决定境遇,如:"穷在城市无人问,富在深山有远亲"、"一朝无食,父子无仪;二朝无食,夫妻别离"、"人穷狗也欺"、"财主门前孝子多"、"床头一仓谷,死了有人哭"。(4)贫富不均,如:"富人四季穿衣,穷人衣穿四季"、"厨里有剩饭,路上有饥人"。(5)儿子决定未来,如:"有儿穷不久,无儿富不长"。(6)一物降一物,如:"嫩草怕霜霜怕日,恶人自有恶人磨"。(7)人多力量大或人多出乱子,如:"众人拾柴火焰高"、"人多主乱,龙多主旱,母鸡多了不下蛋,老婆多了晚了饭"。

讽世:(1)贪心,如:"人心不足蛇吞象"、"哪个老虎不吃人,哪个财主不黑心"、"卒想吏,吏想官,官想做皇帝,皇帝想成仙"、"人心不满百,做了皇帝想外国"。(2)贪官污吏,如:"武官会杀,文官会刮"、"一任清知府,十万雪花银"、"衙门口,八字开(或朝南开),有理无钱莫进来"、"天大的官司,地大的银钱"、"未做官儿说千般,做了官儿是一般"、"天下乌鸦一般黑"、"无官不贪"、"一世做官,九世变牛"、"一朝权在手,谁敢不低头"、"打他廊下过,谁敢不低头"。(3)人性的弱点,如褊狭、势利、虚伪等,如:"看自己一朵花,看别人豆腐渣"、"王婆卖瓜,自卖自夸"、"看见大王点头拜,看见小鬼踢一脚"。

(五) 人生谚语

对人生的根本看法:(1)人生是变化的,如:"风水轮流转"、"皇帝轮流做"、"三十年河东,四十年河西"。(2)困难是可以克服的,如:"天无绝人之路"、"没有过不去的火焰山"。(3)逆境是会转变的,如:"城河里砖头,终有翻身之日"、"天无一日雨,人无一世穷"。(4)靠自己,如:"自有自便"、"自己跌倒自己爬"、"求人不如求己"、"靠山山要倒,靠海海要干"。(5)相信善报和命定,如:"恶有恶报,善有善报"、"谋事在人,成事在天"、"命里只有八合米,走遍天下不满升"。

关于人生历程:"不当家不知柴米贵,不生子不知父母恩"、"养儿才知父母恩"、"廿年媳妇廿年婆,再过廿年做太婆"。

关于立业:(1)立业先立志,如:"仙人亦是凡人做,独怕凡人不肯做"、"好男儿志在四方"、"家有万万不算富,人有正业不算穷"。(2)重农,如:"三年能学个买卖人,一辈子学不下个庄稼人"、"一人一亩土,到老不受苦"、"跟官钱,顺水转;买卖钱,六十年;庄稼钱,万万年"。(3)重手艺,如:"三百六十行,行行出状元"、"荒年饿不死手艺人"、"只要一事精,不要百事通"。(4)勤奋立业,如:"吃得苦中苦,方得人上人"、"不出血汗,不能吃饭"、"额间流汗,手心脱皮,一年才有食衣"、"只要功夫深,铁杵磨成绣花针"。(5)靠算计(节俭)守业,如:"吃不穷,穿不穷,计划不到一世穷"、"信了肚,卖了屋"、"三年烂饭买只马"、"自己不得不俭省,为人不可不大方"、"是饭就充饥,是衣就遮寒"、"成家子粪如宝,败家子钱如草"、"挣钱有如针挑土,花钱有如水推沙"。

关于处世:(1)敢作敢为,如:"舍得一身剐,敢把皇帝拉下马"、"不入虎穴,焉得虎子"、"没有爬不过的山,没有渡不过的河"、"胆大骑龙骑虎,胆小骑猫屁股"。(2)讲气节,讲面子,如:"宁为玉碎,不为瓦全"、"雁过留声,人过留名"、"树活一张皮,人活一张脸"。(3)惜生,如:"好死不如赖活"。(4)做驯善百姓,莫管闲事莫惹事,如:"谁做了皇上,给谁纳粮"、"气死不告状,饿死不做贼"、"各人自扫门前雪,莫管他人瓦上霜"、"出头椽子先烂"、"多一事不如少一事"、"管闲事,落闲气"。(5)量力而行,有自知之明,如:"没有金刚钻,别揽瓷器活儿"、"没有好牙口,别吃硬豆子"。(6)克己,如:"没有不透风的墙"、"若要人不知,除非己莫为"、"为人不做亏心事,半夜不怕鬼敲门"。(7)为人谨慎,如:"年年防饥,夜夜防盗"、"吃饭防噎,走路防跌"、"出门看天色,进门看脸色"。

关于交往:(1)以家庭为核心,如:"一日夫妻百日恩"、"父子同心土变金,兄弟竭力山成玉"、"打虎还要亲兄弟,上阵还要父子兵"、"夫妻船头打骂,船艄上说话"、"船破不可进水,家丑不可外传"。(2)重乡邻,如:"邻居好,赛金宝"、"一家不够,千家聚凑"。(3)与人合作,交友交心,如:"吃得亏,做一堆"、"一人一条心,穷断骨头筋;大家一条心,黄土变成金"、"交人交心,浇花浇根"。(4)知恩图报,如:"吃水不忘打井人"。(5)宽以待人,乐于助人,如:"人无十全,瓜无滚圆"、"得饶人处且饶人"、"人待我一尺,我待人一丈;人待我一丈,我把人顶在头上"、"一争两丑,一让两有"、"与人方便,自己方便"、"人在难处拉一把,强似上山去烧香"。(6)人心难测,不可不防,如:"天可度,地可量,惟有人心最难防"、"是友别交财,交财两不来"、"逢人莫说人间事,便是人间无事人"、"救人救了落水狗,回转头来咬一口"。(7)别人难以指望,自己不能太老实,如:"求人难,求人难,求下人来如登山"、"马善被骑,人善被欺"。

综上所述,中国的民俗观念表现出鲜明的复合性和变异性。我们清楚地看到,中国民间不存在单纯、单一的思想体系,存在的是包含着充分的多样性、差

第八章　民俗观念

异性乃至矛盾性的思想系统;不存在严格的、一元论的意识形态,存在的是一种复合性的意识形态。老百姓对文化资源的接受是兼收并蓄的,在运用文化资源的时候是灵活的,善于变通的。儒家、佛教、道教等思想文化体系在精英文化的意义上各为一种意识形态,但是,它们的一些重要观念或成分在民间与原始的巫术信仰以及祖先崇拜合流,组成民俗观念,构成一种复合的意识形态。

中国的民俗观念有广泛流行的内容,又因时因地表现出巨大的变异。中国的老百姓通常都有所信仰,但他们随时可能改变或放弃对某一对象的信仰。对载于经典的神灵来说,有某地的老百姓塑其金身,供其香火,就成为威风凛凛的神;一旦老百姓不供香火,就只是一堆泥土。经典上的大神在各地民间的祠庙里可能占据着主神位置,可能被置于偏位,也可能根本就没有位置。中国的老百姓有皇权观念,但他们在历史上一次又一次地"敢把皇帝拉下马"。民俗观念的这种时代变异和地区变异大量见诸上述章节,毋庸我们在此赘述。

从上述各种民俗观念来看,中国民间蕴藏的文化因素、文化模式是如此丰富多彩,为传统社会的民众在文化上保留了非常宽广的选择余地。由文化到生活,从观念到行为,其间经历着主体的建构过程①。上述复合性和变异性除了外在情境的原因,则是民众在这一过程中发挥灵活性和自主性造成的。就民俗观念的复合性和变异性而言,我们应该承认中国人历来能容能变。或者更准确地说,在民间文化的层次上,在精神世界的可能性上,中国人有兼容和变通的内在属性。

参考书目

渡边欣雄:《汉族的民俗宗教》,周星译,天津人民出版社1998年版。
顾颉刚编著:《孟姜女故事研究集》,上海古籍出版社1984年版。
林美容:《妈祖信仰与汉人社会》,黑龙江人民出版社2003年版。
刘守华:《中国民间童话概说》,四川民族出版社1985年版。
祁连休编:《中国机智人物大观》,河北教育出版社1991年版。

思考题

1. 如何正确对待民众日常生活中的信仰活动?
2. 怎样评价儿童的成长与童话世界的关系?
3. 民间故事中哪些是你欣赏的智慧?

---

① 参见高丙中:《民俗文化与民俗生活》中"主体对民俗生活的建构"部分,中国社会科学出版社1994年版,第163—168页。

后　记

　　本书应该理解为几代民俗学家辛勤劳动的阶段性成果。几十年来,多少人亟亟奔波在乡间野地采录民俗,多少人默默埋头于书山文海钩稽古风遗俗,并为我们留下了浩繁的文献。笔者本人的调查是十分有限的,所用的资料绝大多数都是前人的成果。我们除了在文中尽量注明出处以外,在此特向他们致意。本书在撰写过程之中得到钟敬文教授、祁连休教授、陶立璠教授、段宝林教授、刘守华教授、周星教授、刘铁梁教授、陈勤建教授、叶涛教授、萧放教授、谭麟教授、王贵民教授、冯志华研究员、程蔷研究员、贺学君研究员、郑殿华博士、邱泽奇博士、杨利慧博士、郑土有博士、马朝东先生、虞信棠先生、王爱平老师以及胡桂元同志、帅春丽同志、赵小红同志的具体帮助,从北京大学图书馆、北京大学社会学人类学研究所资料室的舒红老师、严康敏老师、金曦霞老师、王凤兰老师处得到宝贵的文献支持,并特别得到北京大学社会学人类学所提供的工作上的方便,还特别受到汤一介教授的指教,在此一并致谢。

　　本书第七章"游艺民俗"、第三章的第一节"饮食民俗"和第二节"服饰民俗"分别由吴效群、邹明华和高达文协助完成,特此致谢。

高丙中

2008年8月5日